Y0-AJN-274

TIERRA FIRME

LA UTOPÍA DE MARÍA

MARCELA DEL RÍO

LA UTOPÍA DE MARÍA
Bionovela

Fondo de Cultura Económica
MÉXICO

Primera edición, 2003

Aun cuando algunas de las ilustraciones que acompañan
esta novela presentan una impresión deficiente,
se incluyeron en la obra a petición de la autora.

Se prohíbe la reproducción total o parcial de esta obra
—incluido el diseño tipográfico y de portada—,
sea cual fuere el medio, electrónico o mecánico,
sin el consentimiento por escrito del editor.

Comentarios y sugerencias: editor@fce.com.mx
Conozca nuestro catálogo: www.fce.com.mx

D. R. © 2003, FONDO DE CULTURA ECONÓMICA
Carretera Picacho-Ajusco, 227; 14200 México, D. F.

ISBN 968-16-6836-7

Impreso en México

A mi madre
María Aurelia Reyes de Del Río
In memoriam
y a
Alfonso Domínguez Toledano

La autora agradece a Anthony V. Cervone, Nora Erro-Peralta, Sigmund Brom y Adolfo Castañón por sus valiosas aportaciones, apoyo y comentarios sin los cuales la novela no habría llegado a ser lo que es.

Vous avez allumé les lampes,
—Oh! le soleil dans le jardin!
Vous avez allumé les lampes,
Je vois le soleil par les fentes,
Ouvrez les portes du jardin!

Prólogo

Esto no es una autobiografía, tampoco es un diario, ni lo que se conoce por novela, porque ni todo es verdad ni todo es ficción. Diría, como Unamuno, que es una "nivola" si supiera cuál era, en verdad, su definición, pero ya que no es ni la una ni la otra ni la tercera, tendría que encontrar un término intermedio entre autobiografía, novela y nivola que podría ser "autonovevola", pero suena tan complicado que resultaría pretencioso; pienso que, tal vez, en lugar de definirla por lo que *es*, podría mejor nombrarla por lo que *no es*; así, podría llamarla "no-novela", pero sería una negación de sí misma; además, no sólo hay autobiografía, sino también biografías ajenas, así que, buscando un vocablo que combinara la realidad con la ficción, de modo que ni fuera totalmente biografía ni totalmente novela, se me ocurrió que el mejor término para caracterizarla sería *bionovela*. ¿Qué sucesos corresponden a la realidad y cuáles a la ficción? Puesto que algunos personajes de la historia de mi patria, de la que nunca salí, serán fácilmente reconocibles por quienes lean estas páginas bionovelescas, dejo a los lectores y lectoras que elijan el término que más los convenza, o que las dejen sin definición, lo cual, tal vez, me agradaría más. *No me gustaría...*, por ejemplo —¡hay tantas cosas que *no me gustan!*...—, que estas páginas quedaran encasilladas en un determinado "ismo," aunque al mundo le gusta tanto encasillar que algunos críticos discuten acaloradamente por colocar una novela entre el romanticismo o el costumbrismo, entre el realismo o el naturalismo, cuando lo que más importa es lo que la novela nos dice, cuánto nos hace emocionarnos, pensar, comprender de otras vidas, en suma, lo que nos hace vivir a través de lo vivido por sus personajes. Para mí, los "ismos" son secundarios, ya que finalmente son cárceles sin rejas que nos empeñamos en construir alrededor de todo: de los que amamos, de los que odiamos, de los que admiramos, de los que compadecemos, de los que envidiamos, de los que lastimamos, de los que despreciamos y hasta de nosotros mismos.

Debo confesar que al escribir esta bionovela de mi vida –por llamarla de algún modo– me sentí tentada a citar con sus verdaderos nombres a todos los personajes de mi familia y de mi alrededor, pero recordé que cuando la autora de una novela, que no sé si leí o me la contaron, le preguntó a la mujer de quien ella había robado su vida para introducirla en su novela si prefería que le pusiera al personaje otro nombre, ella le respondió: "No, si le quita mi nombre ya no soy yo, ésa fue mi guerra, y la gané". Bien, como yo no sabía qué responderían los personajes de esta bionovela si les preguntaba si les cambiaba su nombre, porque algunos ganaron su guerra, pero otros no..., consideré que tal vez podría mantener algunos nombres verdaderos, fuera por históricos o por representarlos desde mi propia perspectiva, desde mi recuerdo; pero con otros no tenía el derecho de hacerlo, ya que la visión de un "narrador" —como le llaman los críticos a ese "ente" omnisciente que se cree que lo sabe todo— podría necesitar falsear la realidad para convertirla en ficción; por lo tanto, *¡mea culpa!*, *¡mea culpa!*, me acuso de haber cambiado ciertos nombres, aun históricos, pero ¡no demasiado! Dejé, muy a propósito, las claves para identificar a los personajes reales que se ocultan tras el nombre falso. Así, si quien lee esta bionovela conoce, conoció o leyó algo sobre tal personaje, podrá fácilmente dar con su nombre verdadero, y si no lo conoce, conoció o leyó nada sobre él, quedará en su mente, para siempre, como personaje de ficción. ¡Ah!, también dejé con nombres verdaderos a algunos personajes no históricos, aunque reales, y en alguna ocasión cambié la fecha de su vida, pero, en muchos de los casos, la historia contada coincide con los sucesos ocurridos en la realidad. ¿Rompecabezas? No, no me propuse hacer ni un laberinto minotáurico ni un enigma esfíngico ni un crucigrama histórico, sólo contar aquellos fragmentos de mi vida que me formaron, que me transformaron, que hicieron de mí lo que fui, y de mi vida lo que no fue. ¿Con qué objeto? No lo sé. Tal vez para buscar un poco, sólo un poco, de comprensión.

María
(La víspera de mi muerte)

Primera Parte

EL ENSUEÑO

I
Ensueños y realidades constituyendo escrituras

Me gustaría... saber si el sol y la luna tienen una utopía... Si la tuvieran, seguramente serían diferentes... ¡El sol! Cada mañana obtiene una victoria. Es la guerra del sol en contra de la luna y las tinieblas. Ahora, la luna se ha hundido en el horizonte y se ilumina el reloj de bombilla de cristal que está sobre la chimenea mientras suena la primera de siete campanadas afinadas en ¡sol! ¡El Sol Nuevo de cada día, dánoslo hoy...!

Me gustaría... ¡Uff, *me gustarían...* tantas cosas! ¿La primera? ¿Cuál sería la primera, María? ¿Cómo poner en orden las preferencias? Sin embargo... a veces hay que hacerlo... Las campanadas del reloj me recuerdan tu promesa de comenzar hoy el *Diario*... Pero no, no vas a empezar, como en todos los *Diarios*, diciendo "yo nací", como Jesús, el día de Navidad, sólo que 1901 años después... No, no seguirás las reglas, al menos en esto harás tu santa voluntad, ya que el acto ritual de hoy no lo será... Empezarás el *Diario*, como digo yo que debe empezarse... y ¿cómo digo yo que debe empezarse? A ver, piensa, María, ¿cómo te gustaría que empezara el *Diario* de... ¿a quién admiras?... el *Diario* de... ¿Sor Juana...? Sí, de Sor Juana. Pobrecita Juanita, le tengo tanta lástima, si a mí me tocaron esas odiosas monjas del *Saint Joseph* que me ponían a repetir las tablas de multiplicar todas las tardes de tres a cinco, cuando lo que quería era irme a jugar al patio con Emilie... y luego, media hora de respiro y a la iglesia a rezar una hora de rodillas en el mosaico frío... Hm... ¿qué no le habrán hecho a la pobre infeliz? Obligarla a deshacerse de sus libros que eran como sus ojos, una parte de ella... y la más ancha, porque cuántos libreros no serían... Ah, pero *mère* Antoinette nunca nos habló de eso... ¡Oh, Dios!, debe de haber sido terrible... Bueno, ya sonó la última campanada, se te está haciendo tarde, María, si no lo comienzas ahora, después sube mi papá y se te viene la ópera encima... ¿La ópera? No. La tragedia. Que si se nos olvidó invitar a no sé quién, que si la prima fulana, que si la tía mengana, y luego todos los amigos de Adolfo, que parecen cuadrilla... ¿En qué estaba?... Ah, sí, ¿cómo empiezo el *Diario*...? Ya sé, no hablaré de mí, sino de... ¿de qué? Ay, siempre hay que decidir... decidir... decidir... **Me gustaría**... un mundo donde al apretar un botón viera qué ocurre si uno toma una decisión, y luego qué ocurre si toma otra, y así poder saber de antemano todas las consecuencias de cada paso... como ver lo que sucede con una jugada en el ajedrez y poder regresarse y hacer otra jugada... Hm... tal vez nadie haría nada nunca más... se congelaría el mundo, porque todos los caminos llevan al mismo punto, que no es Roma, precisamente... aunque, en cierto modo, Roma tal vez piensa que lo es... Pero, ¿quién quiere pensar en la muerte... al menos yo no... aunque tal vez... **me gustaría**... saber con anticipación la fecha de mi muer... no, no, no hay que irse hasta el jaque mate... Cuando se murió mi abuelito... podrías comenzar el *Diario* contando lo que sentiste ese día... no sé si pueda... todo se me borra como si pasara la goma de migajón por el cerebro... sólo me acuerdo de que nadie me lo dijo, que todo era silencio en la casa, que mamaisita me sentó en sus piernas y lloró cuando mi papá le dijo algo muy quedo, muy quedo... no pude oírlo, pero las lágrimas de 'isita sabían a sal cuando me abrazó y lloró con su cara bien pegada a la mía... pero de la muerte de mi mamá me acuerdo menos... sólo sé que un día la busqué por toda la casa, pensando que estaba jugando a las escondidillas, y no pude encontrarla...

Como si hubiera traspasado la luna del espejo, aparece Miccaiximati: la joven nana, la nana huérfana, la huérfana india, la india que fue niña como la niña que le pusieron a cuidar al morir la madre de María. La *Princesa*, mancha blanca sobre la colcha blanca de encajes de holanda, entreabrió los párpados dejando ver sus pupilas verticales en medio del lago amarillo de los ojos.

—Niña, dice tu mamá que ya son las siete, que te levantes...

Sabes, nana, **me gustaría**... que el tiempo se fuera para atrás, hasta el día en que se casó mi tía Oti, o antes, cuando me llevaban a la casa de *El Mirador* y mi abuelo me sentaba en sus piernas a contarme de sus batallas, cuando vestido de general, como en el retrato de Escudero y Escandón, peleaba con la espada en una mano, montado en su caballo retinto... o cuando don Porfirio lo visitó en Monterrey y le dijo: "General, así se gobierna". *Me gustaría*... volver a sentir esas cosquillas que me hacía con su barba blanca, tan suave y bien peinada y su uniforme militar, lleno de medallas, como las del Napoleón que estaba en la sala, y en el corredor, y en los pasillos, cabalgando entre las columnas o sentado tranquilamente en un sillón contándole sus historias guerreras a una niña como yo...

—Pero hoy la niña no tiene tiempo de recuerdos, hoy se va a casar.
—¿Te acuerdas del día que se casó Emilie?
—¿Cómo no me voy a acordar?
—Apenas hace un año y ya tiene una niña...

*

—María, ya deja el piano y vente a arreglar, que vamos a llegar tarde... María...
—Ya estoy arreglada, mamá, sólo los estoy esperando —responde sin dejar de tocar.

—¿Tú crees que va a llegar tarde a la boda de su amiga? Si no habla de otra cosa desde hace semanas.

—¡Qué bien toca!, ¿verdad? ¡Parece increíble que a sus años pueda interpretar tan bien a Beethoven!

—Lo hereda, 'isita, lo hereda...

—¿Cómo estoy?

—*Belle de jour, et belle de nuit...*, como siempre: hermosa...

—¿Y mi sombrero?

—Precioso..., en ti todo se ve elegante...

—No creas que gasté tanto, lo pagué todavía con bilimbiques.

—Bueno, vámonos, que hoy es lunes y habrá mucha gente en la calle, se esperan noticias del Congreso, puede haber escaramuzas...

María deja de tocar al sentir la presencia de la nana, como una sombra, detrás de ella. Miccaiximati le coloca una mano sobre un hombro, mientras con la otra le ofrece el sombrero. María siempre ha sentido como si una suerte de lazo invisible la ligara con su nana. Le parecía a María tan madura, tan enigmática y tan conocedora del bien y del mal, que era como si toda la sabiduría del mundo se hubiera convertido en un manto que al cubrirla la aislara del mundo y al mismo tiempo la fundiera con ella.

La nana nunca hablaba de su propia madre, pero María sabía que al nacer el único hermano de Miccaiximati, éste se la había llevado al otro mundo. Miccaiximati y su padre quedaron viviendo juntos más que como padre e hija, como hermanos huérfanos. La nana recordaba muy bien aquel día, aunque tenía sólo siete años, porque su madre le había dicho esa mañana: "Recuerda, Mixi, recuerda para siempre este día en que habrás de perder a tu madre". Antes de la medianoche su madre exhalaba el último suspiro. Su padre era soldado en el batallón del abuelo y dio la vida por él cuando al saber de una emboscada que le habían tendido, urdida por uno de sus enemigos, se apresuró a alcanzarlo para informarle lo que se tramaba en su contra. María había oído contar a un soldado de las guardias de *El Mirador* que cuando el padre de Miccaiximati llegó al sitio de la emboscada, vio a un hombre apuntando a la espalda del General Vélez y sin pensarlo más se interpuso entre el hombre y el General en el momento en que sonó el disparo. El soldado quedó tendido y su abuelo vivo. La niña, que no tenía más de once años, fue recogida por el General, y cuatro años después, al morir Esther, el General le entregó la niña a su hijo Bruno para que cuidara de su hija María. Desde entonces la niña rica y la joven nana convivieron y compartieron muchos momentos inolvidables para ambas, inventando siempre entretenimientos, diversiones y hasta travesuras, sobre todo en las épocas de vacaciones escolares, ya que María pasaba fuera del internado los veranos y las fiestas navideñas. Lo mismo jugaban con las muñecas y muñecos con cabeza de porcelana, confeccionando casacas a los varones o pelucas a las damas de la corte del Rey Sol, que organizaban representaciones en las que ellas y las amigas de María se disfrazaban de personajes famosos de la historia, especialmente francesa, lo mismo de Luis XIV que de la Pompadour, o del cardenal Richelieu. Sin embargo, Miccaiximati nunca traspasó la frontera del "respeto por su amita" a la que siempre hablaba de "usted", como si hubiera estudiado el Carreño desde la A a la Z.

—Niña, es hora de irse. Dile a tu amiga Emilie que esté tranquila, que le espera una larga vida de paz y bienestar con su esposo... Ah... y dile que uno de sus hijos llegará a ser secretario de Estado.

María no se extraña del mensaje tan curiosamente expresado por Mixi, como todos la llaman cariñosamente, porque conoce la forma enigmática de hablar que acostumbraba utilizar algunas veces su nana india. Toma su sombrero y, parándose frente a aquel espejo abrazado por un dragón que tanto miedo le daba de niña, le pide consejo a su nana sobre el grado de inclinación que debe darle. La nana, como el mago que maneja la chistera, tomó el sombrero, le dio una vuelta de ciento ochenta grados, haciendo que el velo se retorciera, y se lo colocó nuevamente sobre la cabeza, con un elegante ademán que habría envidiado hasta un modisto francés. María se queda absorta frente al espejo. ¿Quién fue el que me dijo que... ¿qué?... ¡Ah, sí!, el que me dijo que... yo era una sonrisa envuelta de facciones y cuerpo... ¿Por qué será que siempre sonrío? Bueno, salvo cuando lloro... y a veces, hasta al mismo tiempo...

—¡María!

La iglesia de Coyoacán relumbra, vertebrada de jazmines desde el portón hasta el altar. Plumas y flores en los sombreros suman su blancura luminosa al fulgor de velas, veladoras y cirios. Encajes y tules son otras tantas fragancias flotando en la nave, que se estremece con el balanceo cadencioso de faldas y faldones, hábitos monjiles, sotanas, mantos y voces multicolores del coro de niños, que cantan *a capella*. Resuena el Ave María, sí,

María como ella, en la voz de su padre, tenor doméstico, tenor a escondidas, tenor bajo la cúpula catedralicia del cubo de la escalera, tenor sacrificado por disposición paterna, porque para el General ser cantante... era ser cómico de feria, payaso para entretener a la muchedumbre ociosa, si no has de ser militar elige una profesión verdadera: ingeniero o abogado, pero "cantante" sólo sobre mi cadáver habrás de serlo... Y al morir su padre, en aquel funesto mes, también de febrero, como el de hoy, ya era tarde, tenía esposa, hija, la carrera de ingeniero estaba terminada, la de cantante, abandonada, evocada sólo al pie de la escalera para anunciar a Esther su llegada, con las notas de Puccini que les ayudaron a encontrarse...

María llora, no sabe si de felicidad, de ansiedad o de angustia. Su amiga de la infancia, su amiga de despedidas desgarrantes antes de salir de vacaciones para irse a Monterrey, a *El Mirador* del abuelito, su amiga de noches compartidas en el colegio interno para leer bajo las sábanas, con luces de luciérnagas, a Voltaire y a Rousseau, a Chateaubriand y a Stendhal, a Verlaine y a Rimbaud, a Madame de Staël y a Zola, en lugar de las lecturas permitidas de Madame de Genlis, temiendo a cada roce de las ramas del árbol contra el cristal de la ventana la aparición del fantasma de la *mère* Marianne, con su regleta en la mano y su furor en la boca... su amiga de las confesiones que no se cuentan siquiera en el confesionario, su amiga de las matatenas y los rosarios, su amiga... al casarse... ¿seguiría siendo su amiga?... o de hoy en adelante sería Emilie sólo una antigua compañera de escuela que habría de visitar en las tardes lluviosas, para tomar té y galletas a las cinco, diplomáticamente, llenando los vacíos con rememoraciones y sonrisas amables... **Me gustaría...** que el tiempo se detuviera, que no te casaras hoy, que el mañana fuera idéntico al ayer, que nunca nos hiciéramos mujeres, que nunca envejeciera mi padre, que para siempre mamaisita fuera como la hermana mayor que nunca tuve...

Al salir del templo los papeleritos gritan la noticia por la plaza.

Alrededor del kiosco, el pueblo se arremolina, ese pueblo sin nombre ni apellido, de rebozos y sombreros de paja, de canas mal peinadas, de interrogaciones en la cara, y en los ojos el miedo... nos miran no sé si con envidia o con resentimiento, nos miran como si no fuéramos como ellos, como se mira a los animales en un zoológico, nos miran... Hay mujeres convertidas en cunas de suave movimiento para mecer al hijo entre los brazos, hay viejas con niños cogidos de la mano y voces escondidas entre los dientes blancos. Hombres con miradas de asombro y luces apagadas en los ojos, viejos con bigotes que tiemblan cuando la respiración se entrega al furor del suspiro... Y serpenteando entre la decepción y la nostalgia, entre la duda y la mueca rebelde, la voz de los papeleritos gritando la noticia:

—¡Se proclamó la Constitución! ¡El Congreso terminó los debates! ¡México tiene una nueva Constitución!

—Vamos, María, despídete pronto de tu amiga para irnos a casa enseguida, hoy no es día para andar por las calles...

—¿Por qué, papá? ¿Qué va a pasar ahora? ¿Habrá otro cuartelazo, como cuando mataron a mi abuelito?

—No, m'hijita, no... Hay que esperar lo mejor, no lo peor...

—Sí, papá, ¿sabes?... *me gustaría*...

—En casa me lo dices, ahora despídete, que también ellos tienen que salir a su luna de miel...

*

—Cuéntame, Emilie, ¿cómo es la luna de miel? ¿Qué pasó la primera vez que...? Quiero decir, cuando quedaron solos...

—No es fácil de explicar, *n'est-ce pas?*

Emilie, con un gesto gracioso, como de gato, se deshace de la capa que le cubría la cabellera.

—¿Es como dicen en las novelas?

—No y sí... *bon*... es como... como que te sientes inmoral, aunque sabes que recibiste el sacramento, pero, aún así... *bon*, no sé explicarlo, *tu sais*... me dio vergüenza. ¿Te acuerdas de *mère* Terèse en la clase de moral, cómo nos insistía en que siempre debíamos sentarnos con las piernas cerradas, que nunca permitiéramos que nos rozara un hombre más arriba del huesillo de la muñeca? ¿Que nos prohibía hasta mirar a la gente en la iglesia, y había que bajar los ojos para que ni por la mirada nos fuera a manchar un hombre con su impudicia?, *tu te rappelles, toi?* ¿Y luego, el noviazgo de ventana, de reja entrometida entre Jean y yo como cinturón de castidad? ¿Y después de haberse arreglado el compromiso matrimonial entre sus padres y mis padres, siendo ya mi prometido, sus visitas de novio oficial en la sala siempre con chaperón, en las que nos

23

sentábamos como estatuas marmóreas disfrazando de hielo el fuego interno, para que mi tía, mi hermana mayor o mi abuela, que fingían coser, bordar o leer un libro de vidas de santos, no fueran a recriminarme después por mi atrevimiento de haberme mostrado coqueta, o por mi falta de pudor al sentarme con descuido, provocando en él una mirada lasciva? Pero... viene la noche nupcial y después de las lágrimas de despedida de tu mamá, de tu tía, de tu abuela, como si te estuvieran despidiendo para siempre, como si fueras a morirte... llegas a la recámara, te metes en la cama y apagas la luz, porque tienes miedo de ver lo que te han prohibido que veas... porque no quieres hacer lo que por años te han prohibido que hagas... Abrir las piernas es una acción que va contra todo lo que te han enseñado, que transgrede la moral aprendida, que te sume en la vergüenza... Después... todo se esfuma, como en los sueños... echas a volar la imaginación y sientes que eres la bella durmiente y él... el príncipe que llega a despertarte con su ósculo de amor... sólo que en lugar del beso en los labios, lo recibes a él mismo... adentro de tu cuerpo... y es entonces cuando sobreviene el milagro... al abrazarlo con tu piel, lo estás haciendo tuyo, se te despiertan no sé qué sensaciones, y más lo abrazas, lo aprietas, lo posees. Tu cuerpo se convierte en una prensa tan fuerte que si quisieras podrías estrangular su virilidad. Poco a poco vas sintiéndote dueña del príncipe, sabes que depende de ti, que puedes hacer de él lo que tú quieras: un rey o un sapo, un tigre o un compañero. Te pertenece, ahora es tuyo, aunque él crea que es tu dueño. Y para no decepcionarlo, *tu sais,* le haces creer que sí lo es.

—Pero, para eso, hay que estar enamorada, ¿no?...

—*Je ne sais pas.*

Al escuchar la última campanada de las nueve en el reloj del abuelo, María recuerda que hoy es el cumpleaños de Brunito. ¿Habrá recibido su carta? Con esto de la guerra europea y los pronunciamientos de los generales de aquí... nunca se puede confiar...

—¿Sabes qué *me gustaría...?*

—¿Qué?

—Saber si cuando se casaron mis padres estaban enamorados.

II
En tiempos de don Porfirio

Si al sonar las nueve de la mañana con su broncíneo acorde de campanas, en el reloj de la iglesia, la corte versallesca del Rey Sol hubiera aceptado trepar con todo y sus carruajes a la máquina temporal de Wells; si la orquesta de cámara del Káiser hubiera sido elevada en un trasatlántico globular del conde de Zeppelin para ir en viaje transoceánico a la ciudad de los Palacios, como era llamada la nueva Tenochtitlan que ahora se distinguía de una ciudad de Francia sólo por hablar español y admitir en sus calles a indios analfabetos de mirada hermética, a mestizos harapientos o ataviados y a criollos de porte orgulloso o altanero. Si del Vaticano hubiera partido su mismísima Eminencia hacia el templo de San Cosme para oficiar la misa, éste no habría lucido con más esplendor para recibir a tan distinguidos feligreses.

Uniformes militares con charreteras de alta jerarquía, casacas, berlinas y carrozas tiradas por caballos con arneses engalanados y copetes emplumados, caballeros de manos enguantadas en fina piel de cabra, damas y damiselas envueltas en muselinas, velos y sedas, plumajes en los sombreros, mantillas sobre cabelleras de manso oleaje con espumas de encajes bruselinos. Todo era lujo y distinción.

De la concurrencia que llenaba el templo llegaba al portón un murmullo de voces secreteadas, envueltas en el tintineo de los collares y el eco marino de las tarlatanas. Rodolfo, olvidado de la ceremonia con que tres días antes había celebrado examen profesional como licenciado en leyes en la Escuela Nacional de Jurisprudencia, de pie junto a su hermano Bruno, para firmar como padrino, en representación de su padre, el General, conversaba con su hermano menor, Archibaldo, y con los otros padrinos, el teniente coronel Jesús Marrón y el doctor Eduardo Armenta, de pie del otro lado del novio, sin quitar la vista de la avenida techada con las frondas de los álamos. Igual que su hermano, el novio, con su flamante *jacquet* dibujado en su cuerpo como el mejor figurín en una revista de modas, olvidado también de la ceremonia con la que había celebrado su exitoso examen profesional como Topógrafo e Hidrógrafo hacía menos de tres meses, esperaba el arribo de la novia, como se espera, impaciente, la aprobación de los sinodales. Las manos del organista, atentas también a la llegada del carruaje nupcial, temblaban de ansiedad sobre el teclado.

En una mudez apenas salpicada por monosílabos, conversaba con las madrinas, María Aurelia Armenta de Marrón, Vicenta Herrera de Armenta y la madre del novio. Un militar circunspecto que, por las condecoraciones que ostentaba al pecho, denotaba su alto rango, hubiérase dicho general del ejército austrohúngaro y no del mexicano: casaca de cuello alto color Oxford, con botonadura en dorado brillante; los puños rojos bordados con filigranas de oro sobre pantalón blanco ceñido que se hundía a la altura de la rodilla, bajo las altas botas de ónix resplandeciente. En la mano derecha enguantada en gamuza blanca agrisada sostenía el otro guante y el bonete de fieltro, también bordado en oro y rematado con plumas de níveas avestruces; en la cintura, la fajilla azul celeste anudada junto al cinto del que colgaba el florete impoluto. No faltaba siquiera la larga barba bien peinada ni el bigote abundante para que su imagen, desde lejos, pudiera confundirse con la del general Bruno Vélez, quien de haber asistido a la boda eclesiástica de su hijo mayor se habría ataviado con un uniforme en todo semejante, tal como lo había hecho en la boda civil, el día anterior.

Al fin, un carruaje se detuvo frente al portón y la novia descendió, como una nube de vapores. Si Rubens hubiera estado presente, habría notado la blusa de cuello alto, con alforzas que caían hacia la cintura ajustando el amplio pecho, bajo la muselina que formaba un marco con sus solapas de pliegues ondulantes, ribeteadas con listones de seda. Habría visto, sobre el lado derecho, el broche de azahares en estrella que hacía juego con la corona abrazante, colocada en la cima de su cabellera minuciosamente domesticada, de la que se desparramaba la cascada de velos sobre los brocados de la espalda para sumar su espuma con la albura de la corriente sedosa que en un instante cubrió la escalinata entera de la iglesia. Rubens la habría pintado así, ascendiendo a la cumbre de un destino ignorado y, en un lienzo ceñido por maderas labradas recubiertas de oro, su imagen habría quedado fijada para siempre en ese instante eterno.

¿Qué Casandra se habría atrevido a vaticinarle, en ese minuto ensoñado tantas veces, la brevedad de su felicidad conyugal? En ese efímero momento del deseo cumplido, de casarse con el esposo elegido por su padre, a quien amaba en secreto sin confesarlo a nadie, para que no fuera a romperse por su indiscreción el convenio paterno, ¿quién habría tenido el valor de anunciarle que en cinco años, un mes y diez días, él estaría recibiendo en matrimonio, de las mismas manos de su padre, a Luisa, su propia hermana? ¿Qué Teresias habría sido capaz de predecirle que sólo le quedaban cuatro años y medio para cantar los dúos de Werther y Carlota, bajo la bóveda de la escalinata hogareña? Sólo que no sería Werther quien sufriría la muerte prematura, sino ella, y no por propia mano; sería ella, Esther, quien por una tifoidea no planeada, dejaría vacío un lugar en la mesa, un hueco en el lecho conyugal y una caricia ausente sobre el rostro afiebrado de María, la hija a la que iba a concebir y que habría de nacer el día de Navidad de ese mismo año, once meses y trece días después de su noche nupcial. La hija que miraría esta fotografía, a sólo diecisiete años de distancia.

Ya en la sacristía, terminada la ceremonia, se inician los abrazos entre las sedas húmedas por lágrimas de felicidad, las frases entrecortadas, los buenos deseos, los votos, los adioses, los reencuentros, después de tanto tiempo, verte casada, que seas tan feliz como yo lo he sido, tu matrimonio es el principio de una nueva vida. Y apenas ha dado dos pasos la felicitante, toma a su amiga del brazo y antes de que se deslíe su linda sonrisa se dirige a la Puerta Mariana rumiando en voz tan baja que su esposo apenas alcanzó a escucharla, ya se estaba quedando ¿no? a los veintiséis años... ¿no es cierto?, se salvó en una tablita de ser la solterona que cuida a los sobrinos... ¿tú crees que de veras tenga veintiséis...? Todo puede esperarse de esta gente rica que puede cambiar reglas y leyes a su gusto. Con un padre ministro nunca se sabe...

En un rincón, bajo el Cristo clavado en una cruz de ébano, de talla renacentista, se agrupan los políticos, rodeando al General.

—¡Ah, los tiempos modernos! ¡Quién iba a decirnos, señor general, que veríamos el nuevo siglo!

—Así es.

—¿Ha visto el último número de *La Ilustración*?
—Así es.
—Eso de un tranvía movido por gas me parece una locura. Los europeos ya no hallan qué inventar.
—Así es.
—No, mi querido amigo, yo creo que hay que saber aprovechar los inventos modernos, ese sistema locomotivo puede ser el transporte público más económico que podamos obtener, especialmente por ser nuestro país un buen productor de gas. ¿No lo cree, señor general?
—Así es.
—¿No cree, señor general, que sería conveniente proponerle al señor Presidente la importación de este sistema locomotivo? Sería un gran ahorro para el país y nuestros "científicos" se anotarían un gran punto en su favor. ¿No es verdad, señor general?
—Así es.
—Ya puedo imaginar nuestros tranvías partiendo desde el Zócalo, lo mismo hacia Coyoacán que hacia la Villa de Guadalupe, o el Canal de La Viga y, por supuesto, hacia Chapultepec. Si usted lo juzga conveniente yo podría obtener toda la información sobre este sistema de transporte y hacer el estudio económico necesario... Para el señor Presidente, que ha sido el constructor del transporte ferroviario del país, la instalación de este sistema tranviario por gas en la ciudad de México sería la culminación de su labor constructora. ¿Podría buscarlo en su oficina, señor general, para entregarle un bosquejo del proyecto que podríamos presentar al señor Presidente? Ya puedo imaginar que para el año del Centenario don Porfirio podría estar inaugurando el sistema de transporte público de la capital, que además incorporaría a los pueblos vecinos de la ciudad de México; usted lo sabe, señor general, que los campesinos transportan sus productos en los tranvías tirados por mulas, lo que muchas veces crea problemas de escasez en los mercados capitalinos.
—Así es. Pero, para su información, este año se inaugurará el sistema de tranvías eléctricos en nuestra capital... Con su permiso.
El General que acechaba el momento propicio para acercarse al hijo de don Porfirio, que conversaba en el extremo de la sacristía con un desconocido, al verlo ya solo, se dirigió a él.
—General, qué gusto saludarlo...

—El gusto es mío, ingeniero Díaz Ortega.

De los abrazos de rigor pasaron a una conversación plana sobre el tiempo, no había hecho tanto frío en los eneros anteriores, por fortuna en México no nevaba como en Nueva York... Del tiempo, el General forzó la conversación hacia los planes políticos, en lo personal, como ingeniero que era su interlocutor tendría planes de construcción, además de las de vías férreas que se estaban construyendo en todo el país...

—Sí, general, estoy en vías de iniciar una obra que el Presidente ha juzgado necesaria para México. Una obra de salubridad pública.

—¿Un hospital?

—Es más que eso. Será un manicomio que reconcentrará a todos los locos que andan repartidos en el Hospital de San Hipólito, para hombres, y en el de La Canoa, para mujeres, así como en otros nosocomios, lo que hace que los equipos se dupliquen y los médicos se repartan, lo que crea problemas y gastos innecesarios. En cambio, el manicomio de La Castañeda no sólo ahorrará al erario público, sino que servirá como centro de observación e investigación de las enfermedades mentales. He diseñado diferentes pabellones, para hombres y mujeres, separados según el tipo de enfermedad mental y según sus condiciones físicas generales...

—¿Dónde estará situado ese manicomio?

—En terrenos donados por ricos propietarios, en la zona poniente de la pequeña población de Mixcoac.

—¿Y cuándo comenzará la obra?

—Sólo estamos esperando del ministro Limantour la aprobación del presupuesto.

—Bueno, eso será para usted cosa de... días...

El hijo de don Porfirio no advirtió la ironía con que el General pronunció la última palabra, y siguió hablando con todo entusiasmo.

—Pero terminar la obra será cosa de años... quisiera que el manicomio fuera inaugurado durante la celebración del Centenario...

—Claro, sería un gran éxito político.

—No para mí, por supuesto, sino... usted sabe, general, mi padre hará patente con esta obra su interés por el pueblo... este hospital, por supuesto, será una obra de beneficencia pública... la mayoría de los... enfermos mentales son gente menesterosa, sin recursos para pagar...

—¿Y no habrá pabellones de paga?

La pregunta queda sin respuesta, al ser interrumpida la conversación por la voz del arzobispo primado de México, que pide que se acerquen los padrinos y madrinas de la boda. Después de la firma de los novios, padrinos y madrinas asentaron sus firmas:

Tte. Cor. Jesús Marrón, Rodolfo Vélez Olvera, Dr. Eduardo Armenta, María Aurelia Armenta de Marrón, Vicenta Herrera de Armenta y María Aurelia Olvera de Vélez

Una vez terminado el acto formal de las firmas, todos se encaminan a la puerta de la sacristía, donde esperan los fotógrafos para el testimonio de la memoria, la imagen que habrá de perdurar más allá de la vida de los novios, los padrinos, las madrinas, los padres de los novios, los abuelos de los novios, la hija de los novios, con carita de luna... tal vez algún día, más allá del mañana que será hoy en su viaje hacia el ayer, alguien encuentre en un viejo baúl de herencia ancestral, un daguerrotipo o una fotografía amarillenta y pregunte: ¿quiénes son? ¿Son de tu familia? ¿Tus ancestros? No sé, tal vez, cuando mi abuela murió... su ropero estaba lleno de fotografías, nadie supo nunca quiénes eran, pero no me atreví a tirarlas, por... no sé, por si acaso eran de mi familia... Cómo *me gustaría*... que en la fotografía hubieran escrito cuánto se querían... además de sus nombres.

En la torre las campanas repican y en las piedras añejas de los muros del templo las sombras de las sedas y los tules, de las botas y los floretes trepidan en su mudez, queriendo parecerse a las figuras fantasmagóricas del kinetógrafo de Edison, que los hermanos Lumière habrían de convertir en imágenes vivientes, sombras lumínicas como las de los vitascopios, mutoscopios y kinescopios que Raff y Gammon pusieron en circulación en Nueva York, sombras miméticas como las del teatrógrafo transformado pronto en animatógrafo por R. W. Paul, y que al fin, en las manos del mago Méliès como de un antiguo Merlín, había brotado una nueva forma de piedra filosofal, a la que denominó cinematógrafo y que pronto Porter habría de aprovechar creando una industria que gastaría más millones en sus producciones que un ministerio de guerra. Las sombras en los muros, como invitando a la celebración, bailan anticipándose a las polkas, cuadrillas y cotillones que esa noche se ejecutarán en los salones de uno de los tantos palacios que hacían fila bordeando el Paseo de la Reforma, para festejar el matrimonio del hijo del ministro, quien, enfrentado a los "científicos" que rodean al presidente Porfirio Díaz, parece ser el que más probabilidades tiene de sucederle en el trono presidencial.

Deteniendo su carrera que espanta a más de un transeúnte, un *landau* tirado por caballos de pura raza se instala frente a los portones abiertos del templo. Los curiosos que nunca faltan en las fiestas sabatinas de los ricos se acercan para ver si es el Ministro, que muchos quieren conocer aunque sea de lejos, aunque sea sólo para admirar su porte distinguido, sus ojos de caballero andante, el lustre de sus botas, o para contar las medallas que lleva al pecho, más que como insignias del valor reconocido como extensión de su brazo empuñando la espada. La decepción se refleja de inmediato en los rostros morenos de los curiosos, al descender del estribo del *landau* un hombre joven que no alcanza la treintena: sombrero de copa, solapas de terciopelo en el *jacquet* y brillante charol en los zapatos. Los curiosos se hacen a un lado para dejar pasar su arrogancia, con temor de ser golpeados por el fuete con puño repujado en plata que sostiene en su mano derecha, protegida por el guante de cabritilla. Se diría un figurín de esos que aparecían en las revistas francesas.

Bruno no puede ocultar su satisfacción al verlo ascender la escalinata con ligereza y con aquella sonrisa que imantaba a las jóvenes en el Derby. Igual de transparente, aunque en sentido opuesto, es la reacción de Esther, que en un gesto automático cubre su rostro con el velo nupcial para ocultar su disgusto. Su hermana Luisa, en esa edad frontera entre la niñez y la pubertad, cuando todavía no se tiene la conciencia de Ser, ha soltado ya la punta de la cola del traje, que sostuvo desde la Puerta Mariana hasta los reclinatorios nupciales colocados frente al altar, y ahora observa cómo su hermana mayor deja de sonreír, percibe el rictus de desconfianza en sus ojos y, siguiendo la dirección de su mirada, descubre al otro extremo la sonrisa de Delfín, como lo llama su padre, los dientes blancos de Delfín iluminados por un fuego interior que brota por los ojos, el cabello rubio de Delfín, como halo de santo, surgiendo en ondas de luz como de un surtidor, cuando él toma la breve ala del sombrero de copa para descubrirse en un gesto elegante y respetuoso, frente a la novia ya esposa, estatuada ante él en actitud de reto como una Atenea que se enfrentara a Marte. Bruno tiende la mano y su abrazo confunde sus sombras en los muros del templo. El sol avanza hacia el cenit y Luisa ve el recorte de la silueta de Delfín desprendiéndose del abrazo, y sin pensar en lo que hace se acerca venciendo su timidez de niña: "Hola". Delfín detiene su mirada un instante en la pequeña, toda encaje y listones, toda albura y rizos, toda inocencia y malicia.

—Hola, ¿tú quién eres?

—Soy la hermana menor de mi hermana...

—Ah... ¡qué interesante! ¿Y quién es tu hermana?

—Esther.

—Ah, ¿cómo te llamas?

—Luisa.

—¿Cuántos años tienes?

—Casi trece, los cumpliré en octubre.

—Hm... ¿Qué te parece si hacemos una cita para dentro de... de cinco años?

Brillo en los ojos de la niña, rubor. "Hasta entonces", musita, sin que él la escuche, y se escabulle entre las sedas y los tules, las botas y los floretes.

Bruno, riendo de la ocurrencia, mientras una de las damas atrae a Esther hacia sí para felicitarla, se aleja con su amigo, el dandy favorito de las jóvenes, para recriminarlo por haber llegado con retraso a la ceremonia. Sin que la sonrisa se pulverice, el dandy inicia la explicación aún no pedida. Su potro *Ares* iba ganando la carrera, no podía retirarse en ese momento, había arriesgado demasiado dinero. Ni siquiera habría podido disfrutar de la ceremonia matrimonial con la preocupación de lo que estaría ocurriendo en el hipódromo.

Describe a Bruno la emoción previa al triunfo y el desborde posterior, le relata cómo después de ver a su caballo cruzar la meta, se acercó, tomó la rienda y lo condujo entre la multitud que lo aclamaba. El jinete no podía creerlo, cabalgaba como en estado de hipnosis. Había sido un triunfo clamoroso, de ahí al Derby de Londres a competir con el potro *Ladas* de lord Rosebery, presidente del Consejo de Ministros de Inglaterra. Te mostraré la fotografía de ese momento emocionante en cuanto me entreguen las primeras copias.

Bruno lo escucha, con la admiración que siempre ha sentido por el compañero de banca de la Escuela Militar Facultativa de Ingenieros, tan diferente a él, tan aventurero, tan osado. "Delfín", como lo apodaron en la facultad, tenía todas las características que a él le habría gustado poseer. Él, hijo de un general igual que Delfín, hijo de un ministro igual que Delfín, hijo de un héroe herido en batalla igual que Delfín, no tenía el arrojo para contradecir a su padre, no había sido siquiera capaz de oponerse a su voluntad para seguir su vocación y llegar a ser cantante de ópera, lo que había sido su ilusión. Él, cuya máxima temeridad había sido la de internarse allá en su estado natal, en aquellos parajes selváticos del Camino de los Conquistadores, o desérticos que llevaban a las Grutas de Bustamante, o en el desierto de la Paila, en Coahuila, adonde iba de cacería con su hermano Rodolfo, que llevaba un carro con toneles de agua, para volver finalmente con dos o tres animalejos colgando del hombro, él, que como hijo mayor llevaba el mismo nombre de su padre, no podía sino admirar a su compañero, que poseía todo aquello de lo que él carecía: arrojo, rebeldía, valor, intrepidez. Cada nueva aventura de su amigo la vivía como si él mismo la realizara. Por eso, ahora sonríe con la sonrisa de Delfín, se emociona por la emoción de Delfín, se mira a sí mismo conduciendo al potro *Marte* entre la muchedumbre que lo aclama, y recibe de manos de los jueces la consabida Copa de Oro que ha de llevarlo a Inglaterra para competir, en el Derby de Londres, con el más temible rival ecuestre: lord Rosebery, presidente del Consejo de Ministros de Inglaterra que hará correr su potro *Ladas*. Las palabras del amigo lo devuelven a su propia realidad.

—Al fin te casaste con la mujer que querías...

Bruno, instintivamente, despertado de un sueño, busca con la mirada a Esther; allí está, tan cerca que puede tocarla con la mirada, allí está: con su vestido blanco, su corona de azahares perlando su cabello, sus ojos de gato triste. Ella, respondiendo al llamado de los ojos, vuelve el rostro y sus pupilas se aquietan al quedar conectadas ambas miradas en un hilo invisible, sólo por ellos percibido. Las carátulas de los relojes se congelan en ese instante y a su alrededor se hace un silencio de tiempo suspendido. Las sombras en los muros del templo dejan de bailar al estatuarse sedas y tules, botas y floretes. El cruce de sus miradas cercena la dimensión de lo real con su cuchilla que el viento afila, expulsa las sombras y las luces, lo dicho y lo escuchado, como aquel látigo que dos milenios antes desalojó a los mercaderes del templo. Aquel *no instante*, aquel *no espacio*, aquel *no suceder* es la verdadera ceremonia, el auténtico ritual, la legítima consumación del matrimonio. Esther y Bruno realizan en esa *no dimensión* la unión mágica de su amor compartido.

*

"Sí, mi chiamano Mimí, e il perché non so... sola mi faccio il pranzo da me stessa, non vado sempre a messa... ma prego assai'l Signor..." El público que había asistido a *La Bohème* llegaba a las mesas del *Café de la Rue de la Paix* todavía tarareando las arias preferidas. Del teatro de *L'Opera* se desparramaba el bullicio por la *Rue d'Auber*, el *Boulevard des Capucines* hacia la *Rue 4 Septembre*, y la *Avenue de l'Opera*, ya mezclado con el de la gente que acababa de salir del teatro del *Vaudeville*. Los carruajes se retiraban en todas direcciones, damas y caballeros envueltos en visones y zorros, astracanes y armiños se dejaban conducir por los cocheros en busca de calor. Esther y Bruno no eran la excepción, el frío parisino de aquel invierno dejaba sentir en sus rostros su contraste con los fríos temperados de la ciudad de México. Bruno tiró de la leontina e intentó ver el reloj, pero el cristal empañado le impidió distinguir la hora. Esther nunca había visto nevar y miraba al cielo con la esperanza de ver caer los anhelados copos.

Entraron al vestíbulo del *Grand Hôtel* y se dirigieron directamente al bar, donde se acomodaron en uno de los reservados. El tenor que acababan de escuchar en *l'Opera* era un cantante casi desconocido que apenas había debutado el año anterior en el *Teatro alla Scala*.

El entusiasmo de Bruno pasó de *La Bohème* escuchada hacía unos instantes, a la evocación de su encuentro con Esther en la academia de canto, cuando el maestro Cisneros, enterado del éxito que había tenido una nueva ópera que acababa de publicar Ricordi, llamada *La Bohemia*, les hizo estudiar juntos por primera vez los dúos, que los habrían de conducir a la iglesia de San Cosme. Desde entonces nació en él la ilusión de cantar un día *La Bohème* junto a Esther en los grandes escenarios operísticos del mundo.

¿Oíste qué Do de pecho dio el tal Caruso? Era un cristal. ¿Te acuerdas cuando cantamos por primera vez el dúo del segundo acto? ¿y el trabajo que nos dio aprender el cuarteto? Reía como un muchacho que estuvie-

LA BOHEMIA.

ESCENAS TOMADAS
DE
"LA VIÉ DE BOHÊME"
DE HENRI MURGER

CUATRO CUADROS
DE
G. GIACOSSA Y L. ILLICA

MUSICA DE JACOBO PUCCINI

TRADUCCION DE LUIS G. BETANCOURT
HECHA CON PERMISO DEL SR. P. DE BENGARDI
REPRESENTANTE EN MEXICO DE LA CASA EDITORA DE MILAN
G. RICORDI Y COMP.

MEXICO.
IMPRENTA, LITOGRAFIA Y ENCUADERNACION DE IRENEO PAZ.
Segunda calle del Relox núm. 4.

1897

ra recordando las travesuras escolares. Esther, contagiada, hizo sus propias memorias: ¿te acuerdas cuando al tratar de cantar mi aria, me dio tos, porque acababa de pasar la "influenza" que me tuvo en cama dos semanas, y el profesor se enojó porque tosí? Claro que me acuerdo, te recitó aquel versito que se hizo famoso:

> Hay que darle a la taimada
> para que tal no hiciere
> una buena bofetada
> cada vez que tosiere.

La voz engolada de Bruno imitando al maestro se escuchó en todo el bar. De las mesas contiguas, rostros curiosos más que disgustados fijaron su mirada de frente o de soslayo en Bruno, para pasar luego a Esther, que reía sin cohibición. La figura de un dandy, semioculto bajo un sobretodo con cuello de astracán se acercó a la mesa y se detuvo frente a la pareja.

—Vaya, vaya, veo que los recién casados están contentos.

La sorpresa congeló la risa de Esther. Se hubiera dicho que un fotógrafo le había pedido quietud y silencio para traspasar su imagen a la placa de un daguerrotipo. La sonrisa se derritió en su rostro hasta transformarse en una mueca de disgusto, no así la de Bruno, que adquirió aires de carcajada. Después de quitarse el abrigo, los guantes y el sombrero, el dandy hizo a un lado las colas del *frac* con ademán elegante y se sentó al lado de Bruno. Del ¿cómo es que estás aquí? pasaron al recuento del viaje que había tenido sus bemoles, sobre todo cuando una tormenta había hecho danzar al *Carmania*, que así se llamaba el barco, más que una mazurka, una polka, lo que le había traído un mareo de padre y muy señor mío. Del viaje pasó Bruno a relatar la impresión que había hecho en Esther el Museo del Louvre, el Palacio de Versalles y especialmente uno de los cuadros de Madame Vigée Lebrun; toda la tarde había hablado de él, le parecía extraordinario que hubiera sido pintado por una mujer.

De los museos, pasó al comentario de la ópera que acababan de escuchar. Delfín venía del *Jockey Club*, que estaba ahí, a media calle de L'Opera, cruzando la *Rue d'Auber*. Esther, implantada en la mudez, escuchaba sin levantar la vista mientras picoteaba con el tenedor sobre la mesa. La botella de *champagne* no se dejó esperar. Delfín hizo hincapié en el año de la cosecha, y cuando el mesero la llevó él fue el catador meticuloso y ritual que aceptó con gesto displicente que el mesero la escanciara en las copas, que, como la ópera, también eran de Bohemia.

El tema que Delfín traía esta vez en la boca después de su estancia en Inglaterra, por primera vez, no fue la del éxito de sus caballos, sino la muerte de la reina Victoria, por lo que se había suspendido la carrera y hecho inútil su viaje a la Gran Bretaña, estériles los gastos de traslado de su caballo y, en fin, todo su empeño había sido un desastre. ¿Cómo es que no se le había ocurrido a la reina morirse un mes después?

Cuando Delfín se despidió, no sin antes hacer el compromiso con Bruno de ir mañana los tres juntos al Casino de Enghien-les Bains, en las afueras de París, Esther desató la lengua, aunque con temor de desagradar a su flamante esposo. ¿Cómo podía ser que tuviera amistad con ese hombre que hacía públicos sus vicios, sus escandalosas apuestas y, especialmente, del que se conocían sus aventuras con mujeres de mal vivir?

Bruno lo justificaba todo, sus vicios no eran sino apariencias: para Delfín era más importante pedir en público una botella de *champagne* de Dom Pierre Pérignon, que tomársela. ¿Sus apuestas? Lo que quería era demostrar que su caballeriza era la mejor, sus caballos los de más pura sangre, no la apuesta en sí misma. En cuanto a las mujeres... ésos eran chismes de envidia de esas jóvenes que, habiendo querido ganarlo como marido, al no lograr ni siquiera atraerlo, los habían inventado para desprestigiarlo. Esther, insistiendo, no pudo dejar de recalcar que era de muy mal gusto presentarse frente a ellos, sabiendo que era su luna de miel, a lo que Bruno no le dio importancia. Finalmente, Delfín era un buen conocedor de París y podría mostrarles cosas que ellos solos nunca descubrirían.

El dandy, una vez solo y en la calle, hizo señas para llamar al primer carruaje desocupado que pasó frente al *Grand Hôtel;* el cochero se detuvo de inmediato, volvía de dejar en su residencia de la *Avenue Fouché* a una dama enjoyada que por única propina le había lanzado desde la palma enguantada un beso etéreo, impulsado con su aliento que el frío transformó en vapor, musitó entre dientes y en su especial caló un comentario de satisfacción por ser un caballero quien reclamaba sus servicios, cuyo simple aspecto lo pintaba de mano generosa.

Después de un día de agitación, el largo trayecto hacia Enghien-les Bains le produjo una somnolencia que se saturó de imágenes viajeras. Jóvenes desnudas lo invitaban a danzar sobre un mar encrespado, en el que sólo se veían a lo lejos, entre la bruma, los mástiles de bergantines y fragatas. Una doncella montada en un alado caballo de mar flotaba entre espumas violáceas agitando en la mano un reloj árabe que sostenía por una cadena, con un movimiento que convertía al reloj en su propio péndulo y que le producía un éxtasis que no podía definir siquiera como sueño, porque no sabía si estaba soñando, y si lo estaba, sólo el imaginar el despertar, en ese instante le parecía una aberración. Trepado en la cofa de una fragata sentía impulsos desconocidos de volar sobre el agua tersa de aquel mar hecho más de velos que de agua. Nada en la vida le había hecho conocer esa placidez nirvánica ni el placer exquisito de desflorar vírgenes ni la sensualidad grotesca del burdel ni la nublazón del coñac ni la evasión del opio. Entonces no sabía que aquel estado más de alucinación que de sueño habría de repetirse compulsivamente, sobre todo a partir del nacimiento de su hijo, fruto de su matrimonio inesperado, un cuarto de siglo después. Cuando abrió los ojos, se hallaba al final de una larga avenida protegida por una techumbre arbolada. El sueño le había servido para recuperar las energías gastadas, y de nuevo se sentía como esas luces de bengala que al iniciar su descenso un segundo cohete las dispara nuevamente hacia lo alto, con mayor ímpetu.

El *chauffeur* se alejó muy contento con la generosa propina intuida.

Cuando Delfín entró al casino no tuvo que presentar su identificación: una breve inclinación de cabeza bastó para que el ujier anotara su entrada en la libreta de registro. Diamantes, rubíes y esmeraldas titilaban en las manos colocadas alrededor de las mesas de juego. Antes de apostarse en una mesa acostumbraba hacer un recorrido por el salón para darse cuenta de la situación del juego: en qué mesa se ganaba, en cuál se perdía, si en una había una damisela atractiva o un posible rival contra quien lanzar su ofensiva. Pasó de las mesas de *Black Jack* a su preferida, la de *Bacarat*. En uno de los sitiales se encontraba una joven de buen ver, nada excepcional en belleza ni en elegancia, pero con una mirada sombría, de tristeza inocente, que denotaba ser primeriza en aquellos lances naipescos y que de pronto se había visto enrolada en un ascenso peligroso de las apuestas. Sin pensarlo dos veces, Delfín se colocó detrás de ella y pronunció en voz sonora y bien articulada: "Banco". Las miradas de jugadores y mirones se dirigieron a él, que sin tomar en cuenta la sorpresa de todos le dijo en voz baja a la joven asustada: *"N'est pas peur, tout va bien"*. El estira y afloja del juego encendió los ánimos, elevó aún más las apuestas y desembocó en la ganancia de una buena fortuna. Tomó a la joven del brazo, la levantó de la silla con ternura y la invitó a celebrar con un brindis de *champagne* la ganancia que habrían de compartir. Ella no sabía bien a bien cómo había ganado ella con las apuestas de él, pero Delfín procuró ponerla al tanto de las reglas del juego. Nadine le confesó que era la primera vez que entraba en un casino, había ido a Enghien-les Bains sólo para recibir tratamiento con las aguas termales, pero aquella noche, no teniendo nada mejor que hacer, había decidido probar suerte. El *Bacarat* no era la mejor mesa para una primeriza, él la pondría al tanto de las reglas, pero comenzarían con algo más sencillo. Delfín le garantizaba que aprendería y que no volvería a tener tiempo de aburrirse, y cerró el discurso con un "confíe en mí" dicho en un francés impecable que ella agradeció con una sonrisa de Gioconda a la que sólo le faltaba el paisaje campirano como fondo.

Aunque las noches invernales eran largas, ésta estaba por concluir; era quizá demasiado tarde para iniciar la lucha de la seducción, tal vez lo mejor sería representar el papel del caballero respetuoso y dejar para mañana la conquista; esto tenía la ventaja, además, de crear en ella dos sensaciones: la de seguridad y la de hacerse desear. Tomada la decisión, se ofreció para acompañarla hasta su *suite*. Ante su duda, Delfín, tomándole la mano tiernamente y viéndola fijamente a los ojos, pronunció su promesa de despedirse en la puerta, sin otro reclamo que un beso en la mano, promesa que, avalada por la sinceridad de sus intenciones, logró convencer a Nadine.

Tal como lo prometió, le dio un beso en la mano, de la que ella había retirado apresuradamente el guante, y una vez que vio cerrarse la puerta frente a él se retiró con una sonrisa que, si ella hubiera visto, habría descubierto la malicia de sus verdaderas intenciones.

Cuando llegó de regreso al *Grand Hôtel* comenzaba a clarear y una nieve menuda le cubrió el sobretodo; recordó entonces a Esther, y sin más se dirigió a la *suite* de Bruno. Tuvo que golpear varias veces la puerta hasta que su amigo asomó por la rendija su cara de sorpresa.

—¿Sabes qué hora es?

—Claro, pero dile a tu mujer que está nevando, te lo va a agradecer... hasta esta noche, que se diviertan.

Tomando la manija, cerró él mismo la puerta y se alejó chiflando la melodía de su aria preferida de *Rigoletto*: "*Questa o quella...*" Cuando Esther supo que estaba nevando, sin siquiera ponerse su bata sobre su blanco camisón, corrió a la ventana y frotó el cristal con su mano para quitar la humedad acumulada que lo anublaba.

—Bruno, Bruno, vamos afuera, quiero sentir los copos caer sobre mi cara.

Se vistieron velozmente y así, sin desayunar, salieron a la calle. Esther, como una niña, corría con la cara vuelta hacia el cielo. Bruno tuvo que detenerla para impedir que los caballos de una berlina la arrollaran. Llamó a uno de los cocheros que esperaban pacientemente su clientela en las proximidades del hotel y le dio la orden sin consultar a Esther:

—*À Notre-Dame*.

Cuando llegaron al atrio, la nevada había arreciado. Grandes copos revoloteaban cayendo sobre adoquines y gárgolas, abrigos y sombreros, caballos y cocheros. Esther subió a una banca del atrio abriendo los brazos como si fuera a echarse a volar. Se balanceaba, dentro de ella su alma parecía ejecutar una danza acuática. Bruno la miraba con ojos de enamorado, riendo y compartiendo su alegría infantil. Terminaron jugando con las bolas de nieve, arrojándoselas mutuamente, como niños pobres que nunca hubieran tenido más juguetes que la nieve de los inviernos.

Era domingo, no habían desayunado y estaban frente al templo más famoso de Francia; qué mejor momento para entrar a oír misa y comulgar. Bruno aceptó, condescendiente, por esa disposición suya a la tolerancia. La iglesia entregaba a los ojos de la feligresía la luz policroma de sus rosetones y vitrales mientras el organista tocaba una misa de Bach que embargaba de solemnidad hasta a los visitantes menos cristianos. Terminada la ceremonia ritual, Bruno quiso subir a ver el órgano y entabló conversación con el organista, quien habría de terminar invitándoles a acompañarlo a un bistro, detrás de la iglesia, en cuyas mesas no encontrarían caballeros vestidos con casacas bordadas con hilo de oro ni damas navegando entre sus muselinas, pero, según les aseguró, era donde se comía el mejor *cous-cous* de Francia.

III
"Luna vieja" y "Luna nueva"

Me gustaría... comenzar mi *Diario...* con música. ¿Por qué no? Si un reloj puede dar la hora tocando una melodía, como el carillón de *Notre-Dame,* ¿por qué no ha de poderse abrir un libro que en lugar de ofrecer letras para ser leídas ofrezca armonías y melodías que le cuenten a uno la historia de una vida? Dime, ¿por qué en todos los *Diarios* se han de escribir letras, palabras, figuras literarias, ideas que se creen "importantes"? ¿Por qué no mejor escribir notas, acordes y frases musicales? ¿Será así que se comienza a ser compositora? Dime, María: ¿por qué no agregas a tus estudios de piano, la composición? Dice Lolita que no hay compositoras... no tendrías competencia entre las mujeres... ¿Mujeres? No, mentalmente yo no me considero mujer, yo he sido, y todavía soy, simplemente, un ser humano. Pienso que para el arte no hay "mujer" y "hombre", hay seres humanos que escriben, pintan, componen...

¿Cómo quién *me gustaría...* componer? ¿Cómo Beethoven o como Chopin? ¿Como esos compositores nuestros, tan cursis y dulzones? A ver, María, ¿compondrías valses como el que Juventino le dedicó a doña Carmelita, mientras vivía en la Calle de la Amargura, trabajando como campanero de la iglesia del barrio de Tepito? ¿O el *Amelia* que a mí me gusta más? Pero así es la fama, a veces no concuerda lo famoso con los gustos de uno. Dice Lolita que después de tocar las campanas bajaba del campanario rápido rápido y se metía en la iglesia a todo correr para cantar dentro del coro. Me contó que la Casa Wagner le pagó diecisiete pesos por su vals *Sobre las olas,* tal vez por eso escribió el otro vals para la mujer del Presidente, pensando que a lo mejor conseguía una beca o algo parecido con don *Solfiglio.* El pobre, ¿cómo iba a adivinar que el Hijo del Sol saldría pitando, después de tantos años de árbol viejo echando raíces y más raíces en Palacio? Si Chopin escribió *polonesas* tal vez yo podría componer *mexicanesas,* ah, pero eso sí, para piano y orquesta, porque Chopin sólo las escribió para piano, y a mí *me gustaría...* tocarlas con orquesta, aunque creo que la idea ya me la ganó ese tal Ponce que el otro día sustituyó al maestro Acuña en la batuta de la Sinfónica, con sus miniaturas mexicanas que son eso en realidad: *mexicanesas.* ¿Por qué George Sand, que tanto amó a Chopin, escribió novelas y no conciertos? Si tanto lo amaba, debió... no, cada quien tiene su vocación... Abuelito fue general, porque no pudo escapar a su sangre guerrera y murió montado en su caballo y de cara al fuego... Mi papá..., ¿por qué habrá elegido ser ingeniero si canta tan bonito y lo que se ve que más le gusta es la ópera?...

¿Cuál es tu vocación, María? ¿Qué es, de todo lo que haces, lo que más te gusta, lo que disfrutas con mayor placer? Bien sabes que sólo te pusieron en la escuela francesa, y a estudiar piano, pintura y literatura francesa para que seas una "esposa ilustrada", pero no para ser pianista, pintora o poeta, cuántas veces te ha contado 'isita de cuando el maestro de canto presentó a sus mejores alumnos en una audición especial en el Gran Teatro Nacional; el propio *Solfiglio* le envió a mamá la estrella de diamantes que guarda en el joyero, pero que cuando el director de la compañía de ópera le ofreció un contrato a mi mamá, mi abuelito Jesús, hecho una furia, lo mandó a paseo, ¡no faltaba más que mi hija se convirtiera en cómica!, ¡sólo estudió canto para cantarme las canciones que me gustan!, y tomando a mi mamá de la mano se la llevó a paso militar, como buen teniente coronel que era, jurando que su hija no volvería a cruzar la verja de hierro forjado del teatro ni el Conservatorio ni la Academia de música de Cisneros, mientras él estuviera con vida. Así que María, ¿serás pianista o poeta, pintora o... pasarás de ser considerada la nieta de un general que murió en desgracia, despertando miradas piadosas, a ser... después de casarte hoy, sólo "esposa del hijo de un héroe?", "¿mujer de un hombre rico y deseado que ofreció su nombre y su fortuna para restaurar el honor de una familia?" ¿Qué miradas despertarás entonces: de envidia o de desprecio?, ¿de admiración o de rencor? No, aunque mis papás me hayan puesto a estudiar sólo para hacer "carrera de esposa" yo quiero hacer otra carrera, *me gustaría...* ser alguien, independientemente de parentescos familiares y matrimonio, ser alguien por mí misma, ser alguien a quien tú puedas admirar, como a Sor Juana, a Beethoven o a Chopin. *Me gustaría...* decidirlo ahora, hoy mismo; hoy es el día de las grandes decisiones...

Su imagen en el espejo de pronto se simbiotiza con la de Mixi, que ha aparecido, como siempre, sin hacer ruido.

—Sí, hoy es el día del conocimiento. *Nitla-matemotiuh,* buscas a tientas en la oscuridad, pero hoy es el día de la luz. ¿Qué es lo que deseas?

—No lo sé aún, tal vez ser la mejor en lo que haga, ser única, ser... "Ser", con mayúscula, es descubrir en el espejo una imagen que se identifique con el ideal... hm, qué fácil, ¿eh?... ¿cómo lograrlo?, ¿bastará tocar, pintar o escribir: crear, de día y de noche?, ¿romper moldes, como los atletas: récords a cada hora, a cada minuto? ¿Es eso realmente lo que deseo? Si no me casaré con quien amo, no puedo sacrificarle lo que soy, lo que pueda llegar a Ser. Eso sólo se le sacrifica a un Dios o al Ser Amado, que es lo mismo.

—No adelantes la hora de la decisión, *ti-notzaloz,* espera, serás advertida hoy, una vez pasada la ceremonia matrimonial, no desesperes... no ha sonado la hora en el campanario... pero sonará...

—No, no, está decidido, nana, seré pianista... y si he de serlo, seré la mejor, porque sólo así la imagen del espejo reflejará mi imagen, la que yo quiero tener; no seguiré el molde de mi mamá, me sentaré frente al teclado todas las horas de mi vida, en vigilia o en sueño, como quien se prepara para la guerra...

*

—¿De veldá, buelito?
—Yo nunca miento.
—¿Y cuándo me legalalás tu letlato?
—Un día...
—¿Qué día?
—¿Qué te parece si te lo regalo el día que te cases?
—¿Yo me voy a casal?
—Sí, un día te casarás.
—¿Qué día?
—No sé exactamente.
—¿Y pol qué me regalalás el letlato ese día?
—Porque ese día tendrás tu propia casa y ahí podrás colgar el retrato donde tú quieras.

—¡Ah! ¿La casa donde vivo ahola no es mi plopia casa?
—Sí... y no...
—¿Pol qué sí?, y ¿pol qué no?
—Sí... porque siendo de tu padre es como ser tuya, y no, porque... todo es cuestión de "poder", ¿sabes? Quien manda en la casa es el dueño.

—¡Ah! Pol eso yo tengo que obedecel a mi papá, ¿polque él es el dueño? ¿Como mis muñecas tienen que obedecelme a mí, polque son mías?

—Sí, es como en el ejército... hay una cabeza que manda y un cuerpo que obedece...

—Entonces, en la casa de mi papá, ¿yo soy el cuelpo?

—Podría decirse que eres parte del cuerpo, sí...

—¿Y un día yo tendlé mi plopia casa?

—Sí, cuando te cases tendrás tu propia casa.

—¿Y ahí podlé colgal el letlato donde yo quiela?

—Sí.

—Ah, entonces cuando yo tenga mi plopia casa ¿yo selé cabeza?

—Bueno, entonces, tu esposo... Monina, ¿por qué no te vas a jugar?

—Pelo, ¿plometes que me dalás el letlato glande, ése que está en el salón?

—Sí, te lo prometo...

—¡Conste...!, ¿eh? ¿Me dejalás plonto vel de celca tu espada de genelal?

—Sí, te dejaré...

—¿Y me llevalás en tu ca'esa?

—Sí, te llevaré en mi calesa, en mi *boguesito*... a donde tú quieras.

—¿Plometes?

—Prometo.

—¿Y cuándo me dejalás montal el *ponny*?

—Cuando seas un poco mayor.

—¿Cuando me tlaigan a Monteley el plóximo velano?

—Veremos.

—¿Qué velemos?

—Si ya creciste lo suficiente para alcanzar el estribo del galápago.

—Ah, ¿y qué tengo que hacel para clecel lápido?

—Ver con buenos ojos la comida y comer todo lo que te diga tu mamá.

La niña, luna vestida de blanco, con cuello de impecable encaje de holanda y listones de seda como rayos de luz, sentada en las piernas del general en cuyas largas barbas alunadas se entreveran los últimos hilos del árbol castaño original, atisba desde el balcón de *El Mirador*, las caballerizas donde soldados y caballerangos cepillan yeguas y potros, y más allá, como habría de escribir unos años después su tío Alfonso al recordar el panorama que se avistaba desde ese balcón, María vislumbró los "rosarios de colinas abajo: después la ciudad, blancuzca y partida por un río sin agua". Un joloncito en la orilla de su vestido la obliga a mirar hacia el suelo, ve cómo, a sus pies, juega su primo Brunito con la punta de su zapatilla negra que contrasta con el lino blanco de su traje, con los encajes y listones de su cuello de holanda, con sus rayos de luz de luna.

—¿Buelito? ¿Pol qué a él sí lo dejan jugal en el suelo y a mí no?

—Porque todavía es chico y no entiende, pero tú ya eres grande y sí entiendes...

—¿Qué debo entendel?

—Que hay traje para montar a caballo y traje para salir de viaje, traje para jugar y traje para cuidar. Y el vestido que traes ahora es para cuidar.

—Ah... ¿enton's cuando vea que te pones el unifolme de genelal es que vas a jugal con el caballo?

—No, es que debo prepararme para la guerra...

—¿Qué es la guela?

—¿Quieres ir a ponerte tu traje de jugar?

—No, quielo que me sigas enseñando cómo sel un buen genelal, polque cuando yo sea glande quielo sel genelal como tú.

—Eso no es posible.

—¿Pol qué?

—Porque eres mujercita. Sólo los hombres pueden ser generales.

—¿Pol que dices que soy mujelcita? Yo no soy mujelcita: soy niña. ¿Las niñas no po'emos sel genelales?

—No.

—*Me gustalía...* Yo quielo sel genelal, como tú. Tú pue'es hacel que yo sea genelal, polque tú pue'es hacel todo, mi 'apá me dijo que tú pue'es hacel ¡todo!, así que haz que yo sea genelal, cuando sea glande.

—Anda, ve a ponerte tu vestido de jugar, para que juegues con tu primo Bruno.

Mientras el General deposita en el suelo a Monina, su secretario particular se acerca con unos pliegos en la mano y la ve alejarse con tristeza. El General tiende la mano para tomar los pliegos que supone son seguramente para su firma. La niña entra corriendo a las habitaciones, buscando a Mixi, para pedirle que le cambie el vestido, ya tiene el permiso para jugar en el suelo.

El General columbra que hay problemas, conoce demasiado bien a su mano derecha, y cuando trae la cara larga es que algo anda mal. Ve el telegrama que trae en la mano y habla sin inquietarse: "¿Despacho presidencial?" Don Jesús baja la cabeza y musita un "No, mi general", que sólo se adivina al ver el movimiento de sus labios. "Es un telegrama personal." Detesta dar malas noticias, y más cuando se queda huérfana de madre una niña de menos de cuatro años, de ojitos azules que parecen pintados por Escudero y Espronceda, ese pintor que le hizo al General un retrato de cuerpo entero para celebrar el inicio del nuevo siglo, allí, junto a su escritorio, con la mano sobre un volumen de la *Historia de México* y cuando aún no tenía ni una sola cana entreverada en la barba: no hace ni cinco años.

Después de leer el telegrama, el General otea el horizonte, puede imaginar el sufrimiento de su hijo mayor, vuelve a examinar el telegrama, como si quisiera leer en él otra cosa de la leída, rectificar un error de lectura, reconocer que las letras decían otra cosa. Su secretario lo acecha, para descubrir en su gesto la emoción escondida, pero el General no delata su emoción, se controla, aunque no le han faltado momentos de impetuosidad en los que la pasión lo ha hecho desbordarse en arrebatos que le han traído no pocos problemas con don Porfirio, como aquel ocurrido hace dos años, cuando se preparaba la reelección de su gubernatura y los oposicionistas apoyados con los dineros de los "científicos" urdieron una intriga para desprestigiarlo frente a los ojos del Presidente.

El secretario lo recuerda bien, eran las vísperas de las elecciones, los velecistas y los antivelecistas realizarían el 2 de abril sendas marchas en apoyo del presidente Díaz, y lo que deseaban los opositores era provocar un ataque a los antivelecistas para culpar al gobernador de violencia y represión. Para su mala fortuna, ese día, a finales de marzo, iba el General solo en su calesa, cuando un individuo salido de una taberna lo injurió a mentadas de padre y madre, y al reparar en que el General saltaba del carruaje, el individuo se introdujo a redoble de miedos en la cantina donde los opositores se habían reunido para ultimar los detalles de su intriga. Creía poder así salvarse del general hecho furia, trueno y tempestad, pero el gobernador no se detuvo y a zancadas de rabia entró en la taberna, y olvidando los dolores de su brazo, nunca repuesto de sus heridas guerreras, puso al injuriante en la mira de sus ojos, y alzándolo del cuello lo sacó a bofetones hasta la calle, sin que los antivelecistas lo perdieran de vista ni un segundo y sin que se atrevieran a hacer ni un intento siquiera de defender al injuriante. El General no sintió las miradas clavadas en su espalda cuando lo puso en manos de la policía que había llegado apresuradamente al ser informada, por un testigo ocular del incidente, de que el gobernador estaba en peligro de ser atacado por sus opositores. Aquella acción provocó que el presidente Díaz enviara un emisario como espía para conocer la situación política por la que atravesaba el Estado, y le valió, además, ataques en la prensa antivelecista, entre la que se contaba, por supuesto, y en primera fila, el periódico *Regeneración* en el que Ricardo Flores Magón no dejaba de atacar a Díaz por todos los flancos posibles, y uno de ellos era el del general Vélez. El Presidente seguramente había pensado que este acto de impetuosidad sería visto por los magonistas como una acción represiva del gobierno, no sólo del gobernador sino del propio Presidente, y los ataques que siguieron en toda la prensa contra Vélez le daban la razón, no sólo lo acusaban de impulsivo sino de atrabiliario. Pero en esta ocasión no se trataba de insultos familiares ni de atentados a su persona ni de intrigas palaciegas, sino de un drama personal que afectaba la vida doméstica de Bruno, su hijo mayor.

—Es evidente que la fiebre tifoidea hace víctimas no sólo entre el pueblo desnutrido, sino entre todos nosotros. Habría que crear una ley, tal como la hemos hecho sobre los accidentes de trabajo para favorecer a los obreros, que ayude a remediar los problemas de salud entre toda la población.

El secretario asintió, y quitando la vista del horizonte se levantó lentamente y volvió los ojos en dirección del corredor por el que se había alejado la niña y no pudo menos que ordenar: "No le digan nada a Monina, déjenla que siga siendo niña un poco más. Ya tendrá tiempo de llorar por su madre". Recordó entonces que su madre murió de anemia, cuando él tenía veinticinco años. Como siempre andaba pacificando los levantamientos en contra de don Porfirio y no pudo siquiera estar en su sepelio, aquel fue un dolor para el que no estaba preparado. Si pudiera uno prepararse para el dolor de perder a la madre como se prepara para la guerra...

De pie, apoyado en la balaustrada, contempló de nuevo el Cerro de la Silla. "Prepararse para la guerra." Cuántas veces lo ha hecho, desde sus pri-

49

meras batallas, cuando luchó contra las fuerzas invasoras de Francia, cuando aún no había ganado su primera condecoración ni recibido el grado de Teniente de Caballería de Auxiliares, otorgado por el general Ramón Corona y revalidado por Benito Juárez; aún antes de ser herido varias veces en campaña y de quedar con el brazo lesionado, cuando durante la batalla de Zacatecas, en la que el general Corona ordenó la retirada, él, siguiendo su impetuosidad, se dirigió hacia las filas que estaban a la vanguardia con objeto de salvar los depósitos de la Cuarta División que se encontraban en aquel sitio aún antes de la batalla de la Mohonera, cuando era ayudante del general Corona y tuvo que combatir al cacique Lozada que se levantó en contra del gobierno de Lerdo. Recordó, sin desearlo, cuando el general Díaz le encomendó la pacificación de Yucatán por los levantamientos de cuatro años antes, cuando todos veían su panorama político coronarse para siempre con laureles, ya que él estaba demostrando ser el mejor sostén del gobierno de Díaz, a pesar de que muchos años atrás, en Tepic, siendo apenas teniente y subalterno del general Guerra, él se había negado a unirse a los pronunciados, cuando este general después de pedir su baja del ejército regular, bajo la presidencia de Lerdo, se unió a la revolución tuxtepecana de Porfirio Díaz.

—Coronel Vélez, por última vez, piense en la conveniencia de unirse al Plan de Tuxtepec, usted sabe que la situación de Lerdo es insostenible, su reelección está condenada al fracaso, sé por sus propios familiares, los señores Vallarta y Ogazón, que usted mismo ha sufrido en carne propia sus desafueros. Ellos son consejeros de Porfirio Díaz y lo han recomendado ampliamente. Únase a nosotros, los antirreeleccionistas, Díaz representa el futuro del país, no se quede en la retaguardia.

—Lo siento, general Guerra, yo soy un soldado apolítico, no me perdonaría a mí mismo el levantarme en armas en contra de un gobierno legítimo, y a pesar de mis resentimientos personales hacia el presidente Lerdo es mi obligación cumplir con mis deberes militares, y éstos comprenden defender al gobierno constitucional.

—Entonces, coronel, tal vez nos veamos en el campo de batalla, no como compañeros de armas, sino como enemigos.

—Si llega a ser así, señor general, cumpliré con mi obligación, y con mi sangre defenderé la legitimidad de la República, así sea combatiendo al propio Porfirio Díaz.

No sería que el Presidente había conservado en la memoria el rencor por aquellas palabras, y por su acción militar cuando pocos días después, siendo jefe de la columna que ocupaba el territorio de Tepic, se encontró con el general Guerra y lo derrotó en la zona de Tamiapa obligándolo a huir. Para su desgracia, al escapar de sus manos, en su fuga el general Guerra cayó en las del coronel Machorro, quien lo fusiló. Su ascenso a coronel se había debido precisamente a su triunfo sobre las fuerzas de Díaz. ¿Sería posible que el Presidente lo hubiera conservado en un rincón de su conciencia todos estos años? ¿Se habría olvidado de que una vez triunfante y constituida en gobierno la revolución de Tuxtepec, él se dirigió al Congreso federal, antes de ir a ponerse a las órdenes de Díaz, para preguntar a quién debía obedecer como soldado y cuál era el régimen legal? ¿Cómo saber lo que Díaz guardaba en su memoria sobre aquellos hechos? A pesar de haber sido su Ministro de Guerra y de haber apagado cien fuegos levantados a todo lo largo y ancho del país, obedeciendo la legitimidad, como Juárez lo había hecho, como su padre se lo había inculcado, luchando siempre en favor de la causa liberal, ¿cómo saber lo que Díaz le tenía reservado al final, si sus partidarios continuaban presionándolo para aceptar una candidatura que lo enfrentaría definitivamente a Díaz en las próximas elecciones presidenciales? No se sintió del todo sincero al recordar que se había declarado "apolítico"; en realidad, su ideología era muy clara y su liberalismo le había creado precisamente la animadversión del grupo de los "científicos" de que se había rodeado el Presidente. Si no hubiera sido el lema de Díaz, precisamente, el de la "no reelección" el que lo había llevado a la Silla, tal vez ahora no habría tenido tantos levantamientos ni tan graves, como el de Yucatán. Pero ahora no era el momento de pensar en política, su hijo reclamaba toda su atención. ¿Quién cuidaría de María? Allí, en el balcón de *El Mirador* resolvió que Bruno debía seguir el ejemplo de su padre. ¿Cómo podría él solo educar a su hija, tan pequeña? Y darle una madrastra sería, tal vez, condenarla al sufrimiento. Tendrá que casarse con una hermana de su esposa, como lo hizo mi padre al morir su primera mujer, la tía Guadalupe, hermana de mi madre; sólo así se asegurará de que su nueva esposa tenga para su hija los cuidados si no de una madre, sí de una tía.

Don Jesús, a su lado, respetaba el silencio del General, sin atreverse a interrumpirlo, para proseguir informándole de los asuntos del Estado. El toque a Revista sacó al General de sus cavilaciones y, viendo de reojo a su secretario, caminó hacia el patio, donde los soldados se alineaban en hileras de mazorca.

—Vamos, don Jesús, vamos a prepararnos para otra guerra.

Del patio se acercó corriendo hacia el general su hijo menor, Archibaldo. Era un niño de unos once años, delgaducho, metido con toda pulcritud en un traje que parecía diseñado para un joven mayor, con corbata, polainas y zapatos de charol.

—¿Puedo verlo pasar revista, papá?

—Sí, hijo, pero desde el balcón.

Archibaldo dio las gracias a su padre con toda formalidad, siempre hablándole de "usted", y se dirigió al balcón de la terraza para ver toda la ceremonia.

María, que salía de las habitaciones con Brunito de la mano, miró a su abuelo descender la escalinata a ritmo del toque de corneta que a ella tanto le gustaba.

— Ven, Blunito, escucha la música, es como una canción, pelo sin palablas. *Me gustalía...* bailal... ¿no quieles?... Hm... 'tonces, vamos a jugal *matatena*. Ven, Unito, te voy a enseñal.

IV
En el trampolín de un sueño

Cuando llegó Emilie para ayudarle a vestirse, todavía encontró a María con el *Diario* en la mano, aunque sin haber escrito una sola letra. Una campanada anunció la media hora. Verla entrar María y comenzar a llorar, todo fue uno. Emilie se sentó a la orilla de la cama para consolarla, pero no sabía de qué debía consolarla. Recordó el día de su propio matrimonio. ¿Había llorado? No lo recordaba... tal vez por la emoción... claro... María era tan sensible, tenía que estar emocionada, era tan parecida a esas heroínas románticas de las novelas de Lamartine y de Madame de Staël. Ya, ya, *qu'est-ce que c'est?* Se te van a hinchar los ojos, no seas niña... un matrimonio no es el fin del mundo, sino el principio... María, sin responder, estallaba en un llanto más lastimero, cada palabra de Emilie era un aguijón para la lágrima y nuevos gemidos se sumaban a los gemidos. Una llovizna que a cada instante amenazara tormenta habría sido el mejor símil para describir el llanto de María, que ningún argumento lograba calmar.

—Sólo imagina lo que va a ser para Brunito la noticia de... —el llanto segó la frase.

No valieron los ¡pero válgame Dios, si eso fue un amor de chiquillos! Si hace más de cuatro años que se fue, además es tu primo... no valieron las palmaditas en la cabeza de cabellos revueltos con la humedad amarizada de las lágrimas, no valieron explicaciones ni argumentos de la situación política ni de que los pronunciamientos militares, las rebeliones, motines y golpes de Estado que se habían sucedido en el país no permitían el desarrollo normal de las vidas ni de que había que saber aceptar las vicisitudes que el destino presentaba... no valieron justificaciones de cómo también ella, Emilie, se había casado con un hombre que le llevaba diez años. "Sí, pero no nació el mismo año que tu papá, Adolfo casi me triplica la edad", respondía María en un nuevo *crescendo* gemitoso... no valía el argumento de que, a pesar de sus poco más de cuarenta años, Adolfo era guapo, rico, todo un partido para cualquier muchacha, y por cierto, habría muchas interesadas en robárselo, si ella no se ponía en guardia... pero cada nuevo argumento desataba un hilo acuoso más, y una más profunda inspiración de aire, que en la garganta apretada se convertía en el gemido de un caracol de mar en medio de la luna.

Emilie intentó una nueva estrategia: dejar de hablar de ella y comenzar a preparar la ropa, el tocado, el velo.

El ajuar ya se había enviado desde dos días antes al palacio que habría de ocupar María con Adolfo. *Son mari,* Jean, se había encargado de llevar personalmente los baúles que contenían las sábanas, fundas, colchas, manteles, servilletas y otras menudencias telares, bordadas con las iniciales de los novios.

Jean le había contado que vio algo que la preocupó —por supuesto, Emilie se abstuvo de repetírselo a María—: unos misteriosos preparativos que Adolfo hacía con sus amigos para ir ayer en la noche a la primera tanda del Teatro Principal, donde la Conesa volvería a cantar *La gatita blanca*. Pero lo que Jean ya no pudo saber es que después de asistir a la representación, Adolfo y sus amigos se fueron a despedirle su soltería al *Jockey Club,* lugar de reunión que a pesar de los impactos de la revolución, de la Decena Trágica y de los innumerables pronunciamientos de los generales seguía funcionando con toda regularidad, y sus miembros continuaban asistiendo y patrocinando eventos de muy variada naturaleza. Emilie ignoraba que Adolfo, en efecto, a esas horas aún no volvía a su domicilio. La parranda, preparada muy en secreto para que el padre de María no se enterara, había terminado en el "Monasterio de la Dama de Pique", como Adolfo y sus amigos llamaban a un burdel situado en el Callejón del Sapo, a no gran distancia del *Jockey Club*. Quien manejaba el "Monasterio" era una mujer opulenta de bien cuidadas carnes, coronada siempre por una diadema en cuyo extremo superior brillaba un enorme diamante. Por su forma triangular, su testa coronada recordaba las picudas tocas de las "hermanas de la caridad" que habían habitado el antiguo convento, que hoy ocupaba el burdel.

Un foco rojo en la entrada era el faro orientador para los trasnochados. El zaguán principal se abría a un recibidor cerrado por un cancel de herrería negra que separaba el claustro de los visitantes que llegaban a buscar a alguna de las *hermanas* para algún asunto grave o de emergencia, ya que su quehacer en este mundo era cuidar enfermos, atender necesitados y, como era natural en tiempos de la revolución, velar heridos y, si estaban agónicos, proveerlos al menos del consuelo necesario para que pudieran morir en santa paz. Pero precisamente por motivos de la revolución el monasterio había sido abandonado y vendido en subasta pública. Su compradora, antigua amante de un distinguido político porfirista, había pensado en otra forma de atender a los necesitados que sufrían de innumerables males, producidos por carencias de caricias o amorosos desamores, en ocasiones más graves y agónicos que los de una mala bala, por lo que había que otorgarles un consuelo adecuado a sus necesidades amantinas. Buscó entre las jovencitas de la más alta y distinguida sociedad a aquellas que por haber dado un mal paso habían quedado sin amparo familiar. Ayudarlas a resolver su problema vital era otra manera de misericordia hacia las necesitadas, y como una buena hermana de la caridad colocó el foco rojo en la entrada del ex monasterio y decoró el lugar con el más exquisito gusto al que los conocedores denominarían *art nouveau*. En su actual desempeño, el recinto permitía que en la sección delantera del cancel se atendiera a los recién llegados, recogiéndoles sombreros, levitas, *jacquets,* portafolios, bastones y demás posibles prendas, que se colocaban, respectivamente, en roperos de madera labrada con sombrereras interiores y en paragüeros de porcelana finamente pintados a fuego con motivos bucólicos. Una vez cruzado el cancel de herrería, los visitantes —a quienes nunca se les llamó "clientes" porque a la Dama de Pique eso le parecía una vulgaridad— eran recibidos por una edecana que hacía sonar una discreta campanilla, al tintineo de la cual se abría una cortina de terciopelo rojo y aparecía la Dama de Pique con su dibujada sonrisa, siempre la misma, en extensión, intención y proyección, para conducirlos al salón rojo, a menos que se tratara de un personaje que por alguna peculiaridad política no quisiera ser visto por otros visitantes, en cuyo caso la dueña lo guiaba por uno de los pasajes secretos del ex convento hacia su reservado, en donde esperaba a la joven elegida por él previamente para recibir de ella la debida atención a sus necesidades amatorias. El salón, iluminado a media luz por pequeños candelabros y candiles de cristal de Bohemia, era frecuentado por los hombres más prominentes de la sociedad capitalina: senadores, diputados y algunas veces hasta ministros, como se llamaba a los secretarios de Estado, y las jóvenes atendían las necesidades afectivas de unos y otros con toda propiedad y decencia. Los músicos, todos sexagenarios para evitar algún posible desliz de las damiselas, tocaban la música del momento, que algunos visitantes aprovechaban para bailar, tratando de propiciar con el abrazo el momento de la ascensión al monte del amor.

Adonis, recostado en una *chaise longue* del salón rojo, rodeado de damiselas sonrientes, contaba sus hazañas en el juego de naipes, en las carreras de sus caballos, en sus conquistas de jóvenes castas e inocentes, como si estuviera relatando las hazañas del Cid. No había potros mejores en el mundo que los suyos, todo lo que él tocaba, como en competencia con el rey Midas, se convertía en grandeza, nobleza y riqueza. Hablaba gesticulando y, de tiempo en tiempo, su mano caía sobre un hombro descubierto o un muslo cuya forma moldeaba la fina seda de una falda; entonces cerraba los ojos como para concentrarse en la sensación de aquel roce mórbido e incitador, mientras se escuchaban las notas melodiosas del vals *Sobre las olas*. Ensimismado en los relatos de su grandeza, no advirtió, por la densidad de los pesados cortinajes, que comenzaba a hacerse la luz en el Callejón del Sapo. Cuando una de las damiselas le tendió la mano para tomar la suya, señalándole con un delicado guiño de los ojos la puerta que comunicaba a los reservados, Adonis comprendió de inmediato su gesto provocativo y se levantó, no sin trabajo, recompuso el corbatín y, zigzagueando al compás de las olas del vals, se dejó conducir hacia el Paraíso.

Se deshizo de sus vestiduras de catrín, y así desataviado, como Dios lo había echado al mundo, se tiró en el lecho. Contempló por un momento su propia pulcritud en el espejo, situado estratégicamente como plafón interior del dosel, lanzando una exclamación admirativa ante su propia imagen. Pero no bien buscó con la mirada la figura de la damisela que respondía al nombre "artístico" de Crisálida, cuando se le cerraron los ojos quedándose dormido. Crisálida, a su vez, sin convertirse en mariposa, se quedó, al revés de las novias de pueblo, desvestida y apaciguada, esperando que el roto despertara, lo que le permitió también a ella echarse un sueñito reconfortante ya que la noche había sido larga y estaba cansada de sonreír.

Cuando Adonis despertó, el sol se acercaba a su acimut; el sobresalto no pudo ser mayor. Por primera vez en su vida Adonis tuvo una sensación de culpabilidad, desconocida para él, ¿era un mal agüero? La sensación parecía anunciar que el casarse a su edad podía ser peligroso para su bienestar. Desde que su padre había muerto, se acostumbró a no tener que dar cuentas a nadie de su conducta. Si se iba de viaje o al burdel, si gastaba en un caballo de pura sangre o en un diamante para su querida, no tenía que dar explicaciones. Cuando mucho, su administrador lo llamaba a juicio si se excedía en gastos, pero ahora la sensación de que a partir de ese preciso instante tendría que explicar a una esposa su conducta, sus llegadas en la madrugada o sus despilfarros, le causó un desasosiego que temía fuera el primero de una serie que no habría de tener fin. Cancelar la boda, ¿sería lo correcto? Nunca se había preocupado por lo que era 'correcto' o 'incorrecto', 'propio' o 'impropio'. Cuantas veces su tía le repitió que no había que escandalizar a las personas decentes, él se había propuesto, precisamente, escandalizarlas. Su conducta había sido un juego de audacias que llevaba como meta romper con las normas militares paternas, como en un desquite justiciero de la ley de 'el que la hace, la paga' pero invertida. Lo habían obligado en su infancia a no hacer tantas cosas que él quería hacer, que al morir su padre toda su vida había estado dirigida a compensarse de todas sus carencias y de todas las prohibiciones paternas. Jugaba porque su padre se lo impidió. Competía en las carreras porque su padre le dijo que era indebido. Bebía *champagne* porque le estaba vedado por su padre. Fumaba opio porque su padre le dijo que era ilícito y nocivo. Se acostaba con prostitutas porque a su padre le parecía inmundo y se lo había prohibido con el pretexto de que podía contagiarse de sífilis, por eso siempre había tenido el cuidado de ir a los mejores burdeles, a las casas de citas más refinadas, donde sabía que las jóvenes estaban bien cuidadas higiénicamente. Sólo una vez hacía varios años tuvo una pequeña ulcerita, allí en 'el innombrable', que no le causó ningún dolor y que nunca supuró. Ni siquiera había tenido que consultar al médico, ya que desapareció al poco tiempo sin dejar rastro, al menos eso creía, porque no había sentido ninguna molestia.

Todavía con la sensación de mareo por los abundantes licores y vinos ingeridos, se levantó. Advirtió que, aunque él estaba desvestido, su joven damisela no lo estaba y roncaba profundamente. Se vistió tan rápido como le fue posible, puso sobre la mesa de noche unas monedas de oro, que eran las únicas que actualmente no perdían su valor, y salió de la habitación todavía trastabillando.

Ya en la calle, el sol producía sombras verticales y densas sobre las baldosas de las banquetas. Subió a su automóvil, en el que el *chauffeur* dormía tranquilamente recargado sobre el volante, y con voz autoritaria le ordenó llevarlo a su residencia a toda velocidad, orden que el *chauffeur* tuvo dificultad para cumplir, dada la tremenda circulación que había a esas horas de la mañana en el centro de la ciudad. La gente proveniente de todas direcciones llenaba las calles, y en las esquinas, oficiales de tránsito, parados en un banquito, trataban de mantener el orden de tranvías, autobuses y carruajes que se sumaban a los automóviles. Adolfo, tirando de la leontina, sacaba el reloj de su bolsillo a cada momento, como si el hecho de mirar la hora acelerara la velocidad de su vehículo, haciendo cálculos mentales sobre el tiempo que tenía disponible para cambiarse de ropa y estar a tiempo en la iglesia. Por primera vez estaba preocupado por la impresión que podría provocar su retraso en una cita. ¿Cómo explicarle a su amigo Bruno que llegaba tarde porque había pasado la noche en el burdel? Mi boda con María será, tal vez, una prisión, pero estoy decidido a todo con tal de tener un heredero. María es joven y saludable, podrá darme el hijo que tanto anhelo. Últimamente se había convencido de que no tener descendencia sería como ser una mancha de tinta en la página blanca del libro donde se asentaba el árbol genealógico familiar. Ya que sólo tenía hermanas, todas las esperanzas familiares estaban en el único hijo varón del general, que era él.

Cuando el automóvil se detuvo frente al portón de su palacio marmóreo en la calle de Humboldt, se apeó, tirando nuevamente de la leontina y echando otra mirada a la carátula del reloj. En una hora, después de rasurarse a tal prisa que resbalaría de su mano el pequeño espejo oval haciéndose mil pedazos, estaría en la Puerta Mariana, "con Redentor y Tres Reyes", como diría su amigo Alfonso, esperando a la novia con azahares en el ojal del *jacquet* bien planchado.

V
¿Cuándo se detendrá el tren?

Desde que salió de la iglesia, una vez consumada la sacrosanta ceremonia, María caminaba sin pisar el suelo, oía sin escuchar, veía sin mirar. Cuando subió al vagón del ferrocarril, volvió su rostro y descubrió que mamaisita lloraba, y sus tías, y primas, y amigas; hasta Emilie, colgada del brazo de Jean, tenía los ojos húmedos, y no pudo dejar de reflexionar que la estaban despidiendo como si fuera a morirse. ¿Qué significaba el matrimonio? Tal vez era el fin de una de sus vidas. ¿Cuántas vidas le había deparado el destino? ¿No moría así la luna cada veintiocho días? ¿Y no era la Luna Nueva el anuncio del advenimiento de otro ciclo en el que renacería un diminuto cuerno de luna que iría creciendo, creciendo hasta su plenitud, a la que habría de seguir su mutilación pedazo a pedazo, hasta morir en otra Luna Nueva que era anuncio del advenimiento de otro ciclo? *Me gustaría...* que así como hay escuela para aprender lo que las generaciones anteriores han pensado, hubiera escuelas para enseñar lo que las generaciones futuras nos ofrecen, *me gustaría...* Casi sin querer, sus labios se movieron y su nana, que detrás de ella cargaba dos cajas redondas, conteniendo los sombreros que habría de necesitar en Veracruz, la escuchó.

—¿Qué te gustaría, niña...?
—*Me gustaría...* saber con anticipación cuándo...
—¿Cuándo qué, niña?
—Cuándo moriré.
—¿De veras te gustaría... saberlo?
Las voces familiares la envolvieron. "Cuídate, m'hijita", escuchó decir a su padre.
—Sí, papá.
—No dejes de enviarnos alguna tarjeta, recuerda que hay mucha agitación en el país y que estaremos con pendiente.

—Sí, mamá. Si no vamos tan lejos, ni que fuéramos a Europa.

—Ni lo mande Dios, con la guerra que no tiene para cuando terminar... de todos modos, aunque parece que Veracruz está en calma, nunca se sabe con los revolucionarios, en cualquier momento pueden pronunciarse y... ya sabes lo que es eso...

—Ya, mamá, no te inquietes, no habrá ningún pronunciamiento...

—Mixi, no dejes que María se asolee mucho, ya sabes lo delicada que es...

—Sí, señora.

—Y usted, Adolfo, recuerde que María todavía es una niña... que no ha salido del cascarón, protéjala...

—La cuidaré más que a una flor del Paraíso, Luisa, no se preocupe...

—Delfín, te llevas de verdad una flor... mi única flor...

—Bruno, amigo mío, sabes cuánto la quiero...

Últimos abrazos antes de que el tren suene la campana para anunciar la partida. Adolfo, con la agilidad de un gamo, trepa al estribo y agita la mano para despedirse de todos mientras el tren comienza a bufar llenando de vapores la estación de Colonia. María contempla, desde detrás de la barandilla del vagón de primera clase del *pullman*, al grupo que permanece quieto en el andén, agitando los brazos, mientras lentamente se aleja de su mirada. Mixi, entretanto, acomoda los pequeños maletines en los compartimentos para dejar libres las butacas cuando llegue la pareja que se ha quedado en la plataforma posterior.

Apenas se sientan, María observa a Adolfo que prepara su pipa, se pregunta cómo irá a ser su vida matrimonial con ese hombre que es casi un extraño. Sólo sabe de él lo que su padre le ha contado, ya que fueron compañeros en la facultad de ingeniería, pero 'isita, en cambio, siempre ha guardado un silencio que María interpreta como recelo hacia él, aunque nunca le ha confesado la causa. Por supuesto, María no se atrevió nunca a manifestar sus inquietudes delante de su padre, pero se pregunta: ¿quién es en verdad Adolfo?, ¿el caballero respetuoso que le besa la mano al saludarla o el aventurero osado del cual corren chismes nada prestigiosos entre las amigas de mamaisita que ella ha escuchado, escondida como una delincuente detrás de las puertas? ¿Qué es lo que el destino le deparará en esta nueva vida? Siente, de pronto, que está enterrando su adolescencia, pero no sabe qué epitafio poner en la lápida:

¿Aquí descansa la castidad de una joven virgen que amó a su primo con amor imposible? o *¿Aquí duerme para siempre el amor de una virgen?* Los posibles epitafios tenían dos vocablos en común: "amor" y "virgen", quizá porque eran las palabras imprescindibles. Sabe que al siguiente día, en cuanto lleguen a Veracruz, esa castidad de flor del Paraíso que tanto habían cuidado en ella las monjas del *Saint Joseph,* y mamaisita, y su padre, y la misma nana, quedará enterrada para siempre bajo una lápida inamovible.

Adolfo se levanta, le besa la mano y con toda cortesía le anuncia que irá al vagón fumador, porque aquí no se puede fumar.

— Mixi, cuida a tu ama mientras vuelvo.

—Sí, señor.

Al salir Adolfo, Mixi le toma la mano a María y observa detenidamente el dorso, pasa por sobre él su mano derecha, sin tocarla, como si con las yemas de sus dedos fuera leyendo en la página de un libro que sólo ella puede leer.

—Hoy es el día de la revelación, ¿no es así, nana?

—¿Qué te gustaría... saber?

—Todo... **Me gustaría...** saberlo todo.

—El "Todo" se compone de partes. No puedo revelarte sino una "parte" de ese Todo.

María vuelve el rostro hacia la ventanilla y es consciente de que el paisaje corre de la parte delantera del tren hacia la parte posterior y asocia el paisaje con el tiempo de la vida. De pronto siente una angustia inexplicable. ¿Así se desliza, velozmente, el tiempo futuro hacia el pasado? ¿Cuándo se detendrá el tren?

—Ya veo, niña, lo que quieres saber. ¿Estás segura de que no te arrepentirás de saber cuándo se detendrá el tren?

—No, te lo juro, nana, no me arrepentiré.

—Espera un momento, entonces.

Miccaiximati se sienta en el suelo, como un ídolo de piedra que mirara el universo desde la cima más alta de la Tierra.

—¿Qué haces, nana?

—Espero la voz de Coatlicue.

Un silencio sepulcral las envuelve. María no se atreve a interrumpir a Miccaiximati, que de pronto le parece que no es su nana sino la sacerdotisa de un culto desconocido. Al fin, Miccaiximati responde con una voz que no parece suya:

—Coatlicue ha hablado: "La niña tendrá que desentrañar sola el enigma".

Miccaiximati toma una hoja de papel y un lapicero y con todo cuidado hace un dibujo que María no comprende. Son como las ecuaciones algebraicas del colegio, sólo que en lugar de letras contienen símbolos separados por signos de suma o de resta. Hay en él la suma de tres manos, a la que se restan veinticinco lunas-soles, a los que, a su vez, se resta un número 4 sucedido por un extraño signo que adiciona, como término final de la ecuación, una bebé recién nacida.

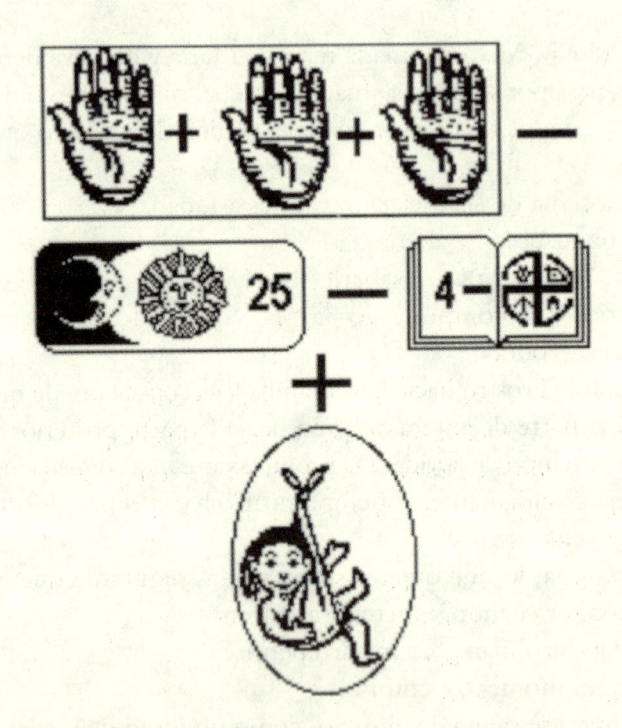

¿Qué podía significar aquello? ¿Sería la bebé la representación de ella misma? Seguramente. Si lo que le ha ofrecido su nana es la revelación de su muerte, ¿cómo es que la dibuja naciendo y no muriendo? Mira a Mixi, interrogante, como debieron mirar los antiguos griegos a Casandra, tratando de creer, pero dudando de sus palabras.

—No entiendo nada.

—Cuando estés lista, entenderás.

—¿Lista para qué?

—Los misterios no pueden descubrirse de un solo tajo, porque el tajo puede lastimarte o destruirte. Avanza por el misterio como si escalaras por un risco. Antes de dar un paso debes sostenerte con tus dos manos y asegurar un pie; cuando lo has hecho, entonces estás lista para mover el otro pie. Para que puedas desentrañar el enigma: escucha las voces de tu corazón, de tus ancestros y de las regiones celestes, entonces comprenderás.

—¿Y si me equivoco?

—Cuando estés lista, no te equivocarás.

María se queda contemplando el dibujo y como en un eco se repiten en su mente las palabras de la nana: ...corazón, ...ancestros, ...celestes...

¿Qué podrían significar las tres manos: una idea vaticinadora que recuerda a las videntes de la feria que adivinan el futuro? o ¿una señal de alto, como las que hacen los oficiales en las avenidas para indicar que se detengan los carruajes? En un caso es empujarme hacia adelante, en el otro es indicarme que no debo seguir hacia adelante con el enigma, pero entonces... nunca sabré... nunca... y yo quiero saber... necesito saber...

Mientras tanto, Adolfo se había enfrascado en una discusión bizantina con otro viajante, en el carro fumador, sobre si el Hipódromo de Constantinopla pudo albergar a más o menos espectadores que el *Stadium* construido para la Cuarta Olimpiada en Londres. Los argumentos de cada uno de los contendientes eran tan indemostrables como inconexos y lo único que hacían era darle vuelta a los mismos argumentos una y otra vez, como a la esferita cromada de una ruleta que girara hacia ambos lados, sin jamás detenerse. Por fin, decidieron ponerle punto final a su discusión con una apuesta inverosímil. Quien ganara el volado tendría la razón sobre la discusión y el vencido pagaría la botella de *champagne* que se beberían sin volver a hablar del tema. Adolfo, quien sostenía que la arquitectura de la Antigüedad no podía compararse con la moderna tecnología inglesa, perdió la apuesta; hizo una caravana con la cabeza, concediéndole la razón al oponente. Entonces, volvió el rostro hacia el mostrador del bar, le hizo una seña al *barman* con ademán elegante, y con voz clara y sonora pidió una botella del mejor *champagne* que tuviera.

Cuando Adolfo volvió al *pullman,* después de haber escanciado muchas más copas de las que podrían haber cabido en tres botellas, María ya se había acostado. Al abrir las sábanas, vio su cuerpo cubierto por el camisón blanco de seda. Parecía lo que era: una virgen. Vestido como estaba, se desanudó la corbata y se recostó a su lado, pero no bien sintió la blandura de la almohada bajo su cabeza se quedó profundamente dormido.

María abrió los ojos en la oscuridad. Parecía que los hados le concedían una noche más de paz virginal. La escritura del epitafio se había pospuesto. Escuchó latir su corazón casi en la mitad del pecho. ¿No le había dicho Mixi que escuchara la voz de su corazón? ¿Sería una señal? Puso su mano sobre su seno izquierdo, cerró los ojos y cruzó la frontera del sueño, como quien se hunde en la corriente de un río y se deja arrastrar sin resistirse.

*

Adolfo camina por la Calzada de Amatlán, que en su niñez nombraban Camino de la Garita y hoy nombran Carril del Agua Azul; ve sentado en un recodo del lindero a un niño solitario que parece menor que él, se acerca porque está aburrido y no tiene con quien jugar.

—¿Quieres jugar unas carreras?

Al voltear a verlo, Adolfo se da cuenta de que el niño ahora está más lejos que antes, avanza hacia él y repite la pregunta:

—¿Quieres jugar unas carreras?

El niño, sin moverse, se sigue alejando, alejando, alejando...

—¿Cómo te llamas?

Nota que ha gritado para hacerse oír por el niño que está cada vez más y más lejos.

Adolfo no alcanza a oír el nombre por la lejanía, apenas distingue ahora al niño que se ha convertido en una sombra, en un punto en el horizonte de la Calzada...

Echa a correr detrás de él, no quiere perderlo, quiere ser su amigo, y corre, corre desenfrenado y sin saber cómo, en medio de su carrera, se ha convertido en caballo, caballo al cual no hay quien le quiebre las patas, caballo mostrenco sin freno, rienda ni lazo, caballo sin albardón, caballo para ser libre y no para ser montado, caballo de campo abierto sin corral donde vivir, caballo agreste del monte, no de escuadrón militar, pegaso de blancas alas para burlar los cercados... ¡No me han de domesticar!

*

Un toque en la puerta del gabinete avisa que el ferrocarril se aproxima a Veracruz. María abre los ojos y contempla por un instante a ese extraño que ahora es su esposo, perdido en un dormir profundo. *Me gustaría...* saber con qué sueña, o con quién... ¿con Dios o con el Diablo, conmigo o con...? ¿Le importa, verdaderamente? El ronronear del tren la arrulla, vuelve a cerrar los ojos, extraña a su *Princesa*. Las interrogantes parecen aquietarse en su espíritu adormecido. Nada ha cambiado desde ayer, y sin embargo todo es distinto. Hasta ayer era María Vélez Marrón, ahora la llaman con otro nombre, Señora Guerrero. Pronuncia en voz baja el nuevo nombre: María Vélez de Guerrero y lo repite, y lo repite compulsivamente para hacerse a la idea de que es ella, para ligar su imagen al nuevo nombre, vincularlo, unirlo, sellarlo, pero siente que al pronunciarlo cercena una parte de sí misma, de su sangre, de sus recuerdos, de su infancia. Siente que se ha consumado un sacrificio, como si al extirparle el apellido de su madre le hubieran extirpado el corazón, robándole su memoria; se percibe a sí misma incompleta, mutilada, tendida todavía sobre la piedra ritual en la que se consumó el sacrificio no a través del puñal, sino de la palabra.

—Shrrshrrshrr... shrrshrrshrr...

El silbido anuncia la llegada al puerto. Simultáneo despertar de ensueños, pesadillas y visiones. Recuperación de la memoria. Los viajeros deben apresurarse. Y se apresuran. Cierre de valijas, revisiones últimas para evitar pérdidas de objetos fáciles de olvidar, el cepillo de dientes, la navaja de rasurar, el paraguas colgado en el perchero. Al último silbido de la locomotora, el chirriar de los frenos. Mixi toca a la puerta.

—¿Está lista, niña?

En la estación se encuentran con parte de la familia de Adolfo que ha viajado en automóvil con el doctor Toledano.

Mientras se bajan los equipajes y Adolfo dispone todo lo necesario para partir hacia el muelle, María y el doctor se quedan conversando en una banca de la estación, mientras otros van a tomarse una fotografía trepándose sobre la locomotora, tal como las soldaderas lo hacían sólo que por distintos objetivos.

—Este lugar me recuerda mi juventud.

—¡Por Dios, doctor, usted es joven!

—Bueno, me refería a mi adolescencia...

—¿Y es un recuerdo bueno o malo?

—Ni bueno ni malo... nada en la vida es blanco o negro, casi todo es gris...

—Bueno, pero, ¿por qué la estación le recordó su adolescencia, si se puede saber?

—La historia es larga...

—Tenemos tiempo: vea, todavía no acaban de bajar los baúles del tren...

—Era la época en que comencé a estudiar medicina. Ya había muerto mi madre y mi padre vivía en México con... bueno, ésa es otra historia, yo vivía en su casa, pero lo que quería era independizarme. Un día encontré un trabajo y le dije "me voy de la casa"; mi padre se opuso, ¡qué barbaridad!, ¡cómo vas a estar solo!, si te enfermas ¿quién te atiende?, y todas esas cosas, y yo le expliqué que no era una falta de afecto, ni era un rompimiento, simplemente yo quería independizarme, y me fui. Entré a trabajar en un dispensario antivenéreo... ¡perdón...!

—¿Por qué?

—Quizá no debiera pronunciar esa palabra...

—Es la correcta, ¿no?

—Sí.

—¿Entonces, qué pasó?

— Si le incomodo con algo inapropiado, ¿me lo dirá?

—Por supuesto...

—Bien, entré como practicante a un hospital y alquilé un cuarto de asistencia para estudiantes, pero la permanencia en los trabajos no siempre es segura; un día que llegué al trabajo me encontré con un papel que decía que estaba yo cesado por reorganización del Servicio. Entonces pensé: ¿ahora qué hago?, ¿voy a regresar a la casa de mi papá, como perico mojado? Allí estaba mi cuarto, con mi librero y todas mis cosas, pero.... regresar a casa de mi padre para que me dijera con tono magistral "te lo dije". No. Me quedo afuera. Y me quedé afuera. Dormía yo la mayor parte de las noches en la estación de Colonia, por eso aquí recordé esa época. Era un lugar tranquilo. Me sentaba en una banca como ésta y me dormía, la gente pensaría que estaba yo esperando un tren nocturno. Allí en la estación estaba yo a salvo del frío, de la lluvia, de muchas cosas; en la mañana la emprendía yo al hospital.

—¿Y qué comía?

—Me alimentaba con lo que se podía, cuando se podía. Había una taquería enfrente de la Cámara de Diputados en la que por pocos centavos podía comer algo; eso sí, los domingos iba yo a comer a casa de mi papá, como si nada, y una que otra noche iba a cenar a casa de mis primas, eso era lo único seguro que yo tenía durante varios días.

—¿Y cómo se transportaba, sin dinero?

—Hacía unas caminatas enormes, iba yo de un hospital a otro, y de ahí a la Escuela de Medicina, todo a pie. En el Hospital General siempre estaba yo pendiente de ver a quién se le ofrecían unas inyecciones, y no faltaba algún libro que ir a empeñar alguna vez, cuando ya lo había terminado de estudiar.

—En las casas de empeño, ¿aceptan libros?

—Sí, todo, lo que sea...

—¿Y no volvió a vivir con su papá?

—No. Como a los tres meses de esa vida de gitano, un compañero de la política estudiantil en la que andaba yo metido me ayudó y consiguió que me repusieran en mi puesto, sólo que entonces pasé al dispensario antituberculoso, ése que está en la calle de Cedro, donde aprendí mucho y volví a tener suficiente dinero para comer todos los días y para pagar mi tranvía, por eso comencé a engordar.

—*Me gustaría...* saber cómo era Adolfo de niño. ¿Cómo lo conoció?, ¿en la escuela?

—No, éramos casi vecinos...

—¿En México?

—En Puebla...

—¿Usted es poblano?

—Sí, así que ¡cuidado!, ya conoce el refrán:
Perro, perico y poblano
no lo toques con la mano
tócalo con un palito
porque es animal maldito.

—¿Es advertencia?
—No, por supuesto que no.
—¿Qué edad tenía Adolfo cuando lo conoció?
—Unos trece años, fue una de las ocasiones en que pasé en Puebla casi todo el año…
—¿No vivía allí siempre?
— No.
—Entonces, ¿cómo fue que…?
—¿Que nos conocimos?
—Sí.
—Mi madre había preparado una fiesta infantil para mí. Cumplía yo ocho años y me dijo que invitara a mis amiguitos. Yo no me atreví a preguntarle cuáles, porque con mis continuos cambios de escuela nunca hacía yo amigos perdurables. Me acordé entonces de que en una de las casas vecinas había yo visto algunos niños jugando. Me salí de casa sin que me vieran y me dirigí a la de los vecinos. Abrió la puerta un mayordomo muy formal y me preguntó a quién buscaba; me entró uno de esos temores irracionales producto de la timidez y eché a correr con tal velocidad que no tuve tiempo de fijarme por dónde caminaba y choqué con un niño mayor que yo, derribándolo y cayendo yo mismo sobre él. Era Adolfo. Aunque tenía trece años representaba más. Viéndonos en tan ridícula posición, pasado el estupor del choque y la caída, comenzó a reírse a mandíbula batiente y, como la risa es tan contagiosa como la influenza, yo también me solté a reír. Me preguntó, por fin, cuál era mi prisa, y al explicarle mi problema, me contestó, con esa seguridad que sólo tienen los hijos de familia rica, que no había problema, que él tenía tantos amigos que podíamos llenar mi casa durante tres días seguidos con diferentes amigos…
—¿Y la llenaron?
—Claro, mis padres se sorprendieron mucho al verme con tantos amigos desconocidos para ellos, todos mayores que yo y de familias muy decentes… porque Puebla de los Ángeles es una ciudad de personas decentes, absolutamente criolla, conservadora, católica, gracias a Dios, y por entonces no se había perdido la fe por la influencia de los pensadores europeos y de los revolucionarios mexicanos, las costumbres se conservaban como habían sido: ancestrales.

—¿Ya no es así?

—Creo que siempre lo será en el fondo... si se rasca un poco la piel de un revolucionario poblano se hallará al caballero decente de ilustre abolengo español, lo que no quiere decir que no pueda tener hijos fuera del matrimonio... porque eso forma parte de los hechos naturales y casi podría decirse que de las buenas costumbres...

—¿Se considera usted un... cínico?

—No, no, no, ni lo mande Dios, sólo... un asiduo lector de Anatole France...

—¿Y las poblanas, también tienen hijos fuera del matrimonio?

— Por supuesto que no, eso sería atentar en contra de la sagrada institución. Las poblanas llegan vírgenes al matrimonio y se conservan casi vírgenes durante él...

—¿Cómo es eso?

—La fidelidad... bueno, creo que no debo hablar mucho de eso ahora que está usted comenzando vida matrimonial con un poblano...

—Hablaba de la... ¿fidelidad?

—Digo que la fidelidad las hace conservarse casi vírgenes...

—¡Ah! ¿Cómo debo interpretar eso?

La conversación se interrumpe al aproximarse Adolfo. Terminados los arreglos, busca recuperar a su flamante esposa, y todos juntos se encaminan hacia los automóviles que los llevarán al muelle. El silbido de la locomotora vuelve a escucharse, mientras el vapor escapando a intermitencias fl... fl... fl... fl... fl... por entre las ruedas de hierro inunda los andenes de la estación con una niebla densa, húmeda y caliente.

VI
Ilusiones, desafíos y advertencias

El velamen blanco del yate es lo primero que María distingue desde el muelle del puerto, mientras escucha el golpe de las olas contra las quillas de los barcos. Adolfo, conduciéndola del brazo como quien lleva un relicario o un trofeo, va anunciándole todo posible peligro para sus pies, calzados con botines tan blancos como las velas de los veleros. ¡Cuidado con esa reata! No tropieces con el escalón. Los maderos del muelle son viejos, mira bien dónde pisas.

Detrás de ellos, Miccaiximati, con la sombrerera en la mano, vigila que los cargadores no vayan a tirar los baúles. Apenas llegan al *Afrodita*, Adolfo hace una señal de saludo al capitán de la tripulación que los espera de pie en la cubierta.

—Adolfo...
—¿Sí?
—*Me gustaría*... si es posible, claro...
—¿Qué te gustaría, María?
—Que le cambiaras el nombre al yate...
—¿No te gusta el de *Afrodita*?
—Preferiría otro nombre...
—¿Cuál?
—*Luna Nueva*...
—¿*Luna Nueva*?
—Sí... sería como... como el anuncio de un eterno renacimiento...
—Como quieras... Tus deseos son órdenes...

Ya en el camarote, Adolfo indica a Mixi que ayude a María a instalarse cómodamente; él, mientras tanto, irá a dar instrucciones para la partida.

María, hipnotizada por su ensueño, mira el mar por el ojo de buey del *Afrodita*, las aguas le devuelven su propia imagen abrazada por Bruno en su invierno europeo. Se imagina yendo con él a todas partes, a los conciertos, al teatro, a la ópera, con esa felicidad de los enamorados de la que hablan los libros, sin otra preocupación que el goce y el placer de estar juntos. No quiere ver la cama donde esa noche, indudablemente-irremediablemente-irrespetuosamente, dejará de ser virgen. Recuerda las palabras de Emilie y se estremece: "... en lugar del beso en los labios, lo recibes a él mismo... adentro de tu cuerpo... y es entonces cuando sobreviene el milagro... al abrazarlo con tu piel, lo estás haciendo tuyo..." *Me gustaría...* sentir ilusión... ¿Por qué no puedo sentir ilusión de llegar a ese momento, sino miedo? ¿Por qué esta sensación de terror infundado? Si Unito estuviera en lugar de Adolfo... ¿sentiría este miedo, esta necesidad imposible de salir huyendo? Mixi la ve a contraluz, el oro brilla bajo el sombrero blanco, el velo cubriendo parte del rostro y del cuello cae sobre los hombros en cascada de olanes. María nunca ha sido más bella.

Mixi, como un hada madrina, dispone del ajuar, los vestidos, los sombreros: un lugar para cada cosa y cada cosa en su lugar. Los ojos de María, indiferentes al ir y venir de la nana, tratan de seguir el curso de la espuma en ese espejo ondulado en el que cada ola es un misterio por descifrar, un camino por descubrir.

—Niña, ¿no vas a cambiarte de ropa?

Responde con un "sí, nana" automático, sin saber a qué se está comprometiendo, podía haber sido lo mismo a donar todas sus joyas que a cometer un crimen. Sus pensamientos forman una barrera que la aísla de la realidad y su piel es el muro de una prisión blanca en la que ella misma se encarcela. El balanceo del barco la columpia. Cierra los ojos y vuelve a ser la bebé en la cuna o en el útero materno. El balanceo se convierte en un péndulo: puente entre el pasado y el presente. Su memoria, sin recuerdos, sólo evoca la seguridad que da un refugio. María se deja mecer y pierde el miedo, el movimiento pendular la protege, aunque no sabe de qué la protege. Abre los ojos y saca de su bolso de mano el dibujo de Mixi. Lo contempla como quien trata de entender los signos de un lenguaje desconocido. Comprende entonces que el dibujo está como vuelto de revés, porque en la realidad su historia comienza con su nacimiento, no termina con él... en cambio en el dibujo...

—Nana, nunca te he preguntado, ¿por qué hablas con acento, como si...?
—Aprendí tarde el español.

—¿Qué lengua hablabas?
—Náhuatl.
—¿Todavía la hablas?
—Lo que bien se aprende nunca se olvida.
—¿Y cómo es el náhuatl?
—¿Como "cómo"?
—Sí, ¿cómo?, ¿cómo se escribe, por ejemplo?, ¿con las mismas letras del español?
—No, niña, en náhuatl se dibuja, se dibujan las fechas, las vidas de los pueblos, se dibuja la historia…
—¿Y cómo se lee?
—Al revés, niña, al revés…
—Quieres decir… ¿de derecha a izquierda?, ¿de abajo hacia arriba?
—En nuestro mundo todo es al revés…
—¡Claro…! Gracias, nana.

María le da un beso en la mejilla en el momento en que se abre la puerta del camarote. Adolfo, con el sol en los cabellos enmarañados por la brisa marina, le clava una mirada recriminadora:

—¿Todavía no te cambias? Con esa ropa no soportarás el calor.

María reacciona como gato asustado, "en cinco minutos estaré lista". Adolfo, haciendo una imperceptible mueca de molestia, responde condescendiente con un "vuelvo por ti en diez minutos" y sale de nuevo.

Desde el malecón, los paseantes ven cómo el yate se prepara para salir a mar abierto, sin saber que pasará aún dos días en el muelle. Envidia en algunos, admiración en otros, indiferencia en los más. Los chicos nativos rodean el barco pidiendo que les tiren una moneda. Adolfo saca varias de su bolsillo y las pone en la mano de María, vestida ahora con un sencillo traje de algodón, al tiempo que de su boca sale la orden bajo el disfraz de una sonrisa: "Tíralas por la borda una por una, no todas a la vez". María observa cómo los chicos con dos mástiles al aire en vez de brazos parecen barquichuelos anclados en el fondo del mar. ¿Cómo harán para no hundirse? "Anda, qué esperas para tirarlas", escucha la voz dominante de Adolfo como si le llegara de muy lejos, tira entonces un real y ve a los niños seguirlo con la vista y luego hundirse en las aguas para, un momento después, emerger uno de ellos mostrando la moneda con el rostro triunfante de quien ha ganado una batalla.

María no sabe lo que siente, ¿por qué está ella aquí arriba del yate tirando dinero, si nunca ha trabajado para ganarlo? ¿Por qué los chicos tienen que hacer ese circo denigrante para ganar un real, si debieran estar estudiando en la escuela? Siente sobre su hombro el peso del brazo de quien hoy es ya su marido, sin haberla tocado, y después, en su nariz, el suave aroma de la lavanda que despide la mano blanca de Adolfo, de uñas bien cuidadas y brillantes, cuando del hombro se eleva como paloma para rozar la piel de su mejilla. María vuelve la cabeza descubriendo en sus ojos una mirada que no le conocía y una sonrisa de Giocondo que, de haber sido vista por Leonardo, habría quedado estatuada en un lienzo para hacer pareja con la Monalisa.

—Vamos al camarote.

María de las ilusiones, María de las interrogantes, María de los prismas de colores, María de las ambiciones, María de los enigmas por descifrar, María no acierta a responder con palabras, la voz se congela haciéndose cristal para romperse en la boca, en tintineos comprensibles tal vez sólo a los pájaros. De pronto sabe que está por cumplir una de sus ilusiones, responder a la primera de sus interrogantes, contemplar la vida bajo otro de sus prismas, hacer nacer una más de sus ambiciones, descifrar el enigma del amor...

—¿Hablaste?

—No.

—¿Vamos?

—Vamos.

—Mixi, ¿está listo lo que te ordené?

—Sí, señor, el *champagne*, las cortinas cerradas, las velas prendidas, todo...

María, sin querer, escucha la respuesta de la nana dada en voz baja, como secretamente, y no puede impedir que surja la figura del abuelo: hay que prepararse para la guerra. ¿Era una forma de guerra la que había preparado Adolfo? ¿Sería ella la conquistada o la conquistadora? ¿Era el amor un combate? Quiere inhibir sus pensamientos, pero a medida que se acerca al camarote éstos se vuelven menos etéreos, cobran forma, el mar es una interrogación, la gaviota un deseo de tener alas, las velas blancas del yate una vestidura para sus anhelos de alcanzar el horizonte. Entrar a la niebla del camarote es montar un pegaso, empuñar una espada y lanzarse al campo de batalla. ¿Es esto el amor o la guerra, abuelo?

*

Bajo la sábana de algodón puro, María siente la suavidad del camisón de seda blanca sobre su piel blanca. Quieta, espera el regreso de Adolfo que en el vestidor también muda su atuendo.

Ahí mismo frente a ella se libra otro combate: las carabelas de Colón, *La Niña*, *La Pinta* y la *Santa María*, luchan contra la furia del mar en un pasado remoto, mientras ella escucha la sirena de un barco que anuncia su entrada al puerto, como un carillón sin campanas. Imágenes visual y auditiva empalman dos tiempos y la transportan a otro mundo. Un ligero mareo provocado tal vez por el *champagne* alimenta el torbellino de recuerdos, y al ver aparecer a Adolfo en el umbral su imagen es sustituida subrepticiamente por la de Bruno, que allá en Francia estará indudablemente pensando en ella, sin saber...

Se inicia el combate amoroso con caricias inocentes, como quien tantea al enemigo. Qué hermoso es tu cabello, cierra tus ojos, así, no hables, sólo siente. ¿Me dejas que te bese? Ahora soy tu esposo, no estás haciendo nada malo, vamos, no te apenes. Eres tan hermosa. Espera, no retires mi mano, déjate llevar, está bien, todo está bien. Así. Eso es, ¿lo ves? ¡Eres una niña! ¿Hablaste? Eso, así está mejor, abrázame, no te asustes, no te haré daño, lo haré con cuidado, así, eso es. No, no te dolerá. Espera, quédate quieta. Así, eso es, ¿lo ves? No fue tan difícil.

El "Así, eso es, ¿lo ves?" repercutido como un estribillo, lleva a María pendularmente de la realidad al recuerdo y del recuerdo a la realidad. No es el peso de Adolfo el que siente sobre ella, es el de Bruno. Adolfo se borra en la niebla ahora gris del camarote y la sustitución se realiza en fragmentos: ojo por ojo, mano por mano, rostro por rostro, hasta ser suplantado todo él por la imagen de Bruno. Una humedad desconocida la cubre, y ella cubre a Bruno como la cerradura a la llave. Al envolverlo lo hace suyo, lo posee como el mar hace suyos a los seres que se introducen en él. María dio un grito que no escuchó. Su virginidad fue a perderse en la bruma roja de la sábana. Abrió los ojos y se topó con la verdad. Adolfo había perdido la sonrisa de Giocondo: desmelenado, sudoroso, enrojecido, yacía sobre ella como un herido de muerte en el campo florido. ¿Quién había ganado la batalla?

Al despertar, las velas semiconsumidas daban al camarote una luz mortecina, era de noche y Adolfo ya estaba vestido. Con la elegancia del dandy que ella bien conocía le habló desde la puerta, ya para salir.

—Vístete para la cena, te espero en el comedor.

¿Es una orden? Quiso preguntarle, pero él no la habría oído, porque había salido a toda prisa, sin lanzarle siquiera el beso aéreo que acostumbraba antes. Se sorprendió entonces al descubrir en su pensamiento la noción de un "antes" y un "después". ¿Qué significaba ese "antes"? ¿"Antes" de qué? "Antes de hoy" o... No quiso averiguarlo, agitó la cabeza como para ahuyentar sus pensamientos, ¿dónde estaba Mixi? La necesitaba tanto ahora. Como si escuchara su angustia, Mixi apareció en el umbral.

—¿Me necesita la niña?

—¿Niña?

—Para mí siempre lo serás.

—No, Mixi, he dejado de serlo.

—¿Crees que perder la virginidad te convierte en mujer?

—No. No ha sido por perderla por lo que he dejado de ser niña... es... por...

—¿Por...?

—Es por... porque el amor me ha decepcionado.

—¿El amor? o ¿un hombre?

—¿No es lo mismo?

—No, no es lo mismo.

*

Al entrar María al comedor, toda vestida de negro, las miradas de los invitados se dirigieron hacia ella. Sin prestar atención, aunque podía descubrir en ellas cierta picardía, sus ojos se fueron directamente hacia un pequeño estrado, donde descubrió un piano vertical. Respiró hondamente, menos mal que podría escaparse del mundo a través del teclado.

Adolfo se levantó y separó la silla para que ella tomara asiento entre su hermana Martha y su esposo Arturo. María buscó con los ojos al doctor Toledano. No estaba presente. Después de arrimar la silla, Adolfo se sentó del otro lado de la mesa, entre dos sobrinas de su cuñado, hijas de la hermana mayor, a quienes Arturo se había comprometido a educar, por-

75

que su hermana Josefina, habiendo quedado viuda, se encontraba en mal estado de salud desde hacía años y no podía ocuparse de ellas. Florencia tenía dieciséis años, siendo sólo unos meses mayor que María, y Azucena acababa de celebrar sus quince con un baile ostentoso en Puebla, donde radicaban Martha y Arturo. Acompañar a los recién casados a Veracruz, un par de días antes de que zarparan a su viaje de luna de miel, era el colofón de los festejos, y aunque Martha y Arturo fingían que no querían hacer mal tercio, la verdad era que querían convivir de cerca con la recién desposada para conocerla mejor, ya que por ser tan joven, seguro daría de qué hablar; estando ellos cerca desde el principio de su matrimonio, María no se atrevería a tener un mal comportamiento, ya bastante tenían con las habladurías que corrían en la sociedad poblana sobre la conducta un tanto licenciosa de Adolfito, que achacaban al consentimiento paterno del general Guerrero, quien siempre cerraba un ojo para no ver lo que hacía el niño de sus ojos.

María oía de nuevo las voces sin escucharlas. Respondía a las preguntas con frases automáticas. Una vez sentada, la conversación interrumpida en la mesa por su llegada siguió su curso.

—Como te decía, Fito, la situación con el gobierno se hace cada vez más difícil. El nuevo decreto que define los impuestos en los contratos obliga a obtener permisos de exportación para toda mercancía que quiera sacarse del país.

—Los Estados Unidos no permitirán que se firme el decreto, porque eso convertiría a las compañías terratenientes en concesionarias.

Adolfo se dio cuenta de que Florencia no había despegado sus ojos de él. Lo miraba con la atención con que los niños ven a su padre.

—Estás atrasado en noticias, Fito, el decreto se firmó hace menos de una semana, ya se publicó, lee los periódicos. Es evidente que estos decretos tienen un carácter confiscatorio, estamos viviendo en medio del bolchevismo.

—En realidad, mis intereses no han estado en la política, sino en… otras cosas.

Fito sonrió malicioso a Florencia, que instintivamente bajó la mirada.

—No se trata de que te interese o no. Tenemos que tomar medidas si no queremos despertar un día tirados en mitad de la calle y despojados de lo que hemos ganado con trabajo y esfuerzo. A petición del presidente

Carranza, el gobernador de Coahuila ha convocado a una Convención obrera para el mes próximo de la que, seguro, no saldrá nada bueno.

—Pues lo que yo he oído en mis viajes es que los empresarios de los Estados Unidos están pidiéndole a su presidente que retire el reconocimiento al actual gobierno de México, y si eso sucede dentro de poco nos estaremos riendo del bolchevismo que tanto te preocupa.

Después de saborear con gesto de catador el vino de Bourgogne que acababan de verter en su copa, dio su asentimiento con displicencia, y al dejar su copa sobre la mesa, sin querer, o queriéndolo, rozó con su mano el brazo desnudo de Florencia, se volvió a mirarla descubriendo su sonrojo y pronunció un "perdón" casi inaudible, con el dejo de complicidad de quien comparte un secreto.

—No te fíes, los Estados Unidos están muy ocupados con su guerra contra Alemania y no les conviene enemistarse con México porque eso les dejaría desprotegida su frontera sur y, lo que es más, México podría dejarse atraer por Alemania, que ya ha hecho intentos de establecer convenios con nuestro país.

—¿Te refieres a lo de los submarinos?

—¿Lo sabías?

—Tengo mis fuentes de información.

—Entonces estarás de acuerdo conmigo...

—Eso era una locura, el Jefe podrá ser todo lo obrerista que tú quieras, pero de ahí a dejarse tentar por las sirenas de las Walkirias es otra cosa. El Presidente sabe que un pacto con Alemania desencadenaría una guerra con los Estados Unidos y eso sería el final de nuestro país.

Me gustaría... cerrar los ojos y que al abrirlos me encontrara en Francia junto a Unito. Escuchar su voz, ver sus ojos relucientes y sentir sobre mis hombros las palomas de sus manos. No quiero estar aquí. No quiero estar aquí. No quiero...

—¿Hablaste?

La pregunta de Adolfo la despierta.

—Sí, *me gustaría...* iba a preguntarte si puedo tocar el piano...

—Claro, estás en tu casa, digo... en tu yate.

—¿Mío?

—Por supuesto, ¿no eres mi esposa?

—*Ah, entonces cuando yo tenga mi plopia casa ¿yo selé cabeza?*

—Bueno, entonces, tu esposo... Monina, ¿por qué no te vas a jugar?

—Pelo, ¿plometes que me dalás el letlato glande, ese que está en el salón?

—Sí, te lo prometo...

—Gracias... Adolfo, se ve a leguas que eres la "cabeza" de este yate, con su permiso.

Al levantarse, sincrónicamente se escucha el arrastre de las sillas de los caballeros que también se levantan. María hace una inclinación de cabeza y se dirige hacia la caja de laca brillante, abre la tapa del teclado, pasa los dedos sobre el marfil en gesto de caricia y se sienta. Al cerrar los ojos, Bruno vuelve a aparecer en el interior de sus párpados, esta vez acompañado de Chopin. Las notas del *Estudio revolucionario* acallan la conversación. Cada tecla es un espejo que desciende y asciende bajo sus yemas reflejando su alma y María viaja sobre los arpegios y acordes como sobre montes y valles. El piano es un carillón que muda el tiempo, haciéndola viajar por la máquina de Wells.

Al arrojarse sobre el pasto cubierto por una alfombra de flores lilas, bajo la jacaranda, María ve acercarse a Brunito, de once años, que viene hacia ella a grandes zancadas. Acaban de corretear y agitados beben el aire a grandes tragos. Bruno se tira también sobre las flores y reclina su cabeza en las piernas de María.

—Me ganaste... siempre lo haces.

—Tú me dejas ganar.

—No, te juro que no, yo soy torpe...

—No, no, lo que pasa es que eres dos años más chico que yo...

—No es eso, lo que pasa es que soy... ¡un oso...!

—No, no, eres un...

—¿Un qué?

—Un... un... ¡gato!

—Un gato eres tú... ojitos de gato... manitas de gato... naricitas de gato...

—Entonces, dirás de gata...

—Sí, de gatita blanca.

—Esa es la Conesa... Yo seré... gatita... negra...

—No, los gatos negros son de mala suerte.

—Seré de mala suerte para los demás, pero no para ti.

—Pero ya verás, el día que te alcance en edad, ese día sí te ganaré a correr...

—No, no... nunca me alcanzarás... nunca me alcanzarás...

—Tal vez no en edad, pero sí en tamaño...

—Ah, de tamaño ya me alcanzaste...

—No, todavía me falta un poquitito...

—Ahí viene el capitán...

—Ah... ya nos van a decir que vayamos a comer...

—Brunito, te llama tu papá.

—Ahorita vuelvo...

—No creo que puedas, despídete de tu prima, tus padres están empacando, se van a Europa, debes apurarte.

El capitán da la media vuelta y se aleja dejando a los niños convertidos en estatuas de sal.

—¡No! ¡No quiero irme!

—Te llevarán, Unito, te llevarán.

—Nunca nos separarán.

—Nunca. Aunque te lleven... te sentiré conmigo...

—Estaremos siempre juntos.

—Siempre juntos.

Instintivamente, en un impulso que el amor inventa en ellos, se toman de la mano y, lentamente, se abrazan en un instante eterno hasta fundir labios con labios, espíritu con espíritu, anhelo con anhelo. La violencia de la música desata la pasión escondida y la hace fluir sin palabras. El discurso de su amor brota de ella convertido en fusas y semifusas, blancas y negras, redondas y corcheas. Las notas se abrazan, se besan enfurecidas, se funden, como serpientes se muerden la cola triturando el tiempo. María llega al campo de batalla a rendirse ante un Bruno rendido de antemano. Cuando termina de tocar, María queda inmóvil, recuperando su cuerpo, para que su alma vuelva a habitarlo. Desde lejos, poco a poco, va llegando a sus oídos el resplandor del aplauso. Mira hacia la mesa donde su esposo y sus parientes mueven las manos golpeando palma contra palma, sin entender lo que ha pasado. Adolfo se acerca, la toma de la mano y la levanta del banquillo, conduciéndola hacia su asiento.

—Eres adorable.

—No sabía que tocaras con tanto fuego.

—Bravo, eres una verdadera artista.

María oye de nuevo sin escuchar. Ve sin mirar. Aspira sin oler. Bebe sin degustar, sólo el tacto de la copa fría de *champagne* la rescata de su ausencia y la hace pronunciar el brindis.

—Por el fuego de... de Chopin.

Adolfo ríe mientras sus manos, en un movimiento circular, repasan el filo de su copa haciéndola exhalar un suspiro musical. Es el centro de atención de las sobrinas y goza viendo el azoro en sus rostros.

La cena se prolonga y Arturo comienza a sentirse incómodo porque las sobrinas juguetean demasiado, hablan demasiado, se ríen demasiado, nunca las ha visto tan alaraquientas, es como si... pero no... ¡qué mal pensamiento acaba de cruzar por su cabeza! ¿Cómo van a estar coqueteando con Fito? Es inadmisible. Simplemente son tan inocentes que no se dan cuenta de que él ya está casado, y no deben seguir tratándolo como al tío solterón, como lo han hecho siempre...

—Niñas, ya es hora de que se retiren a su camarote...

—Pero, tío... si queremos oír tocar otra vez a tía María... ya podemos llamarte tía, ¿verdad?

—Otro día la pueden oír, hoy ya es tarde y deben irse a dormir.

—Niñas, recuerden que mañana temprano vamos a bajar a que conozcan la Isla de Sacrificios.

—¿Por qué se llama así?

—Mañana lo sabrán, ahora vayan a dormir y no dejen de rezar sus oraciones.

—No, tía.

Las sobrinas se levantan de la mesa de mala gana y se dirigen, una por una, a recibir la bendición de Martha, quien las persigna sin levantarse de su silla. María no tiene que retirarse, ahora ya no es la "niña" sino la esposa, pero no siente ningún antojo de quedarse a oír una conversación de hombres, que no la incluirán porque las mujeres no saben de política. Antes de escuchar la frasecita conocida, mejor es retirarse también.

—Si me permites, Adolfo, te espero en nuestro camarote.

—Mixi, acompaña a la señora.

—Sí, señor. ¿Quiere usted que le lleve un vaso de agua para la noche?

—No, Mixi, gracias.

Sentada y recargada en la columna del dosel, deja que Mixi le quite los zapatos, las horquillas del peinado, pero cuando va a quitarle el collar de perlas, María se lo impide.

—Deja, Mixi, yo me lo quitaré después. Dicen que las perlas son las lágrimas del mar... ¿tú qué crees, nana?

—Nosotros lloramos con lágrimas líquidas, no sería extraño que el mar llorara con lágrimas sólidas.

Mixi, impasible, ha retirado sus manos del collar y prepara la cama para la noche, arreglando con minuciosidad la colcha y la sábana del ajuar.

—Mixi, *me gustaría*... ¿puedo preguntarte algo sobre el enigma que me pusiste para saber cuándo moriré?

—Sí, niña, puedes preguntarme todo menos la solución del enigma; ésta tú sola tienes que lograrla, y no te lo puse yo, sino Coatlicue.

—Es que uno de los signos... no sé lo que es.

María va hacia su maletín de mano y saca el papel dibujado por Mixi, señalándole uno de los signos:

—Éste...

—Tendrás que averiguarlo.

—Pero puedes orientarme para saber si voy bien o no, ¿verdad?

—Tal vez sí, tal vez no...

—Es un signo cuya explicación puedo encontrar ¿en un libro?

—Tú lo has dicho, no yo.

—Gracias, Mixi, *me gustaría*...

—¿Qué le gustaría a la niña?

—Soñar con él...

—¿Con él?

—Sí.

—No siempre se sueña lo que se desea soñar, niña... pero nada se pierde con intentarlo...

Una vez que Mixi termina de arreglar la cama para la noche, se despide y sale con sus pasos de leona furtiva. María saca entonces del maletín de mano su *Diario* y se sienta en la cama dispuesta a escribir, pero no encuentra con qué hacerlo. ¿Olvidaría la pluma, o Mixi la guardó en otra parte? Mixi ya se fue a dormir, no podré escribir nada. Si encontrara al menos un lápiz. ¡El secreter! ¡Eso es, ahí debe haber una pluma! Vuelve a levantarse y llega al secreter de Adolfo, está sin llave. ¡Bravo! Abre uno de los múltiples cajoncitos y ve un paquetito de cartas atadas con un listón, cierra el cajón instintivamente, abre otro y descubre otro paquetito. ¡Algo no está bien! Abre otro y otro más, todos tienen paquetitos con cartas. ¡No pueden estar todas dirigidas a él! ¿O sí? Si saco un paquetito y lo vuelvo a su lugar, no se dará cuenta. Lo saca y busca el remitente. Le llega a la nariz el aroma del papel perfumado. No hay remitente, pero todos los sobres llevan al frente el nombre de Adolfo, escrito con la misma caligrafía. Saca otro paquete, tampoco hay remitente, pero la caligrafía es diferente a la del primer paquete. Saca un tercer paquete, lo mismo, no hay remitente y la caligrafía es diferente a la de los dos primeros paquetes.

¡¿Si abro una?!

Pero no se puede sacar sin desatar el paquete. Se fija entonces cómo está atado para volver a atarlo de la misma manera. Lo desamarra, abre una de las cartas. El pliego no tiene fecha, pero es evidente que las habladurías que corrían de que Adonis, como le decían sus amigas a Adolfo, era un *calavera* son ciertas. ¿Dejará de serlo ahora que él es el casado? O, como he oído decir, la mujer es la casada, no el hombre, que en todo caso es el *cazado*. Se pregunta quién será "A", repasa los nombres de las amistades de Adonis, pero es evidente que él no ha sido tan cínico como para presentársela.

> *Querido amigo,*
> *Mi esposo estará fuera esta noche, va en viaje de negocios, y volverá hasta el domingo. Después de la cena bajaré a abrir la puerta del jardín, pasa por la terraza hasta mi alcoba. Te esperaré ahí con todo mi amor, una vez que haya despedido a los criados.*
> *Tuya,*
> *A.*

Después de leerla, cierra cuidadosamente la carta, ata de nuevo el paquete y no quiere leer más. En realidad no me importa, mi amor está en otra parte, pero, ¿dónde hay una pluma?

*

Me gustaría... ir a la biblioteca. Adolfo la mira incrédulo. ¿A dónde? ¿A la biblioteca? María, con su eterna sonrisa, lo mira con inocencia. ¿Tú nunca vas a una biblioteca? Adolfo atónito: ¿Vienes en viaje de luna de miel y quieres ir a la biblioteca? Algo debe andar mal en mí.

El domingo, el Café de la Parroquia bulle de gente, los meseros llevan hasta cinco platillos en cada brazo, un prestidigitador los envidiaría. Son las tres de la tarde. Frente a ellos, la iglesia, con el portón abierto, como una enorme ballena, recibe en su vientre a la feligresía que no quiere perderse la última misa. Están solos, el resto de la familia está en el yate, porque una de las sobrinas se sentía mal esa mañana y todos se quedaron a cuidarla, hasta Mixi. Por primera vez, María y Adolfo pasean sin compañía.

Mientras caminan del brazo por el malecón Adolfo pregunta: "¿De veras quieres ir a la biblioteca?" María asiente, sonriendo coqueta.

—¿No prefieres ir a una librería? Ahí puedes comprar un libro para leer después de... quiero decir, después.

—No, quiero ir a la biblioteca...

—Te sentarás ahí a leer... y yo, ¿qué hago mientras?

—No tardaré, lo que voy a hacer es muy rápido.

—¿Qué vas a hacer?

—Consultar algo... es muy rápido.

—Está bien, te llevaré, pero te advierto, hoy es domingo, no te decepciones si la encuentras cerrada.

Pero, para sorpresa de Adolfo, la biblioteca está abierta, la recepcionista explica que no abren los domingos y que ese día, por casualidad, está ahí sólo porque debía inventariar algunos libros que recibieron en donación el día anterior, con la indicación de que para el lunes debían estar ya en los estantes.

—¿Puedo ver los libros que fueron donados?

—¿Verlos?

—Sí, no tardaré, se lo prometo.

—Están aquí, sobre mi escritorio...

María ve una pila de libros antiguos, envueltos en una nube no de polvo, de misterio. Hipnotizada, se dirige a uno de ellos, es la reproducción facsimilar de un códice azteca.

—¿Puedo abrirlo?

—Sí, pero, por favor, dése prisa, estoy por cerrar.

María lo toma en las manos como tomaría a un colibrí herido. Lo abre y la página se convierte en una revelación.

¡Ahí está el signo desconocido! Es un calendario. Busca ansiosa la explicación. En la misma página descubrió que el *Xiuhmolpilli* representaba el ciclo náhuatl o *atadura de 52 años*. Este calendario estaba formado por cuatro grupos de 13 años, cada uno de los cuales estaba orientado hacia uno de los cuatro rumbos del universo. Los años *ácatl* (caña), del 1 al 13, se referían al "rumbo de la casa de la luz" *Tlahuizcalpa* (Oriente); los 13 años *técpatl* (pedernal), al "rumbo de los muertos", *Mictlampa* (Norte); los 13 años *calli* (casa), al "rumbo de las mujeres", *Cihuatlampa* (Poniente), y los 13 años "conejo", al "rumbo de las espinas", *Huitztlampa* (Sur)...

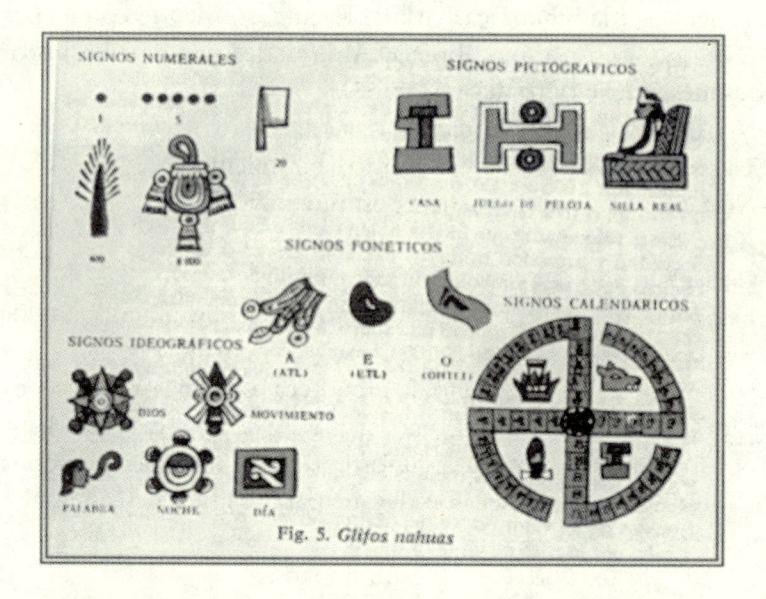

Fig. 5. *Glifos nahuas*

Cierra el libro, no necesita leer más. Ha comprendido. Con sonrisa de gratitud mira a Adolfo, que le devuelve la mirada con indiferencia.

—Ya terminé, podemos irnos cuando quieras.
—¿Eso era todo?
—Ajá.

Adolfo suspira. Más vale creer que averiguar, como dice Alfonso. Nunca entenderá a las mujeres, aunque a veces lo ha creído, ¡qué equivocado estaba! ¿Todo? ¿A eso querías venir a la biblioteca? ¿A ver un libro que donaron ayer? ¿Cómo sabías que estaba ahí? ¿Y si no lo sabías, por qué insististe en venir, precisamente hoy? ¿Quién te había dicho que abrirían la biblioteca? Nada es lógico. Tu razonamiento echa por tierra todo el Siglo de las Luces.

—*Me gustaría...*

La frase suena como una campanada en la cabeza de Adolfo.

—No, por favor, otro "me gustaría" y nos vamos al barco.

—Está bien, entonces ya no diré que en retribución ***me gustaría...*** darte gusto en lo que tengas ganas de hacer.

El mohín inocente desarma a Adolfo. "¿Con quién me habré casado?"

VII
Espíritus y palomas,
¿de la guerra o de la paz?

¡Eureka! Ahora sí ya sabes, María, cómo empezar el *Diario*. El dibujo de Mixi será la llave para abrir la puerta de entrada en tu vida. Tienes que descifrar el enigma, conocer el vaso de tiempo con que cuentas, aquilatarlo, medirlo: planificar... *¿Te gustaría...* poder planificar tu vida? Sólo se necesita saber cuándo ocurrirá el punto final, el corte del hilo... sí, prefieres la metáfora del hilo a la del hacha... nunca te has podido imaginar a la Muerte como la pinta Doré con su túnica ocultándole cabeza y rostro y el hacha en una mano..., prefieres la rueca de las Parcas... No, en verdad, no prefieres ni una ni la otra, pero es necesario saber... saber cuándo... Hay que repasar el enigma, tienes que hallar la solución. Empieza, María, por el principio, como decía la *mère Antoinette* que decía Aristóteles.

Si los signos son de suma y resta, y el resultado es una **fecha**, los signos deben representar números: número de días, número de mes y número de año. Eso es más claro que el agua. Entonces... empieza por orden lógico, matemático:

Una mano tiene 5 dedos, debe representar el "5", 5 + 5 + 5 = 15. ¡Ya tienes un número! El año de 1915 ya pasó, *ergo,* no representa un año. No hay quince meses, así que no puede representar un mes del año; un mes tiene 30 o 31 días, luego, sí podría representar un día del mes; *ergo,* lo lógico es que signifique el número 15 de un mes. ¡Bravo, María! Parece que vas por buen camino. Pero, un momento... algo está mal, porque una luna y un sol suman un día completo y el número 25 indica que son 25 días que se deben restar, ¿cómo restarlos al 15?, eso te llevaría a un mes anterior, al que habría que quitarle diez días, ¿para qué hacer algo así? No es lógico... Reflexiona, María, algo debes de estar pasando por alto... Mm... ¡Claro! Esta vez, sí lo tengo... ¡Bravo! ¿No te dijo Mixi: "Al revés, niña, al revés... en nuestro mundo todo es al revés..."? Y ¿no te extrañó que el jeroglífico terminara con tu nacimiento? Ajá, entonces no hay que comenzar a leerlo de arriba hacia abajo, y tal vez tampoco de izquierda a derecha, sino al revés: de abajo hacia arriba y de derecha hacia izquierda. A ver: comienza de nuevo:

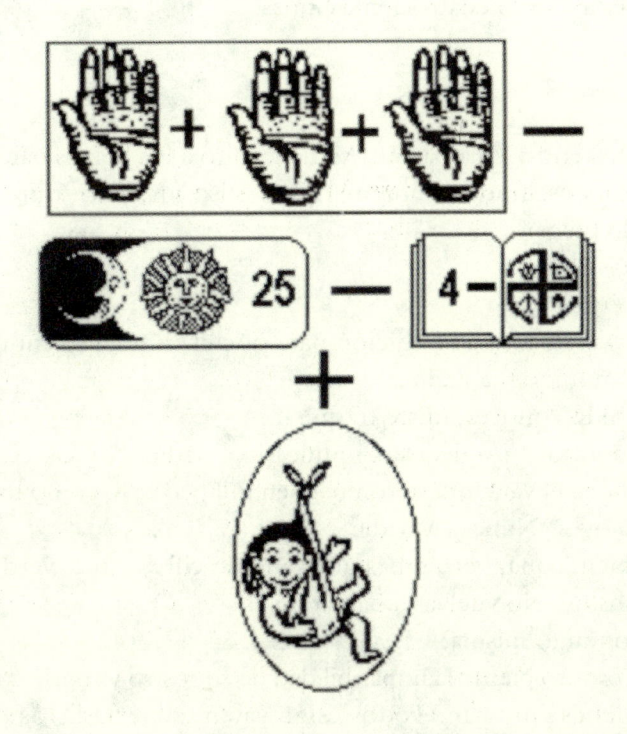

Tu nacimiento: 25 de diciembre de 1901. Sumas el siguiente signo: El ciclo calendárico, según el libro del Códice, es de 52 años, así que:
$$1901 + 52 = 1953 - 4 = 1949$$
¡Bien! Parece que ya tienes la cifra del año: 1949. Mm... 1949 − 1901 = 48 años... Mm... no serás longeva... tendrás que apurarte a vivir... En fin, todavía te quedan bastantes años por delante, para ser precisa: 48 años, menos poco más de 16 son casi 32 años, son poco menos de los de Jesucristo, suficientes para hacer algo con tu vida...

Ahora, ¿qué sigue hacia la izquierda?: 25 días. Es decir, tienes que restar 25 días a la fecha de tu nacimiento. ¡Eso es! Naciste el 25 de diciembre, así que si le quitas 25 días, llegas al último día de noviembre. ¡Ajá! Te vas acercando al final:

Si a ese último día de noviembre le restas los 15 días de las tres manos, que sacaste primero, te queda: **15 de noviembre de 1949. ¡Eureka!** Ahora… a planificar mis futuros soles, mis futuras lunas: en casi treinta y dos años serán como cuatrocientas lunas.

*

Cuando Mixi entró al camarote, María le saltó a los brazos para anunciarle que había descifrado el enigma. Mixi puso un dedo sobre sus labios indicándole silencio.

—Shshshsh…

—¿Qué pasa?

—No digas nada. La condición para que el enigma se cumpla es que no se lo comuniques a nadie.

—Pero tú lo conoces, fuiste tú quien…

—No importa… no debes comunicarlo a nadie. Nunca. Ni siquiera a mí. Si lo haces, el vaticinio se romperá en mil pedazos, como una copa de cristal. ¿Lo oyes? Nunca. A nadie.

—Está bien, nana, pero sabes que ya lo descifré, ¿no es verdad?

—Shshshsh… No vuelvas a hablar de él.

—¿Ni conmigo misma?

Mixi de pronto pierde la impasibilidad de su rostro y sonríe con ternura. Mi niña, debes apurarte. Todos están ya en cubierta listos para bajar, sólo te están esperando. María guarda el *Diario* en su maletín de mano, voltea a verse por última vez en el espejo y descubre un mechón blanco en su cabello que le cubre los hombros como una capa tejida con hilos de oro. Mixi se da cuenta de su extrañeza, y con la mano le sacude la cabellera haciendo volar un polvillo como de yeso. ¿Desde cuándo te polveas el cabello? María ríe al darse cuenta de que no había ningún mechón blanco, se coloca el sombrero y sale del camarote, seguida por su nana.

El viaje hasta México será largo. Empleará ese tiempo para ir pla-ni-fi-can-do.

*

Lo primero que vio al entrar al palacio que a partir de ese día sería "su casa", tal como le había anunciado su abuelo, fue el salón con sus pesados cortinajes que borroneaban la luz del ventanal reflejada en el amplio espejo, y sobre la gran chimenea de mármol cincelado, el retrato que su abuelo le había prometido y que su padre había hecho colocar antes de que ella llegara de regreso de la luna de miel. Promesa sobre promesa. El General le había hecho prometer a su hijo mayor que el día que Monina se casara le entregaría ese retrato porque él se lo había prometido el mismo día que su esposa Esther falleció. Para María ver ahí el retrato era la confirmación de que ésa sería "su casa". Al fin había ascendido en la escala, transformándose de "cuerpo" en "cabeza".

Muy diferente fue la reacción de Adolfo, que al ver el retrato del general Vélez en el lugar preferente del salón, decidió que ése no era el sitio apropiado, y le ordenó al mayordomo que lo colocaran en el vestíbulo y que en ese lugar colgara el retrato de su padre.

—Pero, Adolfo, ahí se ve mi abuelo tan imponente... ¿no quieres que lo dejemos sobre la chimenea?

Adolfo respondió con un "no" definitivo, cortante. Se haría como él había ordenado. María comprendió que él era la "cabeza" y que ella había pasado del hogar de su padre al de su esposo, sin ascenso militar. Ella seguía siendo sólo: "cuerpo".

*

Bruno, recargado en su pupitre, donde aparecía, como en todas partes, el emblema de la Orden Benedictina, trataba de concentrarse en la escritura de su carta, mientras el profesor hablaba y hablaba, con su voz monótona de siempre. Monina nunca había dejado de escribirle para felicitarlo por su cumpleaños, pero ahora ya habían pasado tres semanas del 16 de marzo y aún no recibía ninguna carta suya. Estaba más que ansioso, preocupado. Con México en revolución y Francia en guerra todo podía esperarse del correo, y los padres benedictinos tampoco le daban ninguna información sobre lo que estaba ocurriendo ni del otro lado del río Marne ni menos aún del Océano Atlántico. Monina le había contado que estaba estudiando el piano con gran ahínco porque quería ser pianista; viajar dando conciertos le permitiría ir a Francia un día, a encontrarse con él. Eso le había dado la idea de estudiar leyes para poder ser diplomático; así, cuando se casaran, podrían viajar juntos de un lugar a otro, tal vez para entonces se habrían acabado la guerra europea y la revolución en México. En sólo unos meses estaría en la universidad.

El reverendo Michel Leblanc seguía hablando de Richelieu y de las dificultades que había enfrentado incesantemente. Entre ellas, la enemistad de la reina madre, la del hermano del rey y, finalmente, el carácter indeciso y pusilánime de Luis XIII. Sin embargo, no siempre la reina madre había sido su enemiga; por el contrario, a la muerte del condestable de Luynes, en 1624, ella había tratado de introducir a Richelieu en el consejo, pero no lo logró sino después de una ardua lucha de tres años. Cuidando celosamente de la posición del cardenal, a quien miraba como hechura suya, y que ocultaba con destreza la sed de mando de que estaba poseído, María de Médicis había despedido sucesivamente a los principales adversarios de su protegido, logrando por fin triunfar de la antipatía que el rey tenía por este hombre, en el cual parecía presentir un amo. Entonces, ella misma se aplaudió por lo que parecía su gran victoria, pero ésta debía luego costarle muchas lágrimas, tal como lo dice Madame de Motteville. Habiendo la reina madre elevado a la dignidad de primer ministro al cardenal de Richelieu, su favorito después del mariscal de Ancre, le miró como a hechura suya y pensó que reinaría siempre por su medio; pero se equivocó y adquirió una cruel experiencia de la poca fidelidad que se encuentra en los que se hallan poseídos por una ambición desmedida...

—¿Me muestra usted las notas que está tomando, *Monsieur* Vélez?

Bruno se sintió palidecer. Estaba tan sumido en la carta que no advirtió cuando *El Blanquillo*, como llamaban sus compañeros españoles al reverendo Leblanc, se acercó a él a mirar por sobre su hombro. Trató de dar vuelta a la hoja del libro donde había colocado el papel, pero a un gesto autoritario del reverendo, quien levantó la tablilla con intención de descargarla sobre su mano, Bruno, resignadamente, le entregó la prueba incriminatoria de su indisciplina.

El reverendo tomó el papel y lo dobló por la mitad con todo cuidado, después de una rápida ojeada sobre lo escrito.

—Terminando la clase me acompaña a la dirección, *Monsieu*r Vélez.

Bruno musitó entre dientes un "Sí, reverendo" que no escuchó ni él mismo. Sabía lo que vendría: con lo hambriento que era, su peor castigo era el ayuno y los padres lo sabían. Como inmediata reacción pensó en comer, metió la mano en su bolsillo y buscó un caramelo que echarse a la boca, pero no traía ninguno.

El reverendo siguió hablando de Richelieu hasta que sonó la campanilla. Se levantó y fue a pararse detrás del reverendo, esperando a que éste terminara de recoger sus papeles. Cuando llegó a la dirección, el reverendo Leblanc lo dejó de pie en la antesala, mientras él desaparecía tras la puerta, blandiendo la hoja de papel como un arma a punto de ser empleada en la guerra.

Unos minutos después, salió el reverendo de la dirección. Había perdido ese brillo especial que adquirían sus ojos antes de proferir el castigo condenatorio. Le dijo que por ahora podía retirarse a su habitación.

—¿Podré bajar al comedor cuando suene la campana?

El reverendo movió afirmativamente la cabeza, pronunciando un *oui* casi contra su voluntad y, sin más, le hizo señas para que se fuera. Bruno salió sin entender qué pasaba. Aquello era muy extraño. Afuera de la dirección lo estaba esperando su hermano Roberto.

—¿Vas a ayunar?

—No, no voy a ayunar.

—¿Qué castigo te dio?

—Ninguno.

—¿Ninguno?

—Ninguno.

—¿Fue tan fuerte el sermón?

—No hubo sermón.

—¿No hubo sermón?

—No hubo sermón.

—Qué raro, ¿no?

—Sí, muy raro.

—¿Qué te dijo, pues?

—Nada.

—¿Nada?

—Nada.

—¿Se quedó mudo?

—Sólo dijo que podía irme a mi cuarto.

91

—¿Así nada más?
—Así nada más.
—Qué raro, ¿no?
—Sí, muy raro.
—*Bon... allons...*
—*Allons...*

Caminaron todavía haciéndose cruces sobre por qué no había habido ni ayuno ni castigo ni regaño.

—¿No será que el director no estaba, y cuando llegue te va a mandar llamar?

—No, el director sí estaba, yo lo vi en su escritorio cuando *El Blanquillo* entró con mi carta en la mano.

Pasó la hora de la comida sin novedad. Pero antes de la oración del atardecer, uno de los monjes cuidadores del orden se acercó a Bruno y le dijo que el director lo esperaba en su despacho. Bruno no se extrañó, en realidad estaba esperando que algo así sucediera. Trató de fraguar una buena excusa, echar mano de la revolución en México para fundamentar su angustia y, por ella, su desobediencia. Cuando llegó al despacho, el reverendo Devos le dijo que tomara asiento en uno de los sillones; esto nunca antes le había ocurrido. Los castigos se escuchaban siempre de pie y con las manos atrás. El director fue a sentarse cerca de él. En ese momento, pensó que lo que iba a darle el reverendo Devos no era un castigo, sino una mala noticia. Su mamá no había estado muy bien de salud últimamente. El clima de San Sebastián no le había sentado y en la última carta que había recibido de su papá, le decía que su mamá estaba recuperándose, pero Bruno no sabía de qué. Temió lo peor. Cuando el director comenzó a hablar, a Bruno ya le temblaban las manos; cuando terminó, le temblaban las piernas, los párpados, todo él era una tembladera difícil de disimular. La noticia no se relacionaba con su madre ni con su enfermedad ni con su posible fallecimiento, sin embargo, sintió que una parte de él mismo moría. En su francés alsaciano, el reverendo Devos le explicó que si no se le había dado un castigo por su indisciplina era porque esa mañana había recibido instrucciones de su padre para poner en su conocimiento que su prima María se había desposado con el ingeniero Adolfo Guerrero, el 23 de febrero pasado. Por lo que, en vista de que la carta iba dirigida a María no en su calidad de prima, sino de prometida, él supuso que el castigo lo había proporcionado la misma providencia. Así, considerando el golpe emocional que esta mala nueva tendría para él, el reverendo, con una piedad que traslucía su comprensión de las cosas terrenales, le dio dispensa para no presentarse a los oficios espirituales de la noche.

Los aposentos tenían dieciséis literas. Al sonido del toque del *Ángelus*, Bruno se dirigió al suyo, casi en estado de automatismo. Mientras todos estaban orando en la iglesia, se tendió sobre su litera mirando hacia el techo. Recordaba a María, correteando con él lo mismo en la quinta de *El Mirador* que en el parque de Chapultepec o en la Alameda.

Recordaba cómo, después de morir su abuelo en aquel nefasto 9 de febrero, ambos se prometieron en matrimonio bajo un árbol del Desierto de los Leones, donde grabaron sus iniciales. Intercambiaron anillos y juraron que pasara lo que pasare ellos serían el uno para el otro por toda la eternidad. Las lágrimas rodaban por sus mejillas sin ser sentidas. El corazón palpitaba sin ser oído. Los ojos miraban sin saber lo que miraban. El pensamiento de Bruno era una hoja de árbol llevada por el huracán, sin conocer su rumbo ni el lugar adonde iría a parar. Y bajaba en un lugar, y después de reposar un instante volvía a elevarse y a girar hacia otro espacio. ¿Cuánto tiempo pasó antes de quedarse dormido? No lo despertó ni el hambre ni el barullo de sus compañeros cuando ocuparon las otras quince literas. Lo despertaron las campanadas de los maitines al amanecer, y antes de abrir los ojos sintió que caía en el vacío, como en sus pesadillas.

*

En el palacio en la calle de Humboldt los muros vibraban ahora al sonido de la música exhalada sin inhibición desde la boca abierta del Pleyel de cola entera.

En el *petit foyer*, Adolfo soltó su pipa y se apretó la cabeza con ambas manos. La sentía estallar. Una horda de hormigas le mordía los sesos. Cada nota del piano de María era un mordisco en su cerebro. Se creía un Gulliver enano atado por hormigas gigantes que lo devoraban palmo a palmo. No importaba que viniera de un Beethoven tempestuoso o de un tierno Chopin, la música lo ataba al potro del tormento. Se vio a sí mismo como se vería años después, enflaquecido, arrugado papel de china después de abierto el regalo, tirado al cesto de basura, despojo humano sin la luz del entendimiento ni la oscuridad del ignorante: en un limbo sin sueño pero sí con pesadillas. Y la pesadilla comenzaba siempre con la música tocada por María a toda hora, de mañana, de tarde, de noche... era como si ella se hubiera propuesto enloquecerlo. Se apretó la cabeza queriendo comprimir la pesadilla, fumigar su cerebro, asesinar a las hormigas que a medida que mordían aumentaban de tamaño, crecían, se hinchaban, retorciéndose como culebras. Se levantó del sillón y escapó de la prisión doméstica. Llegó a la calle y corrió en carrera desenfrenada, corrió sin mirar a quién atropellaba, corrió hacia el sol en busca de una luz que iluminara su cerebro, corrió hasta que las piernas y el corazón se hicieron cómplices para detenerlo. Un vecino lo reconoció al verlo recargado en la pared de una casona antigua, recubierta de hiedra, temblando, sudoroso y agitado, sin mirar lo que veía, sin escuchar lo que oía, sin saber lo que pensaba o lo que no pensaba. "Don Adolfo, ¿se siente mal? Soy yo, su vecino, ¿se acuerda de mí?" Adolfo vio al hombre, achicó los ojos al fijarlos en él, queriendo reconocerlo... "¿Don Manuel?"

—Sí, sí, el mismo. ¿Qué le sucede?

—No lo sé, de pronto... ¿Qué hacía usted aquí? ¿Me estaba espiando?

—¡Por Dios, don Adolfo! ¿Por qué iba a estar espiándolo? Sólo salí a caminar, como todas las tardes para bajar la comida, usted sabe, a mis años la digestión... ya no es la misma...

Adolfo, recuperándose de la agitación, se enderezó, con la mano trató de arreglarse el cabello, miró hacia todas partes para orientarse. En eso, llegó Edelmira, el ama de llaves, que al oír golpear el portón de entrada corrió a ver lo que pasaba y pudo ver a su amo salir corriendo hacia ninguna parte. Era una mujer de unos cincuenta años, recia de carácter, fuerte de cuerpo, incapaz de sonreír, pero no dura, más bien, grave. Obedecía sólo a Adolfo; si María ordenaba algo que estaba fuera de las órdenes de su amo, antes de obedecer lo consultaba con él. Edelmira se ocupaba del presupuesto doméstico, controlaba el llavero de las alacenas y asignaba las tareas a los criados: mayordomo francés, cocinera —su esposa— también francesa, recamareras, lavandera y al mozo jardinero, aun cuando éste no viviera allí y sólo trabajara de entrada por salida, dos días a la semana; sólo Mixi escapaba a su férula, porque ella dependía directamente de su ama, María, y sólo de ella recibía órdenes, por lo cual las relaciones entre ambas no eran del todo cordiales.

Cuando llegó Edelmira, Adolfo ya se sentía más dueño de sí; se apoyó en su brazo, y dando las gracias a don Manuel por su atención, pidiéndole que lo perdonara si se había comportado inapropiadamente, echó a andar hacia su casa.

No era la primera vez que sentía no estar en control de sí mismo, pero nunca le había ocurrido llegar a perder la noción de la realidad como aquella tarde. Quizá el disgusto por la pérdida del yate le había provocado esa pesadilla. Tal como su administrador se lo había anunciado, con aquella voz de agorero de malos presagios, la revolución estaba haciéndolo su víctima, como a tantos de sus amigos. Don Manuel, que no quiso retirarse y dejarlo solo con el ama de llaves, se hizo eco de sus lamentos, contándole que a él le habían confiscado un barco mercante que iba cargado de latería que había adquirido en Europa y que pensaba poner a la venta en su tienda de ultramarinos La Puerta del Sol, situada a pocas calles de su casa. Adolfo, oyendo a medias, entendiendo a medias, sin explicarse lo que le ocurría, se despidió de don Manuel en la puerta y entró al recibidor, apoyándose todavía en el brazo de Edelmira. María había dejado de tocar y estaba asomada al balcón, viendo acercarse a su marido, que no daba muestras de sentirse bien, pero cuando lo vio en el recibidor se dio cuenta de que estaba peor de lo que creía. Desmelenado, ojeroso, pálido, era un Delfín o Adonis, como lo llamaban sus ex compañeros de la Facultad, marchito, a sólo unos meses del matrimonio. ¿Sería ella la causa? ¿Estaría enfermo? Pero, ¿de qué? No tenía fiebre, no tosía, como ella, que desde que vivía en esa casa, y sin haber tenido la influenza, tosía constantemente, tal vez por el humo que lanzaban los automóviles al pasar por la calle. Muchas veces tenía que cerrar las ventanas, a pesar del calor, porque la tos no la dejaba en paz.

Tímidamente, María le ordenó al ama de llaves que le hicieran al señor un té de tila. Edelmira salió rumbo a la cocina con aquel gesto de superioridad que intimidaba, después de responder con un "Sí, señora" que le hizo sentir que si la obedecía era sólo por un favor especial. A María aquellos "sí, señora" de la servidumbre siempre la perturbaban. Nunca en su casa la habían llamado "señorita". Toda su vida, su nana, su padre y mamaisita la habían llamado "niña"; así, pasar de "niña" a "señora" era como llegar a la madurez sin haber atravesado por la adolescencia o la juventud. Y en esta casa, que sus amistades pensaban que era la suya, los criados, por supuesto entre estos no incluía a su nana, la llamaban "señora", y aún no se acostumbraba.

Adolfo se dirigió tambaleante todavía al *petit foyer*, separado del salón sólo por las puertas de cristal biselado, se sentó en la *chaise longue* de gobelino con paisajes bucólicos y prendió de nuevo su pipa. La primera bocanada fue como si la hubiera hecho de oxígeno puro. Sintió que su corazón restablecía su ritmo, los objetos recuperaron su color y los sonidos dejaron de repercutir en su cerebro.

María notó que el color le volvía a las mejillas. ¿Te sientes mejor? Ahora que tomes tu taza de té... Siguió una conversación que podría parecer la de una madre con un hijo. Consejos para su cuidado personal, sugerencias de reposo, estaba fumando mucho, la pipa no le hacía bien, sería bueno consultar al doctor. Esos mareos se estaban repitiendo, hoy no había sido el primero, si Alfonso era su amigo, por qué no consultarlo; era doctor, ¿no es cierto? Aunque no fuera una consulta profesional, ¿qué le costaba preguntarle? Adolfo se defendía sin entusiasmo, oía la voz de María como quien oye pegar el agua en la vidriera y acepta que está lloviendo, pero como no tiene que salir a la intemperie poco importa que llueva. Edelmira llegó con el té, fijó la vista en María, y sin entregarle la bandeja con el servicio la depositó en la mesita junto a la *chaise longue*, hasta que María se hizo a un lado, tomó la tetera y sirvió la taza, la endulzó sin preguntar cuánta azúcar ponía en ella, y hasta entonces le entregó a María la taza de té, haciendo una reverencia con la cabeza. "¿Se le ofrece algo más al señor?" Adolfo respondió que no. Edelmira dio media vuelta y salió por donde había entrado.

—Toma, Adolfo, esto te caerá bien.
—¿María?
—¿Sí?
—¿Me alcanzas por favor la botella de *cognac*?
—Pero, Adolfo...
—No hay pero que valga... dámela, si no quieres que...
—Si no quiero que... ¿qué?

Incapaz de luchar, la amenaza se hundió en su garganta, sin ser pronunciada.

—Nada. Dame esa taza... tomaré tu veneno.
—Adolfo, por Dios... no es un veneno... con esto te compondrás...

—Sí, sí... todos se confabulan en contra mía, hasta tú...

María movió la cabeza con condescendencia, le dio la taza y se sentó en un sillón cercano.

¿Por qué no te vas al piano a tocar? A escapar de tu mundo, a escapar de este hombre con el que no sabes por qué estás casada. A tocar mientras piensas en Bruno, en su risa irónica, en sus gestos extravagantes. ¿Serás capaz de escribirle?, ¿de decirle que te has casado?, ¿de confesarle que en la noche nupcial te acostaste con él y no con tu marido?, ¿serás capaz de encontrar las palabras para expresarle tu amor ahora que ya no eres una niña?, ¿de decirle que estás estudiando el piano día y noche para convertirte en concertista para poder un día, un día no lejano, abandonar este mundo ficticio para ir a Europa a encontrarte con él? ¿No *te gustaría*... ahora que acaba de terminar la guerra europea con el triunfo de Francia ir al fin al París de tus sueños y conocer la Ciudad Luz colgada de su brazo, tal como tu mamá del brazo de tu padre, cuando se fueron de luna de miel a París? ¿Pasear por la *petite rue* de Monsieur Le Prince o de Saint Severain, sintiendo su mano en tu cintura? ¿Entrar al Louvre y contemplar en un instante congelado la túnica al viento de la Victoria de Samotracia tomada de su mano? ¿Cerrar los ojos oyendo su voz mientras caminas guiada por él, a la orilla del Sena?

—¿Hablaste?

—No, sólo... pensé que tal vez quieras ir a recostarte a tu habitación... ¿Llamo a Louis para que te ayude?

—No... Quiero hablar contigo.

—¿Hablar?

—Hemos hablado tan poco. No te conozco.

—Me conoces desde niña.

—¿Quién eres?

—Soy... María.

Adolfo recordó... y sonrió... su rostro había recuperado la apostura. Ven, siéntate junto a mí. Se hizo a un lado. María se levantó del sillón y se sentó a su lado, sin entusiasmo. Adolfo tomó su mano y la atrajo hacia sí. La tomó de los hombros y, enderezándose, la besó como a una niña, sobre la frente. Pero María ya no era una niña. Aunque le habían dicho que el primer año de matrimonio era un "noviciado", ella nunca imaginó lo que iba a ver en sólo unos meses. No podía contar cuántas veces había visto a su esposo beber hasta la ebriedad, en ocasiones lo descubrió en las mañanas tirado sobre la alfombra en mitad del salón, otras veces se había atrevido a espiarlo cuando salía de casa al despuntar la noche para verlo volver en la madrugada con el pelo revuelto, la camisa arrugada y un olor a vicio brotando por los poros. Había sentido primero compasión por él, después por ella misma, pero una vez atravesados todos los estadios del sentimiento, la había dominado el asco, pero no el asco sencillo que sentía por una mosca o el que iba envuelto en un manto de miedo, como el que podía estremercerla al mirar una víbora, sino el asco por la hipocresía que mancha la sonrisa, el asco por el engaño que viola la confianza, la ilusión y la fe, el asco por el amor en venta y su vómito blanco que envilece y lastima, que mancha y ensucia.

—¿Por qué te casaste conmigo?
—¡Porque eres muy bonita!
—¿Sólo por eso?
—No, tú sabes que no.
—No, no lo sé.
—Pero a todas las mujeres les gusta oír que son bonitas.
—A mí no... ¿Repito la pregunta?
—También por ser... joven y casta.
—Y por ser... ¿hija de mi padre?
—También por eso.
—¿Y por qué más?
—Porque pronto me darás un hijo... un heredero de ojos azules como los tuyos...
—¿Ninguna de las mujeres con las que has dormido te ha dado un hijo?
—De esas cosas no se habla con la esposa.
—¿Eso significa un sí o un no?
—Significa que quiero un hijo... que lleve mi apellido...
—Podría ser una hija.
—Sí, claro... pero prefiero un hijo...
—¿Porque una hija perdería tu apellido al casarse?
—Si quieres verlo así...
—O sea que ¿tú no lo ves así?
—¿A qué viene este interrogatorio?

—A que tú dijiste que no me conoces... y eso me hizo pensar que yo tampoco te conozco.

María se levantó. Adolfo sintió la necesidad de beber. Su mano, apoyada en la *chaise longue* le ayudó a levantarse. Sus piernas, ya apoyadas sobre el suelo, lo sostuvieron, y su cuerpo, como al mandato de una orden, se puso en pie. Se dirigió a la licorera que diariamente era llenada por Louis personalmente para que el señor se sirviera a su antojo su *cognac* preferido.

—¿Me acompañas?

— No, gracias, si no te molesta, vuelvo al piano.

Adolfo vio alejarse a María hacia la puerta de cristal que daba al salón. Se sirvió, acunó la copa entre las manos, esperando que se entibiara. Viendo que las manos frías no lograban comunicar al cristal el calor necesario, la colocó en la escalfeta, prendió la mecha con el encendedor de oro que le había regalado una de sus admiradoras, aprovechó el fuego para reencender su pipa que se había apagado y esperó a que se entibiara la copa para beber el *cognac* en su justa temperatura.

La débil flama atrajo su mirada, mientras comenzaban a sonar las notas patéticas de la sonata de Beethoven. "Fito, ven acá." La voz de su tía Francisca parecía salir de la copa. "¿Qué estás haciendo? ¿Por qué te escondes? Algo malo debes estar tramando. Nunca serás como tu padre: bueno, diligente, responsable, valeroso. Pareces el reverso de su medalla: malo, flojo, irresponsable, cobarde. ¿Por qué no tienes el valor de salir a decirme lo qué estás haciendo? ¿Le has robado su tabaco a tu tío para fumártelo en la caballeriza? ¿Has entrado furtivamente a la cocina a esconderle la sal a la pobre de Germaine? Y luego, ¿quién recibe la recriminación de que la comida esté insípida? Ni siquiera tienes el coraje de decir yo soy el culpable, papá. ¡No, qué va! Recibes sus mimos con cara de ángel, como si fueras incapaz de romper un plato, pero aunque te retraten todo rodeado de flores yo te conozco, muchacho malévolo. A mí no me engañas con tu sonrisa de ángel y tus cabellitos dorados. Demonio en disfraz de Cupido. Yo te conozco: Cupido de mal agüero. Yo te conozco."

—Mm... Mm... Señogr..., Señogr...

Adolfo miró a Louis desde otro mundo, ahora ya no era tan alto como lo veía de niño, siempre derecho como un pino, con sus *erres* gargareadas y su solemne dignidad envolviéndolo en un manto impenetrable. Se había acostumbrado tanto a verlo deambular por la finca de su padre, que cuando éste murió no pudo menos que traérselo como mayordomo. Louis era parte de sus propiedades, parte de su palacio, parte de su mundo. No podía imaginar su vida sin Louis vistiéndolo, sin Louis trayéndole el correo, sin Louis compartiendo sus más íntimos secretos. Nunca escuchó de él una palabra de protesta, nunca tuvo la sensación de estar siendo juzgado por su criado, nunca descubrió en sus ojos una mirada de reproche a su conducta, por escandalosa que ésta hubiera sido. Louis era un brazo suyo, una de sus manos. ¿Cómo una mano iba a criticar a la otra mano? Louis le daba seguridad.

—Señogr...

—Dime, Louis...

—Don Refugio está en el recibidogr.

—Oh, sí, me había olvidado... pues, ¿qué día es hoy?

—Miégrcoles, señogr.

—Hazlo pasar a la biblioteca. Ahora voy.

Adolfo se terminó la copa de *cognac*. Se dirigió al espejo enmarcado dentro de un dragón de fauces abiertas, labrado en madera de ébano, se recompuso el plastrón y se dirigió a la biblioteca.

Revolución, revolución, revolución. Se suponía que la revolución ya se había terminado. Se suponía primero que al quedar Madero de presidente, la revolución había llegado al poder. Se suponía que al ser asesinado Madero, Huerta impondría el orden. Se suponía que al llegar Carranza, y al proclamarse la nueva Constitución, los revolucionarios ya habían alcanzado sus metas. Se suponía... se suponía... se suponía... Todos los supuestos han sido fallidos, que si el Plan de San Luis, que si el Plan de Tacubaya, que si el Plan de Ayala, que si el Plan de Guadalupe, que si se disuelven las Cámaras, que si hay un golpe de Estado, que si pactan villistas con carrancistas, que si se unen los obreros en una Confederación, que si se convoca a un Congreso para reformar la Constitución del año pasado, que si, que si, que si...; siempre que viene don Refugio viene a darme malas noticias...

—¿Cuál es mala noticia, don Refugio?

—¿Cómo?

—Me oyó muy bien.

—Bueno, sí, hay otra mala noticia...
—¡Qué raro! ¿Cuándo será el día que me traiga usted una buena noticia?
—Las noticias no las fabrico yo, don Adolfo.
—Bien, desembuche.
—El seguro se niega a pagar por el naufragio del yate.
—Eso es ilegal, ¿no?
—No, lamentablemente hay una cláusula que dice que la compañía de seguros no se hace responsable por los daños sufridos cuando son causados por huracanes o guerra. Y el caso es... que...
—El caso es que... usted es un imbécil... ¿cómo aceptó una póliza así, sabiendo que México está en revolución?
—Don Adolfo... es que...
—Es que... nos que... las que... tus que... No hay justificación para tal error.
—Cuando se aseguró el barco no había revolución, don Adolfo, recuerde, fue cuando don Porfirio estaba celebrando el Centenario de la Independencia. Él había encargado a París el nuevo Carruaje Presidencial y éste se transportó en...
—Sí, sí, recuerdo toda la historia, también ahí venía el piano Pleyel de palo de rosa para Bruno y Luisa. Pero eso no justifica que usted no haya

101

modificado la cláusula de la póliza cuando estalló la revuelta de todos esos bandidos que se han apoderado del país... Si lo hubiera hecho...

—Lo siento, señor. ¿Si desea usted... que renuncie como administrador?

—No, no, no estoy ahora para buscar otro administrador... pero que esto le sirva de lección. Haga revisar las pólizas de mis propiedades, de todas mis propiedades, y anule en todas ellas esa maldita cláusula.

—Sí, señor.

María seguía tocando el piano. Ahora era el *Estudio revolucionario* de Chopin que tanto le gustaba a María lo que se escuchaba a través de las pesadas puertas de la biblioteca.

— Si no hay nada para firma, puede retirarse.

Como despedida, Adolfo hizo un gesto displicente con la mano, que podía traducirse por un "fuera de aquí" más que por un "adiós".

Don Refugio salió de la casa como perro regañado con la cola entre las piernas. No iba a tardar mucho en volver, con otra mala noticia.

*

No habían pasado dos semanas, cuando Adolfo se encontró en su mismo rincón preferido conversando con su amigo Alfonso. María lo tenía preocupado, ya que no daba señales de embarazo y quería indagar si aquello era normal. Y ya que Alfonso era médico, tal vez podría darle algún consejo para apresurar el embarazo. Sin embargo, la conversación había recaído en la situación europea, ya que acababa de firmarse en Versalles el armisticio con Alemania, y según el tratado los alemanes tendrían que pagar reparaciones de guerra a los Aliados.

—Como ves, no convienen las guerras, de cualquier manera acabas pagando, sea con vidas, sea con dinero.

Adolfo escuchaba a Alfonso un poco a regañadientes, sin saber cómo comenzar a conversar sobre lo que a él le interesaba.

Quién sabe cómo Alfonso había ido a dar al tema de las palomas de la paz convertidas en palomas de la guerra y sus palabras le llegaban a Adolfo como mensajes lejanos viajando bajo las alas de una de aquellas aves.

—... los pichones eran tan perseguidos por los alemanes que cuando invadían una zona enemiga, si encontraban un palomar en una casa, sus poseedores, aunque se tratara de una familia de labradores, eran tratados como soldados enemigos. Los alemanes sabían que eran el mejor medio de comunicación para burlar los cercos enemigos. El envío de mensajes a través de palomas fue empleado desde los egipcios, desde las batallas de Ramsés, desde los soldados de Grecia y Esparta, desde los mongoles y los chinos de la Antigüedad.

¿Sabías que ya desde agosto de 1914 las tropas alemanas del Káiser tenían como auxiliar un verdadero batallón volante?

Cada división militar disponía de un "palomero" a cuyo mando estaba un suboficial con cuatro palomares protegidos en una especie de coche de mudanza que contenía cada uno doscientas palomas, que eran entrenadas para reconocer y volver a su camión palomar, que siempre se mantenía con la puerta abierta. Pero mientras las divisiones se desplazaban, los palomares no cambiaban de sector, a fin de que las palomas no se desorientaran por los viajes excesivos. Cada puesto de observación de la artillería estaba dotado de cuatro palomares. También llegaron a usar a las palomas para obtener fotografías aéreas. Los alemanes inventaron un pequeño aparato fotográfico que se disparaba automáticamente y tomaba fotografías muy precisas a intervalos regulares. Eran aparatos muy pequeños y había de dos clases, unos consistían en una cámara simple y otros en una cámara doble. Los fijaban bajo el cuello de la paloma y con correas rodeando el cuerpo del ave.

Por supuesto, también el ejército francés tenía su batallón de palomas mensajeras. Los palomares militares se instalaban una decena de kilómetros detrás de las líneas de fuego, pero para acostumbrar a las palomas al ruido de los cañones dejaban el palomar cerca de una batería.

ADOLFO: ¿Dónde te enteras tú de todo eso?

ALFONSO: En revistas francesas.

ADOLFO: ¿En *La Vie Parisienne*?

ALFONSO: ¿La lees?

ADOLFO: Bueno, a veces sí, a veces no...

ALFONSO: No, no en ésa, precisamente...

ADOLFO: Supongo que una vez firmado el armisticio las palomas de la guerra volverán a ser palomas de la paz...

ALFONSO: Aunque así sea, Adolfo, ¿por cuánto tiempo? Ya ves, mientras en los países de la *Entente* la gente celebra el advenimiento de la paz con banderines, *confetti*, himnos y gritería, en México los revolucionarios viven su frustración ante las deserciones, derrotas, traiciones y vértigos de ambición por el poder. Hay una simple sustitución de cabezas en los puestos ejecutivos. Las grandes extensiones de tierra de los antiguos latifundistas de chistera y *jacquet*... —"¿Como yo?", pensó Adolfo, pero se abstuvo de preguntarlo— ...son expropiadas por nuevos terratenientes de kepí y charreteras. Los conservadores se desinflan como globos agujereados ante la avalancha de los nuevos "generales" y "jefes" a quienes no les interesa la justicia y la dignidad del pueblo, sino la propia riqueza y el poder adquirido por la fuerza. ¡El circo, Adolfo, el circo!

ADOLFO: Hablas como zapatista...

ALFONSO: Hablo como escéptico...

ADOLFO: ¿Estás decepcionado?

ALFONSO: Quizá sí, es deplorable que no se encuentre un camino para el país... la sangre derramada no ha servido para que México mejore...

ADOLFO: México, México... ¿quién es México, Alfonso? ¿Los caudillos? ¿El pueblo? ¿Los jornaleros venidos a señores de horca y cuchillo, peores que los que éramos antes? ¿Mi padre, que perdió un brazo y una pierna defendiendo al país de la invasión extranjera? ¿Don Porfirio era México? ¿Venustiano? ¿Quién es México?

ALFONSO: Esa misma decepción que tú pareces sentir es la que campea en las filas de los revolucionarios. Unos, por haber sido recluidos en las cárceles, como Ricardo Flores Magón; otros, por no saber ya en quién confiar. Ahora que Europa ha soltado las armas, habrá que recordar las palabras del periodista norteamericano Wiliam Gates: "Una vez terminada la guerra europeo-americana no hay duda de que los yanquis pondrán sus ojos en México". Tal vez Zapata busque alianzas con otros jefes revolucionarios, persuadido de la inminencia de una invasión norteamericana. No me extrañaría que se aliara con Felipe Ángeles para tratar de evitar que los Estados Unidos se echen sobre nuestra nacionalidad.

Adolfo casi desconoció a Alfonso, hablaba sin el humorismo que lo caracterizaba. Pero si el país vivía la decepción, como decía su amigo, con la llegada de don Refugio, la de él mismo llegó a su clímax, ya que esta vez su administrador, que acababa de traspasar la puerta, traía bajo la lengua lo que creyó Adolfo que sería la peor de las noticias: su propiedad de Puebla, incluidas tierras y finca, había sido confiscada por Carranza.

—Esto parece una *vendetta* personal en contra mía.

En realidad, la *vendetta* le parecía provenir de su relación conyugal, porque todas las propiedades de los Vélez habían sido expropiadas con anterioridad, una por una. Primero las del General, tanto las de Monterrey como su residencia del Paseo de la Reforma, después las de su hijo Rodolfo, luego las de los otros hijos del General, incluido su propio suegro que nunca se había metido en política, luego las de los padres de sus dos sucesivas esposas, y ahora le tocaba a él... ¿Qué podría seguir después?

Una vez más despidió a don Refugio con cajas destempladas y, sin llamar a Louis, se levantó él mismo a buscar la botella de *cognac*, se sirvió una copa y le sirvió otra al doctor.

—¡Brindemos por el brazo y la pierna de mi padre! ¿Ya lo ves? Me confiscan la propiedad de Puebla que mi padre ganó con esa sangre derramada de que hablabas. Responde, Alfonso: ¿Quién es México?

Alfonso trato de calmarlo, pero el eco de las notas de la *Appassionata* de Beethoven terminó por sacar a Adolfo de quicio. Abrió la puerta y gritó un "María" que fue escuchado hasta el último rincón del palacio. Se hizo el silencio. Fue a tirarse en la *chaise longue*. Alfonso vio el momento adecuado para despedirse, pero Adolfo le pidió que no se fuera. Cuando apareció María en la puerta, sus ojos la vieron como quien ve a un fantasma.

—Hoy estamos de duelo. No quiero música en la casa.

María pensó en responderle que ella no estaba de duelo y que quería seguir estudiando, pero un acceso de tos truncó su voluntad. Alfonso le hizo una señal como para calmarla y disculpar el exabrupto de Adolfo, así que, finalmente, después de un "con su permiso" apenas audible, María se retiró, fue a cerrar la tapa del piano y se dirigió a su alcoba. Se sentó ante el secreter que le había regalado su padre al casarse, tomó su *Diario* y se dispuso a escribir. **Me gustaría...** Pero en lugar de letras salieron trazos, líneas y sombras. Poco a poco fue apareciendo en la hoja blanca el milagro de una imagen: el rostro de Unito, y al fondo: la sala de conciertos donde ella se soñaba ya tocando para él, más que para el público de un París añorado sin ser conocido, sabido sin haberlo vivido, transitado calle por calle, museo por museo, café por café, sólo en la imaginación.

¿Cuánto tiempo le llevaría aprender su repertorio pianístico? ¿Su carrera de concertista le permitiría escapar de este matrimonio carcelario? Le quedaban poco más de cuatrocientas lunas, tenía que aprovechar cada minuto. ¡París! Tu vida está en París, María. ¡Apúrate a aprender tu repertorio! Mañana comenzarás a memorizar el concierto *Emperador* al que Beethoven le retiró la dedicatoria napoleónica... ¿Qué pensaría su abuelo de eso? Cerró su *Diario* y se acurrucó en la cama. ¡Tenía tanto sueño! *Me gustaría...* soñar con...

Ya no escuchó el retumbo del portazo que dio Adolfo al salir rumbo al burdel.

VIII
Eclipse lunar

Louis apagó las luces del salón para dar paso a Mixi, que entró empujando una mesita rodada sobre la que iba el gran pastel de aniversario con una vela encendida colocada al centro de un círculo de figuras infantiles que parecían jugar *a la víbora, víbora de la mar... de la mar, por aquí pueden pasar, los de adelante corren mucho, los de atrás se quedarán... una mexicana que frutos vendía, ciruela o chabacano, melón o sandía, día, día... será la vieja del otro día... campanita de oro, déjame pasar, con todos mis hijos, menos el de atrás, tras, tras, tras, tras...* y que le recordó a María la tarjeta postal que 'isita le mandó a Monterrey el segundo verano después de la muerte de su mamá, y que conservaba junto con su libro de la primera comunión, su rosario y otras pertenencias infantiles.

Adolfo tomó de la mano a María y acercándose al carrito con el pastel contó: "Uno, dos y..." Ambos soplaron juntos a la única vela, en medio del regocijo de los invitados. Se encendieron las luces y Bruno abrazó a su hija con todo cariño. Siguieron las felicitaciones por el primer aniversario del matrimonio. Para María no pasó inadvertido el hecho de que la vela estuviera rodeada de figuras infantiles. Adolfo se había pasado todo el año haciendo insinuaciones, primero, después, preguntándole si no se había detenido su período, y por fin, si había ido a ver al doctor para que la revisara, porque era obvio que algo andaba mal, no podía ser que aún no se hubiera embarazado.

La cena había transcurrido en buena paz, se habían hecho bromas sobre la circunstancia de haber sido trece a la mesa, pero nadie parecía ser suficientemente supersticioso para rechazar su lugar en el convivio. Sin embargo, al ver las figuras de niños en el pastel, la conversación no tardó en recaer sobre la esperada descendencia. Y, claro, fue Adolfo quien la inició.

—Emilie, ¿tu niña ya pasó del año?

—Sí, tiene catorce meses, ya camina. Es increíble que tan chiquita sea tan fuerte. Hemos tenido que ponerle un corralito, porque se pasea por toda la casa y un día llegó hasta la cocina, tú sabes lo peligroso que es eso... Cuando la sacamos al jardín trata de correr, pero la detengo porque me da miedo que se caiga...

—Ya ves, María, tu amiga te ha puesto el ejemplo, a ver cuándo lo sigues...

—Sí, Adolfo, le voy a pedir que me dé el secreto... con permiso...

María tomó del brazo a Emilie y se dirigió al piano, mientras Estrella tomaba el cuchillo y se lo ponía en la mano a Adolfo, invitándolo a cortar la primera rebanada. Bruno se acercó para animarlo.

—Anda, Delfín, corta el pastel.

Adolfo buscó con los ojos a María.

—Ven, María, vamos a cortar el pastel.

María le sonrió desde el piano, respondiéndole con fingida dulzura.

—Te cedo el privilegio.

Cuando se volvió hacia su amiga, Emilie descubrió cierta dureza en su rostro. María había cambiado. Aquella inocencia que emanaba de su mirada se había convertido en un aura de tristeza.

—¿Qué pasa, María? ¿No eres feliz?

—¿Feliz? ¿Cómo puedes preguntarme eso? Tú sabes que no.

—¿Todavía piensas en Bruno? Eso fue una niñería...

—No, no lo fue. Cada día pienso más en él.

—Lo estás idealizando... no es un amor real.

—¿Y cuál es el amor real? ¿El de Adolfo? Él no sabe amar... Míralo... Ya está coqueteando con Estrella...

—No exageres.

—No, no exagero. Obsérvalo y verás. En cuanto una joven se sonríe con él, se le alebresta el cabello, se le aguza la mirada, palidece o se sonroja según la cantidad de alcohol que haya ingerido...

—¿Estás celosa?

—*Tu est folle?*

—*Ils sont touts les signes de la jalousie.*

—No, sólo observo, pero en realidad no me importa que coquetee, lo que es más, me conviene, porque así puedo dormir sola en paz.

—*Qu'est-ce que tu veux dire?*
—Cuando está... excitado, prefiere irse a pasar la noche fuera... al burdel o... no sé a donde... Salvo que venga el Espíritu Santo, no sé cómo voy a tener un hijo.
— ¿Se lo has dicho a tu padre?
—¿Cómo crees? Si lo adora...
—*Oh, ma petite sœur...*
—No me compadezcas, tengo todo planeado...
—¿No irás a hacer una locura?
—No, será lo más cuerdo que haga en mi vida.
—¿A qué te refieres?
—Ya te lo diré, ahora no es el momento... Mira, tu esposo, tan gentil como siempre, te trae tu pastel... Los dejo...
—¿Acaso espanto?
—No, Jean, pero creo que debo atender a los invitados... ustedes son de casa, con permiso...

Jean le entregó a Emilie su plato de pastel y vio alejarse a María, envuelta como luna en una nube de tules.
—¿Le pasa algo?
—No ha tenido mi suerte...
—Sospecho que me estás halagando.
—Gracias por el pastel y por... tantas otras cosas...
—Vaya, vaya, creo que lo que te ha contado tu amiga te ha preocupado.

Lolita se acercó a la pareja interrumpiendo la conversación, mientras María, convertida en mariposa, revoloteaba entre los invitados preguntando si estaban bien atendidos. Se formaban grupos y se desformaban con la rapidez del vértigo. Estrella, hija de Lolita y bailarina de ballet clásico, seguía en un coqueteo dancístico con Adolfo, "¿por qué Bruno y sus amigos lo llaman *Delfín?*" Mientras tanto, Luisa hacía grupo con don Manuel, el vecino de Adolfo, y su señora, doña Justina, una recia matrona de esas que suelen encontrarse, con el ceño fruncido, en los retratos familiares de la *aristocracia* mexicana.
—¿Y quién es esa venerable anciana?
—Mi madre.
—¿Cómo se llama?

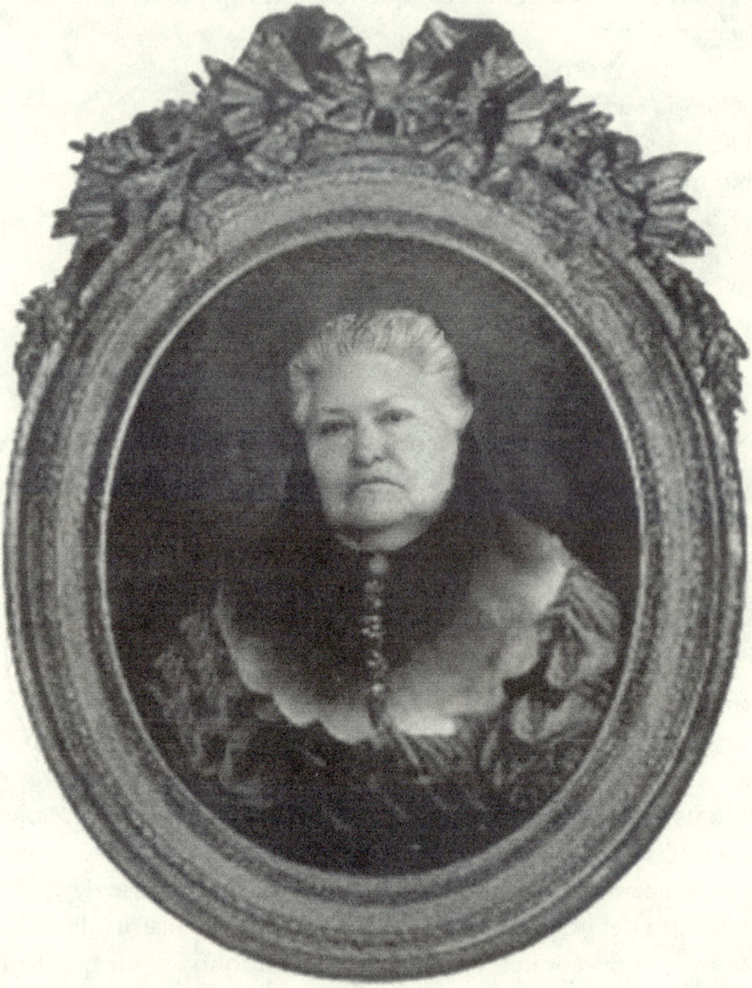

—Se llamaba Josefa, pero como no le gustaba su nombre, y mi padre insistía en que una de mis hermanas llevara su nombre, a su segunda hija le puso Josefina.

—¿La conozco?

—No, Josefina está internada en un sanatorio, desde que se descalabró al caerse de un caballo.

Admirando el retrato del padre de Adolfo vistiendo su uniforme de general, estaban Bruno, el periodista Gonzalo de la Garza y el doctor Toledano. Bruno les relataba las hazañas del General, a quien debido a las heridas recibidas en la aguerrida batalla en contra de los franceses, el 2 de abril de 1867, en Puebla, le habían sido amputados un brazo y una pierna. El periodista recordó entonces que había sido gobernador de Puebla y posteriormente de Chihuahua.

Bruno: Sí, también fue electo gobernador de Morelos, pero lo declinó por serle incompatible con la otra gubernatura.

Gonzalo: Sin embargo, en Cuernavaca se encuentra la estatua que le hizo el ilustre escultor Gabriel Guerra, ¿no es así?

Bruno: Sí, por cierto, después de esculpirla quedó paralítico y poco después falleció, por lo que la estatua fue fundida en bronce cuando el escultor ya había fallecido, nunca la vio terminada.

Gonzalo: Según tengo entendido, el general Marcos Guerrero auspició el latifundismo...

Bruno: Bueno, entonces no había revolución... ni se hablaba de repartir la tierra. Propiciar el latifundio lo hicieron todos los gobernadores que buscaban el progreso de la nación, las compañías deslindadoras tenían ese propósito... mi padre mismo...

Gonzalo: Impulsó la industria, más que el latifundio...

Bruno: También el general Guerrero lo hizo, a él se debió el tendido de líneas férreas, de telégrafo y de teléfono, también construyó puentes y edificó el Teatro de Cuautla que lleva su nombre...

Gonzalo: Veo que eres un eficiente defensor del general Guerrero...

Bruno: Su obra lo merece...

El doctor Toledano escuchaba sin intervenir mientras bebía su copa, cuando vino a sumarse al grupo don Manuel, a tiempo para escuchar a Gonzalo, que en ese momento discurría sobre la lucha por el poder que se había entablado en México.

GONZALO:... la lucha ha cobrado nuevas víctimas. La pretensión de la política carrancista en el sentido de encaminar al país hacia el civilismo, válida como principio, ignoró de hecho la voluntad popular y ha convertido al gobierno en gran elector. Los resultados de esa conducta están a la vista. La guerra civil sacude al país, y la estabilidad y el progreso vuelven a ser una quimera...

DON MANUEL: Quimera o no, los capitalistas extranjeros temen las consecuencias de aplicar la Constitución carrancista.

El doctor Toledano observaba subrepticiamente a Adolfo, que había sido arrebatado de los lazos de Estrella, por Luisa.

—Delfín, ¿no te parece que sería bueno tomar una fotografía familiar? Ya sabes que el *hobby* de Bruno es la fotografía y hoy es un día especial.

Delfín, ya con más de una botella de *champagne* entre pecho y espalda, como acostumbraba decir, se sentía capaz de cualquier cosa, hasta de flirtear con su suegra.

—Querida Luisa, nunca cumplimos aquella cita que hicimos cuando tenías "casi trece" años, ¿recuerdas?

La primera reacción de Luisa fue de violencia, ¿cómo se atrevía a rememorar aquella breve conversación? "... dentro de... de cinco años..." Delfín le había parecido tan guapo aquel día del matrimonio de su hermana Esther con quien hoy era su marido...

Delfín no había cambiado tanto, sin embargo todo era distinto, ella se había hecho mujer y ambos estaban casados, y ahora... hasta eran parientes... No pudo menos de sonreír por la nostalgia que sintió por aquellos días de pretendida inocencia infantil...

—Delfín... yo era una niña...

—Y muy bonita...

—Gracias... ¿qué dices?, ¿tomamos la fotografía familiar?

—Haremos lo que tú quieras, Luisa, hasta donde tú quieras... tú mandas...

Le brillaron los ojos a Adolfo, Luisa se sonrojó, se sintió culpable sin saber de qué ni por qué. Enseguida, dio media vuelta y fue en busca de Bruno.

Todo se arregló en un momento. Bruno acomodó la cámara en el tripié, dispuso la placa, y luego le pidió a Louis que hiciera funcionar el disparador, una vez que él se colocara en el grupo. Miró de nuevo a través de la lente para fijar bien el encuadre.

Ven, Bruno, colócate junto a mí... Espera, Esther, estoy calculando la distancia para que el mayordomo no tenga más que oprimir el obturador... Estás tan hermosa... Tú siempre con tus halagos, vas a hacer que me los crea... Créetelos, para eso te los digo, para que te vuelvas orgullosa de ti misma... Eres tan bueno... No es por bondad que te los digo, es... ¿Es porque me amas?... No... ¡Ah!, ¿no me amas?... No, no quiero decir eso, ¡claro que te amo!, es porque te mereces los halagos... y cuando cantas, lo haces mejor que un ángel... ¿Los ángeles cantan ópera?... Nunca he estado en el cielo... Cuando me toque ir al cielo, lo comprobaré... No digas eso, nunca hables de dejarme... ¿Dejarte?... ¡Claro! Me abandonarías... No, Bruno mío, nunca te abandonaré ni para ir al cielo...

Bruno cerró los ojos. Hizo un esfuerzo para concentrarse. Cuando volvió a abrirlos, trató de que cupieran los trece comensales en el cuadro. Le fue difícil hacer que todos se mantuvieran quietos a la vez. No faltaron las interrupciones en el momento en que Louis estaba por presionar el disparador. La segunda fotografía fue sólo la del grupo familiar: María del brazo de Adolfo y Luisa del brazo de Bruno.

—Espero que en la próxima fotografía familiar que tomes, querido Bruno, aparezca mi hijo, en mis brazos.

—Así lo espero, Delfín, yo también quiero mi parte de ese pastel. No sabes cómo ansío ser abuelo.

Una vez terminada la agitación de la fotografía, Lolita sugirió que su discípula predilecta los deleitara con una pieza musical. Adolfo aceptó, pero propuso que los señores escucharan desde el *petit foyer,* donde podrían mientras tanto fumar un buen tabaco y degustar un exquisito *Benedictine* acabado de llegar de París. Así los caballeros se dirigieron al *foyer,* en tanto que las damas pasaban al salón de música para escuchar tocar a María.

La conversación masculina no tardó en recaer en la política y en los avatares de los movimientos revolucionarios que estaban convulsionando al país, mientras tras las puertas de cristal del *foyer* se escuchaban las notas de la sonata *Patética* de Beethoven.

Gonzalo, prendiendo un tabaco, miró a Delfín de soslayo.

—¿Por qué dejaste la carrera militar, Delfín?

—¿Me lo preguntas tú, precisamente? Como periodista sabes que la milicia hoy es una carrera de infidelidades. Ya no hay el concepto de lealtad nacional. Hoy se es partidario de uno, y mañana del enemigo. ¿Qué es el honor militar hoy en día?

—Prefieres otro tipo de "infidelidades".

Delfín notó que Bruno alzaba la cabeza fijando en él una mirada inquisitiva.

—¡Ejem! ¿Han leído los artículos de Gates?

—¿Quién no los ha leído?

—Según él, el tal Zapata no es un bandido, sino un redentor… ¿puede creerse tal cosa?

El doctor Toledano sintió la necesidad de defender al caudillo morelense, explicando con su acostumbrado sentido del humor el nivel de vida infrahumano de los campesinos.

—… lo único que reclama Zapata es un acto de contrición que beneficiaría más a los pobres terratenientes que a los infelices campesinos…

—¿Ah, sí? ¿Qué acto de contrición es ése?

—La devolución de la tierra que los terratenientes les han arrebatado a los campesinos desde tiempo inmemorial, porque, como dicen las Santas Escrituras, "más fácilmente entrará un camello por el ojo de una aguja que un rico en el reino de los cielos…" Así, el volver pobres a los terratenientes les abre la puerta del cielo…

—¿Qué periódico lees? ¿*Regeneración*?

—Desgraciadamente ya no se publica y sus editores, los hermanos Flores Magón, están en la cárcel.

—¿De veras leías esa basura?

—¿Por qué le llamas basura? ¿Porque denunciaba a los explotadores que hacen trabajar a obreros y campesinos dieciocho horas al día pagándoles con tlacos, en lugar de duros? ¿Porque decía ciertas verdades sobre la miseria que padece el pueblo y que son molestas para aquellos que comen en mesas bien servidas y que se dan la gran vida en el *Jockey Club*, en sus yates y en sus viajes a Europa?

—¿Te refieres a mí?

—No, no, no, tú solo te estás poniendo el saco, tú me conoces, yo sería incapaz de decirte indirectas…

—Te me has vuelto revolucionario, Alfonso…

—No, Adolfo, no me he vuelto, desde que estudié con los jesuitas, lo he sido…

—No lo sabía... nunca te he visto las cananas...

—Ah, porque para mí todo se arregla a la pura palabra... desde que era estudiante, siempre evadí las peleas a puñetazos, convencido de que no tengo con qué dar, ni dónde recibir... sin embargo, hay diferentes maneras de ser revolucionario...

—¡¿Ah, sí?! ¿Como cuáles?

—¿Por qué crees que estudié medicina y no ingeniería? No me interesaba hacer puentes para don Porfirio, sino curar a la pobre gente que enferma por las condiciones antihigiénicas de salud en que vive.

—¿Y con lo que te paga esa gente pudiste comprarte la casa que tienes en Santa María la Ribera?

—No, Adolfo, esa casa no es mía...

—No, claro... es de tu familia...

—Que la heredó, no tuvo que comprarla...

—Bien haya los revolucionarios, que viven como ricos y pueden darse el lujo de no cobrar por sus servicios profesionales...

—¿Comiste gallo?

—No, todos comimos gallina, sólo que a unos se les indigesta y a otros no.

Bruno, alarmado por el giro que estaba tomando la conversación, sugirió cambiar de tema.

—Claro, Bruno, tú siempre tan modosito: "Nunca hay que hablar de política ni de religión", ¿no es así? Ése ha sido siempre tu lema.

—Y ya ves por qué, Delfín.

—Bueno, te daremos gusto, cambiemos de tema. ¿Cuál sugieres?

Bruno, tomando el toro por los cuernos, se dirigió al doctor Toledano.

—Alfonso, ¿qué sugieres para hacer que mi hija se embarace? Tanto Delfín como yo queremos descendencia.

—Y ella, ¿la quiere también?

Bruno y Adolfo se miraron, interrogándose, antes de que Adolfo contestara.

—Imagino que sí... es de suponerse, ¿no?

—Lo primero será entonces hacer un examen para saber la razón por la cual hasta ahora no...

Adolfo pescó la ocasión por los cabellos.

—Día y hora, Alfonso. ¿Cuándo?

Sin responder, el doctor sacó papel para liarse un cigarrillo, pero antes de llegar a hacerlo, Adolfo le ofreció un habano...

—Ofrécemelo cuando tengas el primer hijo... Los espero a ti y a tu esposa en mi consultorio mañana a las...

—¿A mí, también?

—Claro, la razón de la infertilidad puede venir de cualquiera de los dos...

—Por Dios, Alfonso, me ofendes...

—Bueno, te haré la dispensa por ahora, pero si no encuentro razón en tu esposa, entonces...

—De acuerdo... ¿a qué hora mañana?

—A las cuatro de la tarde, creo que después de la desvelada de hoy no debo desmañanarla.

—Allá estará mañana... y por favor...

—No tienes que decir nada... ¡Haré cuanto esté de mi parte por...!

—Gracias.

Los aplausos marcaron el final del último movimiento de la sonata. Abriendo de par en par las puertas de cristal, entró al *foyer* María para pedirle a su padre que cantara un aria de *Werther*. Todos secundaron la buena ocurrencia y Bruno, sin hacerse mucho del rogar, se levantó y se dirigió al piano, todos los señores lo siguieron, con su copa en la mano, buscando cada uno una cómoda poltrona donde sentarse a escuchar. María le cedió el banquillo del piano a Luisa, quien de muy buen humor abrió la partitura de Massenet, que ya María había colocado sobre el atril del piano de cola. Al ver la tapa abierta a todo lo largo y ancho de su caja de ónix como la de un ataúd, al doctor le pareció que el piano era un cuerpo abierto por la mano hábil de un bisturí que mostraba la intimidad del misterio cordal que partía de su corazón para hacer vivir al cuerpo merced a sus latidos atemperados y vibrantes.

Ah! non mi ridestar!
O soffio dell'April
Ah! non mi ridestar!
Su di me sento la carezza,
ed ahimé di già spunta il dì
Del soffrire, della tristezza!...

No, non mi ridestar,
O soffio dell'April?
Doman ritornerà da lungi il viator,
E del passato ricorderà la gloria…
E il suo sguardo invan cercherà lo splendor,
e non vedranno più che lutto e que dolore!
Ahimè!
No, non mi ridestar
O soffio dell'April…

María no pudo impedir que le brotaran lágrimas al pensar que ese viajero era Unito, quien en caso de volver sólo encontraría eso: dolor, luto y sufrimiento, en lugar del pasado esplendor. Emilie la contemplaba, tratando de entenderla. ¿Por qué había aceptado casarse con Adolfo, si no lo amaba? ¿No sería que no quería reconocer que se había sentido atraída por la aureola de donjuanismo que lo rodeaba? Y que secretamente quería ser ella, quien lo cambiara, quien tuviera el orgullo de ser la mujer capaz de enderezar el árbol torcido… Siendo su amiga íntima, la mejor de sus amigas, María se ocultaba siempre tras de una coraza que por delgada que fuera nadie podía traspasar. ¿Era en verdad su amor por su primo Bruno tan real, como ella quería hacerlo aparecer? ¿O era una ilusión de sus sentidos? o ¿un refugio, una huida? O ¿tal vez, un pretexto para no entregar su amor a quien hoy era su marido?

Todos aplaudieron. Alicia, una mujer que no aparentaba los cuarenta años que se le habían escapado sin saber cómo, se enterneció tanto con el aria que al abrazar a Bruno para felicitarlo se echó a llorar. Su esposo se extrañó; Alicia no era de esas mujeres cursis que se sentaban a leer folletines con novelitas rosa, con una jícara en la mano para recoger sus lagrimones sentimentales; por el contrario, era una mujer fuerte, incluso dura a veces. Una vez un carruaje atropelló a su perro, al que había cuidado como a un ser de su familia durante más de una docena de años, lo vio volar por los aires y fue a recogerlo, casi muerto, sin una lágrima en los ojos. Con toda serenidad ordenó al mozo que lo llevara con un veterinario para que lo hiciera dormir. En todo el día una sola vez se refirió al accidente, diciendo "tenía que ocurrir alguna vez… cada vez que se abría el zaguán salía disparado hacia la calle… tenía que sucederle algún día".

Por eso, el exabrupto lacrimoso por el aria de *Werther* le extrañó sobremanera a su marido. Cuando Alicia se alejó de Bruno, Gonzalo se acercó con un pañuelo en la mano. Alicia lo tomó, agradeciéndole la atención. Se secó la cara, enrojecida.

—¿Por qué, Alicia?

—¿Por qué qué?

—¿Por qué ese llanto?

—La música…

Se le cerró la garganta. No estaba en condiciones de explicar. La emoción la dominaba. Gonzalo se hacía cruces… Comenzó a inquietarse. ¿Qué era lo que él no sabía de su mujer? Creía saberlo todo, conocerla a fondo… esta emoción… No podía encontrar una explicación razonable.

—Alicia, ¿qué pasa?

—¿Conoces la historia de Werther?

—¿La ópera?

—Ópera o novela…

—No.

—Es la historia de un amor imposible… de un hombre por una mujer casada…

—¿Y…?

Gonzalo comenzó a esperar lo peor. ¿Era ella la mujer casada? ¿De quién era el amor imposible? ¿Qué estaba sucediendo en su esposa?

—Mi padre… fue como Werther… Se suicidó como Werther… estaba enamorado de…

Alicia no pudo terminar de hablar, volvió a estallar el manantial del llanto. Gonzalo creyó comprender. La abrazó con ternura y la condujo hacia el pórtico. No era justo hacerla decir ahora algo que había callado por tanto tiempo. Desde el otro lado del salón, Adolfo estaba pálido, había observado toda la escena con gran atención, se acercó entonces a Louis y le dio una orden en voz baja. Louis, solícito como siempre, se apresuró a cumplirla dejándolo solo nuevamente, aunque no lo estuvo por mucho tiempo, pronto se le unieron Bruno, Luisa, Estrella y doña Justina, que se había quedado girando sola, como trompo sin dueño, sin saber para dónde dirigir sus pasos.

Mientras tanto, María se acercó a Lolita. La maestra de piano no se parecía a sus hijas, no presentaba trazas de haber sido ni la mitad de hermosa que Estrella ni de tener las carnes redondas de su otra hija, Angélica, la pianista. Lolita, cuyo nombre mismo era un sarcasmo, ya que se llamaba Dolores Morales, era una mujer más que delgada, enjuta. Su cara, dibujada sobre una piel de arruguitas finas como de papel crepé, reflejaba la ironía de su nombre, ya que la vida y, especialmente, su hija Estrella le habían proporcionado abundantes dolores morales. María le dio su buena noticia:

—Lolita, ya me lo aprendí.

—¿Todo?

—Todo, toditito, con entradas y salidas de la orquesta. Todo, completito. ¿Cuándo vienes para corregírmelo?

—Hoy es domingo... te parece ¿el martes?

—Está bien. Es un buen día, Adolfo se va a jugar cartas los martes, no tendremos moros en la costa.

—Monina, ayúdame a sacar de aquí a Estrella, no quiero que beba más, ya la conoces cómo se pone de impertinente cuando se le pasan las cucharadas... y ya se le están pasando...

—Trataré...

En ese instante, Louis hizo funcionar el fonógrafo. Al escucharse el vals *Sobre las olas* Adolfo tomó a Estrella de la mano y la encaminó al centro del salón.

—No será tu ballet clásico, pero supongo que también puedes bajar a mi nivel y acompañarme en este vals...

—¿Por qué no?

Adolfo paseó la mirada por la concurrencia y haciendo un gesto de invitación los animó a bailar.

—Vamos, un poco de movimiento no hace mal a nadie... Bruno, Jean, don Manuel, saquen a sus parejas... Vamos... el bailar rejuvenece...

Poco a poco cada uno siguió el ejemplo, menos el doctor Toledano a quien no le gustaba bailar, así que se quedó hojeando unas revistas francesas, deteniendo sus ojos en las páginas donde se reproducían fotografías y firmas de todos los firmantes del Tratado de Versalles, que por fin había terminado con la guerra europea.

Pronto, la fiesta se animó al compás de la música de Juventino Rosas, quien debió regocijarse bajo su lápida al saber que su música lo había trascendido.

—Es una ventaja esto de la música enlatada, en estos tiempos ya no es fácil encontrar músicos para amenizar, porque todos se han metido de cornetas o tamboreros en las cuadrillas revolucionarias.

Viendo bailar a Estrella, Lolita perdió las esperanzas de sacarla de la fiesta antes de que hiciera algún desfiguro como acostumbraba. Se dirigió a doña Justina, que trataba de sacarle a Edelmira la receta del *soufflé au chocolat* que a ella nunca había podido quedarle en su punto, pero doña Justina no sabía con quién se las hallaba. Edelmira, ni por pienso hubiera sido capaz de revelar un secreto de familia como ése; cualquier intento de soborno resultaba inútil.

María olvidó pronto la recomendación de Lolita y se quedó pensativa, sentada en un rincón. ***Me gustaría...*** no estar casada y que Brunito me sacara a bailar este vals... en su brazos me sentiría volar no sobre las olas, sino sobre las nubes... no necesitaría pies ni zapatos... sus brazos me alzarían más allá de la esfera celeste... ¡Ah...! Ya estoy soñando otra vez... ¡cuándo aprenderé a aceptar la realidad y a dejarme de ilusiones irrealizables! Sin embargo, como dice el doctor Toledano, uno de los derechos inalienables del ser humano es el derecho a soñar... sí, pero soñar despierta es más que peligroso, decepcionante, el despertar suele ser peor que un baño de agua helada. Estoy casada, y estoy casada con Adolfo, ¡ésa es la realidad! Lo que hay que hacer es: ¡¡planificar!! Sí, sabiendo cuántos años me quedan *de vida, debo planear cómo saldré de este atolladero lo antes posible... ¿Por qué los revolucionarios hablan de "Tierra y Libertad" y nunca de la "Libertad" de las mujeres? Pasamos de manos de un papá a las de un esposo, sin que se nos dé la oportunidad de escogerlo o, simplemente, de no casarnos... sin tener que ir al convento, como sor Juanita...* **Me gustaría...** *iniciar yo otra revolución, la revolución femenina... sí, eso es, la ¡Revolución Femenina! ¡Mi arma será el piano! ¿No fue acaso el arma de Chopin? ¿Por qué no ha de ser también mi arma? Proclamaré... como los franceses: liberté, égalité, fraternité... pero habría que agregar la libertad en el amor, eso es: ¡libertad en el amor!, ¡igualdad en el amor!, ¡fraternidad en el amor!, es decir: ¡el amor libre! ¡Hm... no es una mala idea! ¿No es eso lo que proclama Adolfo cuando se va a sus burdeles? ¿Por qué tengo yo que serle fiel, si él no me es fiel a mí? Lo que pasa es que... amo a Unito, y a él no puedo serle infiel; en realidad, aunque parezca que le he sido infiel con Adolfo, no es así, porque cuando Adolfo me hace el amor, bueno ese remedo de "amor", en quien pienso siempre es en Unito... ¿Cuando María hacía el amor con José estaría pensando en el Espíritu Santo? "No blasfemes, María..." No,* mère *Marianne, pero es que no puedo quitarme a Brunito de la cabeza... Todo lo que hago es en función suya: hasta comer... bueno... cuando como, porque casi nunca tengo hambre...*

—¿No vas a bailar con tu esposo?

María volvió la cabeza y miró a Adolfo con estupor, como si hubiera sido pescada *in flagranti crimine*.

—Me duelen los pies... por eso... me senté aquí...

—Vamos, vamos, tu padre debe verte alegre...

—Ah... por eso me sacas a bailar, ¿para dar gusto a papá?

—No seas remilgosa... Anda, ven, yo sé que esta pieza te gusta...

María se levantó y se dejó llevar por la música. Adolfo, aunque había bebido bastante, todavía era capaz de llevar el paso sin tropiezo. De pronto, un grito de doña Justina detuvo a los danzantes en pleno vuelo. María corrió hacia el tocador, que era de donde había partido el grito. Doña Justina, demudada, de pie en el umbral, señaló hacia el interior, con un gesto de horror. Tirada junto a la tina de baño de mármol de Carrara estaba Alicia, con las manos sumergidas en el agua sanguinolenta. Junto a ella, un cuchillo de cocina ostentaba frescas marcas sangrientas. Adolfo hizo a un lado a María en el momento en que Gonzalo se acercaba.

—¿Por qué? ¿Por qué, Alicia?

La voz de Gonzalo no era un grito ni un lamento, era la expresión del estupor. Se arrodilló junto a ella, viéndola como quien ve a un fantasma.

—¿Por qué?

—Aquí está el doctor Toledano...

—Está viva, Gonzalo, la salvaremos...

—¿Por qué lo hiciste? No entiendo... no entiendo nada... Hemos sido tan felices...

*

La redacción del periódico bullía, mientras Gonzalo, sentado en su escritorio, mantenía la vista fija en ninguna parte. ¿Cuánto tiempo había permanecido allí, mirando hacia el frente como hipnotizado? Fue Miguel, su ex compañero en la carrera de leyes, que Gonzalo nunca terminó, quien llegó a sacarlo de su letargo. Le puso la mano en el hombro y pronunció la orden casi con ternura. El "te me vas a Cuautla de inmediato" tuvo que repetirlo dos veces para que Gonzalo lo registrara en su cerebro momificado. No hubo peros que valieran, ni excusas aceptables. Ya hacía varias semanas que su esposa había salido del hospital, estaba en plena convalecencia, bien atendida por su madre que había llegado de Chihuahua a auxiliarlo. Nada justificaba ya su inanición mental.

—Comprende, Miguel, no soy la persona adecuada para cubrir esa noticia. Busca a alguien que pueda ser eficiente.

—Tú eres el mejor periodista.

—No hoy.

—¿Cuándo? ¿Mañana? ¿La semana próxima? ¿El año que entra? Si no eres eficiente hoy, no lo serás ya nunca más. Tu esposa trató de suicidarse, pero tú eres el muerto.

—¡Miguel!

—Vete a Cuautla. Cumple con tu deber. El asesinato de Zapata requiere al mejor periodista, y tú lo eres. ¡Vete a Cuautla!

Y Gonzalo se fue a Cuautla y a la Hacienda de Chinameca a entrevistar al mayor Reyes Avilés, testigo presencial de la traición, a hablar con las mujeres que lo velaron: Francisca, Daría y María Salazar, y con los hombres que lo enterraron. Y si hubiera hablado el lenguaje de los caballos, habría entrevistado al propio alazán *As de Oros*. Cada entrevista le hacía evidente la decepción del pueblo ante la muerte de su caudillo, aunque muchos le negaron que el muerto fuera el verdadero Zapata: "Miliano se fue al monte, donde ya no podrán alcanzarlo nunca más".

Sin embargo, a pesar de esa incredulidad consoladora, el mundo de la esperanza se había desplomado junto con Zapata. Gonzalo cumplió con su deber de periodista y volvió de Chinameca sólo para sepultar a su propia esposa y contemplar, también él, el desplome de su mundo personal. Quizá sólo Adolfo intuía que Alicia había muerto por no soportar la culpa de haberlo traicionado con él, y para no tener que revelarle nunca el nombre de su amigo traidor, pero Gonzalo no lo sabía.

*

—Sí, sí, el cinematógrafo de la calle de Plateros... es en el número 9, arriba justo de la Droguería de Plateros... Adolfo no quiere acompañarme... Van a pasar *Los Talleres en París* y tengo muchas ganas de verla... Sí, sí, claro, a la función de la tarde, a la de la noche no podríamos ir solas... ¿Sí?... Bueno, nos vemos aquí en casa... Ya sé que el camino a esa hora está muy transitado, pero... si quieres vente antes, comemos algo y luego nos vamos... ¿Sí?... ¿No es maravilloso esto de tener teléfono en la propia casa?... ¿Cómo? ¿Los funerales de Amado Nervo? Pero si murió en Montevideo, ¿no?... ¡Ah! ¡El sábado 15?... ¿adónde se va a velar?... Le diré a Adolfo, a ver si quiere llevarme... él tiene muchos amigos allí en la Secretaría de Relaciones Exteriores... No, no quisiera ir al panteón, los panteones me hacen sentir mal... aunque sea la Rotonda de los Hombres Ilustres. ¿Y a las mujeres ilustres dónde las enterrarán?... Está bien, yo te aviso... Bueno, ¿entonces? te espero entre una y dos... *à demain*...

Al colocar María el auricular en su sitio no puede dejar de relacionar la fecha del funeral con la que le dio el vaticinio de su nana: 15 de noviembre, de este 15 de noviembre al otro le quedan treinta años para hacer de su vida... lo que quiere hacer. Adolfo entra en ese momento al despacho hecho un energúmeno.

—¿Qué haces en mi escritorio?
—Estaba hablando con Emilie.
—Te he dicho que no entres aquí cuando no estoy.
—Pero, Adolfo...

Las lágrimas nublan los ojos de María, que hace un esfuerzo para no soltarse llorando.

—No hay pero que valga. Cuando doy una orden espero que se cumpla. Te prohíbo entrar aquí en mi ausencia.

—No soy Louis para que me ordenes así, ni a él le hablas en ese tono.

—No discutas.

—No soy yo quien discute…

María no soporta más, sale corriendo, mordiéndose un labio para no decirle que si es porque no quiere que vea las cartas de amor de sus amantes, hace mil años que las descubrió. No quiere llorar pero no puede remediarlo. Cuántas veces le dijo su padre que era una chillona. Parecía que alguien le abriera una válvula en los ojos, aun en contra de su voluntad.

Adolfo salió tras ella con la furia pintada en el rostro enrojecido. Subió las escaleras siguiendo sus pasos y antes de que María pudiera cerrar la puerta la empujó de un manotazo.

—Y no te encierres, que ahora mismo nos vamos a ver a Alfonso.

—Necesito estar sola un momento…

—No tengo tiempo para tus caprichos de niña tonta. Si el doctor quiere hablar con nosotros es porque tiene algo importante que decirnos, seguramente ya están los resultados de los exámenes que te han hecho.

—Está bien, pero déjame lavarme la cara, no puedo salir así…

—Te doy cinco minutos. Te espero en el automóvil.

Adolfo sale dando un portazo, como hace siempre que está enojado, mientras María, en lugar de ir a lavarse la cara, se tira llorando sobre la cama. Entra Mixi sin hacer ruido. Se sienta junto a ella y le acaricia el cabello. Niña, deja de llorar, mira que vas a hacerlo enojar más, no lo provoques, ya ves que hoy está de mal genio, componte la cara. A María le entran las recomendaciones por un oído y por el otro le salen. Al fin, una vez desahogada, se endereza y va a mirarse al espejo.

—¿Cómo voy a salir con esta cara?

—No tienes otra, niña, mejor es que lo hagas, si no quieres que vuelva por ti más furioso que antes.

—Tienes razón. Total, ¿quién me va a ver?

—Cúbrete con esto, niña, y corre…

Mixi le pone en los hombros un chal tejido con sus manos que acaba de darle como regalo de aniversario, y María sale y corre escaleras abajo todavía suspirando, sin saber si el suspiro es de coraje o de resignación. Al pasar bajo el retrato de su abuelo, en el vestíbulo, se detiene un momento a increparlo: "De esta clase de guerra tú nunca me hablaste".

Cuando llegan al consultorio del doctor, éste los recibe con una sonrisa forzada que mal disimula su preocupación. La pregunta de Adolfo no se hace esperar.

—Y bien, Alfonso, ¿puedo tener la esperanza de tener pronto un hijo?

El doctor responde con evasivas. Hace sentarse a María y le pide a Adolfo que lo acompañe al otro despacho. Adolfo comienza a temer una mala noticia.

—Alfonso... no querrás decirme que no puede tener hijos, ¿verdad?

—No, no es eso.

—Uff... me quitas un peso de encima...

—Tampoco es una buena noticia...

María, nada tranquila con la salida de los dos hombres, imagina que seguramente están hablando de ella, ¡me choca esa costumbre que tienen los médicos de no decirnos a nosotras lo que pasa sino a los maridos, como si fuéramos animales sin entendimiento y no seres humanos como ellos!, así que se levanta y se acerca a la puerta silenciosamente como gato al acecho de un insecto.

—¿Qué quieres decir?

—Que María... está enferma...

—¿Enferma? Yo la veo bien...

—No, hemos revisado las pruebas varias veces para estar seguros... María tiene tuberculosis.

—¿Cómo? Eso no puede ser...

—Sí, lo es...

—¡Por Dios! Eso suena a novela de Federico Gamboa...

—Pero no es novela, Adolfo. La tuberculosis es real. María tiene algo en su favor: su juventud. Si recibe un buen tratamiento y se cuida... Por lo pronto, nada de embarazos y, por supuesto, tiene que dejar el piano...

A María se le oscurece el consultorio como si alguien hubiera apagado la luz. Adolfo y el doctor oyen el golpe seco de un cuerpo al caer al suelo del otro lado de la puerta.

IX
Siguiendo huellas por los caminos de don Quijote

Mientras Luisa vigila con Mixi que María se alimente tal como el doctor lo ha indicado, Bruno y Delfín conversan en la biblioteca. Desde que se descubrió la enfermedad de María, han pasado muchas horas juntos, enredando y desenredando el ovillo de los acontecimientos políticos que se suceden en el país, sin intervención esta vez de sus familias. Han dejado atrás la época en que sus respectivos padres gobernando, guerreando, rebelándose o secundando a don Porfirio, fijaban el rumbo de la política mexicana. Ahora son otros los que gobiernan, guerrean, se rebelan o secundan a los sucesivos caudillos, jefes militares y presidentes. Bruno lee en voz alta a Delfín las noticias en *Tiempo de México:*

—"Tlaxcalantongo, Puebla, 21 de mayo de 1920. Esta madrugada fue asaltado el jacal donde dormía el presidente Carranza, quien primero fue herido y después rematado a tiros por sus atacantes. Parece indudable que fue el general Rodolfo Herrero el autor de este crimen."

Al escuchar la palabra "Puebla", Delfín, como al toque de la *Nona* con que siempre lo mandaban a dormir de niño, pierde el hilo de la lectura y se sumerge en una vigilia delirante. Viene a su mente la finca perdida, el rostro adusto de su tía Francisca y, sin saber por qué, la molienda de chocolate. Esa molienda que duraba varios días. Recuerda el tueste del cacao en el comal de barro sobre el anafre de la molendera, la colocación meticulosa de los carbones ardiendo bajo el gran metate en el que iba a prensarse el cacao ya tostado y, después de horas y más horas de molienda, el olor apetitoso de la pasta café oscura a la que se agregaban las yemas de huevo y el azúcar. De pronto sintió que no era él quien iba a saborear el dulce gusto del chocolate, que él no era quien iba a sentir la sana alegría del tacto de los labios sobre la porcelana caliente de la taza, sino que él mismo era un grano de cacao bajo la impiedad indiferente de la mano del metate que lo estaba prensando, moliendo, triturando. La finca daba vueltas a su alrededor en un giro vertiginoso de imágenes truncas, distorsionadas, evanescentes: el portal no era de piedra sino de bambú, la escalinata de la entrada era de hielo, el dosel de su cama, de lodo que escurría formando estalactitas dentro de una cueva repleta de murciélagos. Quiso gritar y la voz se perdió en su garganta en un laberinto sin puerta de escape. Quiso cerrar los ojos y la mirada se le congeló sobre la flama fluctuante de un cirio. La voz de Bruno, a lo lejos, a una distancia que no se medía en ondas sonoras sino en tiempo, fue acercándose a su meta.

—"Ayer en la noche, don Venustiano Carranza y los suyos llegaron a esta población, donde Herrero mismo escogió el alojamiento presidencial, y se retiró después pretextando un problema familiar. Hacia las tres y media de esta madrugada, y al grito de '¡Viva Peláez! ¡Viva Obregón!' el jacal donde dormía el Presidente fue balaceado con los resultados..."

—Bruno, ¿qué está pasando con nuestro mundo?

—Lo que pasa es que el avance de la rebelión de Agua Prieta es incontenible. A sólo catorce días de iniciada, ya se ha extendido por toda la república.

—No hablo de eso...

—Es que ésa es la razón. Cuando Carranza supo que Guadalupe Sánchez se pasó al bando contrario y que marchaba sobre el convoy presidencial desde la población de Esperanza, quiso dirigirse a Veracruz, pero el paso entre las montañas estaba cerrado, fue ahí que se dispersó la comitiva y el Presidente decidió internarse en la sierra poblana, pensando que recibiría el apoyo de Gabriel Barrios para ayudarlo a llegar al norte del país...

—Bruno...

—... pero a poco de abandonar Patla, el general Rodolfo Herrero, antiguo partidario de Peláez, se ofreció para guiarlo a él y a su pequeña comitiva por la sierra... y fue él mismo quien...

—No me escuchaste... Te hablo de nuestro mundo, el nuestro, Bruno, el nuestro...

—Éste es ahora nuestro mundo, Delfín, ya no hay otro... Olvídate de nuestras glorias pasadas, hay que adaptarse a la nueva realidad...

—¿A qué realidad? ¿La de las traiciones y los asesinatos? ¿La de los hombres que mataron a tu padre en el Zócalo, la de que después de matar a Madero y a Pino Suárez y a tantos otros, cayó bajo el bandolerismo de Villa y

127

la ambición de Carranza? Hemos visto ascender y descender caudillos, generales, presidentes. Siento que me estoy derritiendo, como el cacao en el metate de mi tía Francisca.

—Nunca te había yo visto tan deprimido... Entiendo, la enfermedad de mi hija te ha afectado... pero recuerda, Alfonso ha dicho que pronto sanará, la enfermedad estaba en sus inicios y podrá ser dominada...

—Tal vez, ya no sé lo que es... nada... sólo veo un abismo delante de mí y por más que quiero mirar hacia otra parte, no lo logro. No encuentro un camino hacia la montaña ni el puente para cruzar el abismo...

—¡Por Dios, Delfín! No seas derrotista...

—Cada vez que veo llegar a don Refugio, tiemblo como la hoja de la higuera al menor soplo... ¡Si al menos pudiera tener un hijo!

—¿Es la ansiedad de tener un hijo lo que te inquieta?

—Tal vez... ya no sé lo que es... nada...

Por primera vez, Bruno sintió pesadumbre frente a Delfín. Siempre lo había visto tan seguro de sí mismo. Jamás hubo un problema que Delfín no encontrara cómo resolver. ¿Cómo había ocurrido el cambio? Tal vez el amor hacia María, y el temor de perderla por su enfermedad, lo habían afectado tanto que sentía que todo su mundo se desplomaba... Esta vez, en lugar de admirarlo solamente, lo adoró por amar tanto a su hija.

Cuando Luisa bajó de la alcoba de María y apareció en el umbral de la biblioteca, el cuadro que presentaban los dos hombres era como para ser pintado por Daumier: cada uno en su poltrona, quieto y con la mirada baja. Cada uno envuelto en sus pensamientos, sus dudas o sus temores... ¿Dónde estaba aquel aire aristocrático de Delfín, aquella presencia que llenaba de luz el espacio adonde se acercaba? Se quedó un instante contemplándolos sin que ellos parpadearan. ¿Cuánto tiempo habían permanecido en silencio? Ni ellos lo sabían. Suenan las primeras campanadas que anuncian las diez de la noche en el gran reloj de péndulo de la biblioteca.

Estampada en el umbral, como en el lienzo enmarcado de un cuadro, Luisa se extravió en la onda sonora de las atemperadas campanadas del reloj de su abuelo. La imagen de su hermana Esther volvió a su mente. Hoy no la recordaba envuelta en sus velos de novia iridiscente, como otras veces, sino entre los encajes de su lecho de muerte. De su rostro, un solo rasgo: la palidez tersa de espejo recién lavado. No pudo evadir la pregunta: ¿Dónde estaría yo si ella no muere? ¿Habría ocupado el lugar de María en el altar? ¿Estaría casada con Delfín, a quien desde el día del matrimonio de Esther lo espiaba cada vez que mis padres me llevaban a la tertulia en casa de Bruno? En lugar de ir a jugar con los muchachos de mi edad, me escondía tras de la puerta del salón para ver cómo reía, cómo hablaba, cómo le chispeaban los ojos cuando contaba sus hazañas ecuestres o no ecuestres...

En la fiesta del 14 de julio, cuando cantaban Esther y Bruno con otros dos amigos el cuarteto de *La Bohemia*, había visto en la terraza a Delfín conversando con la esposa de uno de los amigos de su tío; se quedó ahí, estatuada en el umbral de la terraza, mirando lo que no quería ver, oyendo lo que no quería oír, y comenzó a imaginar que era ella quien conversaba con Delfín, que era ella quien vestía el traje negro de seda, los mitones de encaje negro que resaltaban la blancura de la piel que cubrían, quien lucía en el escote el collar de diamantes, y ella quien le permitía besarle la mano, y el brazo, y el hombro, y el cuello y los labios, y abrazarle la espalda, y la cintura y... Ahora no quería recordarlo, el pudor la turbaba y, sin embargo, no podía dejar de evocar aquella escena que la transportó a los brazos de Delfín. Sabía que quería a Bruno, ¿cómo negarlo?, pero ese cariño ¿era el verdadero amor? ¿Cómo imaginar lo que habría sido su vida si Esther se hubiera aliviado de aquella fiebre tifoidea? ¿Cómo saber si Delfín se habría fijado en ella...? Si su deseo se habría cumplido en un enlace matrimonial o... en otro tipo de enlace... No quiere pensarlo, se resiste, pero su mente parece su enemiga... se ve a sí misma desnuda frente a Delfín... y a Delfín sobre el lecho pero... en un deseo que se contradice a sí mismo, no puede imaginarlo desnudo... ¿No puede? o ¿no quiere?, ¿dónde está la frontera entre el poder y el querer?, se pregunta, si yo misma nunca me he atrevido a desnudarme frente a Bruno con la luz encendida... siempre he buscado la complicidad de las tinieblas, del camisón, de la sábana sobre mi cuerpo, para no entregar a la vista de Bruno lo que le entrego a su tacto...

Al apagarse la última campanada del reloj y hacerse el silencio, como a la estridencia de una explosión, Luisa vuelve a la realidad, recupera el control sobre sí misma y avanza hacia su esposo, que parece leer el periódico. Poniéndose detrás de él, le hace una caricia en la cabeza.

—Nos vamos cuando quieras, ya dejé dormida a María. Cenó muy bien. Ya son las diez.

En el vestíbulo, Bruno se detiene a mirar el retrato de cuerpo entero de su padre. ¡Qué gallardía en la mirada y en el porte napoleónico: la banda azul de general, las medallas descansando en el pecho, la espada colgada al cinto, la barba y el bigote siempre bien peinados, en los que aún no se veía ni una sola cana a pesar de haber sido pintado a sólo trece años de su muerte! Su muerte, que al único que había beneficiado era a Victoriano, el antiguo protegido de su padre.

*

El sueño de María no se hizo esperar, su abuelito la sienta sobre sus piernas, en su finca de *El Mirador*. Pájaros morados revolotean sobre su cabeza como una aureola siniestra. El miedo dibuja lágrimas en su rostro de muñeca. Cuéntame un cuento, abuelito, un cuento de generales con espada como la tuya. El abuelo se acaricia la barba de hilos de luna. En el cuento hay dragones y monstruos terribles y un joven apuesto se lanza a la lucha en contra de los dragones como un don Quijote para salvar a una niña como ella, con rostro de luna, cabellos de oro y ojos color cielo que juega inocente a la orilla de un lago plateado, sin advertir el peligro que se cierne sobre ella. María se sueña a sí misma caminando sobre el cristal en el que ondula una luna líquida agonizando entre tinieblas, cuando surge de las oscuras aguas una de las cabezas del dragón lanzando fuego. Los pájaros morados se encabritan, son ahora pegasos, y su abuelo, montado en uno de ellos, asciende hacia la luna con su espada en la mano...

—Abuelito, abuelito... No me gusta ese cuento...

El abuelo la baja de sus piernas, la lleva de la mano hacia el rincón preferido de su biblioteca, saca un enorme libro y, colocándolo abierto sobre el tapete persa, le señala una de sus ilustraciones.

—Mira, Monina, éste es don Quijote.

—¿Por qué lucha en contra de esos molinos?

—Porque cree que son gigantes malos.

—¿Y lo son?

—Para él, sí...

—¿Tú has luchado alguna vez contra gigantes malos?

—Sí, mi niña, sí...

—¿Y parecen molinos de viento?

—Sí, mi niña, sí... y si te descuidas te muelen entre sus piedras de molino...

—Si vuelves a guerrear contra gigantes malos no te dejes moler, abuelito, yo te quiero mucho...

El abuelo besa sus cabellos de oro, y toma su espada para colocársela al cinto...

—¿Te estás preparando para ir a la guerra?

—Sí, mi niña, sí...

El abuelo monta sobre el pájaro morado transformado en pegaso, y encabezando a los otros se eleva hacia la luna y desaparece entre las nubes...

*

—¿No vienes a acostarte?

—Adelántate, yo te alcanzo después...

Bruno estampó en los labios de Luisa un beso, como quien pone un sello de correos. Luisa lo conocía demasiado bien para no deducir que la conversación con Delfín se le había quedado rodando en la mente, pues desde que subieron al automóvil no había despegado los labios. Antes de cruzar la puerta del recibidor para dirigirse a la escalera, volvió la cabeza y le lanzó un beso al aire.

—No tardes...

Bruno colgó su sombrero en el perchero y se dirigió a su despacho. Las palabras de Delfín eran mariposas revoloteando en su cabeza. "¿Qué está pasando con nuestro mundo?" Prendió una lámpara. Levantó la cortina de madera del escritorio y de uno de los múltiples cajoncitos extrajo una llave. Rodeó el escritorio y se agachó para abrir la pequeña puerta secreta que tenía el mueble en el costado izquierdo y que estaba semioculta por una mesita propositivamente colocada ahí para preservarla de ser descubierta por cualquier mirada indiscreta. Sacó una caja de madera, la colocó en su escritorio y la contempló durante unos instantes, antes de decidirse a abrirla. Contenía cartas y documentos que le había

TIEMPO DE MÉXICO

Segunda época — FEBRERO DE 1913 A NOVIEMBRE DE 1914 — Número 2

Carranza en armas

Se proclamó hoy el Plan de Guadalupe

Carranza en lucha frontal contra Huerta

Madero y Pino Suárez asesinados

Ciudad de México, 23 de febrero de 1913. Anoche, en las afueras de la Penitenciaría, a donde eran trasladados después de permanecer cinco días presos en la Intendencia de Palacio, murieron los señores Madero y Pino Suárez.

Las autoridades aseguran que los presos y sus custodios fueron atacados por un grupo armado, que se repelió la agresión, y que los prisioneros intentaron huir y en el tiroteo perecieron. El clima de violencia oficial que vive el país obliga a poner en duda tal información: muy seguramente la «ley fuga» operó y puso fin al trágico episodio político que principió el pasado día nueve.

Una conjuración en que intervinieron porfiristas, mondragonistas, felicistas, reyistas, el embajador de Estados Unidos y otros, produjo el «cuartelazo de la Ciudadela», como lo llama ya la voz popular. Muerto Bernardo Reyes, la figura más importante de la sedición, Félix Díaz y Manuel Mondragón, quedaron como cabezas de los «ciudadelos». El gobierno maderista resistió y Victoriano Huerta fue nombrado jefe de las fuerzas leales. Por maniobras que hoy ignoramos, y en las que debió jugar un papel definitivo el embajador Henry Lane Wilson, los militares leales y los golpistas se unieron y firmaron un pacto en la propia embajada de Estados Unidos, según el cual ambos grupos desconocían el Poder Ejecutivo, Huerta asumiría la presidencia provisional y Félix Díaz quedaría libre para buscar la presidencia por vía electoral.

El presidente y el vicepresidente habían sido aprehendidos horas antes, y cuando algunos miembros honorables del cuerpo diplomático, sobre todo los señores Hurigutchi del Japón, Hevia de Chile y Márquez Sterling de Cuba —este último gestionaba que su gobierno acogiera a Madero y Pino Suárez— luchaban por garantizarles la vida, se llegó al acuerdo de que los mandatarios constitucionales renunciaran a sus cargos si se les garantizaba el respeto del orden constitucional en los estados y el no perseguir a sus partidarios políticos.

El secretario de Relaciones Exteriores, Pedro Lascuráin, a quien legalmente correspondía la presidencia provisional, recibió las renuncias, pero en lugar de esperar a que Madero y Pino Suárez estuvieran seguros en el barco *Cuba*, anclado en Veracruz, festinó la entrega de las dimisiones al Congreso, privando a los mandatarios de su única protección legal: su investidura. Las consecuencias de tal conducta están a la vista.

(continúa en la página cuatro)

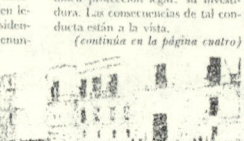

El primer día trágico

La Cámara disuelta

Ciudad de México, 11 de octubre de 1913. La tirantez de las relaciones entre el Congreso de la Unión y el general Huerta, agudizada con el nombramiento de la comisión que investiga la desaparición del senador Belisario Domínguez, culminó ayer con la disolución de la Cámara de Diputados y el arresto de ochenta y tres de sus miembros.

Alrededor de las dos de la tarde el local de la cámara baja fue allanado por agentes policíacos y militares vestidos de civiles. En las inmediaciones del edificio se apostaron aproximadamente quinientos soldados del 29° Batallón, a las órdenes del general Aureliano Blanquet. La sesión se abrió a las cinco de la tarde y, después de los trámites de rigor, se dio la palabra al secretario de Gobernación, Manuel Garza Aldape, quien literalmente exigió que se retirara la interpelación dirigida al general Huerta, que los diputados habían aprobado anteayer, la cual se refería, por una parte, a la investigación sobre el paradero del senador Domínguez y la responsabilidad directa de Huerta con respecto a la seguridad personal de diputados y senadores, y avisaba, por la otra, que, de no ser posible esa garantía, el Congreso sesionaría en donde la encontrara.

Después de escuchar a Garza Aldape, el presidente de la Cámara señaló que la instancia de aquél pasaría a las comisiones correspondientes, y levantó la sesión. Inmediatamente los diputados fueron arrestados y puestos en tres camiones que los llevaron a la Penitenciaría.

Ayer mismo se dio a conocer el decreto huertista que declara disuelto el Congreso y lo acusa de haber asumido una actitud sediciosa y de haber invadido funciones que corresponden a los otros poderes.

Hacienda de Guadalupe, Coahuila, 26 de marzo de 1913. Después de rechazar la comunicación en la que Huerta anuncia su toma del poder, el gobernador de Coahuila, don Venustiano Carranza, reunió el 19 de febrero al Congreso de su estado, mismo que le concedió facultades extraordinarias para luchar por el orden constitucional en la república y excitar a los demás gobernadores a secundarlo.

El señor Carranza desplegó gran actividad política y de acopio de dinero y armas para sus partidarios en Saltillo, y envió un enérgico mensaje al presidente Taft de Estados Unidos, donde critica su reconocimiento al general Huerta. Carranza y los suyos iniciaron sus actividades militares, y para precisar los fines de las mismas proclamaron hoy aquí el que han llamado *Plan de Guadalupe*. De acuerdo con este documento se desconoce a los tres Poderes de la Unión y a los gobernadores que no secunden el Plan; Carranza se constituye en primer jefe del ejército constitucionalista; al ocupar el ejército la ciudad de México, Carranza asumirá la presidencia interina de la república y, lograda la paz, convocará a elecciones generales.

enviado su hermano Rodolfo desde el exilio porque no quería arriesgarse a perderlos y que él colocó junto a algunos periódicos de la época: algunos eran de cuando su padre salió al exilio, otros de cuando cayó muerto en el Zócalo, y otros más de cuando Madero y Pino Suárez fueron asesinados. ¡La prensa había dicho tantas cosas de Huerta y sus ministros! ¡Y su hermano había formado parte de su gabinete!

Bruno no se había atrevido a leerlos, tal vez por temor a encontrar alguna evidencia en contra de su hermano. ¿Habría estado implicado en algo horrendo? Abrió uno de los sobres: era la copia de una carta firmada por su hermano, dirigida al licenciado Aurelio Canale. Debía leerla, si quería averiguar la verdad.

> "Madrid, 14 de enero de 1918
>
> Estimado amigo y compañero: El compañero Vera Estañol se ha puesto a discutir en la Prensa de México (él desde los Angeles) con Iglesias Calderón sobre la calumniosa imputación hecha al primer Gabinete de Huerta relativa a que acordó la muerte de Madero y Pino Suárez; en el curso de la discusión Iglesias ha afirmado que los días 21 o 22 de febrero de 1913 hubo una reunión de ministros a la que asistieron, además de usted, Blanquet y Félix Díaz, que fué en la que se tomó aquella resolución criminal. Sé perfectamente que el hecho es falso; pero Vera me suplica recabe de usted una declaración al tenor de estas preguntas:
>
> ¿Asistió usted a alguna reunión del Consejo de ministros antes de la muerte de Madero y Pino Suárez?
>
> ¿Supo usted que se celebró alguna a la que asistieran personas extrañas al Gabinete?
>
> Le anticipo las gracias por el favor de su respuesta, y quedo su afectísimo amigo y compañero, q. e. s. m."

Bruno volvió a guardar la copia de la carta, sentía que estaba violando secretos de la política en la que siempre se había negado a participar. Desde la época en que su padre era gobernante, fuera como Ministro de Guerra de don Porfirio o como gobernador de Nuevo León, se rehusaba a conocer, juzgar o intervenir en los asuntos de Estado. Eran tan distintos todos los hermanos: Rodolfo, el más interesado en los asuntos de su padre, aunque no era militar, participaba activamente en la política; Alfonso era el intelectual que encontraba en las letras la puerta de salida del laberinto político, y Archibaldo: el dandy. ¿Cómo describirse a sí mismo? Él, Bruno, ¿era solamente un hijo de hombre famoso?, ¿un artista frustrado o simplemente un cantante devenido ingeniero contra su voluntad? Cualquier cosa, menos un político. Renegaba de la posición en la que lo había colocado su nacimiento. Aunque había sentido por su padre, y lo sentía aún a pesar de su muerte, un amor filial que rayaba en adoración, siempre se lamentó de no poder seguir su carrera artística debido a la política de su padre. De ahí el rechazo a todo lo que implicara una participación partidista. Casi automáticamente, sus manos extrajeron un nuevo documento de la caja, para él, siniestra. Lo abrió y leyó. El documento tenía un título que invitaba a la lectura. Era una relación escrita por su hermano Rodolfo sobre la muerte de Madero y Pino Suárez. ¿Descubriría en ella si su hermano había tenido participación en los crímenes nefandos de Huerta? No tuvo la fuerza de voluntad para volver a guardar el documento. Tenía que leerlo. Esta vez no podía escapar por una puerta falsa. Y leyó, leyó ávidamente, como quien se encuentra en un banquete después de varios días de ayuno total:

> "En vista de que en lo declarado por los señores compañeros de Gabinete existe alguna discrepancia en cuanto a fechas, prefiero relatar los hechos y después hacer memoria de lo que sobre tales fechas puedo precisar:
>
> I. Se celebró un formal Consejo, con asistencia de todo el Gabinete, faltando sólo el ministro de Comunicaciones, que no había llegado a la capital ni prestado la protesta de ley.
> II. Entre otros asuntos, se trató de la situación legal de los señores Madero y Pino Suárez, detenidos por Huerta y recluídos en el Palacio Nacional.
> III. Fué el Sr. de la Barra el que inició la moción relativa a legalizar la situación de los detenidos, lo que apoyado por

el Sr. Vera Estañol y por el subscripto, fué aprobado por todos. Se partió de la base de que existían ciertas responsabilidades que requerían depuración, como la ejecución del general diputado D. Gregorio Ruiz, y de que no era conveniente a la tranquilidad pública la libertad inmediata de los detenidos.

IV. Nadie mencionó en forma alguna la necesidad, conveniencia o propósito; pero ni insinuación siquiera, respecto a ejecutar a los detenidos.

V. Sólo el Presidente y sus ministros estaban presentes en el Consejo.

VI. Al encargarse al Ministro de Justicia que dictaminara sobre la forma legal del enjuiciamiento, expuso el Sr. García Granados que él tenía algo estudiado, y se le suplicó lo presentara también.

VII. El Presidente hizo saber a los ministros que le constaba que los detenidos tenían comunicación con el exterior y que la noche de ese día los haría trasladar a la Penitenciaría para mayor seguridad.

VIII. El Presidente, delante de algunos ministros (cuando menos Mondragón, Vera, García Granados y el subscripto) llamó al coronel Ballesteros y le dijo que se le nombraba director de la Penitenciaría y que entendiera lo grave de sus responsabilidades, dado que tendría la custodia allí de los señores Madero y Pino Suárez.

IX. Estos hechos ocurrieron en un solo Consejo de ministros, y en una reunión de algunos ministros, incidentalmente presentes, lo del nombramiento de Ballesteros; pero ninguna otra reunión en forma alguna hubo, ni ningún otro asunto se trató. Hablo de los relacionados con el punto.

Por lo que hace a fechas, existen varias contradicciones, muy explicables si se considera que ninguno de nosotros supimos que habíamos de ser víctimas de estas calumnias, ni que se habían de desarrollar los sucesos como se desarrollaron y no preconstituímos pruebas ni fijamos expresamente nuestra atención. Yo conceptúo secundario el que los sucesos pasaran tal o cual día.

> Los señores Vera, de la Barra, Mondragón y el subscripto creen estar seguros de que el Consejo formal fué el día 21, viernes, de doce a dos de la tarde.
>
> No recuerdo exactamente si al acabar este Consejo y reunidos sólo los compañeros que he mencionado en el punto VIII llamó Huerta al coronel Ballesteros, o si esto fué el sábado 22, encontrándonos dichos compañeros y yo incidentalmente en la Presidencia; para creer esto último existe la circunstancia de que recuerdo bien que alguien nos recordó que ese día había recepción en la Embajada americana, y yo me excusé; recepción que fué el 22, así como que por algo supe yo el día 22 en Palacio, lo que me causó sorpresa, que los detenidos no habían sido trasladados a la Penitenciaría el viernes, como nos lo anunció Huerta.
>
> Lo anterior me hace suponer que el Consejo fué el día 21 y el encuentro de algunos ministros delante de los que Huerta designó a Ballesteros como director de la Penitenciaría, el 22.
>
> Esto es lo esencial que recuerdo y lo único exacto para mi memoria.
>
> Madrid, enero 9 de 1918."

Bruno, el "hijo de hombre famoso", el "artista frustrado", el "cantante devenido ingeniero", no quiso leer más, le bastaba con corroborar que su hermano Rodolfo no sabía nada del asesinato del Presidente y del Vicepresidente, pero sabiendo que había participado en el Pacto de la Embajada al asistir como abogado de Félix Díaz y en la excarcelación de su padre aquel nefasto día... ¿hasta dónde su hermano había empujado a su padre para aceptar aquel levantamiento inverosímil que le costó la vida?, ¿hasta dónde Rodolfo era inocente y desde dónde culpable de haber convertido a su padre en el chivo expiatorio de un movimiento bastardo en busca del poder?, ¿hasta dónde su hermano había estado implicado en los sucesos de la Decena Trágica que siguieron a la tragedia familiar?

El carillón dejó oír su melodía para indicar las once de la noche. Bruno saca del cajón del escritorio un sobre con documentos donde se encuentra un libro de *Memorias de Familia*. Como hijo mayor del General, cuando se recuperaron los efectos personales de la finca de *El Mirador*, a él le había correspondido la conservación de varios documentos, entre ellos el de ese libro de memorias donde se llevaba el registro de nacimientos, matrimonios y defunciones de la familia a partir de su abuelo, el coronel Domingo Vélez. Continúa extrayendo documentos y su propia memoria se va despabilando. Comienza a recordar cuando el coronel Victoriano Huerta al mando del Tercer Batallón de línea sofocó eficazmente una revuelta en el Estado de Guerrero, lo que le hizo ganar la estimación de su padre que por entonces ocupaba el Ministerio de la Guerra. Después, Huerta había peleado bajo el mando del general Bravo para someter a las tribus rebeldes de Yucatán que se habían atrincherado en Quintana Roo. Por cumplir siempre satisfactoriamente las misiones que se le encomendaban, el general Vélez le otorgaba su consideración y su apoyo. Recuerda que su hermano le contó que cuando su padre abandonaba el Ministerio de la Guerra, la adhesión de Huerta hacia su padre era tal que le propuso ponerse a sus órdenes para que se hiciera del poder en contra de don Porfirio, aprovechando que su batallón tenía a su cuidado la guardia del Palacio Nacional, a lo que su padre había respondido que él era un militar fiel que nunca se rebelaría contra el presidente Díaz.

Las intemperancias de Huerta en favor de su padre le costaron que don Porfirio lo pusiera en disponibilidad, por lo que su padre lo protegió entonces, ya como gobernador de Nuevo León, ofreciéndole un cargo civil. Fue ahí donde lo habían conocido y tratado, él y toda la familia. Rodolfo en especial había trabado amistad con Huerta, quien parecía estimarlo y admirar a Alfonso, aunque era mucho menor que él. Sin embargo, la conducta no siempre intachable de Huerta como encargado de las obras públicas del Estado en los casi cuatro años que ocupó el puesto originó que a su salida de Monterrey la estimación de su padre por Huerta estuviera muy disminuida. Casi podía oír la voz de Rodolfo que le decía que desde que Huerta vio caer muerto al general Vélez comprendió que podía adueñarse de la situación para hacerse él del poder. Bruno se pregunta si tal vez lo comprendió desde antes y si tal vez Huerta había tenido que ver con el levantamiento de los aspirantes de Tlalpan que al grito de ¡Viva Vélez! habían ido a sacar a su padre de la prisión de Santiago Tlatelolco para encabezar el asalto a Palacio Nacional, decepcionados por la debilidad y el fracaso de la política de Madero.

Pero el velecismo ya no era lo que había sido antes de que su padre aceptara salir al exilio. Al ver que su caudillo renunció a la lucha del Partido Anti-Reeleccionista, sus correligionarios se habían sentido defraudados y habían dado su apoyo a Madero, cuando éste los exhortó a secundarlo; por ello, cuando su padre volvió del destierro para tratar de recuperar la posición perdida, la mayoría le volvió la espalda. Finalmente, con la muerte de su padre, el velecismo quedó decapitado. Su padre y Félix Díaz se habrían entendido, pero el general Mondragón no podía ser amigo de quien lo había sacado del Ministerio de la Guerra sin miramientos. Pensó en lo mal que había hecho Rodolfo en aceptar ser Ministro de Justicia del gabinete de Huerta y lo bien que había hecho su hermano Alfonso negándose a aceptar el ofrecimiento de Huerta de hacerlo su Secretario Particular, cambiándolo por un puesto mucho más modesto: el de Segundo Secretario en la Legación de París. En fin, ahora todo eso estaba en el pasado. Rodolfo y Alfonso, por haber aceptado esos cargos, se hallaban ahora en el exilio... ¿Hasta cuándo?

¡Qué no daría porque pudiera viajarse en el tiempo como en la novela de H. G. Wells y volver hacia atrás y elegir el año, el mes y el día en que se torció el destino! Pero, ¿es que se podía saber cuál era ese día? ¿Cuál de todas las decisiones tomadas en la vida determinaban la existencia futura hacia el éxito o hacia el fracaso? ¿O eran cada una de ellas determinantes? Lo peor era que en su vida no habían sido, tal vez, sus propias decisiones las que configuraron su futuro, sino las decisiones de su padre... las de su abuelo... las de su propia esposa Esther, ¿qué fue lo que motivó la enfermedad que se la había robado? ¿Un simple vaso de agua tomada sin precaución, como Tchaikovski? ¿Una ensalada mal lavada? ¿Qué imponderables lo manipulaban como a un títere manejado por un titiritero invisible, irreconocible, impredecible?

Al ir viendo las páginas de las *Memorias de Familia,* convertidas en el mágico vehículo de Wells, fue viendo en ellas escenas de aquella vida de bonanza, sus ojos recordaron la larga mesa de manteles blancos, almidonados y planchados con meticuloso esmero. Don Porfirio, sentado en el lugar de honor, con aquel banquete daba fin a su visita a Monterrey, a dos años de terminar el siglo. Don Porfirio se levantó de su asiento para dirigir un brindis, cuyas palabras resonaron en todo el país: "En cuanto al señor gobernador, que inspira, impulsa y simboliza el personal administrativo, recordaré para honra suya, que hace dieciocho años, al ascenderlo de coronel a general de brigada efectivo, en premio de una acción muy distinguida, le dije como único elogio: 'Así se esgrimen las armas con que nos honra la Patria. Así cumple la protesta a su bandera un militar correcto y honorable' y ahora, dieciocho años después, y después de estudiar detalladamente los grandes beneficios que bajo su inteligente y acertado mando, alcanzó este bravo, inteligente y laborioso Estado, considero justo decirle, condensando todos los elogios que me inspiran sus obras: Señor gobernador del Estado de Nuevo León, así se gobierna; así se corresponde al soberano mandato del pueblo".

—¿No vas a venir a acostarte? Ya es casi media noche.

El tintineo cristalino de la voz de Luisa devolvió a Bruno a la realidad. Se restregó los ojos como para borrar las imágenes que aún conservaba en su cerebro y lanzó un profundo suspiro. Luego volvió la vista hacia Luisa, quien, desde el umbral de la puerta de la biblioteca, ataviada con una vaporosa bata de seda y encajes bruselinos, lo miraba con dulzura.

—Sí, sólo déjame guardar estos papeles. No tardo.

—¿De verdad?

—De verdad, sólo guardo estos papeles y te alcanzo.

Bruno se dispuso a cumplir la promesa. Dobló con cuidado cada uno de los documentos y al ir a guardarlos vio en la caja de madera una tarjeta roja de cartón compacto, grueso y duro, de cantos dorados, que tenía prendido en medio, asegurándolo por sus extremos, un pequeño frasquito de cristal en forma de tubo. El hilo que lo sostenía del lado izquierdo era verde y el del lado derecho, rojo. El interior del tubito estaba relleno de polvo de plata que con su blancura completaba los colores de la bandera mexicana. Leyó la inscripción de la tarjeta con el nombre de su padre en letras de oro: "Recuerdo de la visita del Secretario de Guerra y Marina, a los talleres de la Compañía Minera, Fundidora y Afinadora 'Monterrey'. Monterrey enero 22 de 1902". Le dio vuelta a la tarjeta y leyó otra inscripción: "El frasquito contiene cristalizaciones de plata absolutamente pura, obtenida por la descomposición electrolítica de la aleación de plata y oro por el procedimiento Moebius, usando bandas de plata. La capacidad diaria de la instalación del apartado es de una tonelada métrica". Hay destinos así: frasquitos de cristal llenos de plata pura, guardados en cajones llenos de polvo.

Movió la cabeza en un gesto de desesperación, como para apartar de sí sus pensamientos, y guardó el objeto y los documentos en la caja. Luego se dirigió al costado del escritorio para colocarla en su lugar. Cerró con llave la puerta y con un sentido meticuloso del orden volvió a poner la llave en el mismo cajoncito de donde la había extraído, recordando la voz de su padre, "un lugar para cada cosa y cada cosa en su lugar". Bajó el entablillado de madera del escritorio de cortina que había sido de su padre. *Padre, padre... Padre... non ti conosco, e pur... oh l'alta fede in te, speranza e amor mi chiama a te, mi chiama a te... mi chiama a te...*

¡Padre! ¡Padre! ¿Por qué te doblegaste a la voluntad de don Porfirio si tenías el apoyo de un pueblo cansado de estar oprimido? ¿Por qué accediste a abandonar tu patria para irte al exilio en lugar de aceptar la candidatura que te ofrecían tus partidarios? ¿Por qué a pesar de tu gran sentido político no fuiste capaz de intuir que al abandonar a tus seguidores cerrabas la posibilidad de una sucesión presidencial pacífica, y abrías la puerta a la revolución? ¿Por qué habiendo demostrado fortaleza en todos los actos de tu vida demostraste, al final, debilidad? ¿Por qué? ¿Por lealtad? ¿A quién debe lealtad un General: al Presidente que abusa del poder o al pueblo que colocó a ese hombre en la Silla presidencial? Te equivocaste en tus lealtades, padre. No era a don Porfirio a quien debías ser leal, sino al pueblo. ¿Por qué te equivocaste? ¿Qué fue lo que te hizo ciego, si eras un liberal? ¿Si nos enseñaste desde niños a amar el liberalismo? ¿Por qué no fuiste capaz de ver en don Porfirio a un opresor contrario al liberalismo?, ¿a un hombre que habiéndose rebelado contra Juárez bajo el lema de la "no reelección" se estaba traicionando a sí mismo al hacerse reelegir por más de treinta años? ¿Por qué? ¿Qué fue lo que te nubló la vista y el olfato político? Tú sabías que, cuando aceptaste el destierro en lugar de la candidatura, la casi totalidad de la superficie rural del país estaba en manos de un millar de terratenientes plutócratas y opresores. Tú sabías de las componendas de los "científicos", quienes acodados en sus sillones ministeriales estaban explotando al pueblo en beneficio de sus propios bolsillos. Tú conocías las cifras, las estadísticas, las condiciones en que vivían campesinos y obreros. ¡Cuántas veces te oí palabras de desconsuelo cuando te obligaban tus deberes militares a luchar contra gente oprimida y desesperada por la pobreza, como en la guerra de castas de Yucatán! ¡Cuántas veces te oí palabras de protesta cuando veías con qué crueldad se reprimían las huelgas como las de Cananea y de Río Blanco! ¿Por qué entonces no fuiste capaz de decirle "No" a don Porfirio, cuando al ver que representabas un peligro para su nueva reelección te pidió que te fueras del país? ¿Por qué, papá? ¿Por qué?

Suenan las doce en el reloj de su despacho, con movimiento automático saca su reloj para confirmar que ésa es la hora y, como la cenicienta del cuento, su mente vuelve a la realidad respondiendo con un "ya voy" a la voz sólo imaginaria de Luisa que, esperándolo, se ha quedado dormida sentada en la mecedora de su alcoba.

X
En busca de una voz

"*Es una vieja y derruida fuente, perdida y olvidada que corre murmurando silenciosamente como si recordase cosas muertas, se halla en un vergel inculto que antes fue parque espléndido de una regia mansión, hoy en ruinas. Y sin embargo no tiene esa tristeza de las cosas idas, no... esa fuente no llora, canta, entre sus aguas palpita el eco de las frases que oyó, se reflejan en sus límpidos cristales entre las flores dos rostros que se besan, y flota aún el misterio de una historia de amor de la que fue testigo.*"

—¿Qué te parece el principio?

—Me recuerda *Las veladas de la Quinta*.

—¿Es alabanza o crítica?

—Léeme un poco más para tener una mejor idea...

—"*Surgen en las noches de luna, las sombras de aquellos que se amaron y escogieron para lugar de cita, aquella quieta y retirada fuente tan llena de poesía. Era él un apuesto doncel, tal vez un joven noble. ¿Por qué no poeta y trovador, ya que era amante?...*

—*Y ella? Figurita de gracia y gentileza de azules ojos y nevadas manos.*

—*Ambos se amaban. Y qué de extraño? Belleza y Juventud el Amor reúne...*"

María alza los ojos del periódico e interroga con la mirada a Emilie.

—¿No te parece que tu marido va a descubrir tu amor secreto?

—Por eso lo publiqué con el nombre de *Francesca*.

—Pero entonces, ¿cómo vas a crearte un nombre como escritora?

—Este es mi entrenamiento, Emilie, ¿comprendes? Aunque escribí poemitas y cuentos para mis muñecas desde que era niña, siempre lo hice sin intención profesional, sólo como un pasatiempo. En cambio, cuando... estaba en mis planes ser pianista, ¿qué hacía?: practicar, practicar y practicar, en el anonimato de mi estudio. Ya acepté la fatalidad de mi destino, no puedo ser pianista debido a mi enfermedad, así que...

—Pero ya te aliviaste...

—Sí, teóricamente...

—¿Cómo que teóricamente?

—Claro, el alivio es condicional... a que no reanude yo mis estudios de piano. Puedo ejecutar una que otra pieza en el día, pero no las horas que debiera estudiar para una carrera musical... así que... aunque a mis padres les satisfacía mi interés por la música...

—Piensas cambiar de carrera...

—Exactamente... Estoy a tiempo. Seré escritora... pero para serlo tengo que hacerme: escribir y escribir y escribir, y también publicar y publicar y publicar... aunque sea en el anonimato... Ahora, por ejemplo, he experimentado algo nuevo. No es lo mismo ver lo escrito en la página de tu cuaderno privado en la intimidad de tu cámara que verlo en letras de molde en un periódico público. Piensa en lo que es escuchar lo que otros piensan de lo que escribes... aunque no sepan que eres tú la autora... y mejor aún si no lo saben, porque serán más sinceros.

—¿No te expondrás a una decepción?

—¿Otra más? Ya me he acostumbrado a ellas, voy haciendo callo... *Me gustaría*... bueno, anda, dime... la alabanza o... la crítica.

—Bueno, las dos cosas tal vez, la alabanza es que la descripción de tu emoción amorosa, a través del paisaje, está a la altura de lo que escribiera Madame de Genlis...

—¿Y la crítica?

—¿Estás segura de que quieres oírla?

—Sí, absolutamente.

—Creo que deberías... No sé... yo no soy escritora...

—Pero sí buena lectora...

—*Bon, petite sœur*, creo que para que tu escritura sea... no sé... más tuya... creo que no debes copiar otro estilo, sino inventar tu propio modo de expresión... no basta con sentir... hay que decirlo de un modo como sólo tú puedas expresarlo... ser tú misma... ¿me explico?

—Sí, muy bien...

—¿No te he ofendido?

—Claro que no...

—Sin embargo, eso no quita que me guste lo que me leíste. ¿Quieres terminar de leérmelo todo?

—Por supuesto.

Cuando María termina de leer su relato publicado en *El Correo de Italia,* Emilie la contempla con ternura y piedad. ¿Por qué su ambición de Ser alguien le parece tan imposible de alcanzar por María? ¿Qué abismo se cierne entre ese anhelo artístico de su amiga y lo que su vida le está deparando: matrimonio infeliz, enfermedad y decadencia económica? Le parece que María está encarnando a una de aquellas heroínas de las novelas que tanto le gusta leer, sólo que está conjuntándolas en una sola víctima: la tuberculosis de *Marguerite Gautier;* la separación ineludible del ser amado, de la *María* colombiana; la pasión desgarrante de Carlota por Werther. ¿No sería que la mente utópica le fabricaba un espacio donde la fantasía adquiría una dimensión física? ¿No sería que la lectura de esas novelas había propiciado un suceder real?

La *Princesa* salta a la mecedora y se acuna sobre las piernas de María, que automáticamente alarga su mano para acariciarle la cabeza y el lomo. La gata cierra los ojos y en señal de agradecimiento comienza a ronronear.

—¿Sigues pensando que copio a Madame de Genlis?

Emilie sonríe, moviendo la cabeza negativamente.

—No, me has interpretado mal. No he dicho que la copies.

—Ah, eso creí entender.

—He dicho que utilizas su estilo.

—¿No es lo mismo?

—No, claro que no, *cherie*.

—Según tú, ¿cuál es la diferencia?

—Hm... ¿Te acuerdas cuando la *mère* Antoinette nos explicó de dónde venía la palabra "estilo"?

—Sí, de los utensilios que usaban para grabar las tabletas...

—Exacto, no es que copies lo escrito, sino la herramienta con que escribes, o describes, o pintas, o haces música. Lo que tienes que buscar es tu propia voz. ¿Has olvidado cómo nos divertíamos cuando jugabas a tocar la melodía de una canción de moda, al estilo de Bach, al de Beethoven, al de Chopin?

—Pero en la literatura...

—Es lo mismo, puedes decir tu amor al estilo de Madame de Genlis, de Rousseau, de Chateaubriand, de Goethe o... al de Federico Gamboa.

—Ahora sí te entendí... gracias *ma grande sœur*, ahora sí te entendí. Buscaré mi propio utensilio... mi propia voz...

La *Princesa*, tan satisfecha como su ama, comienza a "amasar" con sus patas delanteras el regazo de María.

—Le va a jalar los hilos a tu vestido...

—No importa, ella puede hacer lo que quiera, es mi ama y yo la fiera domesticada. A veces... **me gustaría...** ser gato... los gatos no tienen más preocupación que comer y dormir... ¿Te imaginas qué vida? No habría tenido que ir al *Saint Joseph* ni pasarme las horas quemándome las pestañas para aprender las tablas de multiplicar, las ecuaciones y los teoremas...

—Pues entonces muchas mujeres en la historia de la humanidad han sido gatas... como tu *Princesa*.

—No les quedaba otra alternativa...

Al entrar Mixi con el servicio del té las encuentra riendo. Deja la bandeja sobre la mesita de la antecámara y se dispone a servirles en las tazas de porcelana que tanto le gustan a María por sus asas en forma de alas de mariposa.

—El señor le manda decir que no lo espere a cenar, que llegará tarde...

María sonríe, más que con decepción con aire de malicia y desdén. Mixi termina de servir y sale tan silenciosamente como entró.

—¿Sigue igual?

—Peor. Desde que perdió su propiedad en Puebla está insoportable.

—¿Por qué la perdió?

—Deudas. Ya sabes. Gasta como loco, juega... casi no hay día que no pase la noche fuera de casa... cuando le pregunto adónde va, en lugar de intentar darme una explicación me grita que no me meta en lo que no me importa... que son asuntos personales... un desastre... Cada vez que hablamos la conversación termina en reclamación a gritos, de su parte, y en llanto, de la mía, siempre saca a relucir que en estos años de matrimonio no le he dado un heredero, aunque si se lo diera, no sé lo que iba a heredar, porque él se está bebiendo toda la fortuna que le dejó su padre...

—¿Y qué dice el tuyo?

—Mi papá no sé si no lo sabe o no quiere saberlo...

—¿Pero tú no le has dicho...?

—Sí, he tratado, pero... no me oye... lo justifica todo, encuentra razones para cada acto y termina compadeciéndolo por su mala suerte en los negocios...

—¿Y qué va a pasar?

—Todavía no soy pitonisa... sin embargo, tengo mis planes...

Emilie mira incrédula cómo se le avivan los ojos al decirlo. ¿Qué planes puede tener?

—¿Me trajiste algo para leer?

—Sí, una novela de Collett.

—Ah, ¡qué bueno! ¿Cuál? ¿La de los animales?

—No, la novela que te traigo no es de esa Colette, sino de su casi homónima.

Emilie se levanta para acercarse a su bolso. Extrae un ejemplar de *Les Filles du préfet*, empastado en papel mármol azul marino, y se lo da a María, quien lo abre y lee el nombre de la autora: Camilla Collett.

—Te gustará. Fue una escritora noruega de gran belleza y hermana del escritor Henrik Wergeland. A los diecisiete años se enamoró del rival literario de su hermano, el escritor Welhaven, por lo que su pasión la colocó en medio de dos fuegos: por una parte tenía la oposición terrible de su familia, y por la otra, las propias dudas de Welhaven que no podía creer en su amor.

—¿Una especie de Romeo y Julieta?

—No exactamente.

—Entonces, ¿qué pasó?

Los ojos de María se agrandan siempre que su interés se despierta, y ahora están en su máxima dimensión.

—Tuvo que renunciar a ese amor imposible y aceptó casarse con un abogado amigo de su familia. La crisis emocional que sufrió le despertó su vocación literaria y esta novela que te traigo es fruto de ella.

—¿Estás hablando de Collett o de mi pasado y mi futuro?

—La escribió siendo ya viuda, con cuatro hijos. Supongo que ése no es el futuro que estás planeando...

—Claro que no... Mis planes son muy distintos...

—¿Lo incluyen a... "él"?

—Por supuesto, ya lo verás, tengo todo planificado... pero no quiero

hablar de eso, contar los planes trae mala suerte... Sólo puedo decirte lo que *me gustaría*...
—¿Qué?
—Viajar con él...
—Eso sería un escándalo social...
—¿Después de todos los que ha dado Adolfo?
— Pero él es hombre...
—Ya es tiempo de que del lado de las mujeres alguien produzca un escándalo...

*

Hoy me ha sacado a pasear como; quien saca a orear la ropa de los roperos. Se le ocurrió que fuéramos a comer al campo; bueno... al Desierto de los Leones, no se le pudo ocurrir otro lugar mejor. Aunque insistí en lo lejos que estaba, Adolfo se empeñó en ir ahí, casi como si supiera de nuestra ceremonia... Unito... La verdad, tuve miedo de pasar frente al árbol que tiene grabados nuestros nombres, me habría desmayado si lo veo... ¡te extraño tanto, Brunito!... Mixi preparó la canasta con la comida y Louis cargó con mesita, mantel, cubiertos y sillas. Tuve que esforzarme verdaderamente para aparentar que estaba contenta... Por suerte, Adolfo se encontró con unos amigos frente al convento y yo aproveché para pedirle a Louis que sacara del automóvil mi estuche de pintura... y me puse a pintar... De refilón me llegaban fragmentos de su conversación, todo se les fue en comentar la rendición de Pancho Villa... que si era gracias a los buenos oficios del ingeniero Elías Torres, que si era gracias a la simpatía que despertaba en el caudillo el presidente De la Huerta, que si las hilachas... lo único que *me gustaría*... es que ya terminara esta revolución, a ver si con eso tú puedes volver a México... total, también aquí hay carrera de leyes en la universidad, porque con esto de mi enfermedad está verde que yo pueda divorciarme por ahora, ni moverme del país... y menos con tantas revueltas... no sé qué gusto le encuentran en matarse unos a otros... y para qué, si todo sigue igual. Tenía esperanzas de que muerto Carranza ya no hubiera represalias en contra de nuestra familia, pero el otro día le pregunté a mi papá si ahora, con el nuevo presidente, había posibilidad de que volvieran mis tíos de España y me dijo que no. Tío Alfonso, porque gracias a Vasconcelos, que intercedió con el

147

Presidente, acaba de ser reintegrado al Servicio Exterior y se quedará en España como Segundo Secretario... y tu papá, porque tampoco el nuevo gobierno le perdonaría que haya sido Ministro del gabinete de Huerta. Así que, mientras no cambie la situación política aquí y la voz de México siga echando gallos como los jóvenes imberbes cuando se van haciendo hombres, sé, Unito, que no podrás volver... En fin, la esperanza de escuchar tu voz no me abandona... así como se acabó la guerra en Europa, con el Tratado de Versalles, tienen que terminarse nuestras desgracias... con algún gobierno, ¿no es verdad?... y entonces... tendremos voz propia...

Del espejo comienzan a emanar figuras danzantes envueltas en nubes redondas como lunas de colores. Un Bruno pequeñito se corporiza a partir de una nube de vapor anaranjada hasta acunarse sobre las dos páginas del *Diario* abierto que reposa sobre la colcha. María le acaricia el cabello revuelto, como quien arrulla a un gato. ¿Cómo has hecho para llegar hasta aquí? Necesitaba verte. ¿Has recibido mis cartas? Sí. ¿Por qué no las has contestado? No quiero hacerte sufrir, es mejor que me olvides. ¿Cómo podría? Eres la meta de mi vida. Soy un espejismo, y los espejismos se desvanecen al acercarnos a ellos. Pero tú no lo eres. Mira, puedo tocarte, eres real y siempre has estado y estarás a mi lado... María acerca su cara a la de Bruno, quien al contacto de sus labios, como al embrujo de los cuentos, adquiere su estatura normal, pero una vez adquirida se vuelve vapor de nuevo y desaparece esfumándose por la luna del espejo, al tiempo que la voz de Adolfo resuena tras la puerta de la alcoba.

—María, ábreme, ¿por qué te encierras con llave?

María, abre los ojos, trata de ubicarse. Ve sobre la cama el *Diario* abierto, lo cierra apresuradamente y lo guarda en el cajón de su mesa de noche. Se pasa los dedos por entre los hilos dorados de la cabellera, se levanta, se pone la bata de seda blanca que la espera todas las noches en el taburete a los pies de su cama, mientras vuelve a retumbar la voz impaciente de Adolfo.

—María, ¿no me oyes? Abre la puerta.

Al abrir la puerta, Adolfo, en camisa, con los cabellos enmarañados y el nudo de la corbata desbaratado, entra hecho un vendaval, ve la cama destendida y fija sus ojos en María tratando de descubrir la razón de su encierro.

—¿Desde cuándo te encierras con llave para dormir?

—Desde que tú no me... visitas por la noche...

—¿Qué? ¿Has establecido estatutos para fornicar?

En la voz de Adolfo y en su sonrisa hay más malicia que enojo.

—No seas vulgar.

—¿No crees que ya estás lo suficientemente aliviada para que volvamos a intentarlo?

—¿Qué cosa?

—¿Cuántas veces tendré que repetírtelo?: ¡quiero un heredero!

Adolfo se aproxima a María, pone las manos sobre sus hombros y suavemente empuja la bata hacia atrás dejándola resbalar. María, en camisón, lo mira sin inmutarse, sabe lo que viene, conoce el primer paso de aparente ternura, el segundo, de instinto animal, y el tercero, de violencia humana. Adolfo la contempla. El camisón de seda blanca es una segunda piel que ha tomado la forma del cuerpo que lo llena, al contrario de la piel de un río en el que el agua es la que toma la forma del cauce que lo induce. Los dedos de Adolfo sobre la seda buscan a tientas los puntos vulnerables a la sensación femenina. Poco a poco, la caricia se vuelve opresión. El abrazo, ahogo. Ya no la estrecha, la estruja. Su respiración va agitándose, arrítmica, convulsionada, busca ahora con la boca: la boca, la oreja, el cuello, el seno, siente el estorbo de la tela que ha cobrado la dimensión de un muro, y en un arrebato de desesperación la rasga y arranca al cuerpo de su prisión de seda.

Lo que sigue es un remolino en el que el grito, el jadeo, el ansia contradictoria de querer llegar a un punto sin en verdad querer alcanzarlo, la insaciable necesidad de sentir placer físico y mental, transforman a Adolfo en un violador. Manos y piernas en nudo. Sudor, lágrimas, saliva, semen en amorfa confusión.

Es inútil que María se resista y grite "ya no más, ya no más", su voz se pierde en el furor del torrente desbordado que cae en cascada sobre su cuerpo. En lugar de amada, se siente humillada, herida, ultrajada. Lamenta su debilidad física que la obliga a soportar el aliento alcohólico, la palabra grosera, la penetración infamante por indeseada. Deplora su condición femenina en una sociedad que le impone sumisión ante el poder del hombre, y cuando al fin Adolfo, desahogado de su fiebre interna, se queda dormido sobre su cuerpo demolido, ella piensa que ningún sacramento ni ley debía ser capaz de obligar a un ser humano a

149

dejarse violentar como ella lo ha sido. Se desnuda del cuerpo de Adolfo que ha sustituido a su bata de seda y, sin que él despierte, se dirige a la tina de baño. Se sumerge en el agua tibia y se tiende hasta sentirse envuelta en una liquidez, que al cubrirla como un sudario líquido adquiere la forma de su cuerpo; piensa en Bruno y poco a poco va sintiendo que se restaña su honor atropellado, sin saber a ciencia cierta si es por el agua que reintegra a su piel su virtual limpidez, o por el pensamiento en el amado que le devuelve la fe y la esperanza en su próxima luna.

*

¿Por qué insistiría tu papá en hacer una misa por el aniversario de la muerte de tu mamá? Él nunca ha sido muy devoto, a veces hasta piensas que sólo va a misa para cubrir las apariencias, porque si no se presenta en la iglesia pueden pensar que no es gente decente. Ese día, después de la misa, ella le pidió a 'isita que le contara cómo era su mamá, porque apenas la recordaba.

—Me acuerdo de ella bailando conmigo... en las noches, antes de dormir... Después de bailar me contaba un cuento... ¿Era tan hermosa como tú?

—Sí, era muy hermosa.

Ahora, María y su padre caminan lentamente; Bruno, usando su paraguas como bastón, va contando las baldosas de la calzada. Vicio adquirido en su juventud, en sus largas caminatas nocturnas, cuando los nervios que precedían a algún examen en la Facultad no lo dejaban dormir. Su silencio le da a María la impresión de que está deprimido, pero no se atreve a preguntárselo. Seguro irá pensando en tu mamá, María. El sermón debe haberlo impresionado.

Es raro, nunca habías pensado que tu padre podía tener emociones y problemas como cualquier persona. Ahora te das cuenta de que no sólo es tu padre, también es un ser humano. Una persona que siente, ama y, tal vez, sufre. ¿Por qué no lo habías pensado antes, María? ¡María! ¿Por qué te bautizaron con ese nombre? ¿Habrá adivinado mi madre que necesitaría de un Espíritu Santo para preñarme? Pregúntaselo a tu padre... No, no, ¿cómo crees? ¿Te gustaría llamarte Aurelia, como tu abuelita, o Clara, Arlín, Manuela?... No, Manuela no, ya ves a mi tía: todos la llaman por el diminutivo "Manuelita". No me gustan los apodos que achican a la persona, paso que a Adolfo lo llamen Adonis y Delfín, o a un José lo llamen Pepe, pero "Pepito", ¡qué horror! Claro que hay diminutivos que sin disminuir son peores, como el de Jesús: Chucho... ¡Qué bueno que a nadie se le ha ocurrido llamarte "Mariquita"! ¡Dios bendito! Ahora me doy cuenta de que tú usas no sólo diminutivos, sino cadenas de diminutivos: de Bruno, Brunito, de Brunito: Unito. Acabaré llamándole "Ito" como a 'isita. Bueno, nadie es absolutamente congruente... ya lo dijo sor Juanita... ¡Qué horror! Ya no vuelvo a decirle Juanita... En fin, tal vez tenga que transigir con algunos diminutivos... ¿Qué le pasará a mi papá? Ahora creo que no lo conozco... tantos años juntos y nunca le he preguntado nada sobre su infancia, su adolescencia, su juventud como estudiante, sus amores... ¿cómo conocería a mi mamá?, ¿por qué se casó con ella? ¿Y con mama'isita? ¿Estaría enamorado? *Me gustaría...* saberlo todo, y un día escribir sobre él. Te volverás preguntona, María. Me volveré hasta impertinente... ¿por qué no? Tal vez los hijos no podamos conocer jamás a nuestros padres. Piensa, María, piensa... si tuvieras hijos, ¿podrías contarles por qué te casaste con Adolfo sin amarlo? ¿Podrías confesarles que sólo has sobrevivido a estos tres años de matrimonio gracias a la esperanza de llegar al día de encontrarte de nuevo con Brunito? ¿Les podrías comunicar la inmensa decepción que te produjo, más que tu enfermedad, el sacrificar tu carrera de pianista... apenas comenzada? ¿Te acuerdas del concierto que diste a los catorce años en el Conservatorio? Mi primer concierto... y el último...

Bruno levanta una mano y la agita en el aire frente a los ojos de María, antes de quebrar el silencio de vidrio.

—Hijita, ¿en qué piensas?

María, como despertando, responde automáticamente:

—En ti, papá...

—¿En mí?

—Sí.

—Bueno, pues yo también venía pensando en ti. Por eso mandé el coche con el *chauffeur* al restaurante. He querido venir a pie para tener ocasión de conversar un poco contigo. Hace tiempo que quiero preguntarte algo personal, y como siempre que nos vemos estamos acompañados... no he podido hacerlo.

—¿Preguntarme?

—Sí. No es fácil...

—Papá, tu puedes preguntarme lo que quieras...

—Yo sé cuánto sufre Delfín por no tener descendencia... pero no sé si tú... en fin, ahora que ya estás sana...

—Pero, papá, tú sabes que según el doctor yo no tengo problema para tener hijos, parece que... es él quien...

—Lo sé, lo sé m'hijita, lo que he pensado es que tal vez también tú querrías tener descendencia...

—No entiendo...

—¿No se les ha ocurrido que podrían... bueno, se me ocurre que... podrían adoptar un niño?

—Pero, papá...

—No tiene nada de malo...

—No es eso, papá... ¿cómo explicarte? Adolfo y yo... bueno, no somos el matrimonio ideal... no sé si te has dado cuenta, pero... Adolfo es... alcohólico...

—Lo que pasa es que la decepción lo lleva a beber... Lo que le hace falta es un hijo que le dé aliciente, un hijo que les sirva de unión...

—¿De unión? Tú sabes que nuestro matrimonio no fue precisamente por amor...

—Sí, m'hijita, lo sé, pero mírame a mí, Luisa tampoco ha podido tener hijos, pero yo te tenía a ti... mi pequeña luna...

—Yo no soy adoptada, papá...

—Pero mi matrimonio con Luisa tampoco fue por "amor", como tú dices... Tú tenías sólo cuatro años, yo no podía cuidarte, necesitabas una madre... me casé con ella, por ti... y... ya ves... aunque Luisa no es tu madre, tú nos uniste... y ahora nos queremos mucho, y a ti ella te quiere como una madre...

—Está bien, papá, lo pensaré...

—¿Me lo prometes?

—Sí, sí, te lo prometo... Papá... ¿te puedo preguntar ahora yo... algo... personal?

—Por supuesto, m'hijita...

—¿Cómo conociste a mi mamá?

Bruno alza la vista, voltea el rostro hacia María y en lugar de verla a ella ve a Esther, la siente colgada de su brazo. Cierra entonces los ojos

152

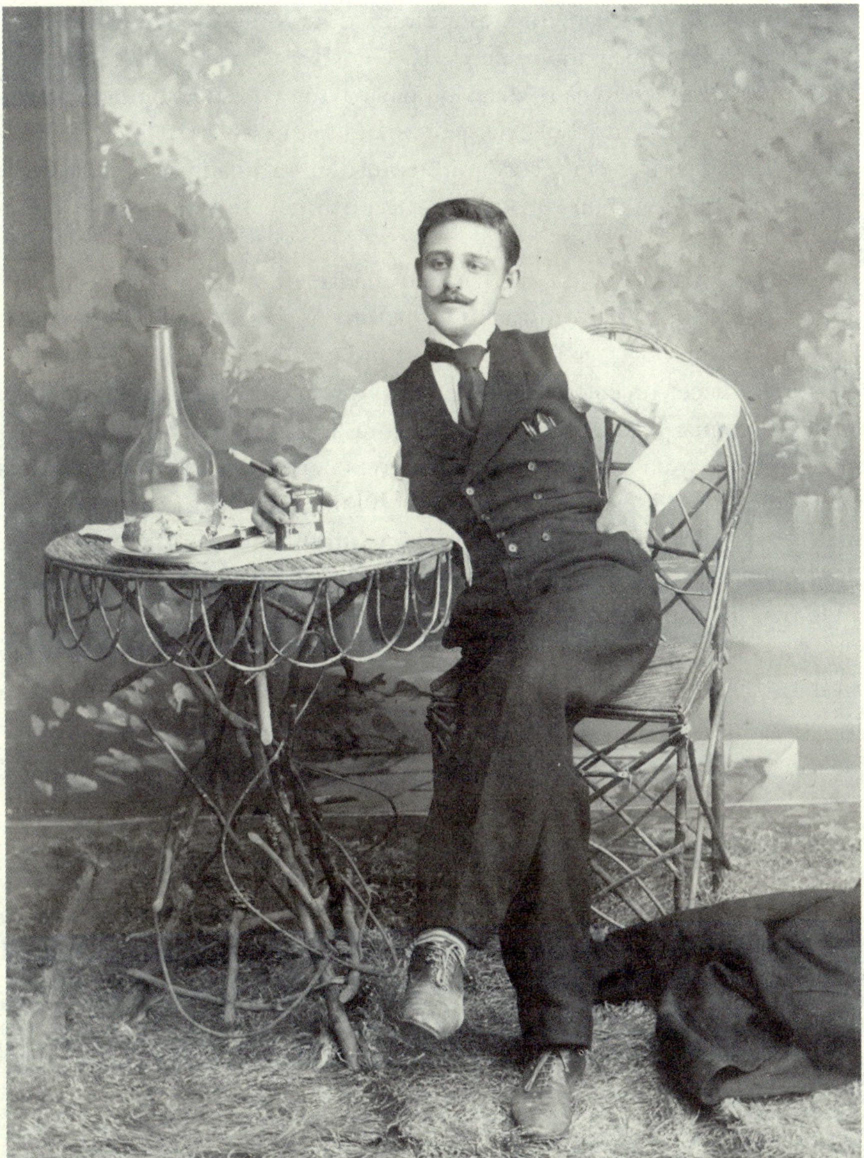

para guardar la imagen en el archivo de su cerebro donde conserva los instantes luminosos, los recuerdos vibrantes, los momentos secretos. Cuando los abre nuevamente, están nublados, como un cielo entoldado que retiene a la nube para no perderla. Detiene la marcha, alza el brazo y con su paraguas le señala a María un pájaro que en ese instante trina posado en la rama de un árbol. María no imaginó que años después, después de muerto su padre, ella recordaría siempre su voz fijada en aquella posición estatuaria, como un alma hecha cuerpo ante el silencio infinito de un mar congelado.

—¿Ves ese pájaro? ¿Lo escuchas? Tu madre era un trino hecho mujer. Cuando cantaba podías dibujar su voz sobre las aguas quietas de un lago. La conocí cantando… La tarde en que me presenté con el maestro Cisneros para hacer una audición esperando que me aceptara como alumno en su academia. Él me entregó la partitura de *La Bohemia* y me dijo que me esperaba al día siguiente para cantar el cuarteto, junto con otros tres de sus alumnos. Llegué al día siguiente y sin previas presentaciones formales me encontré cantando con ella, y ahí mismo, al oírla cantar, me hizo suyo.

—¿Se hicieron novios?

—No al principio. Le declaré mi amor en una carta. Ella me hizo sufrir algunos meses, en los que repetí mis votos por escrito, porque a la clase la acompañaba siempre uno de sus hermanos, que permanecían vigilantes durante todo el tiempo.

—¿Mi tío Alberto?

—Sí, al fin le pregunté si aceptaría ser mi esposa. Finalmente, un día llegó a la clase de canto con un paquete, que me entregó en un momento de distracción de su hermano, diciéndome que no lo abriera hasta llegar a mi casa; luego se puso un dedo sobre los labios en señal de silencio y se alejó.

—¿Qué había en el paquete?

—Un cuadro pintado por ella que representaba la escena del cuarteto de *La Bohemia*. Tú lo conoces. Dentro del paquete iba una carta, en la que me decía que también ella me amaba y que aceptaba ser mi esposa, pero que lo mejor era conservar en secreto nuestro amor hasta encontrar un momento propicio, porque no fuera a ser que llegara a oídos de su padre y que, como era muy severo, seguramente la sacaría de inmediato de la academia de canto y entonces dejaríamos de vernos.

—¿Qué hiciste, papá?

—¿Qué iba a hacer? Derretirme cada vez que la veía aparecer en clase. Bastaba una mirada suya para sentir que ese día había alcanzado el cielo. Pero cada vez me era más difícil mantenerme lejos de ella, siempre como en un perpetuo suplicio de Tántalo, ya que no podíamos cruzar ni una palabra personal. Cada vez que me le acercaba, ella movía la cabeza para indicarme que no lo hiciera, su hermano podía verme y contarle a su padre.

—¿Cómo lograste entonces...?

—Cuando faltaban unos meses para recibirme, pensé que era el momento propicio del que ella había hablado... Hablé con mi padre y puse en su conocimiento la conveniencia de casarme. Él estuvo de acuerdo. Le dije entonces, sin poner demasiada pasión en mis palabras, que me había fijado en una joven de muy buena familia y que yo consideraba que ella podría ser una buena madre para mis hijos... con esto podría convencerlo más que confesándole sin disimulo la profundidad del amor que sentía...

—¿Y...?

—Y aceptó ir a pedir su mano para mí. Su padre nos citó para el siguiente día en el que nos daría la respuesta. Cuando llamó a Esther para que estuviera presente al sellar el compromiso, creí que no podría sobrevivir a tanta felicidad.

María se enternece. Por primera vez ve a su padre como a un hombre de carne y hueso.

—*Me gustaría...*

—¿Qué te gustaría, m'hijita?

¿Cómo confesarle a su padre su pasión por Bruno? María ve en la esquina el restaurante y encuentra la mejor salida para ocultar su verdadero deseo.

—Comer algo, creo que la caminata despertó mi apetito.

—Eso tiene solución, ya llegamos. Luisa debe estarnos esperando desde hace un rato con tu amiga.

Efectivamente, mientras ellos caminaban hacia el restaurante, Luisa, Emilie y Jean al salir de la iglesia se habían ido en su automóvil a recoger a la hija de Emilie que estaba con sus abuelos y los esperaban bien acomodados junto al ventanal, pero sin impaciencia ninguna. La pequeña Cocol, ya con cinco años cumplidos, parloteaba sentada en las piernas de Jean. Los tres, regocijados con las ocurrencias de la niña, no advirtieron cuando María y su padre se acercaron, hasta que Bruno puso sus manos sobre los hombros de Luisa, quien volvió el rostro y al ver a su esposo le brillaron los ojos como si los hubiera iluminado el sol mismo.

La comida pasó sin que nadie recalcara la ausencia de Delfín. Hubo comentarios sobre el tiempo, el cinematógrafo y la temporada de ópera, que anunciaba como suceso extraordinario la próxima aparición de una figura mexicana que ya había ganado la consagración de los públicos europeos, especialmente después de obtener su primera ovación en la Scala de Milán: Fanny Anitúa.

Desde que había debutado en Roma, con el *Orfeo* de Gluck, su voz y su belleza aparejadas habían hecho que su nombre volara como hojas al soplo del viento por entre los *dilettanti*. Y ahora, para el próximo mes de septiembre en que se celebrarían los cien años de la consumación de la Independecia, la Compañía de Ópera del Centenario anunciaba lo más selecto del repertorio operístico: *Aída, La Traviata, Rigoletto, Manon, Mefistófeles, Sansón y Dalila* y *El barbero de Sevilla*. Compartiendo laureles, se anunciaban otras figuras con bombo y platillos: Claudia Muzio, Tito Schippa, Adamo Didur, Carlo Galeffi, Virgilio Lazari y Aureliano Pertile.

La temporada de 1921 no se celebraría en un solo escenario, sino en varios: en el Teatro Arbeu, que había recuperado su dignidad de teatro después de haber sido transformado en salón de baile; en el Esperanza Iris, en el Teatro Casino y hasta en la Plaza de Toros. Así, Bruno se felicitaba de este nuevo período presidencial de don Álvaro Obregón que pintaba ser más tranquilo que los anteriores, y sobre todo con Vasconcelos en Educación, más cultivado.

Nadie comentó nada sobre la velada musical que Luisa preparaba para Bruno como fiesta sorpresa de cumpleaños. Emilie había conseguido que la propia Fanny Anitúa aceptara asistir, ya que había sido él quien la impulsó a estudiar canto, pues sus familias eran amigas de años atrás, y, antes de que llegaran Bruno y María al restaurante, ellas habían concertado los últimos detalles.

Al terminar la sobremesa, la pequeña Cocol se hallaba dormida en los brazos de su nana. Emilie y Jean se ofrecieron para llevar a María a su domicilio. Luisa y Bruno se despidieron de las dos jóvenes a la francesa, con doble beso en las mejillas, y partieron en su adusto Ford negro hacia Santa María la Ribera. Los otros hacia el palacio donde María pronosticaba que se enterraría la luna de su juventud.

XI
Serpiente de sombra, serpiente de luz

María, sentada ante su secretaire, intenta escribir en su *Diario*. Siente que el frío le molesta, piensa en llamar a su nana, quien como por invocación mágica aparece en la puerta. María está acostumbrada a esa comunicación intangible, inaudible y misteriosa con su nana y, sin distraerse de su intento escritural, le pide que encienda la chimenea, pero Mixi, inmóvil, la mira sin obedecer. Es entonces cuando María se da cuenta de que la nana reclama atención, y se la presta, voltea a verla inquisitiva mientras deposita la pluma en el tintero de cristal.

—Niña, tengo que decirte algo.

—¿Estás enferma?

—No, niña, yo estoy bien... Lo que está mal es otra cosa, no quisiera decírtelo, pero...

—Dime, nana, lo que sea...

—El mayordomo y la cocinera...

—¿Sí?

—Me dijeron que te diga que se van si no les pagan los meses que se les deben...

—¿Se les deben? ¿Y por qué no hablan con el señor?

—Bueno, la niña sabe que el señor... no está muy disponible... y...

—¿Y con el administrador? Yo no tengo injerencia en los gastos de la casa, ellos lo saben...

—Bueno, la cuestión es que... el administrador no ha venido hace tiempo...

—¿Cuánto tiempo?

—Niña, yo sé que esto es algo difícil para usted, pero los gastos de la casa tampoco andan muy bien... ya no hay leña, al carbonero no se le han pagado las últimas entregas y la cocinera hace milagros para que le alcance la mesada que le da el señor para la comida...

—¿A ti tampoco te ha pagado?

—No, mi niña... tampoco al chofer, pero él no se ha quejado.

—¿Desde cuándo está sucediendo esto?

—Hace varios meses...

—¿Y hasta ahora me lo dices?

—No quería mortificar a la niña...

—Hm... habrá que... pensar en algo... Dile a Louis y a Germaine que no se preocupen, yo hablaré con el administrador... ven...

Mixi sigue los pasos de su ama, que se encamina a la biblioteca. María va hacia el teléfono, le da vuelta a la manija que lo hace funcionar, pero apenas descolgado el auricular vuelve a colocarlo en su sitio.

—¡No...! Por teléfono no... le escribiré una nota y se la mandas con un propio...

—¿Con Louis? El chofer se fue con el señor...

—Hm... mejor se la llevas tú misma...

—Está bien, niña...

María toma una hoja blanca y escribe una carta citando al licenciado Refugio Balcárcel para ese mismo día. Después de lacrar el sobre, le entrega la carta, pero lo que trae de vuelta la nana es otra carta en la que el secretario le comunica a María que el licenciado no está en la ciudad, pero que estará en la oficina mañana por la mañana. María pregunta si su esposo está en casa, y al saber que no está se dirige resuelta a su escritorio y comienza a buscar entre sus papeles alguna información. Lo único que descubre es una carta en la que el banco le comunica que por hallarse sobregirado, el dinero del sobregiro, así como los intereses, será descontado automáticamente de la anualidad. No necesita saber más para darse cuenta de que la situación económica de su esposo está en crisis.

Como en un *flash* de fotografía, le viene a la memoria lo que el doctor Toledano le contó en Veracruz. ¡Increíble que hayan pasado más de cinco años! Todo lo que pasa en su cabeza en esos instantes es un remolino. ¡Hay que resolver la situación! Se va directamente a su joyero, abre uno de los cajones y extrae un estuche forrado al exterior de terciopelo blanco y al interior de seda acolchada. Al abrirlo, el brillo del collar de esmeraldas y diamantes que perteneció a la madre de Adolfo y que le regaló él cuando se casaron la deslumbra nuevamente. Nunca se ha atrevido a usarlo. Vuelve al escritorio, da vuelta a la manija del teléfono y descuelga el auricular, pide a la operadora que la comunique con el número del doctor Alfonso Toledano, pero cuando responden en el hospital le informan que él está atendiendo a un enfermo, de manera que le envía un mensaje urgente para que la vea en su casa ese mismo día.

Se prepara para recibirlo en su *boudoir*, para no correr el riesgo de que Adolfo llegue y la sorprenda metiéndose en asuntos que, según él, no le corresponden. El doctor, suponiendo que se encontraba enferma, llegó con su maletín dispuesto a auscultarla y con la remota esperanza de que el malestar se debiera esta vez al embarazo tan deseado por Adolfo y no a una recaída de su ya superada tuberculosis.

Al anunciarle Mixi que ya está el doctor en el vestíbulo, lo hace pasar y le pide a su nana que les lleve el té. El doctor Toledano saca su estetoscopio.

—No, doctor, no estoy enferma.

—Creí entender… por la urgencia del mensaje…

—No, no, el malestar es de otro orden.

—¿Está enfermo Adolfo?

—¡No! No del cuerpo, al menos… quiero decir… lo que voy a revelarle es muy delicado y no quisiera…

—El médico es como el confesor… puede hablar con confianza…

—Estoy pasando por una crisis... económica... un día usted me habló de cuando se vio en la necesidad de empeñar sus libros...

—Sí...

—Necesito empeñar un objeto, pero no sé cómo hacerlo, ni dónde... quisiera que usted me auxiliara...

—¿Qué clase de objeto?

—Una joya... Si pudiera llevarme... adonde...

María abre el estuche y le muestra al doctor el collar.

—No sé, María... esto es muy valioso, y se arriesga a perderlo por menos de la cuarta parte de su valor... En el Monte Pío de Ánimas no prestan más... Usted debe saber que le dan unos meses para rescatarlo, pero si para el día que se vence el préstamo no ha renovado la boleta pagando los intereses generados, el objeto se remata y sólo le devuelven a usted la demasía...

—No, no lo perderé... si no tengo el dinero en ese plazo pagaré los intereses y lo recuperaré después... Yo sé que puedo hacerlo...

—Si tiene usted alguna deuda, ¿no sería mejor que hablara con sus padres y que ellos la ayuden con ese dinero?

—No, no quiero que mi papá se entere... no se preocupe, yo sabré salir del apuro sola... no me crea tan indefensa...

—No es eso, es que...

—¿Es que... soy mujer?

—Bueno... está bien... usted gana... ¿quiere ir ahora mismo?

—Sí.

—Quizá prefiera que yo vaya solo y le traiga el dinero y la boleta...

—¿Por qué?

—Para no arriesgarse a que alguien la vea en... ese lugar...

—Mis amistades no van al Monte Pío.

—Vamos entonces, pero será mejor que se cambie de ropa, no es conveniente ir muy elegante y menos con una joya de tanto valor en el bolso, no hay que tentar al Diablo...

En verdad María quería saber dónde y cómo se empeñaba un objeto, sospechaba que tal vez para salvar el collar tendría después que empeñar otra cosa, y no le gustaba depender de alguien, quería aprender a valerse por sí misma.

Siguiendo el consejo del doctor, buscó en su vestidor el traje más sencillo y un sombrero con velo que le cubriera parcialmente el rostro. ¿Se estaba disfrazando de pobre o de adúltera? Se rió de su propia pregunta. ¡Ah, María, María! ¡Qué malos pensamientos se te han venido a la cabeza! Pero no, tú no quieres engañar a tu marido, sino dejarlo... sólo que ahora no es el momento, primero hay que sacar al buey de la barranca... ni por pienso *me gustaría*... que la gente imaginara que lo dejo ahora porque está arruinado... pero, ¿lo estaba realmente o era sólo su descuido, su alcoholismo que le hacía olvidar sus obligaciones pecuniarias...? Tendría que averiguarlo mañana; lo primero, ahora, era salvar la situación...

Cuando estuvo lista bajó la escalinata de mármol y cruzó el portón. El doctor la esperaba ya en un automóvil de alquiler para conducirla al Monte Pío. En el trayecto, él se mostró con esa circunspección que contrastaba con el humorismo de su palabra y que, en ocasiones, hacía dudar a la gente, porque viéndolo tan solemne no sabía si hablaba en broma o en serio. María no quería tocar el asunto económico, no fuera que saliera a relucir que las deudas eran de Adolfo, y menos habiendo la posibilidad de que el cochero pudiera escucharlos. Buscó un tema de conversación que no la obligara a hablar de su esposo ni de lo que pasaba en sus relaciones maritales. ¿Qué mejor que los acontecimientos políticos que volvían a sacudir al país?

—¿Qué opina del nuevo golpe de Estado, doctor? ¿Quién tiene razón?

—No lo sé, eso dependerá de quien venza en la lucha, si gana Adolfo de la Huerta, él tendrá la razón, si triunfa Obregón, el equivocado será el tocayo de su marido... los vencedores siempre tienen la razón...

—¿Siempre?

—Claro, son ellos los que escriben los libros de historia... a su conveniencia... de modo que terminan glorificando sus aciertos y justificando sus errores...

Al bajar del carruaje en la Plaza de Armas y acercarse al Monte Pío, María vio una fila de gente, de distintas edades, unos vestidos modestamente, otros casi en harapos, unos limpios, otros sucios; cada cual llevando algo en la mano, un paquete o una bolsa de mecate de esas que las amas de casa empleaban para ir al mercado, jóvenes con libros en la mano, que parecían copias en papel calca de aquel estudiante de medicina que debió ser en su adolescencia el hoy doctor Toledano. Sintió vergüenza de estar ahí con un collar que valía más que todos los modestos objetos de esa gente, juntos; vergüenza de una riqueza que no era suya, pero que había usufructuado hasta entonces sin preguntarse de dónde venía ni cómo se obtenía; quiso volver a su palacio de piedra a encerrarse por no ver una realidad que la enfrentaba a la verdad de su propia existencia; pero, ¿era verdaderamente "su palacio"? Se aferró al brazo del doctor y suplicándole con el gesto, más que con la palabra, le preguntó si él esperaba el turno mientras ella iba a tomar un té o una limonada, tenía la boca seca.

—¿Se siente mal?
—No, no, simplemente tengo sed...
—¿Quiere darme el... estuche?

María le entregó al doctor el paquete con el estuche y echó a andar, sin saber hacia dónde se dirigía, lo único que buscaba era alejarse de ese lugar deprimente, lugar de miseria, de humillación, de vergüenza. La gente alineada como para ir a pedir limosna llevando su pequeño patrimonio para entregarlo al verdugo de la dignidad. Por primera vez sintió la mordedura de una serpiente: el miedo a ser pobre. ¿Por qué el dinero era tan importante? ¿Por qué con él se conseguía respeto, honores, poder? ¿Qué enajenación se había apoderado del mundo, que daba mayor valor a unas monedas que a la espiritualidad humana? Caminó por la calle hasta Plateros, dobló la esquina y avanzó mirando con estupor cada vitrina. Se detuvo frente a una joyería y fijó su mirada en un brazalete en forma de serpiente con ojos de esmeraldas y las fauces ornadas con dos diamantes redondos como lunas. Serpiente de sombra. Serpiente de luz. Serpiente de fuego. Serpiente desenrollando su cuerpo de bóveda celeste. Serpiente de un Paraíso perdido. Serpiente de un No-Paraíso encontrado.

Un transeúnte vestido con una elegancia semejante a la de esos catrines pintados por Posada se posó a su lado como abeja que busca el néctar de las flores.

—¿Le gusta el brazalete?

María no entendió que le hablaba a ella.

—¿Quiere probárselo? Seguramente en su brazo lucirá mejor que en el aparador.

María volvió el rostro hacia el hombre, lo barrió con los ojos, desde el sombrero de bombín y el fistol de la corbata hasta los zapatos de piel de cocodrilo que dejaban asomar las polainas de lana, y le lanzó la respuesta con toda seriedad.

—Seguramente, pero debo advertirle que… soy un hombre vestido de mujer… de esos cuarenta y uno… de Veracruz…

El hombre, que no se esperaba tal respuesta, hizo un gesto de dignidad ofendida y sin caravana ni disculpa se alejó de ella casi corriendo.

María no pudo menos que sonreír, pero algo en su interior se rebeló contra esa civilización en la que la mujer no tenía un lugar. ¿Por qué nunca se menciona que la serpiente tentó también a Adán? ¿Adán el inocente? ¿Adán el puro? ¿Adán el casto? Recordó palabras sueltas leídas tantas veces: "derecho", "igualdad", "revolución"; sin embargo, era una civilización hecha por hombres para los hombres, donde la mujer no valía más que para darles satisfacción y placer. Una civilización capaz de sacrificarlo todo por el progreso del hombre sobre el cuerpo de la mujer. Ser mujer era como ser pobre en un mundo de ricos. Como ser indio en un mundo de blancos. Respiró hondamente. ¿Cómo pudo haber vivido indiferente a ese dolor inmisericorde de los oprimidos, pobres, mujeres o indios? Dio media vuelta y regresó a formarse ella misma en esa cola de serpiente móvil y contráctil del Monte Pío, nadie tenía por qué ocupar su lugar en la vida… No más dependencia, no más inacción, no más ceguera. La luna tenía su propio ciclo, salía en el horizonte cuando debía salir, fuera noche o fuera día. ¿Por qué ella debía depender del Soladolfo? Un día, por su propio trabajo ganará lo suficiente para sostenerse a sí misma. Compraré ese brazalete con dinero ganado por mí, será el símbolo de mi independencia. Este día cambiará mi vida.

*

Esa tarde, antes de que Adolfo llegara de ¡sabe Dios dónde! se paró bajo el retrato de su abuelo y, como una generala, llamó a la servidumbre. De los antiguos criados sólo quedaban entonces, sin contar a su nana: el ama de llaves, el mayordomo y su mujer, porque las recamareras se habían renovado varias veces sin que ninguna de ellas dejara un recuerdo perdurable; ahora sólo trabajaban dos jóvenes casi niñas que acababan de ser contratadas no hacía ni un mes por Edelmira, como era costumbre. De pie, inmóviles como monumentos históricos, Edelmira, Louis y Germaine veían con ojos de mármol a la señora que frente a ellos los contemplaba, como si mirara un cuadro de pintor anónimo en un museo. Ellos formaban parte del museo de antigüedades de su marido, no del suyo propio, y quizá por ello nunca se había sentido con derecho a ordenarles nada. Pero hoy era otro día. Hoy, como su abuelo, tenía que prepararse para la guerra. Y la preparación comenzaba en la casa.

—Me he enterado de que no han recibido sus merecidos estipendios desde hace algún tiempo, de modo que cada uno escriba en un papel la cantidad total que se le adeuda y me lo lleva a mi *boudoir* después de la cena.

—¿Quiere decir que debo llevarle a *usted* las cuentas?

Edelmira recalcó la palabra "usted" como para colocar a María en "su lugar". Un lugar que a su juicio era el de un adorno que su *Señor* había traído al palacio para hacerlo lucir, pero no para que asumiera una autoridad que le correspondía a ella como ama, dueña de las llaves de la alacena, de las llaves que abrían los cerrojos de los canceles, de los zaguanes, de los siete candados de las siete bodegas, de las cerraduras de todas las puertas.

—A mí, Edelmira, pero sólo lléveme su propia cuenta, quiero ver a cada uno de ustedes individualmente. Hoy van a cambiar muchas cosas en esta casa. Eso es todo, gracias, pueden volver a sus labores.

Mixi contemplaba a María desde el otro lado del espejo, desde el rincón de su misterio. Si alguien hubiera podido adivinar sus pensamientos tal vez habría descifrado una pregunta suspendida en el aura invisible, intangible, inaccesible de la nana que, aunque joven en edad, parecía más antigua que el tiempo: ¿Era la misma María que aquella mañana la recibió indiferente al mundo, encerrada en las páginas de un *Diario* acaso mentido, ajena a todo lo que no fuera su idealizado Bruno?

Después de una cena solitaria porque su marido nunca llegó, María fue atendiendo en su *boudoir* a cada uno de los tres antiguos sirvientes de Adolfo, liquidó los adeudos de Germaine y Louis antes de recibir a Edelmira, quien de mala gana y peor humor veía usurpado su poder, ya que ser la mano que pagaba por los servicios prestados era el arma que le daba fuerza a su palabra, autoridad a sus órdenes, respeto a su investidura, pues esa mano representaba lo mismo al amo tutelar que al dueño de vidas y haciendas o al patrón de horca y cuchillo, en una palabra: a Dios, al Diablo, al Absoluto.

María lo había entendido así, de modo que si quería tomar las riendas de aquel caballo que nunca había montado tenía que hacerlo desplazando el poder de Edelmira, esto es, asumiendo ella el pago salarial. La servidumbre debía saber que era a ella a quien debían rendirle cuentas, respeto y obediencia. Cuando Edelmira se dio cuenta de que ya no sería ella quien repartiría tareas, remuneración ni canonjías, su primera reacción fue la de acudir a su amo para que volviera al orden a su esposa. Pero su ausencia, en ese momento crucial, le cerró la posibilidad y tuvo que irse a dormir con la voz estrangulada, el estómago hecho nudo y el dinero recibido quemándole la mano.

*

Adonis-Delfín, mientras tanto, había pasado la noche en grata compañía, rodeado de las jóvenes de la Dama de Pique; pero para la noche, la propia *Dama,* quien por mejor nombre respondía al de Evangelina, aunque sus íntimos la llamaban simplemente Eva, se había hecho cargo de distraerlo, contándole sus antiguos amores con aquel ministro porfirista, gracias a quien había sido posible que ella se hiciera dueña del ex monasterio que hoy les daba techo y protección a sus damiselas.

Salieron a relucir las fiestas del Centenario de la Independencia, cuando su protector la había llevado con el mejor modisto de la ciudad para comprarle el traje que ella habría de lucir en tan notables ceremonias, y aunque no iría del brazo de su distinguido amante, por esas obligaciones sociales que impiden a los hombres ser vistos en público con otra mujer que no sea su aburrida esposa, perdón, Adonis, no quise ofender a tu mujer, de todas formas ella luciría galas mejores y más vistosas que las de la propia esposa. Había revisado las revistas de moda parisinas para elegir el mejor modelo, y por supuesto el más caro, hay que hacerse valer, tú comprendes bien eso, Adonis, ¿no es verdad?

Las conversaciones en el Salón Rojo iban y venían por los vericuetos del amor y la política como péndulos confundidos entre el *Libro de horas,* no precisamente de Lorenzo el Magnífico, y la *Minuta de anécdotas.* Uno hablaba del Cometa de Halley que había traído en su cauda, tal como lo vaticinaron los clarividentes, todos los desastres que vivía el país desde entonces; otro disertaba sobre la política actual y el golpe de Estado que acababa de dar don Adolfo de la Huerta; uno recordaba el asesinato de Villa ocurrido hacía poco más de seis meses, achacándolo a las declaraciones que le había hecho a don Regino Hernández Llergo, por confesar, precisamente, que preferiría ver en la Silla sentado a De la Huerta, mientras otro, envuelto en el capote del pasado porfiriano, repasaba las ganancias millonarias que le dejaban al viejo dictador sus negocios ferrocarrileros y sus acciones en el Banco de Londres y México.

—Cuando las fiestas del Centenario, la Secretaría de Guerra y Marina se hallaba en el más completo desbarajuste económico.

—Aquello venía de años atrás, por causa del subsecretario...

—Claro, el ministro era el primero en reconocerlo, y cuando algún periódico publicaba algo en su contra sólo comentaba: "Yo ya me canso de decírselo a Porfirio... pero no me hace caso".

—Sí, recuerdo bien, ese subsecretario se daba la gran vida y gastaba a manos llenas.

—Pero no de su propio peculio...

—Que lo digan los soldados, que cuando se temió que estallara una guerra con Guatemala y se hizo el recuento de municiones con que contaba el ejército, se vio que no había más de siete tiros de cañón por cada pieza de artillería, y ni un millón de cartuchos de fusilería... pero, eso sí, trajes vistosos para su querida, y ¡dedos pa' que te quiero!, los bolsillos bien repletos de monedas doradas...

—No, no, yo creo que eso fue antes de que el general Vélez se hiciera cargo de la secretaría, porque cuando Vélez se dio cuenta de la corrupción que había ahí se dedicó a sanearla...

—Tal vez por eso don Porfirio lo mandó a paseo, para que no le hiciera sombra en sus negocios...

—Tal vez. La cuestión es que en cuanto se fue el general Vélez de gobernador a Nuevo León, el desbarajuste volvió a la secretaría y con mayor furor...

Adonis, entre las brumas que le cuenta la Dama de Pique, escucha el nombre de Vélez y se levanta airado, sin saber siquiera de qué se habla... ni si es en favor o en contra.

—¿Quién dijo algo del general Vélez?

Los dos dialoguistas lo miran entre las brumas del alcohol. Uno de ellos lo reconoce y suelta una sonora carcajada que hace voltear a más de uno de los parroquianos.

—Delfín... ¡Delfín de las sirenas y ave de las flores del Paraíso! ¡Qué gusto verte! ¿Dónde te has metido? ¡Desde que te casaste con la nieta de Vélez... te has olvidado de los amigos!

Al reconocimiento del antiguo compañero, siguió una batahola de abrazos, risotadas, apertura de botellas de *champagne*, "brindis del bohemio", entre tintineos de las copas...

> Digamos el "requiéscat" por el año
> que ha pasado a formar entre los muertos.
> ¡Brindemos por el año que comienza!
> porque nos traiga ensueños;
> porque no sea su equipaje un cúmulo
> de amargos desconsuelos...

—¡Hace tres días que pasó el Año Nuevo, Guillermo!

—¿Y qué más da? Mientras la alegría dure...

La Dama de Pique, viendo contento al grupo, hizo que se sumaran a él tres de sus damiselas... había que dar color de fuego a la algarabía...

—¡Brindo por ellas!

Se brindó, como dijo Guillermo, el poeta, "por la Patria, por las flores, por los castos amores" y también por los no castos... por las *mesdames Bovaries*... las *Santas* gamboanas y también por las *non sanctas*. Y así pasó más de la mitad de la noche, hasta que Adonis-Delfín, cansado, despeinado y ebrio, más que de licor, de nostalgias, dijo adiós a los amigos y se dirigió a su automóvil. El *chauffeur* lo esperaba, como siempre, dormitando sobre el volante.

*

María se levanta con una decisión tomada: averiguar en el banco cómo están las cuentas de su esposo. Antes de que él dé señales de vida, se arregla, sale casi a hurtadillas del palacio y resueltamente se dirige al bufete del licenciado Balcárcel. En el trayecto, los papeleritos gritan la última noticia de los periódicos.

—Fue asesinado el gobernador de Yucatán...

—Felipe Carrillo Puerto y sus doce colaboradores fueron asesinados por los delahuertistas... Felipe Carrillo Puerto y tres de sus hermanos fueron fusilados esta madrugada junto con otros miembros del Partido Socialista del Sureste...

—¡Felipe Carrillo Puerto fue asesinado esta madrugada!...

María no puede evitar el recuerdo nunca visualizado de su abuelo cuando cayó acribillado en la Plaza de Armas, así mismo gritaron los papeleritos su muerte, también él fue un ángel caído.

Te dejaste sacar del país, abuelo, te dejaste llevar a la piedra de sacrificios como guerrero derrotado, ¿fue lealtad, indolencia o cobardía? ¿Qué fue, abuelo? Necesito saberlo, porque yo misma parezco tu retrato, me he dejado llevar por los deseos de mi padre, por las órdenes de mi esposo, ¿qué soy, abuelo?, ¿soy leal, indolente o cobarde? ¿Me dejaré sacrificar como tú? ¿En aras de qué? Tú me enseñaste a prepararme para la guerra, pero, ¿la guerra en favor de qué o de quién? ¿Qué causa debo defender?

"¿Quién ignora que desde los tiempos más remotos apenas percibidos entre las espesas sombras del pasado, la guerra ha sido la constante historia de los pueblos? Justa o injusta, en todas partes y en todas las épocas se ha manifestado, ya sosteniendo al despotismo o defendiendo un derecho ultrajado; ya iniciando las nuevas ideas que para levantarse tienen que destruir las antiguas."

Cuando dictabas aquellas palabras a tu secretario, mientras me hacías hojear las *Fábulas* de La Fontaine, yo no imaginaba que un día tu vida misma sería una *fábula* como las de aquel hermoso libro de cantos dorados y grabados de Gustave Doré. Dime, abuelo, ¿cuál es la moraleja que se desprende de tu fábula?

"Todo soldado debe ser discreto, y con mayor razón cuando está investido de algún mando, por pequeño que éste sea."

¡Discreto! ¿A qué llamas "discreto"? ¿Tu sacrificio se debió a tu discreción? ¿Qué causa defendiste? ¿A qué Dios te inmolaste? ¡Abuelo!

"A la Patria."

¿Qué era la Patria para ti, abuelo? ¿Solfiglio? ¿El hijo del Sol? ¿Un viejo ambicioso cubierto de medallas? Hoy, por primera vez, veo a nuestro pueblo, ¡lo vi tantas veces, sin mirarlo! Hoy por primera vez siento el temor de hallarme entre su masa de mendigos. Hoy por segunda vez me duele ser mujer, porque tú, un día, me dijiste que por serlo no podía llegar a ser general... y hoy por ser mujer veo que no puedo ser "cabeza" de mi vida. ¡Tu fuiste general, abuelo! ¿Qué conseguiste?, ¿qué Patria formaron tus soldados?, ¿qué Patria es ésta donde nadie es igual a nadie?, ¿donde los de arriba pisotean a los de abajo?, ¿donde hay que estar mudo para no ser asesinado? ¿Cuántos zapatas, villas, carrillopuertos seguirán? ¿Hasta dónde la lealtad, desde dónde la traición?, ¿por ser leal a un individuo, abuelo, traicionaste a tus partidarios, a tus seguidores, a tu pueblo?

—Ya llegamos, señorita.

—Gracias.

María paga al cochero y se dirige con decisión al despacho del licenciado, él la recibe atentamente pero con los peores augurios sobre su situación económica. Al salir de su entrevista sabe que su esposo ha dilapidado casi toda su fortuna y que, de no frenar los gastos y de incrementar los depósitos, no tardará en sobrevenir la bancarrota. Aunque intacta aún su propia dote, ha quedado en garantía de las deudas contraídas por Adolfo.

Se siente burlada. Camina por la calle sin rumbo fijo. Mira a su alrededor y descubre a una india sentada en la acera que le extiende una canastita con fruta. "Están dulces, marchantita." Recuerda *El Mirador*, en imagen superpuesta a la de la finca de Adolfo en Puebla, los árboles frutales de su niñez que llenaban canastos con sus frutos maduros y sabrosos. Tanta riqueza en nuestros campos y ¿de qué ha servido?, ¿sólo para que algunos la dilapiden a expensas de los otros? ¡Adolfo! Eres como el mago que hace desaparecer en su chistera conejos y palomas. Saca unas monedas para darle a la india y la ve, como si se mirara a sí misma en un espejo, sentada en una montaña de oro preguntándose qué va a comer mañana, ¿no leyó algo así en una caricatura?, ¿sería de García Cabral o de Posada?, ¿o de ninguno de los dos? Tal vez lo oyó en alguna conversación de los amigos de Adolfo, de esos que mientras juegan a las cartas se dedican a hacer chistes políticos o a contar cuentos verdes pensando que las esposas no los escuchan.

¿Qué hacer?, ¿prepararse para la guerra?, pero, ¿cuál es mi guerra?, ¿cómo combaten su miseria los pobres?... Con trabajo... se responde a sí misma, trabajar...¡Tra-ba-jar...! ¡Claro! Tal como lo decidí ayer: trabajaré. Trabajaré para mantenerme, trabajaré para cubrir mis gastos, trabajaré... para no depender de nadie... Reuniré mi propio dinero... sólo entonces podré divorciarme, irme a París a buscar a Bruno... Esa es la solución:

trabajar... ¿en qué?, ¿qué sé hacer? Tocar el piano... hablar francés... leer y escribir... ¿eso es todo lo que sé? ¿En qué puedo trabajar con eso?

Carruajes y automóviles suenan sus cornetas. María ha cruzado la calle sin darse cuenta y ha detenido el tránsito. Aturdida no sabe hacia qué lado de la avenida caminar. Ve al fondo la estatua del "Caballito" y recuerda a su abuelo, montado en su caballo como un Napoleón. Se dirige hacia allá, hace cuentas de los años que le quedan, como si fueran centavos: de veinticuatro a treinta y cuatro: diez; a cuarenta y cuatro: veinte; a cuarenta y nueve: veinticinco... ¡Son bastantes! ¡Veinticinco años son bastantes! Debo hacer algo con ellos... Escribir... no por gusto, por obligación... escribir... ¡eso es!... en eso puedo trabajar: *escribiendo*.

Se detiene frente al edificio de *El Universal*. Recuerda que don Gonzalo de la Garza trabaja ahí. Sus pies la han conducido, como un hilo de Ariadna en el laberinto citadino. Los edificios giran a su alrededor como la Rueda de la Fortuna alrededor de su eje. Ella es el eje. Nunca se había visto a sí misma como el centro de nada. Pero hoy... hoy... ella es el centro, el eje: ojalá sea de la Rueda de la Fortuna. Entra decidida al periódico. Después de varias preguntas y respuestas con el portero y los empleados llega a la redacción. Le señalan con la mano el escritorio del periodista.

—¡María! ¡Qué sorpresa! ¿Qué hace aquí?

María no sabe por dónde comenzar... no quiere divulgar los problemas familiares, pero algo tiene que decir para justificar su petición.

—Don Gonzalo, perdone que lo moleste en su trabajo, pero... usted sabe que tuve que dejar el piano, por motivos de salud. Ahora que ya estoy bien... quiero encauzar mi vida hacia algo positivo... como dicen ustedes... el progreso depende del trabajo... y yo... **me gustaría...** yo quiero progresar...

—¿Qué debo entender?

—Puedo escribir. De hecho, he escrito ya en algunas revistas... pero quisiera algo más... firme... ¿me entiende?

—¿Adolfo sabe que está usted aquí?

—No, no, claro que no...

—Es decir, que...

—He escrito con pseudónimo... no es necesario que él sepa... en fin, tampoco es algo malo, creo...

—No, por supuesto que no... Tome asiento, por favor...

—No cree que tenga talento, ¿no es verdad?

—No es eso... pero... pero una señora de su posición...

—¿Es mi posición el obstáculo? Si fuera pobre... ¿tendría más oportunidad de...?

—No, no, no me malentienda... es que... en el periódico no hay periodistas mujeres...

—Tampoco generalas en la guerra, ¿verdad? ¿Ni... colaboradoras permanentes?

—Muy pocas... se podría decir que son más bien esporádicas... además...

—¿Además...?

—Yo sólo soy un redactor, no depende de mí...

—Pero puede recomendarme con la persona de quien dependa... ¿no? Podría tener una columna semanal o... quincenal... o mensual, en fin...

—Habría que preguntarle al director qué posibilidades hay de...

—¿Lo espero aquí?

—Está decidida, ¿no es verdad?

—Sí. Lo estoy.

—Está bien, déjeme tantear el terreno...

Gonzalo desaparece tras el letrero de REDACCIÓN pintado en letras doradas sobre el cristal de la puerta de entrada. María contempla el movimiento que hay en el lugar. Unos periodistas escriben en máquina, otros leen el periódico, algunos discuten entre ellos; sin querer llega hasta sus oídos el nombre de Carrillo Puerto. ¿Por qué lo habrán matado? ¿Cuál sería su causa? Toma el periódico del escritorio e intenta leer: "Con Carrillo Puerto cayó el gobierno socialista de Yucatán..." Su mente se niega a asimilar la lectura, dependen tantas cosas de la conversación de Gonzalo con el director que no puede concentrarse en otra cosa. Se muerde el labio. "Quielo que me sigas enseñando cómo sel un buen genelal, polque cuando yo sea glande, quielo sel genelal como tú. Eso no es posible. ¿Pol qué? Porque eres mujercita. Sólo los hombres pueden ser generales." Te faltó añadir, abuelo: y mariscales, y sacerdotes, y presidentes... ¿Cuándo será el día en que una mujer ocupe el cargo de Presidente de la República? *Me gustaría*... vivir para verlo...

Cuando ve entrar a don Gonzalo, escucha el latir de su corazón como baquetas sobre el cuero restirado del tambor.

—He hablado con don Miguel...

—¿Y?

—Dice que el director del periódico *El Popular* le ha preguntado si sabe de alguien que pueda ocuparse de hacer una página dedicada a la mujer... sería semanal... la idea es que tenga información sobre el cuidado de los niños, recetas de cocina, modas, en fin, las cosas que les interesan a las mujeres...

El corazón de María casi se detiene del gusto. Lo ha logrado... no quiere demostrar su alegría, trata de disimularla.

—Sí, claro. Entiendo, puedo hacerlo...

—Desde luego, todavía no es algo seguro, primero tiene que hablar con el director de *El Popular*, sus oficinas son aquí cerca, en Bucareli 92. El propio don Miguel me dijo que si está usted de acuerdo, él hablará con él por teléfono para decirle que va usted para allá.

—Iré ahora mismo... gracias, don Gonzalo... No sabe cuánto...

Las lágrimas le nublan los ojos, trata de dominar sus párpados para que no se cierren, porque al cerrarse harán salir ese líquido salado que brota directamente del manantial de su corazón. Su padre se lo dijo siempre: "eres una chillona".

—Sí, sí, lo sé...

—Hasta pronto...

—Permítame acompañarla... y salude a Adolfo...

—De su parte... claro, lo haré... gracias otra vez...

*

Al llegar a su casa, las ideas le daban mil vueltas en la cabeza. Aunque estaba contenta de haber conseguido un espacio en un periódico, lo que le encomendaban no era lo que esperaba. ¿Por qué los hombres tenían la idea de que lo único que les interesaba a las mujeres eran los niños y la casa? Ella era mujer y ¿qué sabía de niños ni de casa? Lo haría, sí, pero poco a poco iría metiendo otras cosas, algo de cultura, noticias de conciertos, de exposiciones, un cuento de vez en cuando, entrevistas, hasta un pequeño drama, ¿por qué no? Y entre recetas de cocina y de cosmética, una pequeña nota política, en favor del voto femenino, por ejemplo... ¡Estos señores que creen conocer a las mujeres! ¿Qué nombre te pon-

el popular
LA MUJER, LOS NIÑOS Y LA CASA

Sección a cargo de MARIA

LOS ANIMALES DOMESTICOS

—¿A qué debe llamarse animal doméstico? A los pequeños seres que nos rodean. A los irracionales capaces de comprendernos? A los susceptibles de domesticarse? O bien a todos, porque si recordamos..... hay ejemplos de fieras que viven tan tranquilas junto al hombre como cualquier perro faldero. En la India los elefantes hacen papel de mozos, de nanas, de recaderos, de cargadores y de un sin fin de cosas más...

Hojeando la Historia tenemos desde el caballo de Calígula hasta la moderna pantera negra de Josefina Baker, pasando por los leones de Cleopatra semejantes a los gatos del Cardenal Richelieu....

Así esta plana irá dedicada a ellos sin distinción de razas, tamaños y condiciones.

El alma ingenua y sencilla de las bestias se presenta a nosotros con toda claridad cuando se toma uno la molestia de fijarse en ellos.

El animal sólo tiene sobre el hombre una ventaja: la de ignorar la mentira y el doblez....

"MIMI" GATITA DE ANGORA de la Sra. María Luisa M. de Reyes.

"MARISCAL JOFFRE"

HABLAN LOS ANIMALES "MIMI"

Esta blanca y encantadora bicha va a decirnos su historia por sí misma:

"Me llamo Mimí, un nombre breve y dulce para mi oído felino, tengo una rara particularidad, un ojo azul turquesa y otro amarillo de oro. No se crea por esta que veo la vida de dos colores... Yo veo buena porque tengo un hogar confortable, un mullido cojín para mi siesta, un platito muy coqueto para mi carne y buenos bocados que me obsequían, pues soy muy consentida.

Un ratito de sol que me visita a diario en la ventana desde donde veo pasar indiferente y tranquila el ajetreo de los hombres inquietos siempre, y siempre turbulentos... ellos ignoran la felicidad del reposo, la dulce inercia del ensueño, al través de mis pupilas medio cerradas llegan a mí las imágenes de la vida mientras yo roronco suavemente rememorando quién sabe qué épocas prehistóricas, ¡quién sabe si sintiendo sólo la delicia del ser!

Me llaman coqueta porque lustro siempre mi blanco pelaje, me llaman perezosa porque sé gozar del silencio y la quietud... Zalamera, juguetona, en ocasiones doy a mis amos el espectáculo de mis retozos llenos de gracia..., y exentos de toda brusquedad... ¡Verdad que con mis orejitas puntiagudas, mi naricita rosada, mis ojos de piedra preciosa, mi gola a la usanza española, y el penacho arrogante de mi cola parezco una Princesa metamorfoseada en felino?

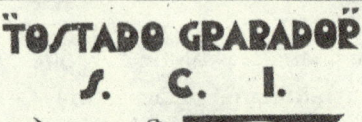

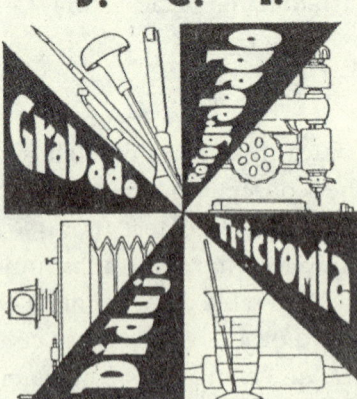

A la Memoria de un Fiel Amigo

Soberbio, hermoso eras tú, Mariscal!!

Cuando agitabas tu potente cabeza semejabas un león, sin embargo, eras tan dulce y manso! En tu vida no supiste más amor que el de tus dueños. Tu alegría era seguir sus pasos.

En tus ojos de humana mirada se retrataba la inmensa paz de un alma serena e inconmovible.

Pasó la vida sin empañar jamás esa mirada.

Noble, nunca hiciste daño a otros animales más pequeños que tú.

El gato traidor y artero muchas veces colgóse de tus belfos arañándote la sensible nariz, con magnanimidad de gran señor lo perdonaste. Un gesto tuyo y hubiera rodado muerto a tus pies. Te atacaba con la inconciencia del que ignora el peligro.

A dónde van las almas de los perros?... Quién lo sabe... pero diremos como el poeta...!

"Señor, si llega el día que me lleves (clemente)
"a veros cara a cara, por una eternidad..."
"Haced que un pobre perro, contemple (frente a frente)
"A aquel que fué su dios entre la Humanidad."

"DIANA" perra policía del Sr. Ramón Valdés

Esta hermosa escultura de Raymond Rivoire, nos demuestra una "Artemisa" cuya silueta parece la de una mujer moderna y deportiva.

TODO EL MUNDO FOTÓGRAFO DE "el Popular".

Las fotografías que Ud. tome profesionista o aficionado, de cualquier parte de la República las necesita 'EL POPULAR'. Si son sensacionales y de actualidad se las pagaremos espléndidamente. Puede mandarlas por avión si valen la pena. Y publicaremos el nombre del artista, naturalmente. "el Popular" Oficinas Generales Balderas 92.

Si no tiene Ud. trabajo y tiene cámara fotográfica puede ganar su vida trayendo a "el Popular" fotografías oportunas de lo que pasa en la calle.

Se las pagaremos bien si son de actualidad e interés. Un atropellamiento, un crimen, un atentado de inspectores, policías, etc.

"TOSTADO GRABADOR" S. C. I.

Grabado · Fotograbado · Tricromía · Dibujo

TRABAJO + CALIDAD
ESQ. NIÑA Y GUERRERO MEX. D.F.
MEX. Q-20-22   ERIC. Z-79-11

El Voto Femenino

(Viene de la pág. 3)

nuestros legisladores, sin alejarse del movimiento evolutivo que gobierna a las sociedades y bien compenetrados de que en la época presente han de seguir la marcha y tendencias de los componentes de la sociedad, otorguen a la mujer mexicana el voto público y, pueda, autorizada por la Ley, unir su voluntad, su sagacidad y su empeño, en el campo de la política, en pro del mayor engrandecimiento de nuestra Patria. En este asunto, volvemos a decirlo, la justicia está por completo del lado de la mujer y la H. Cámara de Diputados merecerá aplausos, si la concede tal y como ya lo han hecho algunas naciones de Europa y de Hispano-América...

«MIRANDO HACIA ATRAS» PARA LAS DAMAS

EL PASEO NUEVO O DE BUCARELI

Crónicas de María

UNA VANA PALABRA: LIBERTAD

drás, María? Podría… tomar el nombre de mi abuelita. ¡Sí, me lo pondré en su honor! Por la docena de hijos que tuvo, se merece el homenaje. Decide presentar dos muestras: la primera, será la página que se publicará por primera vez, con algunas fotografías interesantes, y en la que pedirá a las lectoras que le envíen consultas sobre los temas que les interesen; también, retratos de sus hijos, de ellas mismas, de sus animales domésticos, de sus actividades, eso la hará entrar en contacto inmediato con sus lectoras. Por lo pronto, pondrá el retrato de la *Princesa* o del gato de su padre, el *Kiki*. En la segunda página de muestra agregará ciertas notas culturales, que pueden ser sobre pintura, o música, o literatura, para ver si le gusta al director. ¡Cultura en granulitos! ¡Eso es, como en la homeopatía!

Siguieron tres días de efervescencia. Se encerró en su alcoba a escribir, a recortar siluetas en cartoncillo negro. En las revistas parisinas se usaban esas siluetas, y siempre le habían parecido muy sugestivas y de buen gusto. Diseñó cada sección de la página. Una gran interrogación envolviendo un rostro de mujer sería lo más apropiado para la columna de consultas. Por fortuna su mamá le había enseñado a pintar, aunque estaba tan chica que apenas se acordaba. Pero aún conservaba los dos cuadros pintados y bordados en seda por su madre, que su padre le había regalado, en medio de la fiesta del día que cumplió quince años.

¿Y qué es esto que huele tan feo, mamá? Aguarrás, m'hijita. ¿Y para qué sirve? Si huele tan feo mejor lo tiramos... No, m'hijita, es para que la pintura se haga menos espesa y sirve también para limpiar los pinceles. Después, en el *Saint Joseph* la *mère* Marianne, que era la encargada de la disciplina en los dormitorios, le había permitido que conservara el estuche de acuarela, regalo de su madre, y que pintara en sus ratos de recreo bajo su supervisión. Ahora era el momento de recordar lo aprendido y sacarle provecho. Para el miércoles ya tenía diseñadas las dos muestras. Las puso entre dos cartones para que no fueran a maltratarse y se fue al periódico.

El director la recibió como el primer día, con todas las consideraciones. Sabía bien que se trataba de la nieta del general Vélez, de quien él había sido ferviente partidario. Liberal de hueso colorado y sostenedor de las ideas de igualdad, libertad y fraternidad, no suponía, sin embargo, que tras la sonrisa de aquella mujer finita, que parecía a punto de quebrarse, y que le recordó un cuadro de una pintora de quien no recordaba su nombre, hubiera una cultura fincada en lecturas lo mismo de Voltaire y Rousseau que de los filósofos alemanes e ingleses, enterada lo mismo de la filosofía positivista que de la anarquista y socialista que estaban tan en boga entre intelectuales, periodistas y sindicalistas. Pero con aquella cara de muñeca de porcelana de *Limoge*, ¿quién se lo iba a creer?

Su propuesta para la página fue una sorpresa para el director y, complacido con el descubrimiento, aceptó de inmediato, incluidos los granulitos de cultura. Selló el trato con un sólido apretón de manos.

Esa noche, Mixi, al llevarle su acostumbrado té a su ama, no la encontró metida en su *Diario* como era habitual, sino con las tijeras en la mano recortando figuritas de papel.

—¿Sabes qué *me gustaría*... nana?

Mixi la mira con esa mirada que parecía venir desde el otro lado del espejo.

—¿Qué, niña?

—Que las mujeres pudiéramos votar.

XII
¡Toque de retirada! Se rinde la plaza

Edelmira guardó silencio por unas semanas sobre el *golpe de Estado* que María le había dado, esperando que el desorden ocurrido fuera temporal y que el Señor volviera a suministrar la mesada de costumbre para que ella distribuyera nuevamente gastos y estipendios como mejor le pareciera, lo que restablecería el orden sin necesidad de alarmar al Señor; pero cuando llegó el día 1º del mes siguiente y María distribuyó personalmente los sueldos domésticos y saldó las cuentas de los proveedores, no pudo contenerse más y se fue directamente a la alcoba del Señor para comunicarle lo que estaba sucediendo.

A esa misma hora, Mixi, sentada a los pies de la cama de María, muda, sostiene el plato en el que acaba de llevarle a su amita un jugo de naranja. María la nota extraña. Algo le pasa. La conoce demasiado bien. La tenue luz que atraviesa la cortina le da a su rostro un tono aún mayor de misterio.

—¿Qué vas a decirme, Mixi?

—¿Cómo supo la niña que quiero decirle algo?

—¡Si no te conociera! Cuando quieres decirme algo se te adelgaza la pupila de los ojos, como a los gatos con la luz, sólo que a ti te sucede con la oscuridad...

—Sí, niña, tengo algo que decirte. No sé si te vas a enojar.

—¿Enojarme yo contigo? ¡Nana, por Dios!

—Es que... no sé... cómo lo tome... sobre todo... el señor...

—¿El señor?

—Lo que vas a decirme, ¿tiene que saberlo el señor?

—A fuerza...

—¿Mixi? Ya no andes con misterios, por Dios, dime, ¿qué pasa? ¿Más problemas con Edelmira?

—No... conmigo...

—¿Contigo?

—Bueno, ¿para qué alargar lo que hay que decir? Hay que decirlo... ¿verdad?

—¡Qué bueno que lo entiendas!

Mixi alza la mirada, fija los ojos en su ama, suspira como quien da fin a una larga carrera...

—Estoy embarazada, niña.

—Que estás ¿qué?

María abre los ojos, casi se le cae el jugo de naranja de las manos. Mixi alarga su brazo e impide que caiga el vaso, ya casi vacío, sobre la colcha.

—Lo que dije, niña...

—¿Embarazada?

—Sí, niña.

—Pero, ¿de quién?

—Del jardinero que se fue porque no le pagaban...

—Vaya regalito que nos dejó.

—No te enojes, niña, en verdad, yo pensé que tal vez, si el señor quiere adoptar a mi bebé, tal vez deje de molestar a la niña con...

—Pero, nana, ¿qué estás pensando? Has consentido en... quieres tener un hijo para que yo... ¡Mixi!... por Dios... ¿lo hiciste por mí?

María comienza a llorar y abraza a Mixi. Las dos se quedan por unos instantes abrazadas, llorando.

—No, nana, ni por un momento me atrevería yo a quitarte a tu bebé. Es tu carne y tu sangre. No podría. Tendrás a tu bebé y será como de la familia, pero ¿adoptarlo privándote a ti de tu derecho como madre? No, nana. No... nunca lo aceptaré.

Cuando Adolfo se enteró de que María había usurpado el poder de Edelmira, y que había dejado al ama sin llaves ni autoridad, montó en sagrada ira; le parecía como si la Luna quisiera remplazar al Sol. Saltando de su lecho, se puso una bata atropelladamente y salió como alma que lleva el Diablo en dirección de la alcoba de su esposa echando chispas por los ojos, golpeando puertas a su paso y mascullando improperios.

Al encontrarla en su *boudoir* muy arreglada y lista para salir a la calle, se paró frente a ella, como un general que pretendiera someter al Enemigo, blandiendo, en lugar de la espada y el escudo, el grito y la blasfemia.

—Por todos los demonios del averno, ¿quién te has creído que soy: un pelele?, ¿un monigote?, ¿un títere que puedes manipular a tu antojo? ¿Desde cuándo das tú las órdenes en Mi casa? ¿Soy acaso un cero a la izquierda? ¡Por las barbas de Satanás!

María, estupefacta, se quedó paralizada al ver frente a sí un Adonis desfigurado, un Delfín disforme, un Adolferido rabioso y endeble. En lugar de fuerza, temple y valor, que sería lo que Adolfo se proponía proyectar con su fúrico arrebato, su ira sólo parecía una máscara grotesca para encubrir su humillación.

—¿Te quieres calmar?

—¡Calmar: un cuerno!

—¿No podemos hablar como la gente?

—¿Lo hiciste tú? ¿Hablaste como la gente antes de meterte en lo que no te importa?

—¡Adolfo! Tranquilízate, por favor, y te explico lo que pasó…

—¡Me explicas un demonio! No quiero volver a hablar de este asunto. Y si vuelvo a saber que te metes en mis asuntos…

—¿Qué harás? ¡Dime!

—Te encerraré en tus habitaciones…

—¿Cómo…?

—Lo que oyes…

María no soporta más. ¿Cómo justificarse y aclararle que él tenía la culpa por no atender las necesidades de la casa? ¿Cómo explicarle que sus servidores "leales" lo habrían abandonado si ella no hubiera intervenido? Siente, como siempre, que se le nublan los ojos, no puede contestar ni quiere llorar delante de él. Se muerde un labio, da media vuelta, baja por la escalera convertida en estatua de mármol y su mirada se detiene un momento frente al retrato del abuelo. ¡Toquen a retirada! ¡Se rinde la plaza! ¿Qué diría su abuelo al ver que ella no era una buena generala? Sintiéndose acosada, se precipita hacia la calle con las mejillas ya húmedas, mientras Adolferido, plantado en medio de la habitación, se queda vociferando, hasta que llega Louis a tratar de calmarlo.

Como siguiente paso, Adolfo se vistió y se fue al banco para dar instrucciones de que por ningún motivo le entregaran dinero a su esposa, sin su autorización firmada. En cuanto a su administrador, se las vería con él. De esta hecha lo dejaba sin cargo. No faltaba más sino que un empleado suyo se le alborotara… ¡conque ayudando a su mujer a sacar dinero del banco sin su permiso! ¡Ahora vería lo que era quedarse de patitas en la calle!

Esa noche, María se acuesta con una idea fija en la mente: la separación es inaplazable. Se revuelve entre las sábanas sin poder dormir. Son ideas lo que bulle en su cerebro. ¿Por qué hizo...?, ¿por qué no hizo...?, si hubiera... si no hubiera... si él supiera... ¿seguir ocultando lo del empeño del collar?, ¿o confesarlo de una buena vez, para que él se dé cuenta...? Jamás. Y vuelta a empezar: por qué hizo, por qué no hizo, si hubiera, si no hubiera... Se levanta. Va a su *Diario*. ¡No! Esta vez no descargará su corazón en la escritura, ni en el dibujo, no buscará ninguna puerta falsa, se impone una decisión, y la toma: al día siguiente le pedirá el divorcio a Adolfo. Una vez obtenido venderá el alma si es preciso y se trasladará a París. Sabe que su padre sufrirá, pero no puede sacrificar su vida. Recuerda que sólo tiene por delante veinticinco años más. Tiene que hacer algo para ser feliz en ellos. ¿Cómo estará Bruno? Ya lo ve abriéndole los brazos para recibirla. Juntos, desde París, le escribirán a su padre para informarle de su enlace matrimonial. Su padre terminará por entender y perdonar. La decisión le devuelve la tranquilidad a su espíritu. Cierra los ojos y se deja llevar por la ilusión hasta el paraje donde el deseo se convierte en sueños.

Las iniciales grabadas en el árbol del Desierto de los Leones danzan en un tronco líquido, sus manos sumergiéndose en la savia intentan atraparlas como a peces de colores, pero las iniciales comienzan a tomar forma de rostro y va adivinando en él los ojos de Bruno, Brunito, Unito, su boca, el corazón atravesado que rodeaba las iniciales va cobrando la forma del óvalo de su rostro. De pronto, de sus propios pies brotan filamentos que se hunden en la tierra. Echa raíces y sus manos convertidas en ramas de árbol se enredan en el rostro de Bruno, Brunito, Unito... lo acarician. Son ahora dos árboles unidos, confundidos, injertados.

En la mañana, el sonido de la manija, al abrir Miccaiximati la puerta de su alcoba, la despierta. La nana se queda de pie en el umbral, como fantasma que no quiere asustar con su aparición. Detenida en el tiempo, espera a que María "recuerde" como ella llama al "despertar". Y María "recuerda".

—¿Qué pasa, nana?

Su pregunta se pierde en el silencio apenumbrado de la habitación. Se restriega los ojos, entre cuyas pestañas alcanza a atisbar la silueta de la nana quieta como estatua de sal. "¿Mixi?" La pregunta le devuelve movilidad a la nana y María la sigue con los ojos aún no bien abiertos. Mixi va hacia las cortinas. Al descorrerlas e iluminarse la alcoba, María advierte su rostro demudado e intuye, por su mutismo y por el periódico que sostiene en la mano, que la nana le trae una mala noticia.

—¿Otro golpe de Estado?

—No, niña, algo peor…

—¿Peor?

—Sí, niña.

—¿Un accidente?

—No, niña.

—¿Estalló la guerra otra vez?

—Eso hubiera sido preferible…

María salta de la cama como un gato que descubriera un ratón, haciendo saltar a la propia *Princesa* que se engrifa por el susto. Temerosa, extiende la mano en gesto más de súplica que de exigencia para que la nana le entregue el periódico. Mixi duda un momento antes de dárselo, tomándole la mano a María y reteniéndola entre las suyas. María, ya con el periódico en la mano, no se atreve a bajar los ojos hacia él. Se muerde el labio inferior y después de volver a cruzar una mirada fugaz con Mixi, agacha la cabeza y lee la noticia que entra por su retina sin miramientos, un "¡se casó!" se dibuja en sus labios antes del desmayo. Mixi, prevenida,

> Señor Bruno Vélez Montes y señorita Denise Lemère, que contrajeron matrimonio en la ciudad de Rouen, Francia.
>
> Noticias recibidas de París hacen saber que el señor Bruno Vélez, Segundo Secretario de nuestra Legación en Francia, con residencia en París, contrajo matrimonio con la señorita Denise Lemère, perteneciente a una distinguida familia de Rouen.
>
> El acto matrimonial se efectuó en la citada población, donde radican los padres de la novia, habiendo sido testigos por parte de ésta, su tío, el señor Henri Lemère, y por parte del señor Vélez, el general don Eduardo Hay, Cónsul General de México en París.
>
> Los nuevos esposos regresaron a la capital francesa, fijando su residencia en el número 81 de la Rue Charles Laffitte, en Neuilly Sur-Seine.

sabiendo lo que la lectura podía ocasionar, ha suavizado la caída de su ama, quedando sentada en el suelo, con la cabeza de María apoyada sobre su delantal de algodón blanco.

—Sí, niña, sí... se casó... se casó.

*

—Tiene que hablar con ella, señora Emilie, lleva tres días encerrada en su cuarto. No ha querido comer ni ver a nadie, ni a mí siquiera. Es como si la luna se hubiera hundido bajo la tierra para no volver a salir más.

—¿Por qué no me llamaste antes, Mixi?

—Porque no me atrevía yo a desobedecerla, y ella me pidió que no llamara a nadie, que no quería ver a nadie...

—A ver, Mixi, dame ese caldo, la haré que se lo coma, aunque tenga que echárselo con embudo por la boca... una recaída en su enfermedad sería fatal...

Emilie entró en el *boudoir* con la bandeja en la mano. Una penumbra de noche sin luna la hizo entrecerrar los ojos para tratar de que sus pupilas se adaptaran a la oscuridad. Cuando distin- guió el perfil de los muebles avanzó lentamente y colocó la bandeja sobre una mesa.

María, recostada en la *chaise longue* con los ojos fijos en ninguna parte, no advirtió su entrada. Emilie acercó una silla y se sentó a su lado.

—María... *ma petite sœur*...

María no responde al llamado, su corazón apenas late, su mente se ha separado de su espíritu. Bifurcación del cosmos. La una, adormecida, permanece echando raíces sobre ese espacio ajeno que es su cuerpo; el otro, trascendido, se ha echado a volar en el tiempo para hallar el lugar donde el pasado y el futuro se condensen en un presente sin secuencia, fosilizado, en un vacío suspendido en el reloj sin manecillas, porque el ayer, niebla lunar de luz empedernida, se ha convertido en
un laberinto sin puerta de salida, en un
hhhoooooooooooooooooooooooooooooooooooyyyyyyyyyyyyyyyyyyy
inmaculado, inmanente y eterno.

183

XIII
Un sueño en suspensión

Las doce campanadas imitaban las doce lunas que habían pasado desde que María cayó desmayada sobre el regazo de la nana. Días de estar sentada sobre una poltrona, inmóvil, con el pensamiento mudo, de la mañana a la noche. De parpadear bajo el sol y sentir de pronto la funda de la oscuridad sobre la piel. ¿Cuántas horas había pasado sentada, sin mirar, sin oír, sin advertir cómo el aire entraba y salía de sus pulmones? Semanas de alimentarse mal, dormir peor, gritar el nombre de Bruno con la almohada apretada sobre la boca. Había dejado de escribir en el periódico, porque un incendio quemaba sus deseos de amar, de vivir, de soñar. Los *"me gustaría..."* se morían incinerados en ese fuego quedando enterrados bajo las cenizas de su amor. La esperanza guardada en la Caja de Pandora también se había cremado. ¡Cuántas veces había pensado en el suicidio, soñando con las pistolas que Werther, para dar fin a su vida con una última ironía, había pedido prestadas al marido de su amada Carlota! Sin embargo, había desechado la idea porque eso era darse por vencida en la guerra; además, sabía que iba a fracasar en el intento, puesto que no había llegado aún la fecha mortal que el enigma de su nana le había revelado. ¿Y si le contara a alguien sobre el enigma descifrado...? ¿No le había dicho Mixi que entonces el enigma perdería su veracidad? Sin embargo, no se había atrevido a hacerlo, tenía miedo de lo que pudiera pasar entonces, quizá en lugar de morirse ella, la némesis recaería sobre su amado... Este pensamiento la sobrecogió. No. No cabía la salida por ninguna puerta falsa.

Mixi y Emilie trataron inútilmente de consolarla. Luisa no sabía lo que pasaba, no entendía su dolencia, ignoraba cuál era su mal; finalmente recurrió al doctor Toledano, quien a fuerza de calmantes la hizo dormir. El sueño y el tiempo fueron cicatrizando las heridas del alma y poco a poco aprendió otra vez a sonreír. Su luna menguante volvió a ser Luna Nueva, para iniciar su ciclo otra vez.

Podía decirse que María había revivido, pero quien bien la conocía se daba cuenta de que no era la misma. Como una serpiente que muda de piel, su frágil envoltura se había hecho más gruesa, más dura, como la piel del árbol recién plantado que imperceptiblemente, en un rosario de días incontados, se convierte en corteza, áspera al tacto e impenetrable a la uña.

Su primer impulso de vida fue abrir su *Diario*. A punto estuvo de quemarlo también, pero un instinto de conservación del propio *Diario* se transfirió a su mano y la detuvo. En lugar de escribir palabras, pintó una cruz. Sintió un deseo inaplazable de ir al Desierto de los Leones a raspar las iniciales marcadas en aquel árbol destinado a hacerlas, si no inmortales, al menos más longevas que ellos mismos. Aquel corazón atravesado no tenía ahora razón de existir. Que la marca en el árbol tuviera una vida más larga que la del amor de Bruno le parecía no una ironía, un sarcasmo. ¿Por qué lo material sobrevivía a lo inmaterial? ¿Por qué el alma, según la religión, era eterna si el cuerpo no lo era? ¿Y si fuera al revés, el alma fuera lo efímero y el cuerpo lo eterno? Tal vez la muerte sólo era la muerte del alma, ya que el cuerpo, privado de su espíritu, se convertiría en otra materia que asumiría otra forma, otra consistencia, y así hasta el infinito se iría transformando de una materia en otra. Entonces querría decir que esta vida era nuestro infierno y nuestro cielo, aquí podríamos encontrar o construir nuestro paraíso o nuestro purgatorio... Ya ni siquiera le hacían llorar las recriminaciones constantes de Delfín, especialmente desde el nacimiento de la hija de Mixi. "¡Hasta tu nana es capaz de procrear!" Le había repetido en todos los tonos: **¡Aprende!**

Pero ella sólo pensaba en una sola cosa: el entierro del amor de Bruno.

Al fin, como la llama de un fuego que se creía apagado, como un ave Fénix, nació de entre las cenizas un pensamiento: ¿no se había casado ella misma sin dejar de amar a Bruno?, ¿no sería que él, al saber de su matrimonio con Delfín, supuso que ya no lo amaba y por eso había decidido también casarse, conservando oculto su amor por ella, guardándolo en su alma, como en un último reducto de la ilusión? Suponer, imaginar, intuir, sospechar, esperar... **¡Esperar!**...

De nuevo la esperanza... ese Mal disfrazado de Bien, enclaustrado, oculto al mundo, guardado en su arca pandorina, se apoderó de su imaginación. Los deseos se avivaron, los sentidos se alertaron. Quiso ahora arrancar la página en donde había dibujado la cruz... ¡No! No, ahí quedaría, igual que las iniciales sobre el árbol, para sobrevivirla... que al menos queden huellas después de mi partida... trazos de mi dolor y trazos de mi alegría, de mis muertes y mis renacimientos... de lo que fui un día y nunca volveré a ser, porque diariamente, a cada hora, a cada minuto, soy una y soy otra, soy lo que voy siendo, naciendo y muriendo a cada instante. ¿Quién soy? ¿Quién eres, María?, ¿tu mente o tu mano?, ¿tu brazo o tu brasa?, ¿tu luto o tu labio?, ¿tus ojos o tus relámpagos? Tic-tac, tic tac... Si el amor es la vida... seguiré amando.

*

Llegó otro aniversario de la boda. Llegaron los familiares y amigos de siempre. Llegó la charla y la música, llegaron la risa, los regalos, y temía que llegaran también las reclamaciones... Para tratar de poner de buen humor a Delfín, que tantas veces le había preguntado por qué no se ponía el collar de su madre, María lo sacó de su estuche y al contemplarlo recordó el esfuerzo económico inaudito que tuvo que hacer para recuperarlo del Monte Pío. Ella pensó que dándole ese gusto no la recriminaría en público como en otros años, porque aunque Delfín había cambiado en muchas cosas, no lo había hecho en seguir deseando un hijo. Y cada aniversario de boda él le recordaba su obligación como esposa: la de ser madre. Tal como ella, él quería dejar huellas, sólo que las de Delfín se fincaban en un apellido; en cambio, las de ella, en lo que su mente pudiera producir: poemas, cuentos, obras de teatro... ya que la música se la había prohibido su propio cuerpo... No se había atrevido a iniciar una novela, sentía que aún no estaba lista para eso, pero lo estaría, pronto lo estaría... ¿hijos?, ¿por qué no? El instinto maternal era connatural en la mujer y ella no era una excepción, pero ¿cómo hacer para tenerlos, si el doctor Toledano no había encontrado nada anormal en ella? La había revisado de arriba abajo, de abajo arriba; en cambio, Delfín se negaba a dejarse estudiar. No aceptaba que él tuviera nada mal en su cuerpo de Adonis.

El regalo de 'isita esta vez fue totalmente inusual. Era el álbum de tarjetas postales recibidas y coleccionadas por su hermana Esther. Cuando

María vio las flores de lis dibujadas en relieve en las pastas de la cubierta del álbum, no pudo evitar que las lágrimas rodaran por sus mejillas.

Era maravilloso tener en la mano algo que su madre había guardado como un tesoro. Las postales, muchas de ellas recibidas por correo, como lo atestiguaban los sellos o la escritura del reverso de cada postal, otras adquiridas por ella, expresaban mejor que ningún relato los intereses de su madre, sus inquietudes, sus predilecciones, sus frustrados deseos de ser cantante de ópera, sus anhelos, sus pensamientos.

Su madre había recibido el álbum como regalo el 4 de noviembre de 1904, según la fecha que aparecía en la primera página, después de la firma de su padre. Las postales incluían niños y muchachas con ramos de flores, cantantes de ópera, como Lucienne Breval y Carusso, autografiadas; había madres con hijas, padres con hijos, hermanos con hermanas, novio con novia, abuelo con nieta, palomos, gatos, perros, reproducciones de esculturas y cuadros famosos, paisajes, monumentos históricos y, como nota espectacular, tarjetas con letras formando el nombre de su madre, aunque faltaban dos letras: la "T" y la "R". Su padre le dijo que, salvo la primera letra, que se la había enviado su tío Alberto, hermano de su madre, él había ido consiguiendo las otras letras, incluso la segunda "E" no era igual a la primera, pero nunca había podido encontrar las dos faltantes.

No faltaban Rodolfo Valentino ni Max Linder entre los actores del cine mudo de la época. María se emocionó tanto con el regalo del álbum que quiso retirarse a su alcoba para que no la vieran llorar; sin embargo, al dirigirse a la escalinata tropezó con Gonzalo, lo que hizo que se derramara la copa de *champagne* que llevaba él en la mano. María se disculpó y Gonzalo aprovechó el encontrarla sola para invitarla, en nombre del director de su periódico, a colaborar con ellos.

—¿Cómo dice?

—Sólo repito lo que don Miguel me dijo. Que después de ver lo que hizo usted en *El Popular* y viendo que ya no colabora ahí, la invita a encargarse de una columna en la sección "El Hogar" de *El Universal*.

Si María no dio brincos de gusto fue sólo por no hacer el ridículo, pero le dieron hasta ganas de besar a don Gonzalo. Quería llorar de alegría. Trató de contenerse y de responder con ecuanimidad.

—Diga usted al señor Lanz Duret que acepto con todo gusto y que iré a verlo mañana para ultimar detalles. Bueno, iré si usted piensa que estará ahí el director... y que quiera recibirme... tal vez pudiera decirme la mejor hora para encontrarlo...

—Estará en su oficina toda la mañana, y la recibirá, indudablemente.

—Gracias... Entonces, con su permiso, ahora vuelvo, le diré a Louis que le llene su copa que derramé... y disculpe mi torpeza...

María subió la escalera volando, sus pies no tocaban la alfombra, sus dedos no rozaban el mármol del pasamanos. Subía con el álbum abrazado como quien asciende al cielo, esperando encontrarse con Dios. Y su dios era la Soledad. Ahora podría estar consigo misma, hablar con ella, llorar o reír, abandonarse o bailar, saltar sin temor al ridículo, entrar por el espejo y salir transformada en su propia imagen. ¡El Universal "El *gran diario de México*"! ¿Qué columna preparar?

—Llaman a la niña en el salón.

La voz de la nana la sorprende en el momento en que abre el álbum por la página final, donde la última *carte postal* es *L'Arc de triomphe du Carrousel*.

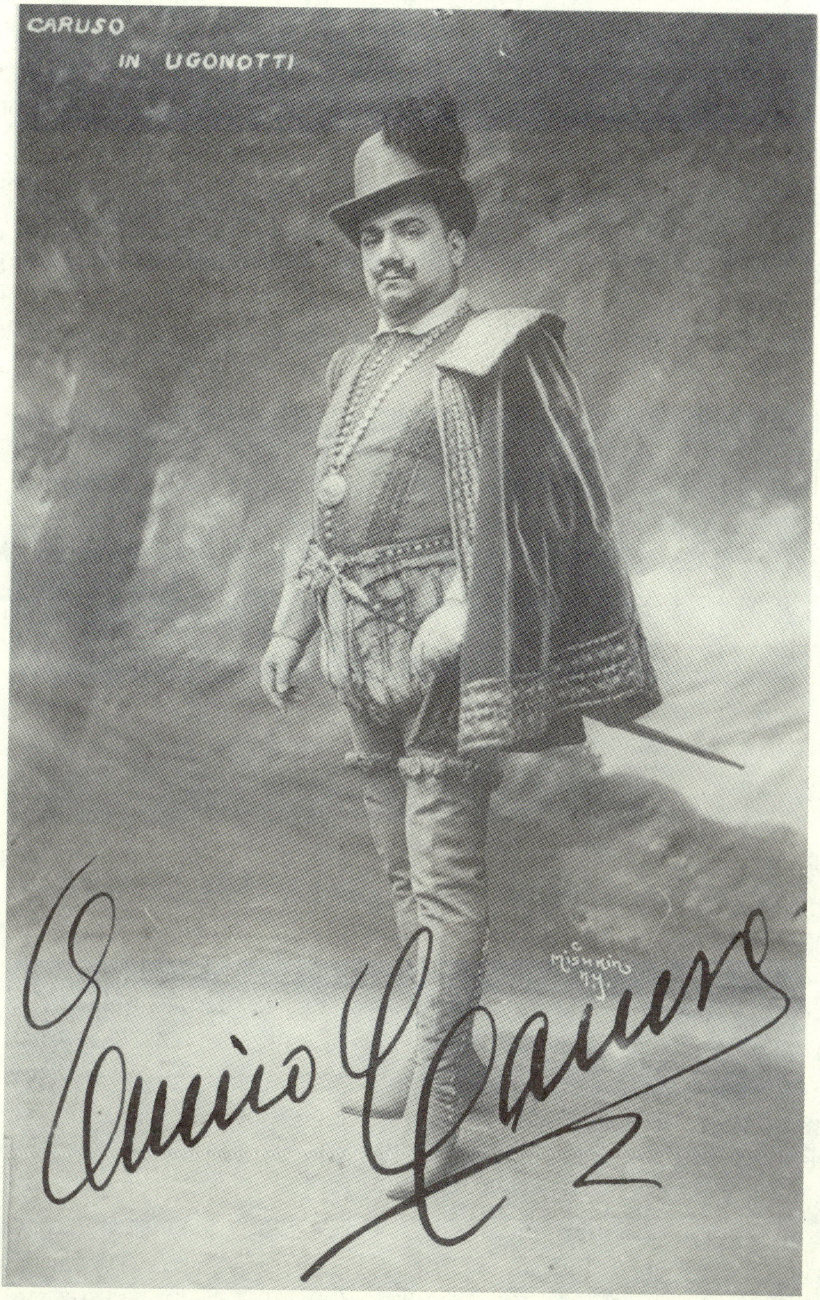
CARUSO
IN UGONOTTI
Enrico Caruso
C MISHKIN N.Y.

—Sí, nana, ya voy. ¡Mira esta tarjeta! ¿No te parece simbólico que haya yo abierto el álbum precisamente en la página donde está un arco triunfal?

—Todo lo que sucede en la vida es y no es. Nada es una cosa sin ser su contraria a la vez. Tener y no tener, haber y no haber, saber y no saber. Todo es uno y lo otro. Lo uno o lo otro es lo mismo.

María sacude la cabeza. Cuando la nana habla en epigramas hay que reflexionar. Ahora no tiene tiempo. Mañana reflexionará en lo que quiso decir. Baja la vista y se transporta al interior del álbum. Sus manos abren hoja tras hoja de atrás hacia adelante, en un gesto que parece mover las manecillas del reloj hacia el pasado, hacia atrás, hacia atrás... desfilan las fechas a la inversa, primero el Año Nuevo de 1905, después el 31 de diciembre de 1904, hasta que sus ojos quedan fijos en la pareja de novios... ¡novios! Recuerda haberla visto antes alguna vez. ¿Sería en su imaginación? ¿Por qué el tiempo no puede regresarse como las páginas de este libro de *cartes postales,* como las manecillas del reloj? ¡Mentira que el reloj sea el tiempo! Es sólo otra mentira más. Así como el maíz está envuelto en capas de hojas, el mundo lo está en capas y capas de mentiras, algunas nefastas, otras piadosas, pero todas mentiras... Al fin sus ojos vuelven hacia la nana.

—¿Quién te mandó a buscarme?

—Tu papá, quiere que toques una pieza en el piano.

—Está bien, adelántate, dile que voy en camino.

Cuando bajó, todos estaban ya bien acomodados en las poltronas, sillones y sillas, el piano abierto a todo lo largo de la cola y sobre el atril una partitura en cuya cubierta María leyó: *Marcha "Bruno Vélez" [Two step],* por Ignacio C. Mercado, publicada en México, Puebla y Guadalajara por A. Wagner y Levien Sucs., y en Leipzig por Friedrich Hofmeister. María recordaba haberla oído de niña, en alguna de las fiestas familiares, pero era la primera vez que la tocaba con la partitura frente a ella. Sus recuerdos del abuelo le humedecieron los ojos; al ver bailar las notas en la bruma apretó los párpados para poder leerlas y siguió tocando, emocionada. La música se la llevó de la mano hacia el pasado. Al terminar, su padre se levantó a abrazarla, emocionado como ella.

Siguió como siempre un aria de ópera cantada por su padre, acompañado al piano por Luisa, quien esa noche se encontraba particularmente bella. Esta vez cantó *La donna est mobile* de *Rigoletto,* y al terminar los

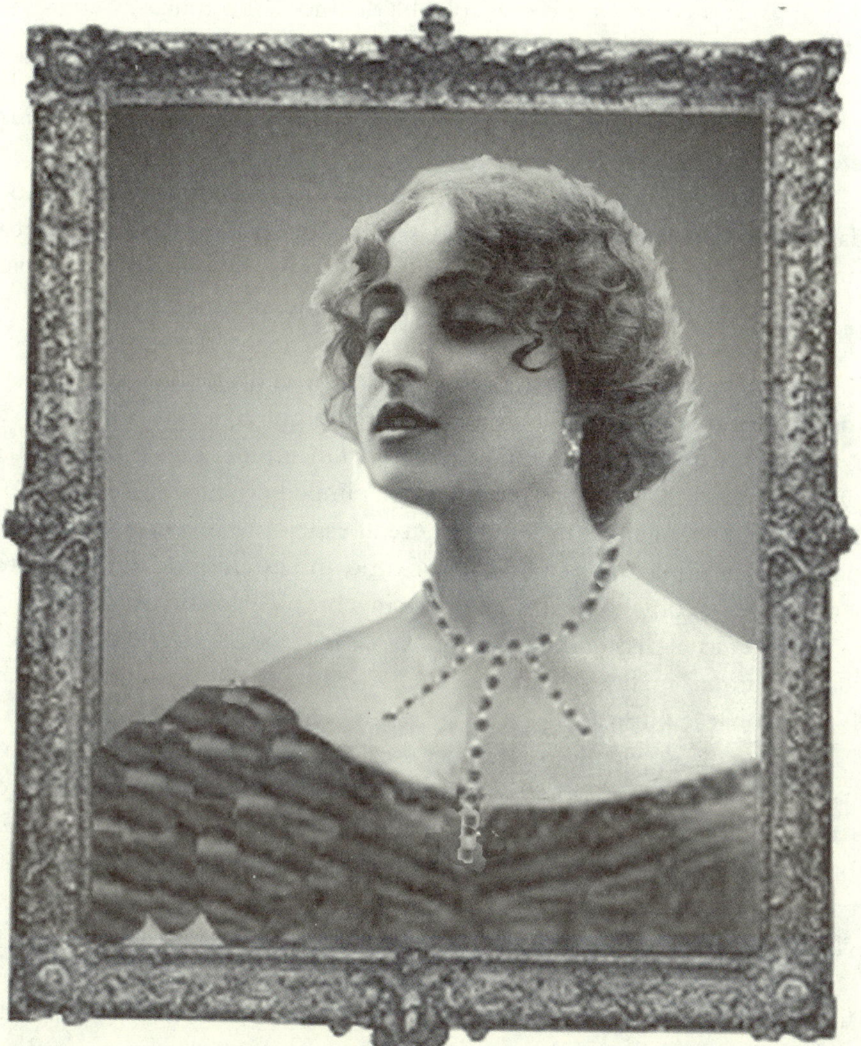

aplausos Delfín se acercó a María, la tomó de la mano, la condujo suavemente hacia un gran espejo que colgaba de uno de los muros, y contempló por un momento su imagen reflejada.

—¡María, estás hermosísima!

Parece que el ponerte el collar funcionó, María. Este cambio podrías achacárselo al "poder de la esmeralda".

Delfín le colocó su brazo sobre un hombro con una dulzura no repetida desde la época de la luna de miel y se volvió hacia los invitados, levantó su copa y pronunció su discurso en tono solemne, dirigiéndose a María:

—María adorada, han pasado siete años desde nuestra boda. Sé que el número siete es cabalístico y la prueba es que cuando se rompe un espejo su némesis dura siete años. Hoy recordé que el día de nuestra boda, al rasurarme en la mañana, se me cayó el espejo que tenía en la mano y se rompió, y al fin he comprendido que la maldición del espejo, en ese día preciso, ha sido la causa misteriosa que ha impedido que me des un hijo. Pero hoy, justamente hoy, aquí, frente al espejo, te invoco y lo invoco para que, terminada la némesis, el próximo año estemos de nuevo frente a este espejo, con el hijo ansiado entre mis brazos y los tuyos.

Terminado el discurso, le dio un beso en la boca, le acarició las mejillas con ambas manos y, dándose vuelta, le hizo señas a Louis para que hiciera sonar la música.

María se quedó viéndolo sin poder creer lo que había oído. Delfín nunca había sido supersticioso. ¿De dónde había sacado tal razonamiento para explicar su no preñez? Al iniciarse la polka, Delfín la tomó entre sus brazos e inició el baile. Ella se dejó conducir con toda docilidad, aunque comenzando a sentir temor por lo que ocurriría el próximo aniversario si ella no se preñaba.

Al terminar de bailar, María fue a sentarse al lado de Lolita. Delfín se fue a sacar a bailar a Luisa, sabía que a Bruno no le gustaba bailar y que en cambio Luisa lo disfrutaba.

—¡Refalasol! Llegó Estrella.

La exclamación de Lolita fue por ver llegar a su hija con dos jóvenes homosexuales del *Ba-Ta-Clán de París* que estaba de gira por México y América del Sur, y con los que Estrella había hecho amistad en esos días. Venían alegres, todavía con la música del *can-can* en los oídos y en los ojos una Goulue de nueva estirpe que no tendría la suerte de ser pintada por Lautrec.

Una vez que los recién llegados se liberaron de abrigos y sombreros, se dirigieron directamente a saludar a Delfín, quien en su perfecto francés les hizo una gentil invitación para sumarse al baile, y se llevó una sorpresa cuando ellos respondieron en perfecto español que lo harían con mucho gusto. Entonces se enteró de que los jóvenes eran chilenos radicados en Francia desde hacía tres años. En ese momento daba inicio un *charleston* que estaba de moda y, sin más preámbulos, Estrella arrebató a Delfín del grupo que se había formado alrededor de ellos y se dispuso a bailar con él. Adonis, sin inhibiciones, se movía como consumado bailarín de *charleston*. La pareja provocó la admiración de todos los concurrentes que los vitoriaron al final, ya que nadie más se había lanzado al ruedo.

El brincoteo dejó a Adonis tan fatigado que depositó a Estrella en los brazos de uno de los "cuarenta y uno" y se fue a buscar su poltrona predilecta en el *foyer,* donde encontró, conversando con don Manuel, al licenciado Balcárcel, a quien finalmente no había despedido de su puesto de administrador. El tema le interesó, ya que se trataba de los buenos dividendos que estaban ofreciendo ciertos *stocks* de Nueva York, y aunque no le gustaba hablar de sus asuntos financieros frente a extraños, lanzó la pregunta lo más ambigua que pudo a su administrador, para ver en qué forma podía compensar la pérdida de algunas de sus propiedades para salir de la crisis económica en la que estaba, y que amenazaba con empeorar.

—¿Es cierto que la nueva administración política no es muy confiable, con respecto a las inversiones?

El licenciado se dio cuenta de que don Adolfo no quería exponer su problema abiertamente frente a don Manuel y respondió también en forma general.

—Es verdad. Ustedes saben que el general Calles, antes de tomar posesión el pasado diciembre, hizo una gira por Europa para estudiar la organización política, económica y social de Alemania. Y Alemania está regida por Friedrich Ebert, un socialdemócrata. Además, hay que tomar en cuenta que el primer gobierno estatal socialista de México, que fue el del gobernador Felipe Carrillo Puerto, en Yucatán, fue apoyado abiertamente por el general Calles. El mes pasado lanzó la nueva Ley General de Instituciones de Crédito y fundó la Comisión Nacional Bancaria. Todo esto indica que sus intereses entrarán en conflicto muy pronto con los Estados Unidos, y esto afectará indudablemente la economía nacional.

—Y ¿qué medidas recomendaría usted a los inversionistas?

—Por lo pronto, sacar el capital de México y ponerlo en Nueva York. Hay *stocks* actualmente, como le decía a don Manuel, que son muy interesantes y que están rindiendo pingües intereses; en cambio, de la Comisión Nacional Bancaria puede esperarse cualquier cosa, incluso congelar la compra de moneda extranjera, que podría sobrevenir si el gobierno necesita echar mano de los dólares para pagar la deuda extranjera, que es inmensa. Pero si "alguien" en México se encuentra en crisis económica, su remedio es colocar de inmediato su dinero en Nueva York, antes de que el gobierno del Presidente obstaculice o imponga castigos a la salida de dólares. Si se procede ahora, indudablemente en dos años cualquier economía personal recuperaría su antigua solidez.

Delfín comprendió y cambió el tema para que don Manuel no descubriera su problema personal. Pero don Manuel, que también estaba preocupado por sus finanzas, ya que entre la revolución y la guerra europea sus productos de ultramarinos se habían vuelto inconseguibles, y estos eran la base de su negocio, volvió a tratar de recuperar el tema de las acciones más recomendables, en las que convenía invertir. De esa manera también Delfín se enteró de cuáles eran las compañías que más intereses habían pagado en los últimos tres años, y cuando entró al *foyer*, Gonzalo, que venía conversando con el doctor Toledano, le dijo en voz baja a su administrador que volviera al día siguiente a mediodía para que tomaran medidas en cuanto a sus inversiones.

El periodista y el médico habían hecho buena amistad desde el trágico suicidio de Alicia y frecuentemente se encontraban en el café Madrid siguiendo la tradición española trasladada a México desde la época de la Colonia. Ahí, la *peña* de amigos cambiaba de hora en hora, llegaban unos y se sumaban a la *peña*, mientras otros se retiraban y así las conversaciones pasaban de boca en boca cambiando de tema, según los casuales encuentros de profesiones e intereses diversos. Cuando entraron al *foyer*, con el propósito de fumar un buen habano, comentando una discusión bizantina que se había suscitado en el café la noche anterior, Delfín, alegre, se levantó y con uno de sus acostumbrados desplantes abrió los brazos y exclamó en tono solemne: "¡Bienvenidos al Templo de la Libertad!"

El doctor sonrió con benevolencia y sin deseo de herir la susceptibilidad de Adolfo, pero con su acostumbrado humorismo escéptico, no pudo contenerse.

—Será el de la Libertad restringida, porque los jóvenes acompañantes de Estrella querían hacer una demostración del *Ba-Ta-Clán* quitándose la ropa y parece que alguien les pidió que por favor se abstuvieran de hacerlo.

Delfín, furioso de pronto, al sentir como un reto la réplica de Alfonso, respondió alzando la voz:

—¡Libertad restringida! ¡Restringida! En esta casa nadie tiene derecho a restringir la libertad. ¿"Alguien" se los impidió? ¿Alguien que no soy yo? ¿Quién es ese "alguien" que se atreve a restringir la libertad en *mi* casa? ¡Que se atreva a restringirme a *mí* mi libertad! Yo hago lo que quiero, cuando quiero y como quiero... Si quisiera desnudarme ahora, lo haría... eso es, ¿por qué no?

Se dirigió a la doble puerta de cristales y se lanzó al salón desabrochándose el *jacquet*.

—¡Éste es el Templo de la Libertad! ¡Los que deseen desnudarse, pueden hacerlo... como yo!

Desanudó la corbata y comenzó a desabotonar el chaleco y la camisa, disponiéndose a quitárselos. El doctor y Gonzalo, así como don Manuel y el licenciado Balcárcel, estupefactos, lo siguieron al salón, donde las parejas bailaban al tranquilo compás de un vals de Weber. La aparición demoniaca de Adolfúrico congeló el baile. María rememoró el juego de las estatuas de marfil que jugaba de niña, en el que cada uno se quedaba quieto en la postura en que lo sorprendía la voz del niño o niña que poseía el poder mágico de transformar a los jugadores en estatuas. Así, todos los invitados se quedaron quietos viendo cómo Adolfúrico comenzaba a desnudarse frente a sus ojos, mientras el brazo del fonógrafo, al terminar el disco, siguió dando vueltas y vueltas con un *fiufiufiufiufiu* que nadie escuchaba, tan atentos estaban a lo que hacía Delfín. El *jacquet* cayó al suelo, el chaleco y la camisa volaron por los aires. El doctor, reaccionando profesionalmente, se acercó a él y, tomándole una mano, comenzó a tomarle el pulso.

—Delfín, me parece que tienes fiebre, ¿no crees que sería mejor que te acostaras? Si te desnudas aquí puedes pescar una pulmonía... ¿no lo crees?

María, mientras tanto, comenzó a despedir a los invitados, tratando de explicar lo inexplicable. Todos fueron saliendo, casi de puntitas, como de la recámara de un enfermo. Louis fue entregando abrigos y sombreros en el vestíbulo, bajo la solemne mirada del General. El doctor acabó por convencer a Delfín de subir a su alcoba, cuando ya estaba a punto de quitarse los pantalones. Ya acostado, le administró un calmante.

Luisa y Bruno no querían abandonar a María en ese trance, pero ella los convenció de que sólo se le habían pasado las copas, ahora dormiría la borrachera y mañana ni siquiera se acordaría de lo que había pasado. De cualquier forma Bruno se fue preocupado por primera vez por el alcoholismo de Delfín. Él había conocido a un dipsómano que terminó viendo elefantes rosados.

Cuando bajó el doctor, María se paseaba bajo la escalinata, cargando a su *Princesa* que no sospechaba la angustia de su ama.

—¿Le han dado antes estos ataques?

—Pero no así.

—"Así", ¿cómo?

—De querer desnudarse... nunca ha sido exhibicionista... bueno, no de ese tipo de exhibicionismo...

—Entonces, ¿cómo han sido antes?

—No son frecuentes, pero creo que son más bien ataques de ira. Se enfurece por pequeños motivos, otras veces le da algo así como miedo, angustia, no sé... no sabría definirlos...

—¿Podrá convencerlo de que vaya a verme al consultorio cuanto antes?

—No lo sé... es tan testarudo..., pero trataré...

*

Su fotografía con el anuncio de que se trataba de la nueva colaboradora de la sección "El Hogar" de *El Universal,* que se publicó poco después, precisamente el día en que Bruno, Brunito, Unito cumplía años, le pareció a María un buen augurio, algo así como el inicio de una nueva época en su vida.

Aunque él no estaba con ella, no por eso dejaría de festejar su día. Bajó al jardín, tibio y soleado que denunciaba el inicio de la primavera. Cortó dos rosas, una la puso en su vestido y la otra la llevó a su alcoba para colocarla frente a la fotografía de Bruno, que guardaba en un lugar especial dentro de su armario. Tomó el periódico y le habló como lo haría a Bruno mismo si estuviera presente: "Haré que estés orgulloso de mí".

Ahora su futuro profesional dependía de ella, de lo que hiciera con esa columna. Por su experiencia, cuando escribió para *El Popular,* sabía que necesitaba contarle a su marido que iba a escribir en el periódico, ya que de otro modo se le hacía muy difícil justificar sus salidas de casa. Ella necesitaría ir unas veces a entregar sus artículos, otras, a buscar en la Biblioteca Nacional los datos que le hacían falta para algún tema que quería tratar. Al fin, se armó de valor y se lanzó con el periódico en la mano a buscar a su marido que leía muy tranquilo en la biblioteca.

Delfín, que quería sentirse menos vigilado por María, accedió de muy buen humor cuando escuchó la noticia, ordenándole únicamente que escribiera con pseudónimo, pues no quería recibir comentarios burlones de sus amigos sobre los errores que ella cometiera al escribir. María, con tal de que no le prohibiera trabajar, mordiéndose un labio se tragó lo que consideró un insulto y todavía le dio las gracias con un beso tibio en la mejilla. Él prosiguió leyendo muy complacido la sección bursátil de una revista neoyorkina y la despidió con un "buena suerte" sin más comentarios.

Si su primer dinero ganado en *El Popular* le había servido para ahorrar lo que necesitaba para salvar del Monte Pío el collar empeñado, esta vez lo ganado en *El Universal* sería para adquirir el brazalete-serpiente que desde aquel día había decidido que era símbolo de la construcción de su independencia. Así, se fue a la joyería de La Princesa y buscó en la vitrina del aparador el brazalete. No estaba en la vitrina. Tal vez lo habían vendido... Lo primero era averiguar si aún lo tenían, después preguntar su valor. Entró decidida.

El dependiente escuchó la explicación y sacó de una vitrina interior el brazalete en forma de serpiente. Las escamas alternaban plata y oro y los dos ojos eran dos pequeñas esmeraldas en forma de gota. El precio rebasaba con mucho la suma que ella llevaba dispuesta para gastar. Preguntó si podía apartarla y al enterarse el dueño, por boca de su dependiente, de que ella era la esposa del ingeniero Delfín... perdón, Adolfo Guerrero, uno de sus mejores clientes, se dirigió a María con la sonrisa en los labios.

—Señora Guerrero, encantado de tenerla con nosotros. Pero no es necesario que la aparte usted. Puede llevársela y nosotros le enviaremos la cuenta a su esposo.

María replicó con un "No" rotundo. Ella quería sorprender a su esposo con un regalo para... su hermana, por ello no quería que él pagara el brazalete. Ella llevaría el dinero después, por ahora sólo quería apartarlo para que no fueran a venderlo a otra persona.

El dueño, deseando quedar bien con uno de sus mejores clientes, quien finalmente se enteraría de la procedencia del obsequio a su hermana, le entregó a María el brazalete-serpiente bellamente envuelto para regalo, diciéndole que su crédito era tan bueno como el de su esposo, de manera que ya se lo pagaría después a su conveniencia. María entregó de todas maneras la suma destinada por ella a la compra y prometió volver a pagar el resto.

—No hay prisa, señora Guerrero, no hay prisa... Por favor, salude a su esposo...

Al salir de la joyería, María se fue directamente hacia el periódico y ahí se encontró en la puerta a su tío Archibaldo, impecablemente vestido, como siempre, paseándose frente a la puerta mientras apoyaba el paraguas a cada paso a modo de bastón sólo por parecer elegante, porque no necesitaba de ningún apoyo en su florida juventud. No se sorprendió de verlo ahí, ya que su tío escribía crítica taurina y musical en *El Mundo*, un periódico que dirigía Martín Luis Guzmán y que tenía sus oficinas no muy lejos; pensó que, tal como ella, él había ido a entregar su artículo. Pasado el saludo de riguroso beso en la mejilla, Archibaldo, con el sombrero en la mano, le preguntó si podía acompañarlo a su domicilio, porque le tenía una sorpresa. María le pidió que la esperara un momento, subió a la redacción, entregó su artículo y las fotografías respectivas, ya que se trataba del primero de una serie de "Pintores de mujeres" y, sin decir agua va a nadie, salió apresuradamente para reunirse con su tío "dandy", como ella lo llamaba.

El tío, que le llevaba a María sólo siete años, no podía considerarse guapo, sin embargo sustituía esa carencia con su elegancia en el vestir, en los modales, en la urbanidad de su manera de comer, de saludar, de hablar. Sus gestos eran siempre moderados, nunca alzaba la voz y muchas veces hablaba de "usted" a la misma familia.

De camino a Santa María la Ribera, donde vivía el tío dandy, María quiso indagar sobre la sorpresa que le reservaba e inició una retahíla de preguntas: ¿es un regalo atrasado de mi aniversario de bodas?, ¿es una carta de... alguien... para mí?, ¿es algo referente a mis padres?, ¿es...?, ¿es...?, ¿es...?, ¿es...? El tío respondía a todas las preguntas con negativas envueltas en una sonrisa maliciosa. Cuando Archibaldo introdujo la llave en la cerradura, a María le brincó el corazón. Le asaltó la idea de que la sorpresa era mayor de lo que ella esperaba... ¿es mi imaginación la que está provocándome esta sensación? o ¿es sólo que *me gustaría*... que fuera en verdad una gran sorpresa...?

La casa era de una planta. La puerta daba a un amplio vestíbulo que comunicaba directamente con las otras habitaciones de la casa; a la derecha, a la biblioteca y a la sala, que a su vez comunicaba con el comedor; a la izquierda se abría un arco que conducía a las alcobas y, al fondo del vestíbulo, un pasillo hacía accesible a la servidumbre el paso hacia la cocina y, por ella, a los cuartos del servicio.

—Habrás de perdonar, querida sobrina, pero por ahora no tengo servidumbre, mi *valet*, que es mi tesoro ambulante, se fue a Guadalajara porque su madre enfermó, de modo que no hay quien te reciba tu capa y tu sombrero, pero yo te serviré de mayordomo...

María cruzó el umbral, se quitó la capa y el sombrero y se los entregó al tío dandy con gestos maquinales. Él, a su vez, depositó en orden meticuloso el paraguas en el paragüero de porcelana, los sombreros en la sombrerera, la capa en el perchero y pidió a María que pasara al salón.

—Espero que te agrade la sorpresa.

Sentado en un sillón, del cual sólo se veía la parte posterior del respaldo, vio el cabello castaño de un hombre. En el momento de levantarse el hombre y volverse hacia ellos, el tío le soltó la pregunta:

—¿Te acuerdas de tu primo Bruno?

María siente que se le oscurece la habitación, pero no es el momento de desmayarse, hace un esfuerzo por imponer su voluntad sobre su propio cuerpo, se apoya en el brazo del tío para no caer, pero no puede hablar. La voz congelada se materializa en forma de nudo, la garganta se cierra, el corazón no late, se evade de su cuerpo. Su sangre acelerada la transporta en el tiempo mientras sus oídos reciben la voz de Bruno, Brunito, Unito...

—¡María! Soy yo... ¿me reconoces?

María toma aliento, cierra los ojos para que la imagen de Bruno se reproduzca dentro de su mente y quede ahí guardada para siempre. Es él, él, no puede creerlo. Abre de nuevo los ojos y trata de pronunciar el nombre; sus labios se mueven sin producir sonido alguno. Bruno avanza hacia ella, y María pierde el sentido, para recuperarlo un momento después en los brazos de Bruno.

—¿Estás bien?

—Sí, sí, estoy bien.

—Tantos años sin verte, estás preciosa, prima.

—Y tú... si te veo en la calle no te reconozco...

—¿Tan cambiado estoy?

—No, pero... bueno, aunque vi tu fotografía en el periódico hace poco, sin embargo, no es lo mismo, ¿verdad?

—¿Mi fotografía?

—Sí, de tu matrimonio...

—¿Aquí salió en el periódico?

—Sí, lo leí... me dio... bueno... tú entiendes, ¿no?

El tío sirve tres copas de jerez y los invita a sentarse, lo que ayuda a María a no dar más explicaciones.

—¿Viniste a México con... de paseo?

—No, ahora soy miembro del Servicio Exterior y vine a asuntos de la Secretaría de Relaciones. Sólo estaré unos días.

—Bueno, sobrinos queridos, por tu cumpleaños, Bruno, que se repitan más frecuentemente tus visitas a México. ¡Salud!

María alza su copa, y en el cristal del fondo se reproduce la quinta de *El Mirador,* ella corre con Unito de la mano, el día de las Pascuas le regala un huevo pintado con flores, ¡en el huevo se incuba el amor! ¿se acordará él de su promesa de amor eterno, o ahora es sólo la prima que representó una ilusión infantil? *Bruno, Brunito, Unito, ¿cómo leer el libro de tu mente?, ¿cómo entrar en tu cerebro para saber si has pensado en mí con el mismo amor con que yo te pienso? ¡Si pudiera abrir tu corazón y meterme dentro!*

—¿Y dónde está tu esposa?

—En Francia. Mi viaje es asunto de trabajo.

Se hace un silencio incómodo. María no sabe qué decir, no quiere delatar la emoción que la embarga. El tío se da cuenta de la tensión y trata de llenar los silencios cada vez que se producen, pero es inútil; en cuanto se completa la respuesta o el comentario a su intervención, la conversación vuelve a truncarse, es como un collar de perlas reventado, y cada perla se encuentra aislada, sola, perdida, sin el hilo conductor que la unía con las demás.

—Y tú, Monina, ¿cómo estás? Me dijeron que habías estado enferma...

María siente un estremecimiento de alegría, ¡me ha llamado "Monina"!, se acuerda... ¿me amará todavía?

—Mm... bien... bien, ya lo ves, tuve que dejar el piano... pero ahora escribo... escribo cuentos... y poemas... y en el periódico... tengo muchos planes...

María se da cuenta de que él ha evitado preguntarle por su esposo, como si no quisiera oír de sus labios que se ha casado... ¿será indicio de que... aún me ama? Ah, si el tío no estuviera aquí podría decirle tantas cosas...

—¿Y dónde te estás quedando, en un hotel?

—No, Bruno es mi huésped. Aquí se quedará cada vez que venga a México, mientras no regrese a radicarse de nuevo. ¿No es así, sobrino?

—¿Cuándo llegaste?

—Anoche.

Nuevo silencio.

El tío mira a la pareja y se da cuenta de que él sobra en ese encuentro.

—Bueno, como han de querer seguir celebrando el cumpleaños, los dejo, tengo algunos asuntos pendientes; tú atenderás a nuestra visitante, ¿verdad?

—Sí, tío, claro. Puedes irte tranquilo.

Apenas sale de la casa Archibaldo, María suelta el llanto. Tenía tantas cosas que decirle... que por callarlas se le habían licuado en los ojos desde hacía rato y a duras penas había contenido las lágrimas.

—¿Por qué lloras?

—De alegría... ¿no comprendes? **Me gustaría...** volver atrás el tiempo... que no me hubiera yo casado, que tú...

—Basta, basta... tú sabes que eso no es posible... pero...

—¿Pero...?

—Pero este momento nadie nos lo puede robar. Tenemos el presente, por breve que sea.

—¿El presente?

Bruno le toma la barbilla, le alza la cabeza y comienza a borrar con sus labios las lágrimas del rostro. Quita las horquillas de su cabeza haciendo que caiga la cabellera en cascada sobre los hombros. Se abrazan. Se acarician. Se besan. ¿No me olvidaste? Nunca. ¿Me amas? Te he amado siempre. ¿Has ido a nuestro árbol? He ido. ¿Recuerdas cómo nos prometimos uno al otro, cuando intercambiamos anillos poco antes de que me llevaran de México? Ése ha sido, y es, mi único matrimonio. ¿Entonces...? Soy tuya, lo seré siempre. ¿Te gustaría consumar ahora nuestra promesa de amor? Más que *"me gustaría...",* lo ansío...

Entra el sol por la ventana, produciendo una sola sombra sobre el tapete persa: María y Bruno, Bruno y María, un solo cuerpo a la luz del sol. Atardece. La sombra se estira, se unta en la pared remontándose hacia el plafón, alargándose como figura del Greco, como péndulo que uniera el sol con la luna y se quedara quieto, estatuado en su unión. La sombra no es sombra del amor, es el amor materializado en sombra que se agita, se agiganta, gesticula, dibujando figuras que se forman y desforman, figuras como flamas inflamadas de luz. Y el amor se consuma en aquel acto en que no hay poseedor o poseedora, en que no hay entregado o entregada, porque los dos son uno: una sola sombra en el muro, una sola voz, un solo pensamiento, una sola entrega, una sola posesión.

—¿Sabes, Bruno...?, *me gustaría...*

—¿Qué te gustaría?

—Que este instante fuera eterno.

—Lo es, María, lo es.

Segunda Parte

EL DESPERTAR

—Les clefs des portes sont perdues,
Il faut attendre, il faut attendre,
Les clefs sont tombées de la tour,
Il faut attendre, il faut attendre,
Il faut attendre d'autres jours...

D'autres jours ouvriront les portes,

La forêt garde les verrous,
La forêt brûle autour de nous,
C'est la clarté des feuilles mortes,
Qui brûlent sur les seuil des portes...

I
"*Adiós mamá Carlota, adiós mi tierno amor...*"

El murmullo de sonajas que retemblaba en el aire no era el eco de danzantes en el atrio de la catedral ni de un panal de abejas, sino el tintineo a veces no tan cristalino de voces de un salón de belleza donde mujeres de todas las edades entraban, salían, chismeaban, leían revistas, se contemplaban en la multiplicidad de los espejos, entre tenazas calentadas al rojo fuego, tijeras, peines, cepillos, en una danza volátil siempre bajo las ágiles manos de los peluqueros franceses que pgronunciaban las egres con simpática afectación entre tijeretazo y cepillada, entre peinado y ondulado permanente, entre propina avara y gratificación generosa.

María, sentada en uno de los pulcros sillones, se contemplaba en el espejo. Sabía que era la última vez que vería la cascada de su cabellera envolviéndole hombros y espalda como la mejor de las capas invernales. Emilie, de pie a su lado, era la voz de su antigua conciencia, perdida para siempre en una tarde de marzo de aquel mismo año.

—¿Estás segura de que quieres hacerlo, *petite sœur*?
—Sí.
—¿No quieres pensarlo dos veces?
—No. Estoy segura.
—¿Qué dirá tu esposo cuando te presentes a la fiesta de esta noche como una de esas "pelonas" que tanto ha criticado?
—No sé.
—¿No se enojará?
—Más vale pedir perdón que pedir permiso.
—¿Quién te enseñó eso?
—En todas partes se habla de la emancipación femenina. Las mujeres nos hemos cansado de obedecer a los hombres...
—¿Quién lo dice?

—Tú tal vez no te has cansado, Emilie, pero yo sí; primero tuve que obedecer a mi papá, ahora a Avelfo… ¡basta!

—¿Avelfo? Eso es nuevo, antes lo llamabas "Adelfo".

—Adelfo es cuando está pacífico, pero "Avelfo" es una síntesis de "ave del Paraíso", de "averno" y de esos espíritus del aire de la mitología escandinava, los elfos.

—¡Buena combinación!

—Los años que me quedan de vida voy a hacer lo que me dé gusto, placer y alegría. Seré yo misma.

—Siempre has tenido el cabello largo, es parte de ti misma.

—¿Lo es? ¿O es que así se usaba? ¿Así les gusta a los hombres? Aunque nos desprecian por eso… ¿No has leído a Schopenhauer? "La mujer es un animal de cabellos largos e ideas cortas." Pues yo, como sor Juanita, me cortaré el pelo, porque no me considero un animal de cabellos largos e ideas cortas. Hay que enrevesar todo lo que los hombres piensan o quieren de nosotras, hasta ese mito de la castidad…

—¿De veras crees todo lo que dices?

—Por supuesto. Tenemos que recuperar los espacios de los que nos han desplazado… poder elegir diputados, senadores, presidentes… ¿Por qué no nos dejan votar? ¿Lo has pensado? Porque quieren repartirse entre ellos el pastel… y nosotras somos parte del pastel…

—Pues dulce sí que eres…

—Emilie, tienes que entender, y entenderme, eres mi mejor amiga, no te conviertas en enemiga…

—Eso nunca… así hagas la mayor de las locuras… siempre estaré a tu lado, aunque sea como sombra para volverte al carril…

—¿Es decir, que piensas que estoy descarrilada?

Llega Philippe con una revista en la mano.

—Madame, ¿segría tan amable de elegigr el cogrte que desea?

María abre la revista, la hojea. Emilie se niega a verla, no quiere participar en lo que a ella le parece un escándalo. Corte masculino, corte con ondulado parcial, con ondulado natural, con ondulado permanente. Indecisa, le pregunta a Emilie si éste, si aquél, si mejor el otro, si el de esta página, si el de aquélla…

—Por lo menos podrías decirle a Philippe que te haga unas trenzas postizas con el cabello cortado.

—¿Por qué no? ¿Oíste, Philippe?

—Sí, madame... se las hagré con mucho gusto.

Al fin se decide, le señala con el índice a Philippe el corte lacio, al estilo masculino, ya después verá si se hace permanente para sentirse menos "pelona".

—Sabes lo que se me ha ocurrido...

—¿Otra ocurrencia más?

—No me critiques, Emilie...

—No es crítica, sólo pregunté...

—Está bien... ¿sabes qué *me gustaría*... ahora? Hacer unas veladas literario-musicales en casa...

—Siempre las has hecho...

—Sí, pero sólo cuando a Adolfo se le ocurre... y con la gente que él elige, además de unas cuantas amistades mías además de la familia... ahora *me gustaría*... hacer las veladas en un día fijo de la semana, como los salones abiertos de Madame de Staël, o de George Sand, por ejemplo. Los escritores, las escritoras, los músicos, las... ¿cómo se dirá?, ¿las músicas?, no, suena muy mal ¿lo ves?, hasta en la lengua, los hombres nos han desplazado..., bueno, como decía: las pintoras, los pintores, todos esos que andan pintando monas ahora en los edificios públicos podrán llegar a mi salón cuando quieran... Creo que hasta le gustará mi idea a Adolfo, tendrá ocasión de conocer otra clase de mujeres... ¡Será interesante, ¿no?!

—Sí, claro... pero eso cuesta dinero...

—Mm...

María recuerda el esfuerzo inenarrable que le costó reunir la suma para recuperar el collar del Monte Pío y lo que le costó pagar su brazalete-serpiente que ahora luce cada día en su brazo, como un emblema libertario. No quiere pasar por eso otra vez. Pero ha leído tanto que "la unión hace la fuerza"... concibe una idea y antes de reflexionar sobre ella dos veces se la suelta a Emilie.

—Podríamos formar una especie de... asociación... un Ateneo, sí... eso... ¿por qué no? Como aquél de mi tío Alfonso; según creo, en ese Ateneo no había mujeres... ¡hm!, pues que en el nuestro no haya hombres...un ateneo de escritoras... todas cooperaríamos con los gastos... y con el tiempo hasta podríamos... podríamos crear nuestra propia revista literaria... ¿Qué opinas?

—Que estás loca.
—Y eso, ¿es bueno o malo?
—Depende...
—¿De qué?
—De los resultados.
—Pues si no lo hacemos, nunca sabremos cuáles habrían sido los resultados. Hablaré con Amalia.
—¿Con mi hermana?
—No...
—Ya lo decía yo, ella no es tan intelectual...
—Me refiero a la esposa del periodista, ya sabes...
—Sí, sí, ya sé quién...
—También invitaré a Emmy, a Matilde, por supuesto a Asunción... ya verás... ¡Ay! Philippe, me quemaste con la tenaza...
—Pegrdón, es que madame se movió...
—Deja de platicar, María, no vayas a resultar, sobre pelona, quemada...

*

Muchas cosas habían pasado desde el sorpresivo encuentro de María con su primo Bruno. Desde ese día María había cambiado. Perdió el aire de tristeza que la nimbaba. Se volvió alegre, hiperactiva, impredecible, quería emprenderlo todo, medirlo todo con una vara de medir distinta a la acostumbrada. Todos los hechos cotidianos los interpretaba al revés. No veía su presente a partir de la historia, del pasado, o de la tradición, sino a partir de un futuro que no quería convertirse en pasado, que quería seguir siendo futuro para siempre. Era como si ahora mirara el mundo desde el otro lado del espejo. De ese espejo frente al cual ahora Adolfo sostenía en sus brazos a su hijo, al que le había dado el mismo nombre de su padre: Marcos, como un homenaje a su memoria o una compensación por no haber podido ganar la guerra en la que más habría querido salir victorioso: la educación de su hijo. Adolfo sabía lo decepcionado que se sentiría su padre de él, si aún viviera, y en lo más recóndito de sus sentimientos estaba el de querer que su hijo llegara a ser lo que él no había logrado ser: un militar respetado, como su padre quería, y así lograr que allá en el ignoto lugar, su padre se sintiera orgulloso.

María sospechaba, desde ese otro lado del tiempo, los sentimientos de Adolfo.

Ahora lo sé, Adolfo, aquí, frente a la familia, frente al tradicional árbol de Navidad que está presente siempre en mi cumpleaños, que yo no te pertenezco ni te he pertenecido nunca, y mi hijo, que tanto ansiabas, tampoco te pertenece, pero si no puedo confesarlo públicamente es sólo porque no quiero darte más dolor del que ya tienes. Mi hijo, aunque lleve tu nombre, nunca será...

El discurso de Adolfo interrumpe su monólogo, sacándola de su mundo interior.

—Hace menos de un año, recuerdan, les anuncié el final de la maldición del espejo roto, esperando que en nuestro aniversario de boda nos acompañara mi hijo. Todo lo que pueda decir es poco para expresar el gozo que hoy siento al sostener a mi hijo entre los brazos, en esta noche de Navidad y del cumpleaños de María. Brindo por la felicidad de mi hijo Marcos Bruno.

Se alzaron las copas, se hicieron votos, salieron a relucir todos los buenos deseos: "Que sea feliz, inteligente, bueno, justo. Niño bien nacido, niño bendecido, niño mimado por sus abuelas pero no echado a perder, niño triunfador, niño amoroso, niño corazón de su familia, niño prolongación de sus padres, niño valiente como los abuelos generales, niño literato como su tío, niño tierno como mamaisita, niño adonis como su padre, niño inquieto como su madre..."

Se escanciaron las copas. La música sonó. Adolfo dejó al bebé en brazos de Mixi y tomando a María de la mano la llevó hasta el *foyer*. Cuando cerró la puerta de cristales tras de sí su rostro se había transformado como si la felicidad que antes reflejara hubiera sido sólo una máscara.

—¿Qué te propones con ese disfraz de "pelona"?

—¿Disfraz? ¿No has visto las revistas de París? Ésta es la última moda...

—Así que si en las revistas salen las mujeres desnudas, ¿tú te desnudas?

—No seas exagerado.

—¿Bajar de tu habitación sin cabello y enseñando las piernas no te parece exagerado?

—No, no me parece exagerado. Lo único que se ve son los tobillos.

—Pues a mí me parece que estás enseñando los muslos y mi mujer no va a andar enseñando los muslos...

—¿Los muslos? Si acaso serán las pantorrillas.

—Los muslos, digo: los muslos.

—¡Ah! ¿Quieres que le suba el dobladillo al vestido, para que se vean los muslos?

—No te hagas la inocente. Cuando te sientas, se te ven los muslos. María... te he soportado todas tus "liberalidades": que te fueras al periódico, aunque estabas embarazada, que escribas cosas indecentes...

—¡Indecentes...! ¿Como cuál?

—¿Te has olvidado de tu "Amor por teléfono"? ¿Una niña de diez años coqueteando con un hombre? Menos mal que escribes con pseudónimo...

—¡Por Dios, Adolfo! Creo que no entendiste el cuento...

—Ah, ahora yo soy imbécil...

—No he querido decir eso...

—Pero lo has dicho.

—No, Adolfo, no lo he dicho...

—Y no empieces a llorar, siempre te escapas a través de las lágrimas, pero se acabó... ¡Basta! Desde hoy...

—¿Qué? ¿Me encerrarás? ¿Me impedirás escribir? ¿Qué harás desde hoy?

—Te pondré a coser camisas, como hacían en mi casa de Puebla las señoras, cuando yo era niño. Te descubriré ante tu familia, para que tus padres sepan la clase de hija que tienen, una escritora de indecencias...

—¿Qué estás tratando de hacer?, ¿asustarme o extorsionarme?

—No es extorsión.

—¿No? ¿Cómo se llama entonces? ¿Cómo le llamas? ¿Amor? ¿Cariño? ¿Comprensión? *¡Me gustaría...* que tú me entendieras! No comprendes que soy un ser humano con derechos...

—¿Derechos?

La voz sumisa, la entonación apagada, contrastaba con su profunda rebeldía.

—Sí... ¿No has oído hablar de los derechos civiles? ¿De que las mujeres en Estados Unidos han obtenido el derecho al voto?

—Pues en mi casa nadie vota, más que yo. Y te prohíbo que andes enseñando las piernas.

—Si le bajo el dobladillo cinco centímetros, ¿te tranquilizarás?

El mohín y la docilidad con que María dijo las últimas palabras, desarmaron totalmente a Adolfo. Ella lo miraba como un gato asustado, con las lágrimas a punto de brotar de los ojos.

—Que sean diez...

—¿Diez? ¿Mandamientos?

—No, diez centímetros...

Extendió su mano y le hizo un cariño en la cabeza, casi con ternura.

—Pero el cabello... debes volver a dejar que te crezca...

María asintió con cara de contrición pero sonriendo interiormente. Aunque él creyera lo contrario, ella había ganado la batalla, y, como decía su abuelo, de batalla en batalla se gana una guerra.

*

—Léelo en voz alta.

—"El oficial a quien falte energía para imponer la obediencia, debe separarse inmediatamente del ejército; no puede cumplir con su misión y es un crimen que permanezca en un puesto donde tanto daño causa su debilidad."

—Continúa.

—"Siempre que se perdona, cuando se trata de satisfacer la vindicta militar, queda burlada la justicia; porque el perdón en asuntos trascendentales sobre delitos que dañan a una institución tan delicada como la del ejército, implica..."

—¡Termina!

—"... implica complicidad."

—¿Estás de acuerdo, Adolfo? El que perdona es cómplice del delincuente, por sentar el principio de impunidad que es el que alienta a los criminales y trae la desmoralización en las masas.

—Pero, general Vélez, yo... a mí, no me pareció tan grave su desobediencia... el soldado Campos sólo...

—Toda desobediencia es un acto contra la justicia. La justicia ha de ser uniforme, sostenida y consecuente en todos los actos. Léelo ahí...

—"... el que representa a la justicia falta a su obligación cuando no la deja satisfecha, y debe ser castigado por su lenidad que origina la indisciplina, con la que se hiere mortalmente la institución militar."

—Por eso, Adolfo, te sugiero que te separes del servicio militar.

Y puedo decirte que mis palabras me duelen más que a ti, no sólo por ser tú, hijo del general Marcos Guerrero, amigo mío, sino porque yo fui quien te ascendió a capitán, y quien habló siempre en tu favor a tus superiores.

Adolfo no puede despegar los ojos del espejo, a través del cual ve un fragmento del documento que él mismo había mandado enmarcar entre dos cristales para que se vieran todas las firmas del reverso, con su ascenso a capitán segundo en la Plana Mayor Facultativa de Ingenieros, aquel año de 1901, cuando todo era distinto. El general Guerrero ya tenía diez años de muerto, pero él aún estaba tratando de seguir el destino que su padre deseaba para él... Todavía saltan frente a sus ojos las palabras escritas por el general Vélez...

"Es preciso, pues, lo repito, ser sostenido e igual en el mando, y para conseguirlo, ordenar siempre lo que puede y debe hacerse, sin dejar nunca sin castigo una falta de subordinación. El que es mandado, por otra parte, cualquiera que sea su categoría, debe tener presente que no obedece el capricho de un hombre, sino el espíritu de las leyes, y que sirve a la nación al ejecutar las órdenes del que manda; por eso hay dignidad en la subordinación militar... La tropa disciplinada será en la guerra lo que su jefe quiera que sea... Napoleón I disciplinó a su ejército y conquistó medio mundo."

Había sido justamente su falta de noción de lo que era la disciplina lo que había ocasionado su salida del ejército. Aún repercutían sobre el espejo las palabras del general Vélez. Tú no naciste para ser militar, Adolfo. No sabes mandar ni obedecer.

*

María volvió al salón y Emilie se le acercó, mirando hacia todos lados, para estar segura de que nadie la escuchaba.

—¿Qué dijo tu marido?

—Ya me perdonó...

—¿Todo?

—Bueno, hice ciertas concesiones... pero dentro de unos días ya se habrá acostumbrado a verme de *flapper*, y se le olvidarán sus recomendaciones.

Vio a su nana de pie, junto a una de las columnas, indicándole con un gesto que el niño ya se había dormido. Complacida respondió con otro gesto que la nana comprendió mejor que cualquier palabra, y de inmediato se retiró, sigilosa. Esa noche su padre estaba verdaderamente alegre. María nunca se había imaginado que su padre deseara tanto ser abuelo. No hablaba de otra cosa más que de Marquitos, lo guapo que era, cómo le hacían contraste sus ojos cafés con su pelo rubio, rizado como el suyo... ¿a quién se parecía más? ¿A María, a Adolfo? Tal vez se parecía a Esther... no te ofendas, Luisa, pero creo que... ¿Por qué me voy a ofender? Esther era mi hermana y sería su abuela, si... aunque a veces los hijos se parecen a los tíos... ¿No crees que le da un aire a tu hermano Rodolfo? ¡Los ojos son completamente...! No, no, los ojos son de María... pero el óvalo de la cara es de Adolfo, no puede negarse... Pues si sale con buena voz y buen oído... será cantante de ópera...

María aprovechó la coyuntura para cambiar el tema de conversación y le preguntó a su padre si podía anunciar que él cantaría, pero Bruno dijo que el día anterior había cogido frío y estaba un poco ronco, prefería no cantar hoy. En cambio, Lolita, que había estado en su casa la víspera, le había dicho que aunque fuera tarde, llevaría a su hija Angélica, que había llegado de una gira de conciertos. ¡Qué mejor ocasión para que ella los deleitara con alguna sonata. El doctor Toledano se acercó discretamente a María y le preguntó cuándo podría llevar al niño para vacunarlo. María, seguida por el doctor, se dirigió a uno de sus rincones preferidos, por su luz indirecta y sus cómodas poltronas.

—Doctor...

—Cuándo me va a llamar por mi nombre...

—No puedo, me inspira demasiado respeto...

—Eso me hace sentir viejo...

—Quería preguntarle algo.

—Yo también...

—¿Quién empieza?

—Las damas tienen la precedencia...

—Bueno..., es... sobre Avelfo... ¿Tiene usted idea del motivo de...?

—¿Sus ataques...?

—Sí...

—También sobre eso era mi pregunta...

—Usted es el doctor...

—Sí, pero no convivo con él... no sé qué es lo que los desencadena... sus ataques ocurren... ¿cuándo?...Usted debe saber o al menos debe de haber observado...

—No lo sé, doctor, cualquier cosa le provoca enojo y entonces viene el ataque, pierde la noción de la realidad... habla solo, creo que... hasta ve visiones...

—El alcoholismo, la dipsomanía puede ser el origen... pero también puede haber otras causas... Hay que observar para... ¿por qué no lo lleva a mi consultorio?

—Si no quiso ir cuando quería un hijo..., ahora que ya nació Marcos... menos querrá...

—Trate de que no beba... tanto...

—Hm... Es fácil decirlo...

Adolfo se acerca, viene con el cabello alborotado, guapo como en sus mejores tiempos, alegre, cargando una copa en cada mano. Pone una en la mano de María y otra en la de Alfonso.

—Dos semanas de felicidad, Alfonso. Mi hijo cumplió ayer dos semanas, después de casi ocho años de matrimonio... ¿No merece María un brindis?... A ver, Louis, dame una copa... ¡Hoy que me sonríe la suerte!

Acerca su boca al oído de Alfonso y le habla casi en secreto.

—Si tienes algún dinero para invertir, te daré un consejo, mis acciones en la bolsa de Nueva York están subiendo al cielo. Es tu oportunidad.

—Gracias, Adolfo, pero yo vivo al día.

—Vamos, puedes comprar "al margen" o pedir un préstamo e invertirlo en *stocks,* aprovecha el mercado al alza, al rato tendrás una buena fortuna... ya ves yo... tan mal que iban las cosas para mí... y gracias a estas inversiones voy saliendo a flote en unos meses... y en tres años más habré recuperado la mayor parte de lo perdido...

—Te felicito...

Adolfo cambia de tono, da palmadas para llamar la atención de todos y se dispone a brindar.

—Bueno, es medianoche, vamos, brindemos por mi hijo y por tu cumpleaños, María... que cumplas muchos, muchos años más, y que mi hijo cumpla tantos años como tú. ¡Felicidades!

María busca a su nana con los ojos y la descubre en un punto, del otro lado del espejo.

—No, Adolfo, que él cumpla... muchos más que yo...

Este día es sólo "uno menos" en la cuenta regresiva...

Su mirada se nubla. Su padre se acerca y la abraza... Monina mía, ven acá, me has hecho tan feliz... Luisa también la abraza, le da un beso en la mejilla. Todos van desfilando, para felicitarla.

Adonis le ofrece un habano a Bruno.

—No, gracias, hoy no estoy bien de la garganta.

—Llévalo para fumarlo después, es en honor de tu nieto.

—Por cierto, supongo que le pusieron Bruno como segundo nombre por mi padre...

—Quisimos que llevara los nombres de sus dos abuelos... pregúntale a María... se lo pusimos por ti...

A Bruno le brillan los ojos de satisfacción. Don Gonzalo, que desde el momento en que quedó viudo había rechazado todas las invitaciones, ha llegado esta noche acompañado de una joven, a la que ha presentado como su novia. Morena pálida, delgada, como llegando de otro mundo, habla como si no supiera el idioma, utiliza sólo monosílabos, "felicidades"... "gracias"... "no"... "sí"... "bueno"... "Margarita".

—¡Qué bonito nombre! Como la de Victor Hugo. Bueno... no quise decir...

Cuando llega Lolita acompañada de su hija, la pianista, se disculpa por haber llegado tarde. María, enseguida, va hacia el piano y lo abre.

—¿Por qué no tocas tú algo primero, María?

—Delante de Angélica, ni soñarlo, papá; ni primero ni después.

—¿Sabes que su ex profesor de piano en Alemania, el gran Von Sauer, ha pedido su mano?

—¡No me digas...!, ¡qué maravilla!

—Se quedará a vivir en Viena.

—Es un privilegio poder escucharla aquí... No me perderé ninguno de sus conciertos...

—Shsh... silencio, ya va a comenzar...

*

Piano, pianito, pianola, caja de música que deja escapar su serenata desde el interior de su cuerpo de laca roja haciendo juego con el tapete persa, rojo vino, sobre el que juega Marcos, rodeado de juguetes. El padre contempla la reacción de su hijo, que extiende los brazos y sus diminutas manos para tratar de atrapar la música como si ésta fuera una mariposa. El niño alza la igualmente diminuta tapa del teclado que le sonríe con sus marfiles blancos y sus ónix negros y el padre orgulloso y feliz lo contempla, hincado frente a él como ante un pequeño dios que estuviera ahí para abrirle las puertas del paraíso.

Se suceden acordes, arpegios y melodías en secuencia repetitiva. Adolfo toma al niño de las manos tratando de hacerlo caminar, pero Marcos no quiere caminar, quiere jugar con el piano, pianito, pianola, caja de música... Se suelta del padre y se arrastra para volver a atrapar la mariposa entre sus dedos diminutos. ¿Por qué se arrastra? Marcos va a cumplir pronto un año y tres meses y aún no camina... ¿será lógico? Alfonso le ha dicho que hay niños que tardan más tiempo que otros en aprender a caminar... ¿Será que su hijo va a ser lento para aprender? ¿Retardado? Se asusta... la caja de música en ese momento se agranda hasta tomar la dimensión del piano que toca su madre. ¡No! Su hijo no será retardado... ni pianista... le arrebata la caja de música y trata de acallar la melodía repetitiva, compulsiva que comienza a triturarle el cerebro, como la música de María... En un impulso irrefrenable avienta el piano estrellándolo contra la pared. El niño empieza a llorar y su padre, tomándolo de las manos, quiere obligarlo a caminar.

—Mueve las piernas, muévelas, te digo que las muevas, tienes que caminar... ¿cómo es que Xóchitl comenzó a caminar antes del año?..., tienes que caminar... ¿me oyes?

El niño grita, llora, se contorsiona, quiere soltarse de la prensa dactilar que lo lastima. El padre, enfurecido, le grita que camine y con sus manos empieza a moverle una pierna y otra, una y otra, una y otra...

—Te digo que camines, así... así... no me vas a resultar un retardado... tienes que caminar... ¿me oyes?

Mixi entra a la habitación del niño y, al verla, Adolfo suelta a Marcos para increparla a ella.

—¿Qué estás haciendo con mi hijo? ¿Un retrasado? Hazlo que camine... como hiciste con tu hija... hazlo caminar...

Sale de la habitación hecho una furia, baja al salón y al no encontrar a María arremete contra el piano. Los puntapiés en las patas del instrumento no le bastan, así que toma un candelabro de plata como si fuera un machete y comienza a golpear con él la tapa del piano hasta que aparece Louis.

—Señogr, ¿lo puedo ayudar en algo?

Adolfo lo mira desde el fondo de sus ojos desorbitados, y se queda hecho estatua, con la mano en alto y el golpe congelado a medio camino.

—Señogr, ¿lo puedo ayudar en algo?

Adolfo escucha el eco de la pregunta, baja la mano, mira el candelabro que sostiene, ya sin velas, en la mano, y responde mostrándoselo a Louis.

—Sí, le faltan velas. Pónselas.

Adolfo le entrega el candelabro a Louis y sale del salón. No sabe hacia dónde dirigirse. Al fin se decide por la puerta de la calle, y después de tomar del perchero, con gesto automático, su sombrero y su paraguas, se va dejando el portón abierto. Ya en la calle toma la dirección de la Alameda y comienza a marchar con paso militar, repitiendo con voz rítmica:

—Un, dos..., un, dos... un, dos..., un, dos..., un, dos..., un, dos..., un, dos... Sí, mi general, lo que usted ordene..., un, dos..., un, dos..., un, dos..., un, dos..., un, dos..., un, dos... Sí, mi general, se tocará lo que usted ordene. No, mi general, nada de retirada. Avanzaremos, un, dos..., un, dos..., un, dos..., un, dos..., un, dos..., un, dos... ¡A ver, cornetas! Toque de ofensiva. El general Marcos Guerrero ha ordenado toque de ofensiva... ¡Al ataque!

Adolfo toma el paraguas como *lanza en el ristre* y se arroja contra una de las estatuas de la Alameda, abriéndose la cabeza con ella.

Cuando llega la ambulancia de la Cruz Roja, todavía está en el suelo, inconsciente y rodeado de curiosos que se preguntan unos a otros quién lo habrá agredido... En estos tiempos ya no se puede vivir, además de *la bola,* y de los cristeros que te desorejan si te descuidas, la delincuencia está a la orden del día... Te asaltan a la menor oportunidad, a mí el otro día... Pues fíjese que yo... No, no, eso no es nada, a mi cuñado, imagínese que... ¿Quiere saber lo que le pasó a mi mamá ayer?... ¿Y a mi sobrino?... pues sólo le digo que casi lo matan...

Cuando María regresa a casa, le avisan que su esposo está en la Cruz

Roja, y ya puesta en conocimiento por Mixi y Louis de su ataque de furia se apresura a pedirle al doctor Toledano que la acompañe a rescatar a su esposo.

Cuando llegan al hospital de la Cruz Roja le informan que están suturándole la herida, y aunque el doctor Toledano pensó en pedir que le permitieran entrar a la sala de operaciones, prefirió quedarse con María, que estaba sumamente consternada por lo ocurrido. La mejor manera de tranquilizarla, pensó, era distrayéndola. La invitó a comer en algún restaurante cercano, ya que la operación iba para largo, pero ella se negó a salir del hospital. Bajo las ventanas de la sala de espera podían verse las copas de los árboles de trueno que bordeaban la calle. A lo lejos se recortaba contra el cielo la torre campanario de una iglesia. Era el atardecer y las nubes, anaranjadas, despedían un resplandor que inundaba la ciudad con reflejos dorados. Poco a poco la conversación fue recayendo en rememoraciones y confidencias.

—Cuando yo nací no se acostumbraba que las señoras fueran llevadas al hospital, generalmente los médicos o las comadronas iban a las casas. Yo nací, curiosamente, en la calle de La Concepción, no sé si haya sido una alusión del Creador, pero allí nací, y cuando tenía pocos meses mi padre se mudó a la calle de La Soledad. Esas dos residencias creo que fueron algún presagio para el resto de mi vida.

María no puede evitar la sonrisa al escuchar el tono humorístico con que el doctor pronunció las últimas palabras.

—Me imagino que la sociedad poblana era muy rígida, al menos por lo que he podido ver con la familia de Adolfo...

—Sí, las personas eran y son todavía muy "decentes". Cuando hay alguna reunión, las señoras hablan de las costumbres, de la educación de los hijos, escandalizándose por cualquier conducta inapropiada, y los padres, aunque hacen alusión a sus pequeñas aventuras cuando están solos, se consideran muy decentes, por supuesto, siempre y cuando sus aventuras sean muy discretas. Un escándalo público no se perdona. Así que yo nací en ese ambiente, llamado a ser una persona "decente" como aquéllas, pero afortunadamente mi destino se torció.

—¿Dejó de ser decente?

—No, se torció porque tuve que salir de ese ambiente. No sé por qué rara razón, cuando pasaron los años, mi padre, mi madre y mis hermanos vivían permanentemente en Puebla, en cambio yo, sin saber por qué, pasaba meses en Puebla y meses en México en casa de mi abuela materna. La relación entre mi abuela materna y mi padre no siempre era muy cordial, pero eso no impedía que yo fuera y viniera de Puebla a México y pasara seis o siete meses en un lugar y luego tres en otro y luego volviera a regresar, lo que siempre hizo de mí un niño ajeno, porque empezaba yo el año escolar en una escuela en Puebla y el día menos pensado me venía yo a México, y ese año escolar lo terminaba yo aquí en otra escuela, o antes de terminar el año escolar regresaba yo a Puebla y lo terminaba allá. De tal manera que siempre fui el nuevo, el ajeno, el desconocido, el desarraigado. *Yo también me he sentido muchas veces desarraigada, desconocida, ajena... ¿Cuál será la razón en mi caso? He sido ajena a la vida de mis padres. Ajena a la vida de mi esposo... Ajena a la vida de Bruno... Ajena a mi propia vida.* Por otra parte, las costumbres de uno y otro ambiente eran muy diferentes. Mi padre era creyente, pero también comecuras; aunque no al estilo de don Plutarco; mis tías solteras eran unas personas de conducta intachable y, además, de una fe extraordinariamente limpia.

—¿Hay fe sucia?

—Me refiero a que no estaba contaminada de superstición. Eran personas muy creyentes, que estaban perfectamente adoctrinadas y enteradas de su fe. No creían nada más porque sí, tenían cierto conocimiento sobre su religión y sobre la historia de su religión. *¿Tendré una fe sucia? ¿Qué sé yo de la religión verdaderamente? Las madres nunca me dejaron leer la Biblia. Más bien creo que debo de preguntarme si tengo alguna fe.* A mis tías, por ejemplo, a pesar de que siempre cumplían con sus obligaciones religiosas, nunca las vi en ritos de "novenas" ajenas o en peregrinaciones, como esas que se hacen aquí el 12 de diciembre para ir a la Basílica de Guadalupe, ni usando escapularios en el cuello ni colgando estampas en las paredes ni tampoco poniendo veladoras frente a imágenes domésticas; no hacían nada que no fuera estrictamente la liturgia religiosa. Su rito era limpio, sin supersticiones. *¿Y qué sé de las creencias de mi nana, en las que me ha hecho creer? ¿Será superstición todo lo que me ha dicho... y la fecha del enigma será un engaño en el que quiero creer? No, no puede ser. Mi instinto me dice que es verdad. ¿Deberé investigar más sobre las creencias de Mixi?* Yo veía que había cierta discordancia entre un pensar y otro pensar, entre unas costumbres y otras, y estas diferencias se acentuaban mucho cuando yo venía a México, porque mi abuela se decía creyente, pero no sabía lo que creía. *¿Era como yo? ¿Sabré yo lo que creo? ¿O realmente no creo en nada? ¿Cómo entonces creo en la veracidad del enigma revelado y descifrado? ¿Habrá un Dios verdaderamente que está pendiente de todo lo que nos ocurre aquí en la tierra? Eso es tanto como concebir a Dios como un chismoso al que le gusta entretenerse con nuestras pequeñas historias, a veces divertidas, a veces macabras.* Cuando había oportunidad y tiempo, algunos domingos íbamos a misa y recuerdo que en caso de haber un problema grave en la familia había que ir a rezar a San José de la Montaña, que queda en un extremo de la ciudad de Tacubaya. Y la ciudad de Tacubaya tiene antecedentes históricos muy importantes, no me refiero a las historias de las grandes mansiones que se hicieron construir ahí los "científicos" de don Porfirio, sino a las historias de tiempo atrás, de la época de las grandes inundaciones de la ciudad de México cuando era la capital de la Nueva España. Hubo un virrey que para precaverse de las terribles inundaciones determinó que la capital de la Nueva España se mudara a la ciudad de Tacubaya, que se encontraba en tierras altas y en lomas, porque allí no había peligro de inundaciones. Pero como sucede tantas veces, las órdenes se acatan pero no se obedecen, entre otras cosas porque hace falta dinero, así que no se pudo cambiar la capital y siguieron y han seguido las inundaciones. *Cómo no ha de inundarse si la ciudad era un lago, vivimos sobre el lago, haciéndole la competencia a Jesucristo, que caminó sobre las aguas. Al menos los aztecas hicieron puentes, pero nosotros... bueno, no me incluyo porque las mujeres no hemos contado hasta ahora en las acciones de lo que los hombres llaman "el Hombre".* Por todo eso, yo viví en medio del contraste entre la fe de la abuela, la fe de las tías paternas de Puebla y las distintas prácticas religiosas. Este contraste se acentuaba por mis tías maternas: una, maestra de primaria, era absolutamente ajena a cualquier idea religiosa, y la otra era pianista y pertenecía a sectas raras, como la de La vida impersonal, los Rosacruces y otras como ésas. Todos estos contrastes me acostumbraron a la divergencia y a pensar que las cosas eran diferentes y de acuerdo al lugar donde estaba uno, y que había muchas maneras de pensar, según las personas, muchas perspectivas y formas de ver a Dios; quién sabe cuál sería la forma en que a mí me tocaría verlo, así que yo estaba un poco a la expectativa. *¿Verlo?*

¿Quién puede decir que ha visto a Dios? Sin embargo, sin verlo, ¡cuántas obras de arte se han producido gracias a esas diferentes maneras de concebirlo! Si Dios no existe, el arte tiene que agradecer que haya nacido la idea de Dios... y no sólo la del cristianismo, todas las culturas, maya, azteca, egipcia, greco-latina, inca, hindú, china, han buscado representar a sus respectivos dioses y gracias a ese anhelo han creado obras de arte maravillosas. Ese ir y venir de Puebla a México y de México a Puebla me hizo, en primer lugar, no saber cuál era realmente mi casa, porque yo: o vivía en la casa de mi papá o en la de mi abuela, pero, ¿cuál de las dos era la mía? *Claro, por eso yo también me he sentido la ajena, la desconocida, la extraña, porque nunca he sentido una casa verdaderamente mía: o la casa era de mis padres o era la de mi abuelito, o es hoy, la de Adolfo... nunca me he sentido en MI casa.* Quizá por eso siempre tuve la sensación de ser el recién llegado, el desconocido, el extraño, nunca tuve la oportunidad de crear esas amistades que se originan en la infancia y que siguen muchas veces durante toda la vida.

—Pero usted me dijo que la amistad con Adolfo data de entonces, ¿no es así?

—Sí, pero él poco después se fue a la escuela militar y yo lo perdí de vista muchos años...

—¿Cuándo volvieron a encontrarse?

—Eso... ni soy yo quién... para decírselo, ni usted es quién... para escucharlo de mis labios...

Los ojos del doctor brillan maliciosamente como brillarían los de un fauno, si existieran los faunos.

—¿Tan grave es?

La conversación se interrumpe al acercarse un doctor de bata blanca.

—¿La señora Guerrero?

—¿Sí?

—Su esposo está fuera de peligro, pero aún está dormido. Si lo desea, puede pasar a verlo.

María le pregunta al doctor Toledano si entra con ella a ver a Adolfo. Él responde que no, prefiere conversar un momento con el médico. Quiere saber cómo fue la herida, si se hizo con algún instrumento punzocortante, ya que habrá que vigilar las consecuencias de una infección o incluso de un tétanos. El médico de la Cruz Roja responde que en su opinión no hubo instrumento punzocortante. El golpe en la parte superior delantera craneal da la impresión de haber sido producido o por una piedra o por una caída, como si alguien lo hubiera empujado o golpeado, no podría desecharse un asalto a mano armada, pero, en todo caso, en lugar de dispararle pudieron haberle pegado en la cabeza con una pistola o incluso con un bate de beisbol. Ya lo dirá el paciente cuando despierte, por ahora todavía está bajo los efectos de la anestesia.

El doctor consulta su reloj, mira por la ventana. El cielo ha perdido sus resplandores. En otra época, a esta hora, estarían repicando las campanas de esa iglesia, cerrada hoy como tantas otras. ¡La vieja pugna entre la Iglesia y el Estado! ¡Quién diría que el silencio y no el tañido de las campanas ha movido a rebelión!

*

Una vez que Avelfo estuvo en su propio lecho, cada vez que María le preguntaba qué había pasado en la Alameda, por qué lo habían encontrado tirado con la cabeza rota, él la traspasaba con la mirada, intentando volver al pasado, recordar; pero el recuerdo no iba más allá del portón del palacio, de su mano tomando su sombrero y su bastón del paragüero, después la nada, como un lago sin agua en la memoria, como un hueco sin fondo en el recuerdo. María, al fin, dejó de insistir. El doctor Toledano había achacado el olvido al traumatismo físico, pero ella pensaba que había algo más que le impedía recordar. ¿Sería emocional?, ¿un traumatismo emocional como el de la pobre de Carlota a quien el pueblo todavía recordaba cantando su canción, especialmente ahora que acababa de morir allá en Flandes en su palacio de Bouchot, tal vez sintiéndose aún Emperatriz de México, enloquecida por la decepción de haber perdido su imperio y a su emperador? ¿No decía Freud que…?, ¿qué decía…? ¡Doctor… usted lo sabe…!

El doctor Toledano sonreía… ¿no le había prestado él mismo los libros de Freud? Ella sabía bien lo que decía el científico austriaco… Sí, pero quiero que usted me lo aclare…

Durante la convalecencia de Avelfo, María y el doctor pasaron muchas horas juntos, a veces les daba la media noche jugando ajedrez. Siempre pacientemente acompañados por la *Princesa*, echada sobre las piernas de

María, si estaba en el sillón, o a sus pies, si estaba en la mesa de juego, plegable, que al abrirla mostraba su tapete verde, pero que cerrada nadie podría sospechar que era una mesa de juego. A María le divertían las ironías del doctor sobre cualquier cosa: la política, el hospital, la burocracia, cuyo nacimiento él se lo atribuía a un germen, el *burococo*, sobre el cual disertaba con toda sapiencia científica.

Los doce latidos del reloj del salón les recordaban que era hora de retirarse al descanso obligado que el cuerpo reclama cada noche.

II
Opciones y desconciertos terrenos y espirituales

Aunque Adolfo se volvía cada vez más irascible, pasaron meses en aparente calma. Algunas veces se iba al Café Colón para reunirse con sus amigos, aunque en ocasiones en lugar de la entrada principal prefería introducirse secretamente por la puerta de la calle de Las Artes, que conducía a los reservados, donde ciertas damas de alcurnia accedían a encontrarse con algún caballero que las asediaba. Sin embargo, hoy no era ése el caso. Había quedado de verse con Jáuregui, un abogado amigo suyo del círculo católico, para concertar un posible negocio.

La manifestación de apoyo al presidente Calles en su conflicto con el clero bloqueó el Paseo de la Reforma y lo obligó a dar un rodeo. Cuando llegó al Café, el licenciado Jáuregui estaba a punto de retirarse; sin embargo, al verlo, prendió un cigarrillo y volvió a arrellanarse en su silla.

—Pensé que ya no vendrías…

De las explicaciones sobre el tumulto callejero, pasaron al objetivo de su reunión.

—Bueno, se trata simplemente de aceptar la donación…

—¿Pero no es una donación real…?

—Claro que no. Yo ya he recibido varias propiedades en donación, pero se entiende que cuando haya pasado el conflicto religioso con el gobierno, le devolveré al clero sus posesiones… ¿me explico?

—Aclárame algo… el usufructo de esos bienes… ¿a quién le toca?

—Mientras los bienes que hayamos aceptado en donación estén en nuestra posesión, nosotros recibimos el usufructo… es decir, hasta que se realice la devolución… ¿me explico? Ésa es la ganancia… Lo que pasa es que si el gobierno confisca los bienes del clero, una vez que se solucione, de un modo o de otro, la guerra cristera, el clero habrá perdido todo… En cambio, si los bienes pasan a personas privadas como nosotros, una vez resuelto el conflicto entre el gobierno y la Iglesia, nosotros les devolvemos los bienes al clero, que es su legítimo dueño... ¿entiendes?... Así, la Iglesia recupera sus propiedades y nosotros ganamos el usufructo de ellas mientras estén a nuestro nombre... y ¡santas pascuas!, todos ganamos... ¿está claro?

—Como el agua... ¿qué hay que hacer entonces?

—Sólo firmar ante un notario público, que por supuesto también será miembro del Secretariado Social Mexicano, aceptando la donación que te haga el clero poblano de esos edificios, comprometiéndote tú a pagar impuestos sobre cualquier ganancia que generen esos bienes...

—¿Es todo?

—Sí.

—Pero ante el clero... ¿no debo firmar nada?

—¡No! ¡Por supuesto que no! La promesa de devolución es de carácter *moral,* porque si el gobierno descubre esas promesas escritas, vamos a dar todos a la cárcel...

—O sea que... ¿no hay compromiso firmado de devolución de esos bienes al clero?

—¡Ya te dije que no...!

—Pero ellos se arriesgan a que...

—Por eso eligen católicos reconocidos en quienes puedan confiar...

—Ah... bien... y... ¿confiarán en mí?

—Por supuesto... tu familia se ha distinguido entre el clero poblano por su generosidad... así me lo han hecho saber en el Secretariado... por eso... te lo estoy proponiendo en nombre de él...

—Hm..., entonces... ¿cuál es el siguiente paso?

—Te lo haré saber en cuanto les dé tu respuesta...

Jáuregui cambió el tema de la conversación y comentó, como todo el mundo en esos días, el fusilamiento del general Arnulfo R. Gómez a un mes del asesinato del general Francisco Serrano. Desde que la convención antirreeleccionista había postulado la candidatura del general Serrano, él había predicho que eso no iba a gustarle ni a Calles ni a Obregón. Salpicaba sus comentarios con suposiciones sobre la reacción política que esos actos dictatoriales podrían provocar en el país, golpeando con sus guantes la mesa cada vez que quería recalcar sus afirmaciones. De ahí pasó al tema de la autonomía universitaria que tanto estaban pidiendo los universitarios, y concluía que eso se prestaría a toda clase de desmanes, tanto de los estudiantes como de los maestros que estarían libres para enseñar en las aulas ¡quién sabe qué atrocidades! amparándose en la inmunidad que les daría la autonomía universitaria. A Jáuregui le interesaba lo que pasara en la universidad, más que por sus intereses académicos por sus ambiciones políticas, y aunque no podía adivinar que en dos años un decreto presidencial otorgaría esa autonomía, sin embargo, lo sospechaba con resquemor, ya que la única forma en que él podría llegar a ser rector era por sus influencias ministeriales.

Adolfo lo escuchaba, aunque con la mente puesta todavía en el jugoso negocio que acababa de proponerle su amigo; sólo de vez en cuando lo apoyaba con algún monosílabo. Después de contarle Jáuregui que, en lo personal, estaba proyectando construir un museo familiar en el que reproduciría en cera a sus ancestros, se levantó y tomó su sombrero.

—¿Qué harás esta noche?

—Voy al Arbeu a escuchar el concierto de Jascha Heifetz.

—Que te diviertas...

Jáuregui se despidió con un apretón de manos y salió del Colón mientras se cruzaba en el umbral con otro de sus amigos, que llegaba en ese momento.

Guillermo, después de saludar a Jáuregui, se acercó a la mesa, en la que Adolfo seguía embebido en sus sueños lucrativos.

—¡Delfín! ¿Cómo estás?

Delfín alzó la vista, se levantó y le dio un abrazo a Guillermo, que respondió efusivamente. Los ¡tanto tiempo sin verte!, los ¿cómo está tu esposa?, los ¡ya soy padre!, los ¿no me digas?, los ¡te felicito!, los ¡a ver cuándo vienes a conocer a mi hijo!, los ¿cómo se llama?, se atropellaban en secuencia ininterrumpida, como eslabones de una cadena bien conocida.

—¿Estás muy ocupado?

—No, no, ¿por qué?

—¿Por qué no nos vamos a bulevardear al Paseo de San Francisco?... es media tarde, la hora buena, a ver qué pescamos... y si no hay nada... nos metemos al Principal o al Lírico. ¿Qué dices?

—Me gusta el plan. Alguien me dijo que "Las musas latinas" en el Principal está muy bien.

Pagada la cuenta, Delfín toma su sombrero y sale con Guillermo. Ya en la acera, se les acerca un auto que a pesar del frío invernal que comienza va sin capota. Desde el interior, varias damiselas vestidas con trajes de colores vistosos, estirando los brazos les entregan una tarjeta de propaganda de su "casa". Se escuchan cinco bocinazos como campanadas de algún gracioso que quiere hacer saber que es la hora de ir al paseo.

*

El aplauso que siguió a la última nota de la cadencia final del concierto para violín de Mendelssohn fue explosivo. Los muros del teatro Arbeu, para María, nunca habían sido acariciados con sonidos musicales más prodigiosos. Del lunetario y de la galería llegaba hasta los palcos la amalgama de aplausos, susurros, gritos y peticiones de bises y *encores*. María se levantó de su asiento para ovacionar al violinista de pie, como una forma de expresar con mayor énfasis su admiración. Luisa siguió su ejemplo, y por supuesto Bruno no podía quedarse sentado después de que su hija y su esposa aplaudían de pie furiosamente. Después de varias entradas y salidas del solista para agradecer los aplausos, se hizo el silencio en el momento en que él se colocó de nuevo el violín sobre el hombro. María lo contemplaba con delectación. En sus conciertos anteriores había entrado al camerino a pedirle su autógrafo. Era tan joven como ella, artista del violín como ella hubiera querido ser del piano, y aunque María no hablaba ni ruso ni inglés pudo cruzar algunas palabras con él en francés. Desde entonces se había apoderado de María-Eva una admiración por Jascha, como ya lo llamaba, que la hacía recortar los comentarios sobre él en los periódicos; por supuesto, no faltar a ninguno de sus conciertos anunciados, haciéndose acompañar de su padre y mamaisita o de Emilie y Jean, o pegándosele a su tío Archibaldo, que por ser cronista musical y taurino no faltaba a ninguno de los conciertos ni de Heifetz ni del trío Cherniavsky, que también estaba de visita en México en esos meses, ni de cualquier otro solista o torero extranjero que llegara. A veces hasta parecía tener el don de la ubicuidad, pues si había dos conciertos a la misma hora la crónica de ambos eventos aparecía en el periódico al día siguiente con minuciosidad de detalles. Nadie sabía cómo podía estar en dos teatros a la vez, y nadie se lo preguntaba. Adolfo, por su parte, estaba encantado de que ella se fuera por la noche, porque no tenía que salir a la calle tratando de no

230

pisar fuerte para evitar las preguntas clásicas: ¿vas a cenar en casa?, ¿volverás tarde?, ¿le digo a Louis que te espere?

Si bien Bruno demostraba menos efusividad que María, estaba como ella, extasiado con la perfección técnica del joven violinista ruso con pasaporte norteamericano, aunque seguramente de origen judío, que desde hacía un mes los deleitaba con el virtuosismo de sus ejecuciones. María le rogó a su padre que la acompañaran al camerino y Bruno, poco afecto a esas aglomeraciones, accedió sin muchas ganas a condición de esperarlas en la puerta de salida trasera, pretextando que sentía claustrofobia en esos estrechos pasillos.

María toma de la mano a 'isita y la arrastra, más que conducirla, hacia las escaleras. Ya frente a la puerta cerrada del camerino hay una multitud de admiradoras y admiradores, más mujeres que hombres, que quieren saludar al artista. Llega abriéndose paso entre la elegante concurrencia un hombre que se identifica, ante el guardián que vigila la puerta, como funcionario de la embajada de los Estados Unidos, acompañado de una rubia despampanante de voz chillona, como las que aparecían en las modernas películas hollywoodenses. La puerta, sin embargo, sigue cerrada por un buen rato. Algunas personas comienzan a malhumorarse por la espera, otras deciden abandonar el intento de conocer al violinista. María resiste los impulsos de Luisa de irse porque Bruno va a desesperarse. Finalmente la puerta se abre. El violinista aparece ya sin sudor, con la cara recién lavada y oliendo a fina loción masculina.

Manos que se extienden con estilográficas Waterman y programas, libretas de autógrafos, frases de admiración, unas en español, otras en inglés, algunas en ruso. La rubia despampanante abraza al violinista con evidente admiración; él, respetuoso, le besa la mano y conversa con el funcionario en un inglés con acento ruso. María lo observa, se siente cautivada por esa sonrisa que aflora suavemente en un rostro que denota inteligencia y sensibilidad; después contempla cómo mueve sus manos, manos de artista, sin anillos, manos que acaban de ejecutar la mejor de sus danzas sobre el diapasón de ébano negro. ¿Qué violín tocará? ¿Un Guarnerius, un Stradivarius? Se olvidó de preguntárselo la última vez que lo saludó. Aún no ha podido acercársele, apenas ha cruzado el dintel de la puerta. Son tantas las personas que quieren acapararlo. Prepara su programa y saca su pluma fuente, hay que tener todo listo. Ya más cerca de él, Jascha alcanza a verla y la reconoce; él mismo se sustrae de la señora gorda que le habla y le habla en un inglés champurreado. Los ojos de María se cruzan con los de él y ella devuelve la sonrisa que él le prodiga. Le pide en francés que le firme su programa. Él lo hace, casi sin dejar de mirarla.

—Pour Marie…?

—*Oui!*… María, *comme Marie, mais avec une "a" a la fin, au lieu d'une "e"*.

El violinista escribe sobre el programa y voltea a ver quién la acompaña; al ver que es otra mujer parece complacido. Luisa le extiende también su programa y él, después de devolverle a María el suyo, firma el de Luisa sin preguntarle su nombre. María continúa expresándole su admiración, lo mucho que ha disfrutado, lo hermoso que tocó la cadencia y el *accelerando* final, pero especialmente lo emotivo del segundo movimiento. Él la escucha, a pesar de que las otras personas comienzan a presionarlas para que avancen y las dejen acercarse al artista. Al retomar María la pluma, Jascha coloca su mano suavemente sobre la de ella. María se turba pero no retira la mano.

—*Est-ce que je vous… verrai dans mon prochain concert?*

—*Évidement. J'ai ne le perdrai pas, pour rien du monde…*

—*Alors, à la prochaine…!*

—*À bientôt…*

María sale finalmente, empujada por la gente, y casi a empellones porque los que entran al camerino bloquean la salida. El recinto es pequeño, lo que hace tan difícil entrar como salir de él. Pero valió la pena, ¿verdad, 'isita? María avanza tras de Luisa hacia la salida posterior del teatro, donde las espera su padre. Todo el camino de vuelta a casa lo hizo en estado sonambúlico. Cuando se despide de su padre y de 'isita corre a su alcoba, abre el programa para leer la dedicatoria que por discreción no leyó frente a 'isita y lee: *"Accepterai vous prendre un café demain l'après midi? Je suis logé a l'Hotel Imperial. Je vous attend…"*, tirándose sobre la cama con la mirada perdida en el techo del dosel y todavía con el eco del violín y las palabras de Jascha envolviéndola con la suavidad de un manto de seda. *Est-ce que je vous… verrai dans mon prochain concert?… Alors, à la prochaine…! Est-ce que je vous… verrai dans mon prochain concert?…*

No podía creer que él se interesara en ella. Pero, ¿estaba ella interesada en él? O era la atracción del juego, del coqueteo por el coqueteo mismo, y no un verdadero interés amoroso. Poco a poco fue adquiriendo la noción de realidad. Ella era una mujer casada, con un hijo al que adoraba. No podía permitirse esas ligerezas. No iría a tomar el café ni volvería a los conciertos de Jascha. Ese juego estaba bien para las jovencitas solteras que aún no tenían compromisos, pero ella... ella... El llanto comenzó a brotar incontenible... a pesar de su juventud, de sus veinticinco años, ya no le estaba permitido jugar al amor... *Est-ce que je vous... verrai dans mon prochain concert?... Alors, à la prochaine...! Est-ce que je vous... verrai dans mon prochain concert?... Est-ce que je vous...? verrai dans... Est-ce que je vous...? Est-ce que...?* Cuando entró Mixi la encontró dormida sobre la cama, sin desvestirse; el llanto, como a los niños, la había agotado. Le quitó las zapatillas y le puso una cobija encima. Apagó la luz, y desapareció en la oscuridad cuando el reloj dejaba oír su duodécima campanada.

*

Unas semanas después, Adolfo firmó con un beso en la mano anillada de un obispo su compromiso de devolver el inmueble que acababa de recibir en donación en cuanto se solucionara el conflicto religioso entre el gobierno y el clero. De ahí a la juguetería no mediaron ni tres horas. Atravesó el establecimiento señalando con el dedo al dependiente los juguetes que debía enviarle a su domicilio: desde trompos de colores hasta caballos de madera, triciclo y bicicleta, sin preguntar el costo, sólo exigía que la entrega se hiciera exactamente a las tres de esa misma tarde, ya que era el cumpleaños de su hijo y la fiesta empezaría a las cinco.

Cuando el camión de la juguetería se estacionó y María vio cómo entraban los cargadores acarreando vehículos, y cajas, y cajitas, y cajones de juguetes pensó que su marido se había vuelto loco. Ni en tres años más podría Marquitos subirse en una bicicleta de ese tamaño. Adolfo ya había ordenado con anticipación a Edelmira que asignara una habitación para los juguetes del niño, de modo que los cargadores fueron llevando todo a la nueva "juguetería" doméstica. Edelmira, siguiendo las instrucciones del señor, les pidió que sacaran los juguetes de sus empaques y los colocaran en los estantes vacíos que estaban ya preparados para recibir los payasos, patines, soldados de plomo, pistolas de agua, rifles de municiones, vagones de ferrocarril, cochecitos, caballitos de distintos tamaños y colores y, en fin, todos los juguetes que debían quedar listos para ser usados cuando el niño quisiera y como quisiera. Ella les daría una buena propina por este trabajo extra.

Cuando llegaron familiares y amigos, llevando a sus hijos para la fiesta del segundo cumpleaños de Marcos Bruno, los juguetes ya estaban todos en su sitio, en espera de la avalancha de niños.

*

Una lluvia fina resbala silenciosa sobre los cristales del ventanal, mientras María, con la paleta en la mano izquierda y en la derecha el pincel, percute sobre el lienzo, produciendo crepitaciones repetitivas con una insistencia de pájaro carpintero, al pintar los bucles rubios de Marcos Bruno, sentado en las piernas de Emilie, quien lo entretiene con un payaso de trapo para impedir que salga corriendo a reunirse con Xóchitl, la hija de Mixi, y con Cocol, Juan y Marcelo, los hijos de Emilie, que juegan con muñecas, títeres y cochecitos en un rincón del estudio, acompañados de Silvie, su nana francesa.

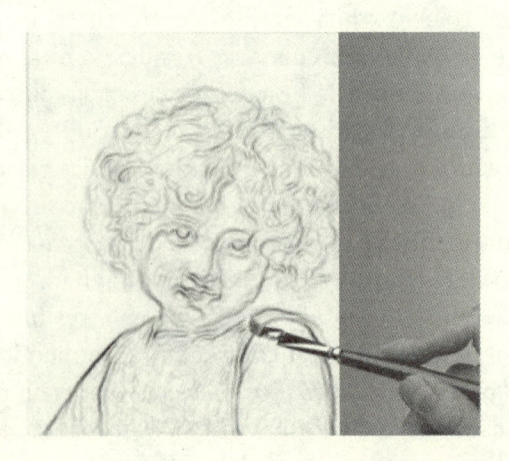

La conversación salpicada con largas pausas, por la concentración de María en la pintura, ha pasado de sus publicaciones en el periódico a su situación matrimonial. Emilie no sabe todo lo que ocurre, pero sospecha que hay mar de fondo que ella prefiere seguir ignorando. María, esa tarde, sin embargo, siente la necesidad de expresar sus íntimos conflictos, que no tiene con quien compartir. ¿Sabría Emilie lo que era sentirse sola aun cuando estuviera acompañada por su familia? No, seguramente no lo sabía, porque Jean la escucha, la comprende y la quiere; en cambio, a ella... Tal vez cuando Marcos Bruno crezca... pero no, hay cosas que probablemente no pueden compartirse con los hijos; si tuviera una hija, tal vez... entre mujeres... sin embargo, ahora mismo, ¿cómo contarle a Emilie que su insatisfacción sexual comienza a provocarle deseos inconfesables? ¿Cómo decirle que cada vez que ve a un hombre artista, interesante, después de admirarlo por su inteligencia y su arte se pregunta cómo será desnudo? Lo de Jascha no había sido sino un viento fresco que le había soplado sobre sus manos y su rostro, como un reflejo de sus pasados anhelos de convertirse en concertista. Es decir, no había sido otra cosa que un recuerdo encarnado. Mientras estuvo enamorada de Bruno, todo se resolvía en fantasías amorosas o sustitutivas en los momentos de hacer el amor con Avelfo, "¡hacer el amor!", ¡qué extraña le sonaba esa expresión!; lo que hacían sobre la cama era todo, menos "hacer el amor", pero desde que la fantasía de estar con Bruno se volvió realidad... era como si hubiera pinchado un globo con un alfiler. El amor había estallado como un *balloon* de Mongolfier dejando sólo su elástico residuo. Nunca se había atrevido a contarle a Emilie lo que sucedió aquel mes de marzo. El único que sospechaba algo era su tío Archibaldo, quien les había facilitado el lugar y la hora, la ocasión oportuna y la soledosa intimidad, sin hacer posteriores preguntas.

Se había cuestionado tantas veces sobre el por qué de ese estallido que más que una explosión había sido una "implosión" que había desintegrado su amor... su amor por Bruno que había llenado tantos de sus años no sólo juveniles, sino hasta infantiles, sus años de adolescencia ilusionada, temerosa, inquieta, enfermiza, adolescencia de sueños locos, de ensueños coloreados con pinceles mentales, no imaginarios, pues eran tan reales como los que ahora tenía en la mano. ¿Por qué si había sido una tarde de amor loco, en la que se habían borrado todas las interrogantes, las inquietudes, los temores, no había resurgido de ella su amor como una antorcha para iluminar su vida futura? ¿Sería que el amor estaba hecho de interrogantes, inquietudes y temores, y al borrarse éstos se borraba con ellos el amor? ¿Sería por eso que tantos matrimonios se convertían en una rutina tediosa?

—Emilie, ¿sigues siendo feliz en tu matrimonio después de todos estos años?

—Tú sabes que sí, Marie.

—Me refiero a...

—¿A...?

—No sé cómo expresarlo...

—Con palabras...

—No te rías... tienes razón... es mejor reír...

—Vamos... te conozco bien, *cherie*, quieres decirme algo y no sabes cómo...

—Cambiemos de tema.

—¿Tema? ¿En qué tema estábamos?

—*Grande sœur*, parece que juegas al gato y al ratón...

—¿Sólo yo? Hm... Ese bucle sobre la frente te quedó muy bonito.

—Pst... desde ahí no puedes ver lo que pinto...

—Pero sí imaginarlo...

Marie voltea a ver la pícara sonrisa con que Emilie ha pronunciado la última frase. Hace un ruido con la garganta que no se sabe si es para indicarle que entiende lo que María no dice.

—No es su hijo, ¿verdad?

—Shhhh, Emilie... que Marcos ya entiende.
—No has contestado...
—¿Cómo quieres que conteste?
—Era ése el tema del que querías y no querías hablar, ¿verdad?
—Bájale el bracito, por favor, me está tapando la cara... ¿Cuándo te diste cuenta?
—Aquella noche en que tu papá comentó que se parecía a Adolfo y tú interrumpiste la conversación...
—¿Cómo dice el dicho? El gato escondido y la cola de fuera, ¿no? ¿Por qué tardaste tanto en comentarlo?
—Esperaba que tú me lo dirías... cuando estuvieras lista para decirlo. Por lo visto, ahora lo estás. ¿Por qué lo hiciste?
—¡Emilie, Emilie...! ¿No lo oíste tú misma cada año, desde el día del matrimonio, reclamar y preguntar por qué yo no estaba encinta? ¡Claro, tú no lo viste en la intimidad! Fue una tortura cotidiana que duró siete años... ¡Siete, como una némesis, como los días de la Creación...! La oportunidad llegó un día, única, maravillosa, sin tener que planearla... como en los cuentos de hadas... también como "premio mágico": el príncipe azul estaba frente a mí, sin peligro de que nadie sospechara, sin que nadie me señalara con el dedo como adúltera...
—¿El príncipe azul? ¿Quién?
—¡Es tan corta la vida, Emilie! Él quería un hijo y yo podía dárselo... tal vez la ocasión no se repetiría jamás...
—¿Cómo pudiste ocultármelo?
—¿Cómo contártelo? Era como romper la magia... Fue un acto mágico, créeme...
—Pero, ¿quién es el... el príncipe azul? ¿Te has enamorado nuevamente? ¿Por eso has dejado de hablar de Bruno?
—No me pidas más revelaciones... Por favor... Sólo te diré que ocurrió una sola vez... y no volverá a ocurrir... al menos no con él...
—*Marie!*

La picardía con que Marie pronunció la última frase dio a Emilie la noción de cuál era hoy el problema, lo más probable es que no fuera su adulterio de hace tres años, sino la tentación actual de volver a cometerlo.

La lluvia arrecia y ahora es ella la que percute sobre los cristales, como el pincel sobre el lienzo. Se oscurece el estudio. El fulgor inusitado de un relámpago asusta a los niños que corren hacia su madre. La nana carga a Marcelo, el más pequeño, dos años mayor que Marcos, mientras Marie mira hacia afuera del ventanal cómo la lluvia ha pintado de gris el jardín... y las flores... y la hiedra.

Si Emilie supiera... que sé exactamente el día en que... si supiera que cotidianamente resto un día a los años de mi vida, que de 7 850 de la semana pasada diariamente voy en cuenta regresiva apuntando mentalmente: 7 961 días, 7 960, 7 959, 7 958, 7 957, 7 956, 7 955, 7 954; ¿para qué habré querido saber la fecha...?, el conocimiento se vuelve una tortura... otra tortura más... cuántas veces he pensado en revelar a alguien el secreto, lo cual, según lo que mi nana me advirtió, anularía el conjuro... lo que no me dijo fue qué ocurriría entonces. ¿Podría ser que muriera ese mismo día, o al día siguiente, o a la semana, o al mes, o al año? Dice el dicho que más vale pájaro en mano que ciento volando, así que... es mejor saber que me quedan 7 832 días seguros, que tal vez dos o veinte mil...

—Marie, ¿no sientes que nos estamos moviendo?... Está temblando... ¡Está temblando! ¡Santo cielo!

Marie deja la paleta y el pincel donde puede y se acerca a Emilie para tomar en sus brazos a Marcos. Lo abraza protegiéndole la cabeza. Cocol empieza a reír y a gritar con júbilo: "¡Qué bonito!, ¡nos mecemos!, ¡qué bonito!" En cambio, Marcelo comienza a llorar, extendiendo sus brazos hacia la madre. La nana lo suelta y, aterrada, se hinca con las manos en cruz, diciendo entre dientes: *"Mon Dieu, mon Dieu! Sauve nous, pardonne nous pour nôtres péchés, pitié, pitié..."*

Todo se balancea, la tierra se columpia al son del aplauso de las puertas que baten contra los marcos, las cortinas se contonean en la danza de los siete velos. María, recordando lo que mamaisita le ha dicho siempre: "en los temblores hay que pararse en el umbral de las puertas o salir afuera", vuelve el rostro al ventanal y corrobora que sigue lloviendo a cántaros... Sacar a los niños ahora les haría mal... ordena...

—¡Al umbral, vamos, hay que pararse bajo el dintel de la puerta!... ¡Vamos, vengan, el lugar más seguro es el umbral, venga, Silvie... levántese... no tenga miedo, no nos pasará nada... no es el primer temblor!...

—*Il y est pour moi...*

Emilie, arrastrando a sus dos hijos varones, avanza hasta la puerta que sigue aplaudiendo, aplaudiendo...

*

Pasó el temblor con su crepitar subterráneo y sus terrores, pasaron conflictos políticos en el país que eran tan crepitantes como los de la tierra. Meses tumultuosos: sublevaciones, manifestaciones, campañas presidenciales, discursos callejeros y debates en las cámaras; los líderes obreros como Lombardo Toledano proponían socializar la ciencia, mientras afirmaban que no todo estaba contenido en *El capital,* que había que completar su ideario político, sin contar con el atentado de asesinato que sufrió el general Álvaro Obregón, poco antes de finalizar el año, a pesar del cual resultó electo presidente de la República. Sin embargo, por la calle de Madero, a la que seguían llamando a veces Plateros y otras Paseo de San Francisco, todos los días se repetía el ritual en el que participaban jóvenes y ricos, viejos y pobres, intelectuales y sirvientas, fifís y *cocottes,* solteros y viudas, antiguos lagartijos, grupos de amigas y de amigos, parejas conyugales y no conyugales. Y si en los tiempos de don Porfirio, como después se referiría a esa época una película del cine mexicano con Joaquín Pardavé, se circulaba a pie, o en *landau,* berlina o faetón, ahora, en estos fabulosos veintes, los carruajes de caballos se han sustituido por automóviles de motor de marcas norteamericanas, francesas o italianas.

Esta mañana, mientras se prueba uno de los vestidos que le está cosiendo Camila, su costurera, entra Adolfo con el periódico en la mano.

—¿Alguna noticia?

—Sí, por fin mataron a Obregón.

María automáticamente piensa en su abuelo, montado en su caballo, con un sable en una mano y las riendas en la otra, recibiendo las balas en el pecho, sacrificado como un "cristo militar" según su tío lo ha descrito. ¿Qué pasará ahora? ¡Otro presidente asesinado…! Como si Avelfo la hubiera escuchado, y en realidad María no sabe si ha formulado la pregunta o sólo lo hizo en su pensamiento, Adolfo comenta que todo puede ocurrir, lo mismo que lancen a un nuevo candidato presidencial… como que vuelva a alzarse una revuelta de todos contra todos… para que otro caudillo se apropie del poder y vuelva a repetirse la historia…

—Pero qué estoy hablando contigo de eso, tú no sabes de política… sólo de vestidos y costureras…

Camila baja la cabeza para no delatar su disgusto. María en cambio lo mira de frente.

—¿Que no sé de política? ¿No has leído mis artículos?

—Sí, por eso lo digo, sólo hablas de pintores de mujeres, de escritoras francesas, de modas... ¡ah, claro, y de pianistas! ¿Dónde iba a faltar el piano?

—También he publicado otros artículos pidiendo el voto para las mujeres.

—¿El voto? ¿Por quién votarían las mujeres? ¿Por Rodolfo Valentino? ¿Por Buster Keaton o por Charlie Chaplin? Aunque tendrían que votar por un mexicano; ¿qué te parece, por ejemplo, Carlos Noriega Hope? Tal vez con su "grupo de los siete" podría integrar el gabinete, o algún escritor homosexual de esos del Ulises que tanto defiendes.

—Gracias, Camila, puedes retirarte.

María, soltando el botón del ojal, deja caer el vestido hacia atrás, dejando ver la combinación de lencería negra que hace resaltar más la blancura de su piel. La costurera, cohibida, lo toma impidiendo que caiga al suelo, recoge telas y alfileres, y sale apresuradamente con pasos cortos de japonesa, mientras María se echa encima una bata de seda negra con movimientos sensuales de gata en celo.

—¡Podías haber evitado la mención de la costurera! No ves que la ofendes.

—¿Y...? ¿Quién es ella? ¿Una dama de la corte?

—Es un ser humano...

—Otra vez tus ideas revolucionarias...

—¿No dices que no sé de política? ¿Cómo entonces puedo tener ideas revolucionarias?

—Es una manera de decir... lo que pasa es que te has contagiado de verborrea, pero tu revolucionarismo no va más allá de una compasión sentimental por los pobres...

—¿... por los pobres que no han tenido la oportunidad de vivir como seres humanos, como tú y como yo?

—Mira, María, hoy no tengo ganas de discutir tonterías... venía para invitarte a ir al Paseo... podemos llevar a mi hijo... hace mucho que no salimos juntos...

—Gracias por tu amable invitación, le diré a Mixi que vista a Tu hijo.

María recalca la "amable invitación" y el "Tu hijo", lo que produce un tono de sarcasmo que sólo aparece en su voz cuando habla con Adolfo.

Viene a su mente en un instante fugaz el recuerdo de Bruno, pero enseguida pasa a otro asunto más importante en ese momento, la salud de este marido suyo que no sabe por qué sigue siendo su marido. Hace mucho que quiere hablar con él de eso... ¡se lo ha recomendado tantas veces el doctor Toledano!... pero no ha encontrado la oportunidad, tal vez ahí en el paseo pueda abordar el tema sin que se produzca una escena... el hablar con él en público tiene sus ventajas, ¡Adolfo se ha vuelto tan irascible...! Pensó en Adolfo como en la flor de la adelfa, bella pero venenosa. No dejaría que el veneno de su Adolfo-Adelfa le cambiara la vida. Como la flor, su Adelfo podía envenenarla, así que tenía que lograr que él aceptara ir a consulta porque su irritabilidad a veces llegaba a alcanzar dimensiones peligrosas. Según el doctor, esto no era algo natural a su carácter, sino más bien parecía ser producto de algún malestar físico, pero mientras no pudiera auscultarlo le era imposible diagnosticar cuál era el origen de sus arrebatos.

Quien viera a Adolfo en el paseo, caminando tranquilo del brazo con María y empujando el pequeño carricoche con su hijo, orgulloso de que Marquitos a sus tres años ya fuera capaz de conversar con él como un adulto, no podría imaginarlo bebiendo desaforadamente, gritando improperios y tirando objetos contra las paredes o contra visiones que su mente fabricaba. Quien lo viera en su actual *Packard* negro, volteando a diestra y siniestra con una sonrisa que le devolvía por momentos el semblante de sus mejores tiempos de Adonis, no podría imaginarlo tratando de desnudarse en público, con su rostro encendido por la lujuria burdelesca, la que contrastaba con la frialdad rayana a veces en hostilidad frente a su esposa, que era casi treinta años más joven que él. Quien lo viera en el paseo, tan cuidadoso de su hijo, no podría imaginarlo arrebatado por la pasión del juego, lo mismo en las carreras de caballos o de coches que en los casinos de Baja California, adonde se escapaba al menos un fin de semana por mes pretextando viajes de negocios con la secreta como ilusoria esperanza de recuperar pérdidas pasadas, y en donde alternaba con los artistas del país vecino que iban a jugarse lo que habían ganado en Hollywood.

Ese anochecer, sin embargo, Adelfo interpreta el papel de marido perfecto, caballeroso, elegante, comedido, atento a los deseos de su esposa y de su hijo. María aprovecha y embiste con toda precaución para no alarmar a la bestia oculta, como diría Gamboa, si estuviera escribiendo esta bionovela.

—Adolfo, ¿te puedo pedir un favor?

—Por supuesto.

—¿Podrías llevar mañana a Marquitos con el doctor Toledano?

—¿Está enfermo?

—No, necesita ponerle una vacuna... y tiene que ser mañana forzosamente.

—¿Por qué no vas tú?

María se muerde el labio. Ha pensado en una buena justificación, pero teme que Adelfo no la crea.

—Mira, ahí va Amalia...

Agita la mano, sacándola por la ventanilla. Adelfo saluda también, aunque tal vez demasiado tarde.

—No me respondiste.

—Bueno, yo no puedo ir porque mañana es la primera junta que vamos a tener... Emmy también va... y Matilde, y bueno... varias escritoras... queremos fundar una unión de escritoras, algo así como un... ateneo...

—Un... ¿ateneo?

—Sí, como el de mi tío Alfonso, sólo que de puras mujeres...

—¿Puras?

—¡Adolfo! No seas sarcástico.

—Fue una simple pregunta de corroboración.

María siente que no es buena para mentir, que Adelfo se dará cuenta de que no es verdad lo de la junta, aunque en realidad no es una completa mentira, sino una media verdad. Pero él no tiene por qué saber que la junta es para la próxima semana, así que sigue pareciéndole que es el mejor pretexto.

—¿Irás?

—¿A qué hora es tu junta con las "doncellas"?

—Al medio día, a la misma hora de la cita en el consultorio, por eso...

—¿Y por qué no lo lleva Mixi?

—Tú sabes que no me gusta que el niño salga a la calle si no es contigo o conmigo... en estos tiempos hay muchos robachicos... me han dicho que los roban para tullirlos o dejarlos ciegos y ponerlos a pedir limosna... también los roban para pedir rescate... ¿te acuerdas de la película *La banda del automóvil gris*?

—Ésos robaban bancos o comercios, no niños.

—Bueno, de todas maneras, es peligroso... tú no quieres que le pase nada a Marquitos, ¿verdad?

—Claro que no. Está bien, yo lo llevaré.

—Te llevas a Mixi para que lo cargue.

Las esperanzas de que el doctor auscultara a Adolfo se esfumaron cuando regresó él del consultorio al día siguiente, con su hijo de la mano, y después de decirle al niño que le diera un beso y se fuera a jugar, le preguntó a María cómo le había ido en su junta, lo que dio motivo a que ella desarrollara su inventiva contándole que la junta había sido un desastre, ya que unas habían llegado tarde y otras habían tenido que irse temprano, por lo que se había pospuesto la reunión para la semana siguiente. Él le comentó que cuando llegó al consultorio, Alfonso estaba con un paciente, por lo que tuvo que sentarse en la sala de espera ¡y no te imaginas quién estaba ahí, esperando también! ¿Quién? ¡Pues nada menos que Gonzalo! Así que cuando se desocupó el doctor, Mixi le llevó al niño y yo me quedé platicando con él. Es un hombre que siempre está muy bien informado.

—¡Claro, ése es su trabajo!

—Me contó cosas muy interesantes. Entre otras, parece que ahora que va a haber nuevas elecciones presidenciales, Vasconcelos quiere lanzarse como candidato. Yo sé que es muy amigo de tu familia, especialmente de tu tío Alfonso. Así que, si gana... tendremos nuevamente vara alta en las altas esferas de la política.

Vasconcelos publicaba artículos en *La Antorcha* y en *El Universal*, a pesar de estar en el exilio, y el hecho de que ella escribiera también en *El Universal* la llenaba de orgullo. María concordaba con Gómez Morín en que Vasconcelos dejaba una "huella espiritual" en los jóvenes. Ella era joven y sentía esa huella en sí misma. *Algún día le pediré a Vasconcelos que prologue un libro mío.*

Hacía tiempo que no pasaban una tarde juntos, en paz. Cada uno leyendo un libro y comentando de vez en vez lo que cada uno iba leyendo... hasta parecían una pareja bien acoplada. *¿Será que Adelfo está envejeciendo?, ¿o que se está humanizando? ¿Cuál es tu concepto de lo "humano",*

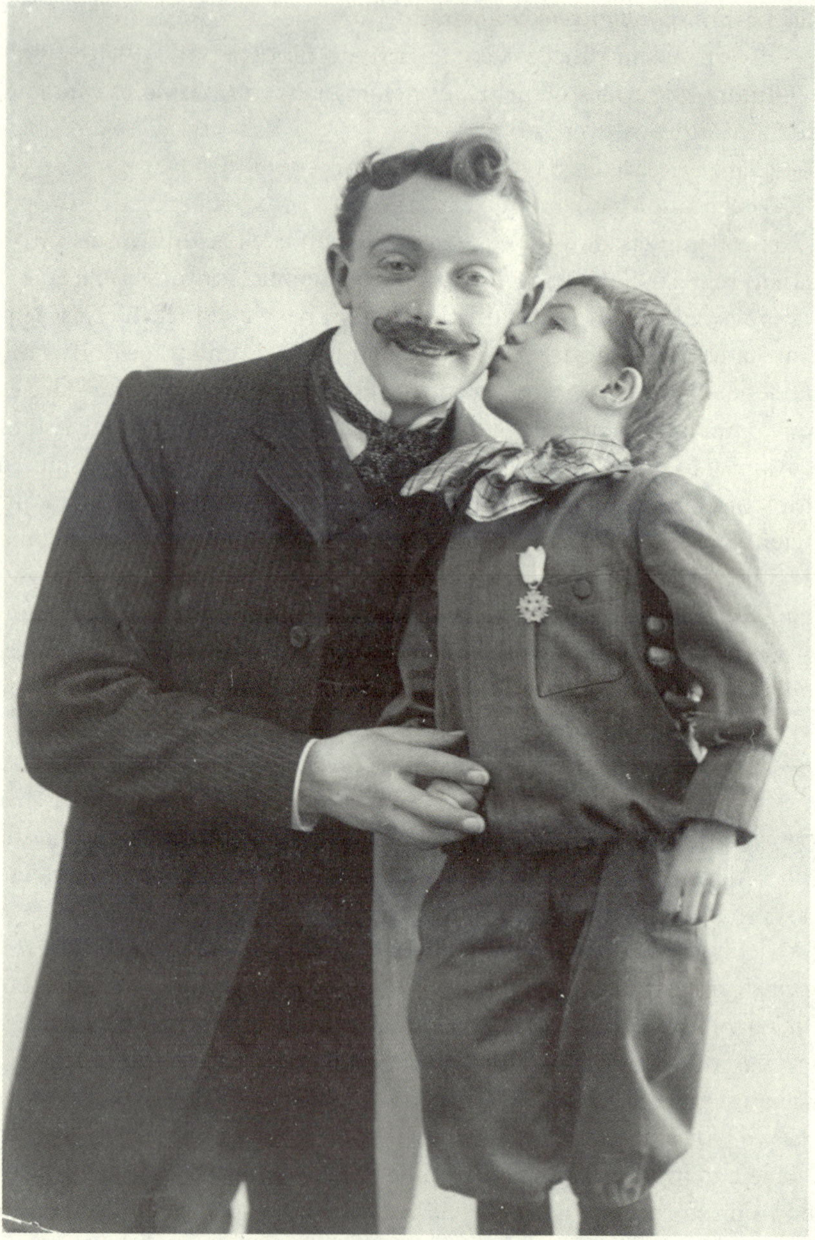

María? No sé, tal vez... lo que se parece a mí... tal vez por eso los humanos conciben a Dios a su imagen y semejanza... ¿Y si realmente hubiera un Dios con forma de árbol o de... hormiga? ¿Por qué no? ¡hormiga!... Las hormigas también son Su Creación ¿no?, y también construyen sus casas y tal vez hasta sus templos y altares...

Se escuchan ocho tintineos en el reloj del salón.

—¿Vas a cenar en casa?

—Sí, mientras dispones la cena subiré a dar las buenas noches a mi hijo.

Aun cuando había deseado tanto un hijo, Adolfo no imaginó nunca el escandaloso latido con que batiría su corazón por el amor hacia Marquitos. De su pecho salía un eco que abrazaba a su hijo con ligaduras más firmes que las que podían proporcionarle sus cada vez más débiles brazos. Cuando Marquitos se durmió con su mano en las suyas, la cena en el comedor ya se había enfriado. Germaine tuvo que volver a calentarla, no sin disgusto que demostraba asentando con fuerza las ollas sobre el carbón o los cubiertos sobre la bandeja de plata, a pesar de los reclamos de Louis, que protestaba por el ruido que producía.

*

La cocina bulle como las ollas gordas de barro sobre el carbón ardiendo. Es el cumpleaños del señor y hay cena en el comedor con invitados no por habituales menos puntillosos en cuanto a la etiqueta, pero la asistente de Louis en el servicio de la mesa se enfermó y Germaine no quiere ayudarlo en el comedor porque tiene demasiado quehacer en la cocina. Louis sabe que con Mixi no cuenta para eso y la recamarera nueva aún no aprende cómo debe ayudarlo. Louis le repite las instrucciones recitadas como una letanía. Ella deberá repetir la operación del cambio de plato con cada comensal; primero las damas, después los caballeros, siempre por jerarquía de edad, si no hay otras instrucciones de parte del señor; deberá recoger el plato sucio por la izquierda y colocar uno limpio por la derecha, para que él enseguida acerque el platón que corresponde, por el lado izquierdo del comensal, mientras ella deja el plato sucio sobre una mesa auxiliar y toma un plato limpio para el siguiente comensal, repitiendo de inmediato la operación con el mismo procedimiento. Cualquier tropezón o atraso de ella lo hará quedar a él en ridículo. ¿Entendido? Le explica una y otra vez a "la nueva" el orden de la secuencia y le repite hasta el infinito que esté atenta a cualquier seña que le haga él, que no camine como mula de carreta mirando el suelo, que lo mire, que lo vea, que esté atenta, que no se distraiga; que un guiño de ojo... que una alzada de ceja... que un movimiento de hombro... cualquier cosa puede ser una señal para que ella haga algo, deje algo, recoja algo, sirva algo, escancie algo, ¿escancie?, ¿qué es eso? Louis explica, re-explica, re-re-explica... Al fin, "la nueva", con cofia, delantal y guantes blancos nuevecitos como ella, recién almidonados y planchados, se lanza al ruedo del comedor, bandeja en mano.

Germaine está nerviosa porque ha preparado *soufflée* en cazoletas individuales de porcelana, y un retraso podría ocasionar que se desinflara el *soufflée,* lo que sería para ella equivalente a que un concertista diera una nota falsa, justo en la cadencia.

Van tomando sus asientos las damas primero, entre risas, comentarios sobre lo hermosa que está la mesa, ¿estos candelabros son nuevos?, claro, son los que me diste tú el día de mi cumpleaños, ¿no te acuerdas? Sólo quería saber si tenías buena memoria...

Entre los invitados estaban esta vez Martha, la hermana de Fito, con su esposo, que llegaron a la ciudad con su hija menor para consultar a un especialista, porque en Puebla les dijeron que no podría tener hijos. Aunque Fito en el fondo de sí mismo se sintió resarcido, sintiendo una especie de dulce venganza, ya que Arturo lo había interrogado casi con hostigamiento durante los siete años que pasaron sin que María diera señales de embarazo, y ahora era su propia hija, Azucena, la que estaba padeciendo también de infertilidad.

Fito aprovechó su presencia para preguntarle cómo iban los asuntos con la guerra cristera, ya que estaba por cerrar, ahora sí, un jugoso negocio con el clero poblano. Se quejaba de que la donación que le hicieron el año anterior fue de una vecindad que tenía rentas tan bajas que no le habían redituado ningún beneficio, ya que todo lo recabado se había ido en el pago de impuestos. Sin embargo, esa noche, Fito no sabía que el brillante negocio se le iría de las manos porque en escasos dos meses el gobierno entraría en arreglos con los líderes de la revolución cristera y terminaría el conflicto religioso. Así, llegado el término de las negociaciones, a unos meses apenas de haber liquidado el problema de la rebelión escobarista, el clero detendría las donaciones ficticias, esperando que ya no fueran necesarias, pues el gobierno prometería devolver las iglesias, abrirlas al culto nuevamente y no seguir confiscando los bienes eclesiásticos. Tampoco sabía en ese momento que su amigo Jáuregui, que lo había metido en eso, llegado el término del arreglo entre los poderes terrenales y espirituales, al verlo devolver al clero la vecindad que le había donado, le aseguraría que había sido prematuro hacer la devolución, pues no se sabía si el gobierno cumpliría sus promesas. ¡Había faltado a ellas tantas veces! Pero como Fito no era ni adivino ni oraba en el templo de Apolo, por el momento todo era pascuas y plenilunio. Brindó con Arturo y con Azucena por el éxito de su tratamiento médico. Le dijo a ella, con todo el carisma de que aún era capaz, que no desesperara, que tuviera esperanza, que viera su ejemplo, ya que ahora él podía sostener en sus brazos a su pequeño Marcos, después de siete años de espera. ¡La espera nunca es infructuosa! Como decía Napoleón, el que permanece los últimos quince minutos en el campo de batalla, obtiene la victoria. En reciprocidad, Arturo brindó con él por su futuro negocio eclesiástico.

—Pero, por favor, Azucena, no me llames Fito, como mi hermana.

—¿Por qué, tío? Si es de cariño… Aunque te vayas a dejar crecer la barba para disfrazarte de viejo… ¡siempre serás mi tío Fito!

Mientras tanto Martha conversaba al otro lado de la mesa con María, quien, sentada en la cabecera opuesta a la de Adelfo, miraba con un ojo al gato y otro al garabato, que el servicio funcionara bien. Y funcionaba. Louis era un buen entrenador y no había duda de que "la nueva" era una buena discípula.

Luisa conversaba con Emilie, que le quedaba enfrente en la mesa, sobre el nuevo cine que se había abierto en el centro, cerca de Palacio, que tenía como particularidad especial que también era salón de baile. Con el mismo boleto se podía bailar o ver la película o hacer ambas cosas alternativamente.

—Jean, si tú llevas a Emilie, yo le diré a Bruno que me lleve también y seguramente María se nos une, ¿te parece?

Jean respondió que lo haría, siempre y cuando no fuera en día de trabajo, porque por la noche estaba tan cansado que no podría bailar ni un *minuet*.

—Si lo sabré yo, que todos los días le preparo un lavamanos con agua caliente para que meta en él los pies, porque en su trabajo se pasa el día entero parado o caminando de un lado a otro.

La barba de candado que lucía Adolfo por primera vez había sido la comidilla de la familia y de los amigos. El doctor Toledano aprovechó para hacer dos o tres alusiones humorísticas en relación con el significado oculto que podía tener la forma de la barba, si de piocha a lo Trotsky o de candado a lo káiser, si barba generalizada a lo Marx o voluminosa a lo Engels, aunque quizá también podría hablarse de una barba a la manera de Jesucristo, ya que no podía pensar en que Jesús se rasurara... y no faltó quien dijera que Fito se la había dejado crecer para parecerse a su papá. Se recordó, por supuesto, que un día como hoy su padre había perdido su brazo derecho y su pierna izquierda en la batalla de Puebla ¡qué curioso que fuera hoy, precisamente, el aniversario de esa terrible pérdida, que significó un triunfo para la patria y a la vez el aniversario de su nacimiento! Gonzalo entró en la conversación entre María y Martha, porque quería comentar un artículo que ella había publicado la semana anterior, pero cada vez que quería abordar el tema Martha desviaba la conversación.

—Perdonen si interrumpo, pero creo, María, que tu artículo sobre el voto femenino fue muy bueno y sobre todo muy oportuno.

—¿Por qué oportuno?

—Porque ahora que el presidente Calles acaba de fundar el Partido Nacional Revolucionario sería el momento de crear dentro de él una sección femenina que impulse la reforma constitucional para que se acepte el voto femenino.

Martha movió la cabeza en señal de reprobación.

—María, no sé cómo puedes tú abogar porque las mujeres voten...

—"Votemos"..., Martha, tú también eres mujer...

—Yo nunca me entrometería en esos asuntos de hombres. ¿Qué sabemos nosotras de política?

—Sabremos, si nos informamos, cuñada.

—No, no, eso no nos corresponde a nosotras. Tú haces mal en abandonar a Fito y a tu hijo para irte a trabajar al periódico...

—Pero si escribo en mi casa, sólo voy al periódico a entregar lo que escribo... y generalmente cuando salgo me llevo a Marcos; por lo demás, "Fito" casi nunca está en casa cuando salgo.

Gonzalo finalmente desistió de su intento. Martha era tan acaparadora de atención que más valía buscar otro momento para hablar con ella. Los comensales saltaban de tema como de platillo. Los ruidos de los cubiertos, las voces bajas, las risas, todo se mezclaba creando un murmullo festivo. Se comentaron los buenos vinos y el magnífico *soufflée*, se alabó el buen gusto de los adornos de la mesa y del comedor, que esta vez María decidió decorar al estilo Luis XIV. Se había planeado que al terminar la cena se iniciaría el baile, pero mientras todos se disponían a pasar al salón, María fue a la cocina a felicitar muy especialmente a Germaine y a "la nueva" y, por supuesto, a Louis, que tan bien la había entrenado.

Al volver de la cocina, Gonzalo, acompañado de Margarita, la estaba cazando para entregarle una carta que le había llegado al periódico.

—Gracias, pero si ayer recogí toda la correspondencia de mis lectoras...

—Ésta llegó hoy, pero esta vez no es de una lectora... sino de un lector...

—¿Cómo lo sabes, ya la leíste?

—Como verás, el lacre está intacto.

Margarita sonrió pícara. Gonzalo le dio un disimulado codazo. María tomó la carta y con guiño de ojo casi coqueto les preguntó, bajando la voz y acercando su rostro al de ellos, como para decir un secreto:

—¿Qué me dan si la abro ahora y la leemos los tres juntos?

Gonzalo soltó una carcajada. Margarita se sonrojó sin llegar a pronunciar siquiera uno de sus acostumbrados monosílabos, y juntos se dirigieron al salón, donde Louis había dispuesto una pequeña plataforma para el septeto que tocaba ya los primeros compases de la danza de moda: el charleston.

María no quería que Adelfo le preguntara de quién era la carta que traía en la mano, por lo que decidió subir a dejarla a su alcoba. Cerrada con lacre. Con lacre. Con lacre... Iba repitiendo mentalmente una palabra por cada escalón.

Al llegar a su *secretaire*, abrió uno de los cajoncitos y recordó, como en un relámpago, las cartas atadas con listones que había descubierto hacía años en el escritorio de Adolfo. ¿Por qué con lacre? Las cartas de tus lectoras no vienen cerradas con lacre. ¿En qué estás pensando, María? ¿Crees que Jascha...? No, él no es de los que se toman la molestia de escribir... ni menos de lacrar... Además, Jascha ya se fue a los Estados Unidos y la carta no viene del extranjero... podría ser de Bruno... ¿estará en México? No, quedamos en olvidarnos el uno del otro... como si no existiéramos... para bien de los dos... *me gustaría...* que fuera de... ¿quién? A ver, María, imagina, disfruta con el pensamiento... ¿de quién te gustaría que fuera la carta lacrada? ¿De un amante misterioso que no conoces?, ¿que te ha observado desde lejos? ¿De un hermano o hermana desconocido o desconocida que haya crecido fuera del imperio paterno? ¡No! Mi padre es incapaz de haber tenido una aventura fuera de matrimonio... ¿temía demasiado a mi abuelo? o ¿es de naturaleza pacífica? No lo creas... no sería Vélez... hasta tu abuelo, tan recto y respetuoso de la ley y del orden, tuvo un hijo fuera de matrimonio. Anda, responde, ¿de quién te gustaría que fuera la carta? No lo sé... ya no sé lo que *me gustaría...* ni lo que *no me gustaría...* he tenido tantas decepciones... ¡ya sé!... *me gustaría...* que fuera de mi madre... pero ya no vive... una carta, eso es, que ella hubiera escrito para mí desde antes de morir... tal vez, como yo, ella sabía la fecha en que... No, no... eso sería... ¿o sí? ¿No sería su nana la madre de mi nana? Nunca se lo he preguntado. Tal vez también a ella su nana le dio el secreto... sí... es posible... pero el correo, ¿iba a guardar la carta tantos años? No, además, me llegó al periódico, ella no podría conocer mi futuro... Esto me da una idea... Un día... antes de mi... partida... le escribiré una carta a Marcos Bruno... para entonces ya será un joven de... veintitantos... veinti... cuatro años... ¡Seguro le dará alegría recibir una carta mía! Trata de imaginar a su hijo ya adulto y no puede. Se sienta, se ha olvidado de la fiesta. Frente a ella el florero con las margaritas recién cortadas y colocadas allí con ese cariño que sólo su nana puede tenerle, la invita a deshojar una, como cuando era adolescente. María toma una flor y comienza a deshojar los pétalos uno a uno, mientras verbaliza la disyuntiva: ¿abro la carta?... ¿no la abro?... ¿la abro?... ¿no la abro?... ¿la abro?... ¿no la abro?... ¿la abro?... ¿no la abro?... ¿la abro?... ¿la abro?... ¿no la abro?... ¿la abro?... ¿no la abro?... ¿la abro?... ¿no la abro?... ¿la abro?... ¿no la abro?...

Finalmente se decide, deja la margarita despetalizada sobre el *secretaire*, aprieta en su mano el mango turquesa de la plegadera que está sobre su escritorio y abre la carta. Presiente que ése es uno de esos momentos cruciales de la vida en que se teje el destino, sin saberlo. ¿Será en verdad el destino, o mi deseo de que haya algo misterioso que fragua el futuro?

La letra, en tinta negra, parece dibujada de tan perfecta; en cambio, la firma es ilegible. El pliego lleva grabada en su esquina superior izquierda una inicial "M". ¡Ya es algo! ¡La misma inicial de mi nombre! ¿Representará de verdad esta carta un cambio en mi destino?

La marca sobre el lacre, que era un bajorrelieve con las máscaras de la tragedia y la comedia, le parece a María un indicativo de que el autor de la misiva puede estar relacionado con el teatro, sin embargo la carta no le parece escrita por alguien de la farándula. El lenguaje no corresponde... no engrana, no cuadra... aunque, ¿por qué pensar en estereotipos... puede haber un cantante que a la vez sea ingeniero, como mi padre... o un científico que toque el violín como ese Einstein, autor de una teoría rara

---

M
                                            Mérida,
                                     2 de abril de 1929

Muy distinguida y fina periodista Alma,

De antemano pido mil disculpas por mi atrevimiento de dirigirme a usted por este medio, pero lo hago sin otra intención que la de hacerle patente mi admiración profesional.

He seguido con asiduidad sus columnas de la página que tiene usted a su cargo en El Universal, y he podido comprobar no sólo la versatilidad de los temas que maneja, sino la inteligencia con que los combina.

Si hoy me atrevo a escribirle es porque su artículo sobre el voto femenino me ha impresionado muy agradablemente. Creo que ya es tiempo de que la mitad de nuestra humanidad se preocupe también por el destino del mundo. Y es a través del voto como pueden hacerse oír los pueblos.

La democratización de un país depende de sus miembros y las mujeres representan una fuerza incontestable. Creo, como usted lo ha expresado tan magníficamente en su artículo, que ya es hora de que la Mujer adquiera todos los derechos que le corresponden como ciudadana.

Así pues, sirvan estas líneas sólo para patentizarle mi adhesión incondicional. Y si en algo puedo ayudar, sea con una firma en un pliego petitorio o en la forma que usted lo requiera, sepa que en mí tiene un adepto y un admirador de su valor y de su fina sensibilidad.

Su asiduo lector   *M.A.R.*

que salió retratado en el *Je sais tout,* ¿por qué no va a haber entonces un actor que discurra como abogado? Tres golpes en la puerta le recuerdan que tiene invitados en el salón, a los que hay que atender. ¿Será ingeniero como mi padre? ¿O líder del nuevo partido político? ***Me gustaría…*** saber quién es.

III
¿Vas con celos o sin celos por la vida?

"Enhorabuena, señores, que disfruten de las fincas con que se han hecho pagar sus supuestos servicios a la revolución; pero que no pretendan ahora, que ellos son ya terratenientes, cambiarnos también el credo de la revolución, que no pretendan esconder su codicia de reaccionarios enriquecidos sin trabajar debajo del manto sagrado y vengativo de la revolución."

—¡Lo ve, don Refugio! ¿Lo ve? Ahora hasta entre ellos se despellejan... Si esto se lo dice a Calles... qué nos dirá a nosotros...

Don Adolfo blandía el periódico frente al administrador, que trataba de convencerlo de no vender la última propiedad que tenía en Puebla.

—Si no la vendo ahora, acabarán confiscándomela también, como hicieron con mi finca.

—Pero, don Adolfo, si son los alquileres de ese edificio los que...

—¿... los que me dan de comer, iba a decir?

—No, no..., iba a decir, los que le permiten tener todavía ciertos lujos...

—Lea todo el discurso de Vasconcelos, léalo bien y vea dónde lo pronunció: en mi Estado... si lo eligen presidente se lanzará contra nosotros. Así como se han repartido el campo, se repartirán las ciudades... nos quieren acabar... en cambio, vea en los Estados Unidos, allí hasta la gente de medio pelo se está haciendo millonaria gracias a la Bolsa de Valores...

—Pero, don Adolfo, la Bolsa no deja de ser un riesgo...

—Quien no arriesga no gana. Además, ¿no recuerda que fue usted quien me recomendó comprar acciones en la Bolsa de Nueva York?

—Sí, pero... no vendiendo sus propiedades para comprar acciones... sus propiedades son algo seguro... piedra sobre piedra... en cambio, las acciones podrían bajar...

—¡Qué van a bajar! ¿No ha visto las ganancias que he tenido con lo que invertí al vender mis últimos caballos? La mejor de mis carreras de caballos o de automóviles no me proporcionó jamás ganancias semejantes... Y no crea que venderlos no fue para mí un sacrificio, lo fue, pero seguí su consejo y me fue bien... no se eche para atrás ahora que traemos el viento en popa... Además, la Bolsa es como un Casino...

—Precisamente, don Adolfo... si usted no jugara tanto...

—Soy un jugador... ¿no lo sabe? Me gusta apostar... ¡Sigamos apostando, don Refugio! Venda el edificio de Puebla... y compre acciones... No voy a esperar a que un Vasconcelos o un Ortiz Rubio confisque lo que me queda de propiedades... y si no vendo el palacio de Humboldt, es porque aquí vivo...

—Pero, don Adolfo, si ya lo tiene hipotecado...

—Con las ganancias de este año en la Bolsa pagaré la hipoteca, no se preocupe don Refugio...

—¿Qué dirá doña Francisca?

—Que diga misa, como siempre... Mi tía siempre ha criticado todo lo que hago, pero, ¿cuándo ha movido un dedo para ayudarme cuando he tenido problemas? ¿Eh?... Dígame... ¿Se acuerda cuando el gobierno me expropió la finca? ¿Acaso mi tía fue para cederme una parcela siquiera de sus tierras?

—Bueno, todo lo que le aconsejo, don Adolfo, es que lo piense dos veces...

—Basta, acabaré por llamarle don Remilgos... deje de insistir... ¿No está viendo que el negocio con el clero se ha venido abajo con la liquidación de la guerra cristera que anunció Ortiz Rubio? Necesito compensar la pérdida de ese negocio... Además, tendré que devolver la vecindad que dizque recibí en donación...

No bien recordó don Adolfo su frustración ante el arreglo entre el gobierno y el clero, empezó a vociferar, culpando a don Refugio de sus problemas económicos, y a insultar a Calles, a Portes Gil, al arzobispo primado de Puebla y hasta al embajador Morrow, que en todo se metía, y cuya hija se acababa de casar con bombo y platillos con un aviador, un tal Lindbergh, que se había hecho famoso por cruzar el Atlántico volando de Nueva York a París. Hablaba con envidia y animosidad, no podía saber en aquel entonces que tres años después el famoso aviador se haría también tristemente célebre cuando su hijo fuera secuestrado y asesinado, algo que para Adolfo, como padre, representaría la peor de las torturas. Pero, por el momento, todo era celos y rivalidad.

¿Cómo era que él nunca se había hecho famoso por las carreras ganadas con su caballo *Ares*? ¿Ni con su automóvil Ford cuando participó en la carrera de Chapultepec? En cambio ese mequetrefe de aviador, por estarse sentadito en su silla de piloto varias horas, había sido recibido como si fuera jefe de Estado. Y ahora, apenas llegado a México, se llevaba el mejor trofeo: a la bella Anne Morrow, y podía confirmar que era bella porque la había conocido en una recepción de la embajada poco tiempo atrás.

—¡Y luego, para colmo, vienen estos candidatos presidenciales con sus discursitos amenazadores, como si no tuviéramos bastante con las rebeliones, que si la de Escobar, que si la de Perico de los Palotes, que si los cristeros, que si los anarquistas, que si los socialistas...!

Don Adolfo ya no sólo golpeaba con el periódico sobre su propia mano, sino sobre el escritorio y por poco sobre las narices de don Refugio, que miraba como gato asustado hacia todas partes, esperando que el mayordomo escuchara los gritos y entrara a calmar a su amo, como efectivamente sucedió. Entró Louis con un vaso de agua de Jamaica sobre una bandeja de plata y se dirigió a don Adolfo.

—Señogr, que aquí le manda *Germaine* un grefresco que hizo para Magrquitos, ¿le gustagría a usted pgrobagrlo? Con este calogr le caegrá bien...

La cólera de don Adolfo pareció congelarse como por arte de magia al escuchar el nombre de su hijo.

—¿Dónde está Marquitos?

—En el pequeño comedogr... El niño me manda pgreguntarle si puede usted acompañagrlo a comegr. La señogra no está.

Don Adolfo dejó caer el periódico sobre el escritorio. Se recompuso el fistol de la corbata y se dispuso a salir de la biblioteca.

—¿A dónde fue?

—Se fue con Camila a las Fábgricas Univegrsales a compgrar unas telas pagra los disfgraces de la fiesta del 14 de julio.

—Bien, acompaña a don Refugio a la puerta. Voy con Marquitos, llévame allá el refresco... Adiós don Refugio... ¡venda la propiedad!

—Lo que usted disponga, don Adolfo... así se hará...

255

La Gran Carrera de Automóviles en Chapultepec

Obras de terracería y construcción de la pista en que se ha de correr la carrera de automóviles con que se celebrarán las fiestas patrias en este año.—Ocho de los ocehes inscritos

—Ah, y no se olvide de apartarme un gabinete en el *pullman* para este fin de semana.

—No, don Adolfo, no me olvidaré.

*

Mientras tanto, María, acompañada de Camila, se ha ido al almacén donde Jean es accionista y jefe de uno de los departamentos, porque le ha dicho que han llegado de París unas telas muy exclusivas. Al acabar sus compras, aprovecha para pasar al periódico a recoger su correspondencia. Deja a Camila en el automóvil con el chofer y sube hasta la redacción. Le entregan varias cartas y ella busca con ansiedad la misiva lacrada que desde hace meses recibe asiduamente de su "lector" de Mérida. *¿Te esperarás, María, hasta llegar a casa para abrirlo? Sí, aquí te vigilan, ven tus gestos, aunque no puedan leer lo escrito en la carta, lo verán en tu cara. Tu rostro les dirá lo que sientes. Anda, guarda la carta, hazlo con indiferencia, no demuestres tus sentimientos.*

Al volver a la vetusta mansión, Louis le informa que "el senogr salió hace una hogra". Sube apresuradamente las escaleras, con su consabida

>Mérida,
>1º de julio de 1929

Muy distinguida y admirada Alma,
    Ante todo agradezco su misiva, tan ilustrativa como atenta. Muy especialmente le doy las gracias por los poemas que me envía. Como le expliqué en mi carta anterior, me gusta recitar y, sin pretender presumir, puedo decirle que quienes me han oído recitar dicen que no lo hago tan mal. Sin embargo, el poema de Gutiérrez Nájera que comienza con:

> Quiero morir cuando decline el día,
> en alta mar y con la cara al cielo,
>
> donde parezca sueño la agonía
> y el alma un ave que remonta el vuelo
> ...

me pareció extraño, sobre todo por la última cuarteta donde dice:

> Morir, y joven: antes que destruya
> el tiempo aleve la gentil corona,
> cuando la vida dice aún: "Soy tuya",
> aunque, sepamos bien que nos traiciona.

    ¿Podría comentarla usted, distinguida amiga, con su fina sensibilidad, en su próxima misiva? Me parece que en ese poema hay mar de fondo.
    También sé que usted, fina amiga, escribe poesía, ¿podría enviarme algún poema suyo? Me haría gratamente feliz. A mi vez le enviaré, como le he prometido, algo de lo que yo he escrito, aunque no tiene que ver con el arte sino, más bien, con mi ideología, que me parece ser afín a la suya. Besa su mano,
    su admirador y amigo   M.A.R.

cantilena con-lacre-con-lacre-con-lacre, a palabra por escalón. Aunque la puerta no tiene llave, sabe que Adelfo, aunque estuviera en casa, no entraría en su *boudoir* a menos que hubiera una seria emergencia. Abre con cuidado el sobre para no estropearlo demasiado.
    María siente que le palpita el corazón, no sabe por qué. En los meses

que tienen de escribirse nunca le ha preguntado si es casado, soltero, ni siquiera su edad. Lo único que sabe de él es su nombre, que es fotógrafo y que su padre fue actor, por eso usa su lacre con las máscaras de teatro, y que le gusta leer, especialmente poesía. Y ella, por su parte, nunca le ha confesado su verdadera identidad. Él la conoce sólo por su pseudónimo. No quiere comprometerse y darle a pensar que le interesa, sin embargo... ¿es que de verdad me interesa?... bueno, **me gustaría**... saber cómo es, aunque sea sólo como amigo, es bueno saber con quién se está tratando... pero María... Mariquita mía, *est-ce que le visage c'est importante?* Guapo o feo será siempre la misma persona que te escribe esas cartas tan llenas de sensibilidad artística, de inteligencia, de refinamiento... No serás otra Roxana... y él un Cyrano, ¿verdad? Si tuviera la nariz de Cyrano, ¿lo amarías? Pero, ¿quién habla de amar? Sólo es un amigo por correspondencia... una voz en la lejanía, una nostalgia tal vez de lo que me falta... ¿Quién es Mario Andrés? No... rectifica... por sus cartas ya sabes quién es, lo que no sabes es cómo es... ¿Alto?, ¿bajo?, ¿moreno?, ¿blanco?, ¿de grandes ojos azules?, ¿o negros?... ¡Basta! Le pediré un retrato... No, ¡qué va a pensar! Tengo que dejar que a él se le ocurra... ¡María! ¡María! ¿Qué elucubraciones haces? ¿Vuelves a querer jugar? No, esta vez no es un juego, no es un Jascha que llega como un cometa a que lo admiren y vuelve a irse para no volver o volver quizá en un siglo, no, sus palabras provienen de un hombre de carne y hueso, no es ni un sol ni una estrella fugaz, está ahí, lejos pero constante. Desde que apareció, su verbo es como un hilo de savia que enriquece mi vida, sí, como la de Roxana... no le pediré un retrato, pero le insinuaré... una palabra aquí, otra allá, desperdigadas, ya ves qué bien entendió mi insinuación con el poema de Gutiérrez Nájera... por supuesto que se lo comentaré...¡María! ¿Cómo piensas comentarlo? ¿Vas a confesarle el "misterio" de tu vida? ¿Vas a decirle que estás casada con un hombre que no sólo te lleva casi treinta años, sino que...?

El llanto brota a su pesar, aprieta la carta sobre su corazón y llora, llora hasta que se le agosta el manantial salado de su lagrimal. De pronto, se endereza, coloca un pliego blanco sobre el cartoncillo verde del *secretaire*, toma la pluma y traza las letras del título de un cuento como si estuviera dibujando.

"La mujer feliz"

¡¡Qué guapa es Gabriela!!

Tal era la opinión general, y era verdad. Su aspecto arrogante, su cutis deslumbrante, su cabellera de bronce luminoso, su sonrisa plena de seducción, todo en ella era armonía y gracia. Elegantísima envuelta en sedas, pieles y terciopelos, dejando a su paso una estela de aromas; era la encarnación de la feminidad...

...

Hasta entonces su severa moral había condenado las caídas ajenas, desde lo alto de su virtud no comprendía que se olvidara todo por una hora de amor. Despertada de pronto de su letargo desgarróse el velo de su ignorancia y descubrió el sentido de la vida: amar, sufrir, gozar... De arriba abajo de la escala social se oían los mismos besos y los mismos sollozos...

...

Replegada en sí misma analizó su vida... el Otoño llegaba... ¿qué había hecho de ella? ¿Era suficiente, para ser feliz, el no tener que reprocharse nada? ¿Qué sabía de pasiones? ¿Qué de sacrificios? ¿Qué de esas luchas en que el alma se destroza y al verse miserable aprende a tener caridad hacia todas las culpas, piedad de todos los que caen?

...

Y la mujer feliz lloraba sobre su incolora existencia envidiando a aquellas, sus hermanas, que el amor ha elevado en la cruz del martirio!!

No estoy satisfecha... seguro que podré mejorarlo... **Me gustaría**... escribir el mejor de los cuentos... el mejor de los poemas... ¡nunca podrás superar a Darío...!, bueno, lo hago lo mejor que puedo y eso es lo importante, dar lo mejor de mí en mi escritura... ¿Lo publicarás con el mismo pseudónimo? No sé, tal vez se lo dé a *El Popular*, así él no lo verá... ¿no lo escribiste precisamente para que él lo vea?... Lo publicaré esta semana...

Pero no lo publicó esa semana, sino mucho después. Las dudas la acosaban y, sin deshojar margaritas, decidió que le escribiría con toda la lealtad de su corazón, le confesaría lo que tanto trabajo le costaba aceptar: que estaba casada con un hombre al que no amaba y que eso la convertía en... no pudo siquiera precisar la palabra: ¿víctima? o ¿algo peor? Ella no había amado nunca a su marido, pero la obediencia hacia su padre... ¿no resultaba ser eso, finalmente, en lugar de una virtud, un pecado?, ¿pecado? No, no había atentado contra ningún Dios, ¡cualquiera que fuera!, para poder llamarse pecadora. En todo caso, la obediencia la había llevado a atentar contra su propia vida, porque ¿qué era esa obediencia hacia el padre, sino una infracción contra su propia dignidad humana? Por eso... ¿cómo contarle a Mario Andrés la verdad de su vida, de su matrimonio con un hombre que la insultaba no sólo con palabras sino con sus hechos deleznables, sus escándalos, sus mujeres, sus pérdidas catastróficas en el juego, sus vicios, su...?, no, no voy a llorar de nuevo. Le escribiré, sí, le diré todo, aun a riesgo de que no vuelva a escribirme, de que no vuelva a querer saber más de su "distinguida y fina amiga, Alma".

María se levanta, guarda la carta dentro de su sobre lacrado, en uno de los cajoncitos de su *secretaire*, y baja al salón. Se dirige al piano y descarga en las teclas toda su tristeza, su amargura, su desazón, su rabia... envueltas en las notas apasionadas de la sonata *Patética* de Beethoven. A medida que toca vuelven a su mente sus antiguos anhelos de ser pianista, como Angélica... ¿Cambiarías tu destino con el de Angélica?

*

Conocer a Sauer fue uno de los sueños de mi niñez. Ya de mucho tiempo atrás había oído hablar de él. Mi primer maestro, Cortázar, me decía: "Al cuarto dedo no debe tratársele con miramientos, según Sauer", y arriba con mi pobre dedillo... Deseaba yo conocer al autor de aquel anatema.

—Y te llegó el día, Angélica...

—Sí, me llegó el día.

—¿Cuándo fue eso?

—Cuando tocó el *Concierto en la mayor* de Liszt acompañado por la Filarmónica de Berlín. Tú sabes que él fue alumno de Liszt, así que ya te puedes imaginar la maravilla que fue escucharle ese concierto.

—¿Cómo es él ahora?

"La impresión que causa en su público y entre todos los que lo rodean es enorme. Su rostro ya surcado de arrugas revela la mayor bondad y sus ojos azules conservan toda la energía de su juventud. Su porte es esbelto, aristócrata, sus maneras distinguidas, su actitud elegante, cuanto lleva tiene un sello de distinción y buen gusto."

María cierra los ojos, imagina a Sauer y por un instante envidia a Angélica, que pudo realizar su carrera de pianista y encontrar a su ídolo. Puede verlo de pie en medio del escenario, frente al piano de cola agradeciendo los aplausos, judío alemán, igual que Jascha... distinguido, igual que Jascha... Angélica desaparece y es ella misma quien está en el teatro escuchando al artista soñado. Las palabras que entran por sus oídos se transforman en imágenes reales, siente la suavidad del terciopelo de los brazos de la butaca del teatro en sus brazos desnudos de realidad.

"El público lo adora, lo colma de agasajos y flores que él recibe con cariño. Y el público le pide, arrebatado por su exquisito arte, una multitud de *encores* que él bondadosamente concede volviendo a tocar casi un nuevo programa, pues le gritan: 'Emilheon', literalmente significa Emilito bonito, la 'Cajita de Música'..., 'Emilheon, el *Danubio azul*'..., y así, él toca y toca..."

—¿Hasta que se cansa?

La voz de María viene desde la lejanía de su ensueño.

—No, hasta que los acomodadores, por orden del *manager,* dejan la sala a oscuras para que se desocupe el teatro...

—¿Siempre ha sido agasajado así?

"Sí, Sauer morirá como ha vivido: entre flores y aplausos..."

—Esto es un privilegio, ¿no?

María reproduce la imagen de Jascha en su mente, que se superpone a la del Sauer evocado por Angélica.

"Sí, un raro privilegio sólo otorgado al genio. Él ignora las amarguras, las rastreras envidias que enturbian la vida íntima del artista a quien persiguen la serpiente envenenada de la envidia, las horas de lucha, de duda, las saetas que la mala voluntad lanza hiriendo el lado vulnerable del artista emponzoñando sus horas de triunfo. ¡Quién sabe lo que cuestan los aplausos, lo que esconde la sonrisa del que se inclina recibiendo las flores y cuya vida parece estar aureolada de dicha! ¡Mentira! Son abrojos y cada flor lleva mil espinas."

María reacciona, volviendo a la realidad. En su mente se reproducen las palabras del doctor Toledano: "Si recibe un buen tratamiento y se cuida... Por lo pronto, nada de embarazos y, por supuesto, tiene que dejar el piano..." Sacude la cabeza como tratando de alejar los malos recuerdos.

—¿Tan dura es la vida del artista?

"¡Ah, María, si tú supieras! ¡Si se pudiera aparecer frente al público con el alma llena de luz, cuán otro sería el esfuerzo del artista, alentado por una sala llena de espectadores cordiales y sin esa cizaña que algunos siembran para coartar desde un principio al que va a darles un pedazo de su alma, a entreabrirles un horizonte nuevo, a llevarlos al país mágico donde reina la armonía; y si el público quisiera compenetrarse de ese modo, alentando con su benevolencia al pianista en lugar de llevar preparada la censura... Sin ningún premio al poderoso esfuerzo que su trabajo significa!"

—Pero dime, ¿qué pasó después de que lo escuchaste por primera vez?

"Fuimos adentro a felicitarlo. Sabiendo mis pretensiones de 'concertista' nos citó al día siguiente en su casa para escucharme."

—Y fuiste, claro.

"Fui y toqué para él. Sus palabras de estímulo fueron muchas, pero lo más significativo fue una invitación que me hizo para pasar el siguiente verano con su familia en su Villa de Dresden, en donde me daría algunas clases y me permitiría oírle estudiar."

—Angélica, ¿me permitirías que publicara yo algunos artículos sobre tu carrera de artista?

—¿Por qué no?

—¿Cuál fue tu primer concierto en Europa?

—El de Dresden.

—¿Después de tu encuentro con Sauer?

"Sí. A partir del día en que lo conocí, mi entusiasmo por los estudios creció; me empujaba ese aliciente y no sólo puse las treinta *Invenciones* sino que añadí dos *Conciertos para piano y orquesta* de Mozart y Beethoven; con verdadero ahínco deseaba interesar a Sauer en mi favor. Iba yo muy bien preparada al examen de fin de curso en la Alta Escuela. Tuvimos un éxito ruidoso que llegó a los oídos de Sauer. Cumpliendo lo ofrecido, el gran pianista me instaló en su Villa como huésped de honor. De esta temporada guardo inolvidable recuerdo."

—¿Con quién vivía Sauer en esa época?

"Todavía no enviudaba. Vivía con su esposa e hijas. Eran dos, Dalli, muy linda, pianista y profesora del Conservatorio de Stuk Garden, y Eva, mujer interesante, aunque algo excéntrica, profesora de varios idiomas y que residía en Budapest, pero pasaba el verano con su padre en Dresden. Su carácter original y un poco masculino chocaba con las costumbres alemanas. Llevaba el pelo corto, entonces aún no era la moda, y fumaba."

—¿Cómo era la vida allí?

María inquiere menos por interés periodístico que por dejar que las palabras de Angélica acaricien sus antiguos sueños concertísticos. Sin interrumpir la conversación, entra Mixi, deja sobre la mesa la bandeja, sirve el té en las dos tazas de porcelana con alas de mariposa y sale sigilosa y silenciosa, como imagen fugaz en un espejo.

"Sauer era afecto a la sociedad. Desfilaban a mi vista condes, marqueses, damas elegantísimas. El buen tono presidía aquellas reuniones que Sauer alegraba con su ameno trato y afabilidad. Yo procuraba fijarme, cuando se trataba de música, en todo aquello que podía servirme."

—Y ¿te dio clases?

"Por supuesto, no todo era diversión. Sauer me daba clase diariamente; además, me permitía escucharle estudiar las obras que estaba trabajando. Su manera de enseñar era completamente distinta a la de Petri."

—¿Por qué?

"No tenía su severidad. Sauer me hizo estudiar la 'Invitación al Vals' de Weber, el 'Rondó' de Hummel, algo de Scarlatti, de Schumann y algunas composiciones suyas. Las *Escenas de niños* de Schumann me arrancaron esta exclamación. A Petri no le agrada mucho este autor, ¡para mí es un dios!"

María, extasiada, sigue la vertiente de la historia como si la estuviera viviendo en carne propia. Ya se siente estudiando la 'Invitación al Vals' y el 'Rondó' y las *Escenas de niños*. Nada de lo que le cuenta Angélica le es ajeno. Todo lo ha vivido en sueños; no dormida, sino en vigilia, ¡siente que es el mismo empeño que ella pone ahora en la escritura! Sin embargo, siente que aunque la práctica del periodismo le ha enseñado bastante, le falta ese mentor que Angélica tuvo en la música; esa beca que el Presidente le concedió para irse a estudiar a Alemania a los diez años; le ha faltado ese esposo que la estimule en sus intereses artísticos. A estas reuniones, como la de hoy, que desde hace unos meses celebra todos los miércoles, Adelfo ni se asoma siquiera.

—¿Cuántos años te lleva?

—Como treinta y cinco.

María se queda en estado de estupor. ¿Cómo podían entenderse tan bien con esa diferencia de años? ¿Si ella y Adelfo parecía que hablaban dos lenguas diferentes? Le parecía incomprensible que Angélica y Von Sauer pudieran comprenderse.

—¿Cuánto tiempo permaneciste en su Villa ese verano?

—Tres meses. Cuando pasaron mis vacaciones, vi llegar el día de la partida con profundo dolor...

Entra Louis con su paso majestuoso de siempre.

—Señogra, sus invitados han comenzado a llegagr.

—Gracias, Louis, ahora bajamos.

—¿Quiénes vendrán?

—Gregorio Cordero León...

—¿Lo conozco?

—Creo que no, tiene poco tiempo en México, es un dramaturgo ecuatoriano, vendrá también Portilla, novelista, Núñez y Domínguez, cronista de teatro, amigo de mi tío Archibaldo, algunas escritoras, Matilde Gómez y Asunción Izquierdo Albiñana, la abogada Leonor Llach y dos poetas modernistas...

—¿Algún músico?

—Sí, viene un violinista, pero no es de tu talla como para que toques algo con él.

—¿Vienen tus padres? Me gustaría saludarlos.

—No, a 'isita le gusta venir a mis reuniones, pero hoy mi papá está un poco mal, nada grave, pero prefirió quedarse a cuidarlo, a él no le gusta estar solo cuando está enfermo.

—A nadie le gusta.

—¿Bajamos?

— Sí. Me iré temprano, así que, si quieres que toque, no esperes mucho tiempo. Tengo que volver temprano para empacar.

—Me saludas a la *Tour Eiffel* cuando la veas.

—Lo haré.

Sonríen las dos. En la puerta casi son atropelladas por Marquitos, que metido en un carrito de bomberos avanza por el pasillo empujado por Xóchitl y sonando una campanita mientras grita:

—¡Buh, buh! Aquí vienen los bomberos... los apagafuegos... ¡Buh, buh!

María no intuyó en ese momento que ésa sería la última reunión literario-musical de salón palaciego, ya que al tocar Angélica los primeros compases de la sonata *Appassionata* de Beethoven entraría Avelfo completamente ebrio, y sin más explicaciones cerraría la tapa del piano. Angélica, más que sorprendida, furiosa, le gritaría un: "¿Cómo se atreve?" que prendería en Avelfo la mecha que apenas era necesaria para que su violencia estallara. Haría volar un metrónomo colocado a su alcance por sobre las cabezas de los invitados. Un toro en el ruedo sería la imagen que pudiera describir la escena, sólo que la capa torera en la que se convertiría el mantón con que María acostumbraba cubrir el piano estaría en manos del toro mismo, y con ella embestiría a los invitados para obligarlos a abandonar su casa.

—¡Veneno! ¡Veneno! ¡Fuera de aquí, todos!... Y tú, a tu cuarto... se acabaron tus reuniones sediciosas... no las toleraré más...

María echaría a llorar y saldría huyendo hacia su alcoba. En el pasillo, casi tropezaría con Marcos Bruno.

—¡Buh, buh! Aquí vienen los bomberos… los apagafuegos… ¡Buh, buh!

*

Tuvieron que pasar semanas, meses, desde aquella primera carta del entonces misterioso lector de Mérida para que María se decidiera a contarle parte de su infortunio, pero la razón de contárselo no fue una fría decisión, sino impulsada por las circunstancias, ya que no se atrevía a compartir con su familia y ni siquiera con Emilie lo que estaba viviendo. Los únicos que veían lo que ocurría eran su nana y la servidumbre; sin embargo, María sentía la necesidad de contarle sus tribulaciones a alguien ajeno a su hogar.

Esa tarde, después de comer con Marquitos y Xóchitl en el pequeño comedor, se quedó de sobremesa a buscar en los periódicos de la mañana alguna noticia que comentar en sus columnas del periódico. Fue entonces cuando llegó Avelfo, con el rostro descompuesto. Tomó una licorera de cristal que ella quería mucho porque había sido de su abuela y que tenía una letra **A** biselada en el cristal, se sirvió una copa de cognac y se la bebió de un sorbo.

—¿Te crees que vas a intimidarme con tus artículos en favor de los derechos de la mujer? ¿Te crees que soy imbécil para no darme cuenta de lo que estás haciendo? ¿Me quieres hacer quedar en ridículo frente a mis amigos? Todos hablan de tus "comentarios" con una sonrisa de burla hacia mí. Creen que no soy suficientemente hombre para manejarte. Pero yo les demostraré a ti y a todos que soy muy hombre… ¿me oyes?, muy hombre…

Fue entonces cuando azotó la licorera contra el mármol del aparador, haciéndola añicos. María, asustada, gritó. Louis apareció, como la estatua del Comendador en la cena de don Juan Tenorio, llevando en las manos una pequeña bandeja de plata con su cepillo correspondiente para recoger los restos cristalinos de la licorera.

—Se los demostraré, a ti y a todos…

Salió del comedor hecho un bólido, dejando a María de pie, con las manos cubriéndose la boca, y a Louis estatuado, sin atreverse a pronunciar ni una palabra.

No habían pasado tres horas de la escena cristalera, cuando llegó un oficial de policía a preguntar por ella. Bajó con el alma en un hilo, imaginando lo peor.

—¿Es usted la esposa de un señor que dice llamarse Adolfo Guerrero y vivir aquí?

María respondió afirmativamente. ¿Qué le habría pasado a su esposo? El oficial le preguntó si ella estaba dispuesta a pagar la multa por la infracción cometida. A la respuesta también afirmativa, el oficial añadió que, para sacarlo de la comisaría, además del dinero de la multa llevara también alguna ropa de su esposo.

—¿Ropa?

—Al señor Guerrero... lo aprehendieron cuando andaba en el bosque de Chapultepec en estado de ebriedad y tal como Dios lo echó al mundo.

María no podía creer lo que oía. Por supuesto, pensó que al verlo borracho lo habían robado o atacado como la otra vez, pero el oficial le dijo que él insistía en que se había desnudado para demostrarle al mundo que él era muy hombre. María le pidió a Louis que trajera una muda completa de ropa del señor y que la acompañara a la comisaría.

Cuando regresaron, Adelfo ya estaba manso como un perrito faldero, aunque la ebriedad no se le había pasado aún. Louis lo acostó en su cama y María decidió que había llegado la hora, tantas veces aplazada, de pedir el divorcio. Fue entonces cuando, finalmente, sintió el arrojo necesario para escribirle a Mario Andrés la verdad. Él, que parecía tener muchas relaciones, podría aconsejarle cómo pedir el divorcio para no perder a su hijo, porque Avelfo-Adelfo era quien tenía el dinero, los abogados, las influencias y ella no tenía nada, ni siquiera podría recurrir a su padre, porque un Vélez jamás aceptaría un divorcio en la familia, así que poca ayuda podía entonces esperar de él.

Se dirigió a su *secretaire,* sacó un pliego y, secándose las lágrimas con su pañuelo de encaje de Bruselas, comenzó la carta que, esperaba, cambiara su destino. No debes contarle todo de golpe, María... no, lo sé, **me gustaría...** hacerlo, pero tienes razón... debes ir paso a paso... ¡Sí, pero lo haré con paso seguro hasta confesar la verdad total!

María cerró el sobre, lo lacró con el "gato" que era su sello personal y llamó a su nana para que fuera al correo a enviar la misiva.

Los días que transcurrirían entre esa carta y la respuesta le parecerían los

> México, a 5 de septiembre de 1929
>
> Muy estimado Mario Andrés,
>   Esta vez mi carta no va escrita por la periodista Alma que usted conoce, sino por la amiga que puedo ser desde hoy, aunque tal vez, por esta carta, pierda al admirado lector. Si usted decide no volver a escribirme, lo entenderé. Cuántas veces me ha insinuado usted que le diga mi nombre completo. Si en algo sirve de disculpa el que haya yo guardado silencio a este respecto, sean las siguientes palabras mi justificación. He decidido abrir a usted mi corazón, ya que me ha demostrado ser comprensivo y leal. Aunque si de lealtad se trata, creo no ser la indicada para hablar de ella. No he sido leal ni con usted, ni conmigo misma, ni con mi esposo... ¡Sí, lo que usted lee es verdad! Soy casada y mi única excusa al escribirle esta carta y las anteriores, es que las suyas han sido el único oasis en el desierto en que vivo. Un desierto invadido de abrojos y espinas. Todo lo que le diga es poco de lo que he vivido en estos once años de un matrimonio malhadado con un hombre que tiene todos los defectos, a pesar de haber sido de joven un dandy que por su galanura, su elegancia y su fortuna atraía la mirada de las mujeres. Un hombre que es casi treinta años mayor que yo y con el cual me casé por obedecer a mi padre, nunca por amor. Así, si aún desea saber quién soy, si aún desea mi amistad, contésteme esta carta. Si lo que le confieso le obliga a interrumpir esta correspondencia amistosa, como le dije antes, lo entenderé, y entonces será mejor que nunca sepa quién soy. Hasta pronto, estimado amigo, o hasta nunca... ¿...?

más largos de su vida. ¡Tantas cosas dependían de esa respuesta! Por fortuna, su sección de "Consultas", abierta a las lectoras, siempre le proporcionaba una buena cantidad de correspondencia, lo que permitía que la "carta lacrada" pasara más o menos inadvertida. Así que, para poder recogerla, a partir de la semana siguiente comenzó a presentarse diariamente en el periódico con cualquier pretexto; el mejor era la campaña de Vasconcelos, a quien por sus ataques contra Calles lo habían puesto en la lista negra del gobierno, llamándolo reaccionario y contrarrevolucionario. Y aunque Vasconcelos había dejado de escribir en *El Universal* desde julio, el apoyo que le daba *El Universal* a la campaña vasconcelista provocó que un día un grupo de hombres armados entrara al periódico, se apoderara de las ediciones de ese día e hiciera fogatas con ellas bajo el grito de: "¡Abajo *El Universal* por reaccionario!" Desde entonces la gerencia del periódico restringió la información sobre su campaña. A pesar de eso, María seguía admirando a Vasconcelos y pensando que era el candidato ideal para ocupar la Presidencia.

Finalmente, llegó el sobre lacrado. María salió apresuradamente del periódico. Tenía urgencia de leer el contenido, no podía ser malo, puesto que él había respondido. Ese solo hecho le indicaba que había ganado un amigo. Al bajar del coche entró corriendo, subió la escalera casi sin respirar aunque repitiendo mentalmente el estribillo "con-lacre-con-lacre-con-lacre", y después de darle un beso a Marquitos, que la recibió al final de la escalera con sus bracitos extendidos, se encerró en su alcoba cuando en el reloj sonaban las doce campanadas del mediodía.

*

Después de leer la carta, María la aprisionó un momento sobre su pecho, después la guardó apresuradamente en el cajoncito, sin siquiera sumarla al paquete de cartas anteriores. Bajó las escaleras y vio a Edelmira que estaba dando instrucciones a "la nueva" sobre cómo limpiar la plata, porque la última vez que lo hizo la había dejado poco lustrosa. Le pidió que llamara al chofer para que la llevara a hacer unas compras. Edelmira le respondió que se había ido con el señor. Subió entonces a buscar a Marcos Bruno, y lo encontró jugando con Xóchitl; le dijo a Mixi que preparara al niño porque iban a salir al centro.

Ya en la calle, subieron a un automóvil "libre" y le dio la dirección del Estudio de Fotografía Antibáñez. Cuando Marcos Bruno supo que lo iban a retratar brincó de alegría: ¡le gustaba tanto ver fotografías!

Se dejó retratar con distintas sonrisas, actuando como un verdadero modelo. Cuando terminó el fotógrafo con el niño, María, como a quien acaba de ocurrírsele la idea, le preguntó si podría retratarla a ella de una vez. Quería darle a su esposo, de regalo, una fotografía suya para el día de Navidad, en el que, no sólo Jesucristo, también ella cumpliría años. El fotógrafo, que también se llamaba Mario, sonrió y le preguntó si quería utilizar el espejo para retocarse el peinado; ella respondió afirmativamente, agregando ¡claro, con el viento a veces el cabello sufre contratiempos y se coloca donde no debe! Evidentemente, la señora estaba de buen humor. A María le gustaba ese estudio fotográfico porque entre todas las fotografías que servían de decoración, tomadas por Mario, había muchas históricas desde la época de Solfiglio y entre ellas había una de su abuelito. El fotógrafo, ya en trance de presionar el obturador, le pidió una sonrisa, que ella prodigó sin ninguna dificultad. Al chocar su vista con la fotografía de su abuelo no pudo dejar de reflexionar en que nuevamente se estaba preparando, como él, para la guerra. Un divorcio era, indudablemente, una guerra contra la familia de él y tal vez hasta contra la suya propia. Estableció un paralelo entre su lucha familiar y la que su abuelo sostuvo al volver de su exilio, contra todos, incluso contra quienes habían sido sus propios partidarios. La fotografía que tenía enfrente era del momento en que lo habían sacado de la prisión para llevarlo a declarar ante el juez, por haberse rebelado contra Madero, y aunque no vestía su uniforme de general todos los que le hicieron valla se le cuadraron para saludarlo con respeto. Pobrecito abuelito, por haber obedecido a Solfiglio... aceptando irse del país, cuando el pueblo lo quería tanto... lo perdió todo. Perdió la última batalla, y con ella la guerra entera... ¿Será ésta mi primera o mi última batalla? ¿Será el divorcio la pérdida de mi familia, de mi honor, de mi hogar, de todo lo que amo? ¿Perderé, como abuelito, con esta batalla... la guerra entera?

—Otra sonrisa... otra... haré una toma más por precaución...

María sonríe con una sorpresiva fe en su futuro. ¡Me quedan veinte años de vida! ¡Haré de esta batalla la felicidad de esos veinte años! ¡Basta de sacrificios por los demás! ¡Lo más importante en la vida es obtener la felicidad! Lucharé por ella con todas mis fuerzas.

El destello del fogonazo la deslumbra por un momento. Cierra los ojos y escucha en su mente como si fuera un clarín que anunciara la batalla, las palabras de su abuelo: ¡Hay que prepararse para la guerra!

Era casi de noche cuando volvió de sus compras y de una visita, no tan fugaz como ella pensaba, a Emilie para pedirle prestados unos libros que le hacían falta para un artículo que estaba preparando. Ahí se encontró con que Avelfo ya había regresado.

—Señogra, señogra, el señogr está muy enojado porgrque trajo a un amigo pagra que conociegra a Magrquitos y...

—Y, ¡claro!, ¡Marquitos no estaba...! ¿Todavía está con su amigo?

—Sí, señogra.

—¿Dónde están?

El General saliendo de la prisión de Santiago para ir á rendir declaración ante el Juzgado 1º de Distrito.
Septiembre de 1912.

—En la biblioteca, señogra.

María sabía que un "muy enojado" de Louis significaba que Avelfo estaba hecho un energúmeno, así que no quiso enfrentarse a él en ese momento y le dio órdenes a Mixi para que llevara de inmediato a Marquitos con el señor y la disculpara porque estaba con jaqueca, por lo que había ido a su alcoba a descansar un momento.

Mientras Mixi desaparecía con Marcos Bruno por la puerta de cristales del *foyer*, ella subió con las alas que da la ilusión, y después de dejar en un sillón el bolso y los bultos que traía, quitarse el sombrero y la capa arrojándolos, contra su costumbre, sobre su cama, se dirigió a su *secretaire*; quería releer la carta, pero dudó en sacarla: ¿subiría Avelfo a reclamarle la ausencia de Marquitos? Volvió a la puerta, se asomó al pasillo, para confirmar que él no había subido tras de ella, volvió a cerrar la puerta, sobre la que se recargó un momento, suspiró profundamente para tranquilizarse, y pensó que comenzaba a parecerse a aquella protagonista romántica, su homónima, del autor colombiano que ella y todas sus amigas del *Saint Joseph* habían leído a escondidas de *mère* Marianne. Esta vez, su intención de pedir el divorcio sí iba en serio. Mario Andrés le aconsejaría cómo proceder. No quería iniciar la batalla con pasos indebidos. Había que ir con paso firme y seguro para que Avelfo no pudiera evitarlo. Regresó al *secretaire*, sacó la carta, la abrió con minuciosidad, como si se tratara de un objeto de cristal que pudiera romperse, y volvió a leerla de arriba a abajo y de abajo a arriba.

Tenía tal alegría, que temía ser demasiado efusiva si le respondía a Mario Andrés en ese momento. Debía reflexionar bien cómo escribir la contestación sin demostrarle la emoción que sentía, porque podía comprometerse. Al mismo tiempo, sabía que lo que estaba comenzando con esa carta no era una simple amistad... algo despuntaba en su corazón que era más fuerte que su voluntad... y eso significaba... tal vez, otro sentimiento más profundo... ¿se estaría enamorando de él? ¡Pero si ni siquiera lo conocía! ¿No lo conocía? O no sabía cómo era, ¡todo era tan raro! Hasta el hecho de que se llamara Mario: el nombre masculino de María. ¿Sería él esa mitad que la completaría?

Tres golpes en la puerta le indicaron que era la recamarera quien tocaba, porque Mixi no tocaba, entraba por los espejos. Guardó la carta en su cajoncito.

> Mérida,
> 5 de octubre de 1929
>
> Muy estimada amiga ¿Alma?,
>   Ya que usted se ha confiado a mí, autorizándome con ello a llamarme "amigo", puedo a mi vez dar cuenta de las circunstancias de mi vida privada, para responder a su confianza con la mía, y hacerle saber que comprendo su situación.
>   Aunque no estoy casado, vivo con una buena mujer, a quien no puedo culpar de nada, pero que carece de las facultades necesarias para establecer una verdadera unión, ya que una pareja requiere no sólo del amor, sino también de la inteligencia, de la sensibilidad y de tantas otras cosas, tales como la admiración mutua, para que ese amor no se desvanezca.
>   Éstas son las cualidades que le faltan a la persona de quien estoy ya a punto de separarme. Creí en un principio que lograría transformarla, pero hay cualidades que deben venir desde el nacimiento. Por ello, no la culpo, pero su falta de comprensión destruyó las esperanzas puestas en esa relación que está por quedar en el pasado de mi vida.
>   Sea esta confesión prueba de mi amistad, y la mejor forma que encuentro para asegurarle mi comprensión y el apoyo y ayuda que usted pueda requerir de mí en el futuro. Y sepa que aceptaré cualquier decisión que tome usted con respecto a decirme, o no, su verdadero nombre. Reciba, como siempre, mi más ferviente admiración.
>   Besa su mano, su para siempre amigo,
>
>   M.A.R.

—Puedes pasar.
—El señor me manda a decirle que cenará en casa con un invitado y que desea que usted los acompañe.
—Está bien, dile que bajaré en cuanto me sienta mejor.
Recordó a su abuelo y el clarín de campaña. Sí, hay que prepararse para la guerra.

*

La *Princesa* dormita, sin dejar de ronronear, sobre las piernas de María, mientras Marcos Bruno y Xóchitl juegan a su alrededor a las escondidillas. El saloncito donde acostumbra leer está en esa semioscuridad que dan a las habitaciones las cortinas cerradas, así que, aunque afuera hay un sol resplandeciente, ella debe prender la lámpara de pie junto al sillón para poder leer más confortablemente. Se le ocurre que le mandará a Mario Andrés un retrato de la *Princesa*, tal vez eso lo incite a enviarle una fotografía suya. Cuando lo hace, escribe detrás una dedicatoria: *"La 'Princesa' de los ojos azules saluda al buen amigo de Alma, Mario Andrés, con su más agradable y lisonjero maullido".*

Sabe que Avelfo no vendrá hoy, porque desde ayer que comenzó a beber desaforadamente salió diciendo que pasaría el fin de semana fuera de la ciudad. Así, ella ha citado en su casa al abogado que le recomendó Mario, para que se ocupe de su divorcio. Con objeto de que la servidumbre no se entere de su cita con el abogado, ha dado permiso a todos, menos a Mixi, para salir de paseo todo el sábado.

Son las cuatro de la tarde cuando llega el licenciado Berruecos. Después de hacerlo pasar a donde está María, Mixi toma de la mano a los dos niños y sale discretamente del saloncito.

María le explica en pocas palabras que es la dipsomanía de su esposo la que la orilla a pedir el divorcio, pero también le advierte que no quiere que en la demanda haya ninguna acusación contra su esposo que pueda dañar su reputación.

—Pero, señora, no podemos evadir el hecho de que es la dipsomanía el motivo de su demanda.

María insiste en que se busque otra fórmula.

—La incompatibilidad de caracteres es un argumento de base sólo para un divorcio voluntario…

—No, mi esposo no accederá nunca a aceptar voluntariamente el divorcio.

—Entonces, señora, no hay más alternativa que plantear los argumentos verdaderos; si argüimos "maltrato a usted", habría que citar testigos…

—No, no, de ninguna manera…

—También podríamos argumentar que usted solicita el divorcio por motivo de "adulterio", pero esto es aún más conflictivo, porque este delito sólo puede demostrarse encontrando al cónyuge en el acto sex… perdón… *in flagranti* delito de adulterio.

María le pide que encuentre argumentos que no lastimen a su hijo si un día él lee esa demanda y los motivos que ella esgrimió para su divorcio.

—Me plantea usted un imposible… Una demanda implica un pleito…
—Lo sé. Es más que un pleito, licenciado… es una guerra…
—Exactamente, es una guerra, y en la guerra hay que utilizar armas… Las armas, en este caso, son las imputaciones que usted pueda hacer y demostrar… Incluso la simple "dipsomanía" no es causal de divorcio, a menos que ella produzca que el demandado realice actos de violencia física o de crueldad mental que vayan en contra de su familia, es decir, en este caso, de usted, como esposa, o de su hijo…
—¿El mal ejemplo puede considerarse acto de crueldad?
—Sí y no, todo depende de cómo se plantee y cómo se defienda el demandado, pero si usted esgrime que en ocasiones su esposo ha golpeado a su hijo… Si declara esto en la demanda, y se confirma con testigos, que pueden ser los servidores de su casa, podremos ganar esta "guerra", de lo contrario…
—Déjeme usted pensar… Debo reflexionar… pedir consejo, déme un tiempo, yo le haré llegar una nota para hacerle saber cómo actuar.

El licenciado reitera que está a sus órdenes y que hará solamente lo que ella desee. Mientras María llama a Mixi, él se levanta, toma su sombrero y se despide con una inclinación de cabeza. Sale tras de Miccaiximati, que lo acompaña hasta la puerta.

María se sienta a Marcos Bruno sobre las piernas, mientras las lágrimas ruedan por sus mejillas.

—¿Qué te pasa, mamá? ¿Porr qué lloras?
—Me entró una basura en un ojo…
—¿Entonces, cuando yo lloro es porrque me entrran basuras en los ojos?
—No siempre… m'hijito… no siempre…
—Ah…
—¿Sabes lo que me dijo mi nana?
—¿Qué te dijo?
—Que tú fuiste niña como Sochil…
—Es verdad…
—¿Es verdad?
—Sí, y también tuve cuatro años como tú…
—Todavía no cumplo cuatrro años…
—No, pero ya los vas a cumplir el mes que entra…
—¿El mes quentra?

275

—Ajá...
—¿Qué mes es el mes quentra?
—Diciembre...
—¿El de Navidad?
—El mismo.
—Tú me has dicho que naciste el día de Navidad.
—Sí...
—¿Entonces nacimos el mismo mes?
—Así es.
—¿Todos los niños nacen el mismo mes de su mamá?
—No, no todos... sólo algunos, los más privilegiados...
—¿Qué quiere decir "prrivi..." qué?
—... legiados... pri-vi-le-gia-dos...
—... prrivi-legiados... ¡Eso! ¿Qué quiere decirr?
—Que se les considera en primer lugar... ante la "ley" sobre todo...
—¿Qué es "la ley"?
—Las reglas que rigen a una sociedad...
—¿Como las de... mi nana?
—Sí, por ejemplo...
—Si ella dice "tienes que comerr", yo tengo que comerr...
—Sí, eso es como una ley...
—Y ¿quién es prrivi-legiado y quién no...?
—Ay, m'hijito... a veces haces unas preguntas que... son muy difíciles de contestar...
—¿Porr qué?
—Porque te tengo que responder a veces con otras palabras que tampoco conoces...
—Ah... bueno, eso tiene rremedio... con que las aprrenda, basta... ¿verrdad?
—Sí, hoy ya aprendiste una.
—Sí...¡ah!... ya entendí... soy prrivi-legiado por tenerr una mamá tan bonita...
—Y que te quiere tanto...

María abraza a Marcos Bruno mientras Xóchitl entra bailando, vestida con traje de gitana y sonando una pandereta...

—Atención, atención, va a comenzar la función...

IV
Expulsiones y fundaciones, ¿de infiernos o paraísos?

Esta vez no me queda sino asumir mi responsabilidad como ser humano. Todo a mi alrededor se derrumba y cae con un ruido sordo escuchado sólo por el árbol de mis nervios. Me veo envuelta en un fuego que a sí mismo se quema... en una luz solar que ciega a su propia luminaria. Veo nacer la oscuridad de dientes afilados devorándose las entrañas, como un Saturno que en lugar de a sus hijos se autodevorara, y yo me sé parte de sus entrañas. Jonás dentro de la ballena era menos infortunado. Esta mañana llegaron los zopilotes, los buitres, sin más anhelo que buscar la carroña para alimentar sus bolsillos. Olieron todo. Saquearon. Picotearon. Leyeron ejecutorias. Hubiera preferido meterme en el piano como en un ataúd antes que verlo arrebatado por las garras gavilanas de los tinterillos. Piano de ilusiones marchitas, piano de utopías malogradas, piano de memorias, piano plañidero, piano-bañado-en-lágrimas-mil-veces, piano sortilegio, piano apoteosis, piano de los milagros y los *me gustaría*... Tampoco se salvó la colección de armas de Adolfo ni los tapetes persas ni las cómodas de Boulle ni los gobelinos flamencos ni el *landau* nostálgico de los domingos en Chapultepec ni los sueños de grandeza de sus correrías ecuestres ni su alma en pena, que desde esta mañana no sabe de sí misma.

*

Al despedir no sólo al *chauffeur*, sino a Louis, a Germaine y a Edelmira, a quienes no podría ya conservar a su servicio, el señor don Adolfo había sentido que estaba diciéndole adiós a su pasado. Con Louis, sobre todo, compartía tantos recuerdos que, al verlo salir del palacio para siempre, había comprendido que con él se iba su infancia, su adolescencia, su juventud. En la madrugada, después de beberse una botella de *cognac,* Adolfo había disuelto en su último vaso un puñado de gránulos de estricnina. El desplome de la Bolsa de Valores en Nueva York le hizo perder, junto con la esperanza, las últimas propiedades que le quedaban, dejándolo en completa ruina, ruina del espíritu y ruina material. Los acreedores comenzarían a llegar esa mañana, y él no quería verlo. María lo encontró retorciéndose de dolor en su cama. Llamó al doctor Toledano, pero no estaba en la ciudad. ¿Qué hacer? ¿La Cruz Roja? Miccaiximati apareció en la puerta de la alcoba con las manos unidas, dedo contra dedo, palma contra palma, almejas en oración, morenas como una estatua de bronce. Tranquilizó a María y le pidió que la dejara a solas con el señor. Ella intentaría salvarlo de sí mismo. Confía, niña. Confía… María confiaba. Salió de la habitación a enfrentarse con el mundo de afuera, el de los otros, el de los acreedores y el más difícil de todos, el de su familia, a la que le costaría trabajo creer lo que estaba pasando en su casa desde hacía años.

—¡No! ¡No! ¡Ése no pueden llevárselo, no es de mi esposo, es mío…!

—Lo sentimos, señora, está en la lista…

—¡No! ¡No puede ser, no tienen derecho… tomen cualquier otra cosa en su lugar, pero ese retrato me lo heredó mi abuelo… a mí… comprendan, es de mi familia, no es de mi esposo!

—Señora, por favor, hágase a un lado, la pueden lastimar…

—No voy a permitir que se lo lleven… ese retrato es mío, es mío…

—Hasta hoy lo fue, señora, pero desde hoy ya no lo es. ¡Lo siento!

—Pero las deudas por las que ustedes están embargando son de mi esposo, no mías… yo no les debo nada…

—¿Puede usted mostrarnos la factura a nombre de usted y no de su esposo?

—¿Qué factura?

—La factura de compra, señora.

María siente que todo le da vueltas. Se cubre la boca para no gritar y echa a correr hacia el jardín para no ver. Avestruz, avestruz, ¡dame tu fuerza para esconder la cabeza en la arena! Dame tus patas largas, largas, para huir y no ver lo que en mi casa ocurre… no, que no es mi casa, sino la suya, pero no era su retrato, ¿por qué estaba en la lista de sus pertenencias? ¿Con qué derecho me es arrebatado?

—¡Abuelo, abuelo! Cuando me dijiste que las mujeres no podemos ser generales no me dijiste que tampoco podemos ser dueñas de nuestra herencia ni dueñas de nuestro nombre ni dueñas de nuestra vida. Ahora ni siquiera me llamo "María Vélez Marrón", sino "señora de Guerrero". No me dijiste que las mujeres debemos vivir como seres invisibles en un mundo ajeno, reverenciando al Hombre como a Dios mismo, ni tampoco que ni siquiera se nos incluye en el nombre de la especie humana. ¡Abuelo! Perder tu retrato es perder una parte de mí misma… mi parte de general, mi parte de "ser humano" en la tierra. Pero te prometo, aquí, en esta soledad soledosa solsedienta, solomnífera, te prometo recuperarte, sólo recuperando tu retrato podré recuperar la parte de mí misma, hoy perdida.

Abrazada a la higuera, único árbol del jardín florido, el llanto estremece a María. Escuchan sus sollozos las hormigas que a sus plantas ignoran los dolores humanos, aunque a veces sufran sus consecuencias.

De pronto una idea la ilumina… ¡el testamento!… su padre le entregó un papel que decía algo sobre "adjudicación" cuando le dio el retrato, ésa podría ser una prueba de la herencia del retrato. Volvió corriendo al interior de la casa, subió la escalera saltando escalones, fue a su *secretaire* y buscó y rebuscó, sacó papeles, papeles, cartas, cartas, recibos de cobro del periódico, un revoltijo de documentos hasta dar con un papel amarillento, que reconoció enseguida por su tamaño oficio y sus sellos. Bajó la escalera con los brazos convertidos en alas, agitando el papel en el aire…

—Aquí está la prueba, señor actuario… aquí está la prueba…

El hombre al ver la esperanza envolviendo la desesperación de María, por un instante deja de ser instrumento de la ley para volver a ser Ser humano. Se compadece, ve el papel, sin leerlo.

—Esto no es ninguna prueba, señora, pero como un favor especial, ¿puede usted señalarme otro cuadro del mismo tamaño, que no esté en la lista, que pueda sustituir a éste?

María no puede evitar la sonrisa. ¡El tamaño era lo que le importaba a la Ley!

Momentos después volvían a bajar del camión de mudanzas el retrato del abuelo, tan sereno como siempre, con su impecable uniforme de general y su mirada siempre dirigida al mismo punto a su derecha, hacia afuera del cuadro, como si con ello quisiera escaparse de la pintura para volver a ocupar su cuerpo.

*

Al cerrar la puerta tras la salida de su ama, en el espejo de cuerpo entero que le sirve al señor para revisar su atuendo antes de salir de su mundo interior, la imagen de Miccaiximati se transforma en una sombra blanca. Se acerca al lecho y coloca la almeja de sus manos sobre la frente del señor. Poco a poco va separando dedos y palmas, creando una vasija uteral que se abre para ofrendar al hijo.

De la almeja escindida de sus manos nacen siete mariposas, mientras pronuncia un hilo de palabras de colores ensartadas en collares de jade, traslúcidas como sus manos mismas.

> Sin que al dolor lo sacie
> con la faz asomando
> va Quetzalcóatl llorando
> con lágrimas de sangre
>
> De pájaro es tu nombre
> y en sacrificio gozas
> alas de mariposas
> para sanar al hombre
>
> Tlahuizcanpantecuhtli
> Desde el otro inframundo
> ve tu dolor profundo
> y habla a Mictlantecuhtli
>
> En fauces de serpiente
> en boca de jaguar
> dioses han de fraguar
> la torcida simiente.

Miccaiximati realiza un ritual de pasación de manos sobre el aura del cuerpo del señor, mientras las mariposas revolotean con extraños peregrinajes en una danza hipnótica de luces y de sombras, dibujando en el aire flores y plumas, cantos y plegarias. Si María hubiera estado afuera de la habitación cuando Miccaiximati abrió la puerta nuevamente, habría visto a su nana coronada de mariposas. Era la imagen de una virgen.

*

De la servidumbre, aparte de Mixi, sólo quedó Paulina, la recamarera nueva que no quiso irse cuando fue despedida, porque dijo que Dios la había puesto en ese lugar y que ella tenía que seguir sus designios, le pagaran o no le pagaran. Con ese doble par de brazos extras, María comenzó a empacar los objetos valiosos que aún restaban y los efectos personales cuyo valor no consistía en su precio en metálico, sino en amor, memoria y nostalgia. Los muebles, jarrones, estatuas, bronces, y otros objetos que se habían salvado del embargo se colocaron en los lugares más convenientes para su fácil acarreo, pero los libreros de la biblioteca no habían podido trasladarse a ninguna parte porque aún estaban llenos de libros.

Mientras Marcos jugueteaba alrededor de las tres mujeres, preguntando ¿para qué sirve...?, ¿qué es...?, ¿cómo funciona...?, ¿de qué está hecho...?, siempre procurando pronunciar bien sus "erres" y deseando obtener respuesta a sus preguntas, ellas guardaban manteles, servilletas, carpetas, misales, rosarios, estampas, muñequitas con cabeza de porcelana, vestidas a la usanza de la corte del Rey Sol, y tantas y tantas memorias que brotaban de las cómodas como de un manantial inagotable.

El niño, a sus casi cuatro años, ya sabía leer, había aprendido solo o al menos nadie recordaba haberle enseñado. Por supuesto, entre los muchos regalos que su padre le había regalado, el menos ostentoso era un palo de madera con cabeza de caballo y él correteaba por los largos pasillos montado en su alazán, y gritando "Arre, arre caballito... a galope, a galope", María lo miraba de reojo, siempre atenta a que no fuera a caerse, porque no era muy hábil corriendo. Toda la inteligencia de que estaba dotada su mente se le negaba a su cuerpo. Caminaba torpemente, balanceándose de un lado a otro, como un barco en alta mar, tropezaba con frecuencia y se golpeaba sus bracitos sin darse cuenta, al chocar contra una puerta o al rozar el filo de un mueble. Xóchitl, tras de él, corría vigilándolo y alertándolo para que no se lastimara.

Cuando las tres mujeres, como hilanderas de la noche, entran a la biblioteca para empezar a empacar libros, el niño cree que ése es un bonito juego. "Yo ayudo, mamá." Se sienta en medio de la pila de libros que ellas bajan de los estantes.

—His-to-ria de Frran-cia... ¿Mm? Sí, me interesa... se guarrda...

Funda-mentos botá-nicos de Carr-los Lin-neo... ¿Mm? ¿Botánica? Debe ser algo sobre las botas... No, no me interesa... se tira.

Sin más preámbulos, el niño arroja el libro en el basurero. María suelta un ¿qué haces? al que Marcos replica con toda tranquilidad.

—Hay librros que sirrven y librros que no sirrven, ¿para qué van a guarrdarse los que no sirrven?

—Ve a jugar con tu caballo, anda, y déjanos a nosotros la tarea de decidir qué libros sirven y cuáles no.

El niño hace un gesto que implica "bueno, si no quieren que ayude, allá ustedes", y se va a corretear con su caballo de madera, llevando como siempre a Xóchitl detrás, como sombra protectora.

Esa tarde, el collar volvió al Monte Pío. María tenía que pagar la mudanza porque ya había llegado la notificación del embargo de la propiedad, cuya identidad se trasmutó de la noche a la mañana de "palacio de la familia Guerrero" a "inmueble del deudor". Por el momento, se irían a vivir a una pequeña casa tipo pueblerino, situada en Coyoacán, que la tía Francisca, hermana del padre de Adolfo, le había dejado en herencia a su hermana Josefina, siempre hospitalizada, cuyo patrimonio administraba Arturo Sotomayor, el cuñado de Adolfo. La casa quedaba cerca de la de Emilie, así que por lo menos tendría a alguien cerca.

Por la noche, María la dulce, María la soñadora, María la sonriente, María la inventora de utopías, sentada en el suelo, en medio de una habitación vacía, iluminada por el fuego de la chimenea, se despedía de sus días de bonanza, de arabescos marmóreos, de lucientes espejos. Sentía que no le quedaba siquiera el escape que pudiera proporcionarle el amor. Recordó sus pasados amores. Pensó en Bruno. Le pareció que había pasado un siglo desde que se dio cuenta de que ese amor no había sido sino un espejismo que la juventud fabricó para llenar los vacíos del alma, los anhelos incumplidos, las fantasías compensatorias, los *me gustaría...* de ilusorias perfecciones, de imaginarias realidades, nunca enraizadas en la tierra. "Emilie tenía razón, siempre la tuvo." Recordó su anhelo platónico de ser amada por un artista como Jascha. Sus "amores" le parecían ahora tan alucinados como las visiones que parecía tener Adelfo. Ya no estaba segura de nada, ni siquiera de que había amado. ¿Qué pasaría ahora con su nueva ilusión amorosa: Mario Andrés? ¿Sería otra fantasía? Sólo lo conocía por carta... ¡Palabras... palabras...! Era un amor hecho de palabras. No podía llamarlo "amor", sólo era un discurso amoroso que se le había incrustado en el corazón, pero, ¿era real? ¿No sería otra ilusoria alucinación? Empezó a dudar hasta de la verdad del enigma revelado por Miccaiximati, ¿debía creer en que su fecha mortal estaba señalada por un destino que venía de...de dónde?... Se respondió con un "sí" titubeante, un "sí" que sabía era su único asidero, el clavo ardiendo del cual podía prenderse porque no le quedaba otro. Un "no" era morir al día siguiente, era seguir los pasos de Adelfo: el alcoholismo, el opio, la sexualidad desatada, el delirio, la alucinación... En cambio, responder con un "sí" era aprehender un futuro... ¿Escribir...? ¡Sí, escribir! Escribir era SER, le quedaban veinte años de escritora. Sí. Tendría un futuro... aunque limitado, era un futuro. Debía creer en el enigma revelador, pensar en que tenía seguros por delante esos veinte años. Ésa era la única luz que podía vislumbrar al final del túnel en el que se hallaba inmersa. Ahora Adelfo estaba dormido en su cámara de nieblas: "... Ser o no ser... dormir... tal vez soñar", quizá soñaba pesadillas aterradoras de tragedias shakespereanas... Por primera vez sintió verdadera compasión por Avelfo-Adelfo-Adelfa *vernalis*, Delfín, Adonis, Fito... Adolfo a secas... seco como una Adelfa marchita... expulsada del Edén. Adelfo tendría que decirle adiós al Paraíso-Palacio, como se lo estaba diciendo en su delirio, porque para siempre, nunca, jamás volvería a vivir en él. María cerró su *Diario*, recogió el tintero del suelo y se levantó. Miró a su alrededor. Sus ojos recorrieron cada detalle de los muros que se iluminaban y oscurecían siguiendo el titilar del fuego. Por fin, salió del salón sin volver el rostro, como habría querido Orfeo salir del infierno, como saldría ella del inmueble al día siguiente, cuando el chofer del camión de mudanzas le preguntó: ¿Es todo? "Sí, lo que queda es sólo humo, podemos irnos. Eurídice vivirá."

*

La llegada de Adelfo al nuevo hogar fue el martirio. Cada quien carga su cruz, habría dicho la *mère* Antoinette, de haber presenciado los arrebatos, los vituperios, la resaca de un mar que no contento con demoler el puerto arrastra las barcas hacia sus profundidades neptunianas.

Adelfo no volvió a dormir junto a María. Desde el "suicidio" frustrado, algo en su interior se había roto, los troncos de sus piernas se transformaron en tallos endebles, las ramas de sus manos en temblantes alas de libélula. Mientras estaba en casa se pasaba la mayor parte del tiempo sentado en su mecedora, a veces leyendo el periódico sólo para renegar de lo que pasaba en el país: "A pocos meses de haber fundado el Partido Nacional Revolucionario, la Convención Constitutiva reunida en Querétaro el pasado marzo, en la que fue proclamado por unanimidad como su candidato para las elecciones presidenciales, el ciudadano ingeniero Pascual Ortiz Rubio ha sido elegido para ocupar la Presidencia de la República...", "El presidente Hoover de los Estados Unidos recibe oficialmente a Ortiz Rubio como Presidente Electo de México...", "José Vasconcelos sale al exilio..." ¡Menos mal que no salió elegido el tal Vasconcelos! Aunque con Ortiz Rubio no creo que nos vaya a ir mejor... de todos modos Juan te llamas... Otras veces, leía alguna novela de Conan Doyle, siempre bebiendo y pensando que todos lo amenazaban, él era el asesinado en todas las novelas, nunca Sherlock Holmes. En ocasiones llegaba a conversar con él el doctor Toledano, y cuando intentaba convencerlo de que se sometiera a un tratamiento para su dipsomanía, Adolfo negaba ser dipsómano y cambiaba el tema de conversación, agregando que no lo tratara como su papá.

   No faltaba que llamara a gritos a Marquitos, se lo sentara en las piernas y comenzara a contarle de sus caballos, de cómo eran, de qué colores, de cómo ganaban las carreras. El niño le bebía las palabras, se aprendió los nombres y características de todas las razas caballares, las dolicomorfas, de cuerpo estrecho, largo y elegante, como su *Ares,* aquél que había llevado a competir con los purasangre ingleses; de esa misma raza eran los trotadores franceses, y los árabes. La voz esculpía en el aire vibraciones de nostalgia. Marquitos sabría muy pronto que las razas mesomorfas eran las de proporciones medianas, como la anglonormanda francesa, la Cleveland inglesa y la lippizana italiana y, por supuesto, si Adolfo hubiera podido llevar a Marquitos a ver la caballada en las cuadras, el niño habría podido distinguir también cuáles eran los ejemplares de las razas braquimorfas, como la bretona y la pinzgau austriaca, por sus cuerpos anchos y macizos. El niño lo aprendía todo, los gestos, las palabras, las exclamaciones y hasta el acento nostálgico con que su padre le contaba las hazañas de sus *jockeys* épicos. Pero estas conversaciones con el niño no siempre acababan bien; por momentos, los recuerdos lo encolerizaban y empezaba a gritarle, regañándolo por cualquier palabra dicha o no dicha, por cualquier insignificancia que cobraba en ese momento una dimensión grotesca por su exageración y trágica por sus repercusiones. Parecía como si Stevenson se hubiera inspirado en Avelfo-Adelfo para diseñar su doctor Jekyll/Mr. Hyde.

En la marejada de los meses posteriores, siguieron el destino del collar: la cruz de oro —regalo de la abuela—, las porcelanas de Maizel y Limoges, la cuchillería de plata inglesa, los jarrones de Sèvres y hasta el anillo de compromiso matrimonial. La única joya que se salvó del Monte de Piedad fue el brazalete-serpiente que María seguía usando como emblema libertario. Empezó a firmar con su nombre algunos de sus artículos de *El Universal*, y de *El Universal Gráfico* y con otros pseudónimos los de *El Popular* para poder ganar más dinero, pero aunque se desvelaba escribiendo, leyendo correspondencia de sus lectoras y lectores, dibujando y recortando figuras en cartoncillo negro, sus ganancias difícilmente podían solventar los aires de grandeza con que Avelfo-Adelfo quería seguir viviendo.

La tía Francisca comenzó a ayudar a Fito con pequeñas sumas, que él le pedía, sin confesarle que eran para pagarse sus vicios. Sin embargo, la ayuda financiera no era abundante, por lo que no tuvo más remedio que sustituir las botellas de *champagne* por las de ron; los habanos importados, por cigarrillos del Buen Tono o de la Tabacalera Mexicana; los casinos elegantes, por las carreras de galgos, y las damiselas del burdel de la *Dama de Pique* por las prostitutas callejeras de Santa María la Ribera. Y cuando tenía un poco más de dinero, le alcanzaba para ir al burdel de los que se anunciaban con tarjetitas y que las muchachas de la vida airada repartían entre los automovilistas. En ellos, siempre había un piano en la sala y un pianista que, como el ciego Hipólito gamboano, estaría enamorado de alguna Santa-pupila.

—¿No te vas a desvestir?

—¿Cuál es la prisa?

—Bueno, no quiero perder la noche con un solo cliente...

—¿Cómo te llamas?

La prostituta era una mujer madura, morena, de ojos negros y luminosos. Traía un vestido escotado comprado a la "Señora" del burdel y que dejaba ver parte de unos senos voluminosos que bien podrían haber alimentado a varios niños.

—¿No te lo dijo la Señora? Me llaman Clavel, puedes llamarme así también, o cambiarme de nombre y ponerme el que te guste. Me da igual.

—¿No puedes fingir que te intereso, al menos un poco?

—Para fingimientos estoy. Tengo que pagarle el cuarto a la Señora y con un solo cliente no salgo adelante. Así que ve quitándote los pantalones…

—No, no… así no me interesa hacer el amor…

—¿Amor? Aquí no estamos para hacer el amor…

—Entonces, ¿para qué?

—Te hace falta más alcohol. Eso es… Les diré abajo que te suban una botella, ¿de acuerdo? Tienes que consumir…

—Sí, sí, que suban una botella. Y tú ven acá. Te convertiré en la Diosa del Amor. Te adoraré como nadie antes te ha adorado.

El cliente se desnuda lentamente, en un orden ritual como quien va a realizar una ceremonia. En ese momento la habitación se vuelve espacio sacralizado, donde cada palabra pronunciada es una oración, una íntima plegaria. Clavel se convierte en Venus y su cliente en sacerdote, la copa es un cáliz y el aguardiente, vino de consagrar, sangre de Cristo, aunque la diosa sea pagana.

*

¿Y María-Eva? ¿Eva-María? ¿Alma? ¿Arlyn? ¿Francesca? Aunque no inició el divorcio porque le pareció que dejar a su esposo ahora que estaba en la ruina era un acto innoble, prosiguió su idilio epistolar con Mario Andrés. Cada carta hacía resonar todas las cuerdas de su corazón. Se resistía a decirle adiós al Árbol de la Vida.

*

Llegó el fin de año, con sus fiestas nostálgicas, cumpleaños de Marcos Bruno, posadas olvidadas, Navidad-cumpleaños de María y despedida del año viejo en la noche de San Silvestre para recibir el Año Nuevo, una nueva treintena en casa nueva, nueva vida, o nueva no-vida, como una no-bionovela, como un no-amor, como una no-esperanza. Cenizas, ce-

286

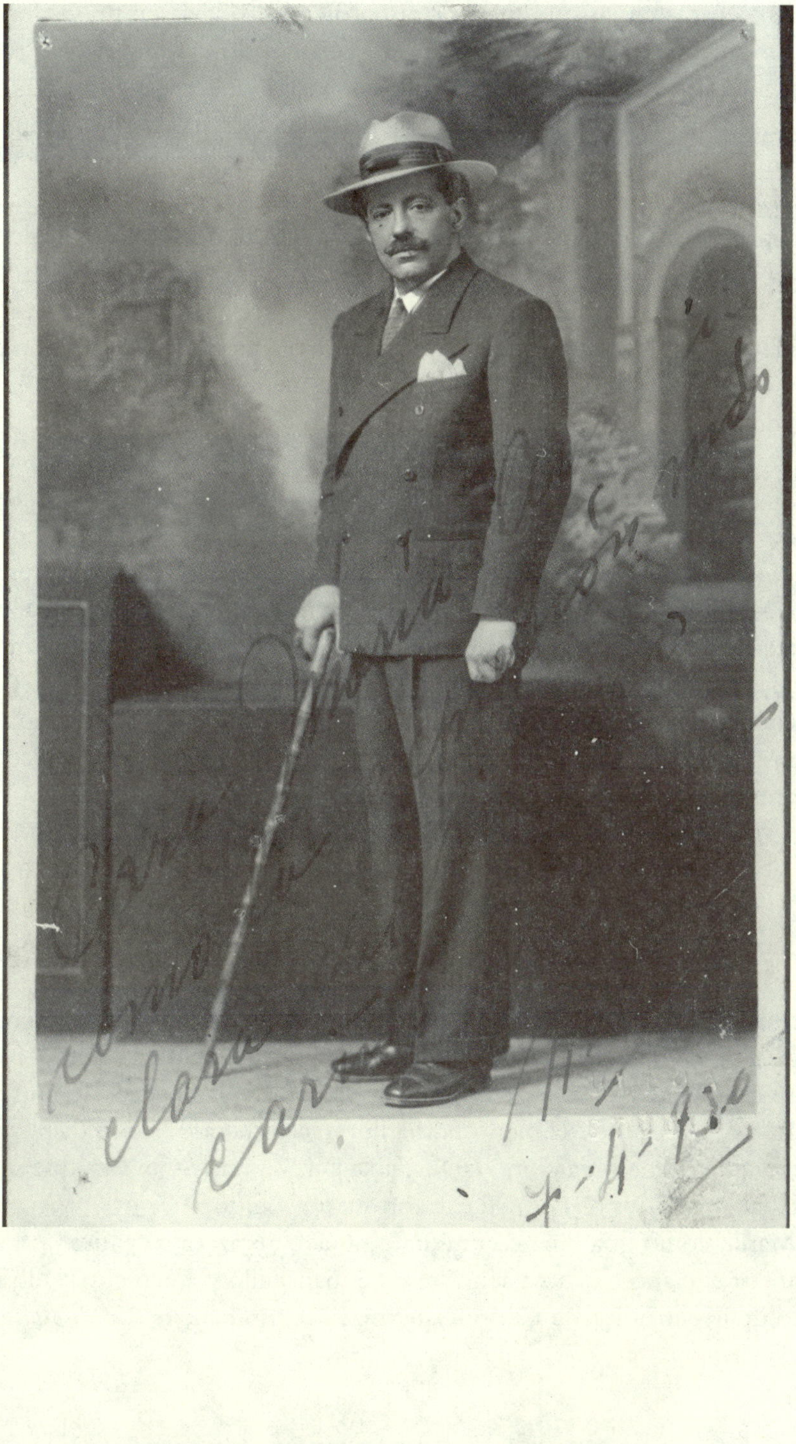

nizas, cenizas en las que se retorcían ardiendo todavía en brasas los *me gustaría...* que desfallecían en agonía resistiéndose a morir. ¿No había renacido el Fénix de sus propias cenizas? María se aferraba al humo, para elevarse con él, y escribía cartas a Mario, cada vez más tiernas, al influjo de un fuego que dentro de ella se negaba a apagarse. Y Mario Andrés respondía con palabras amorosas, promesas de eternidad, promesas de luz, promesas de viento fresco sobre la cara ardiendo. Mario Andrés la urgía a divorciarse. Él mismo se iría a vivir a México, una vez saldada su cuenta amorosa en Mérida, pero María no se atrevía a promover ahora la demanda, viendo el peligro de que Adelfo al quedarse solo atentara de nuevo contra su vida. Y las cartas siguieron su curso cada vez más inflamadas de amor.

Al fin llegó el primer retrato de Mario Andrés con dos dedicatorias, una al frente y otra atrás: *"Para que vayas desilusionándote poco a poco"*, decía la de atrás. ¡Como si María no tuviera ya bastantes decepciones! Sólo que el retrato incitaba su ilusión, más que su decepción. El retrato que María se había hecho en el estudio hacía ya semanas que estaba listo, esperando, como ella, el advenimiento del otro retrato. No había querido dar el primer paso. Finalmente, el momento llegó.

Cuando María-Eva envió su fotografía puso en la dedicatoria no sólo letras y corazón, sino a ella misma dentro de la carta, con un utópico *me gustaría...* renacido de entre las cenizas.

*

La cena de Navidad-cumpleaños esta vez no había sido en casa de María, sino en la de su padre. Y al ver éste la avidez con que su hija se precipitó al Steinway para tocar la *Appassionata* de Beethoven, decidió que ése sería su regalo de cumpleaños, de modo que escribió una pequeña nota, con su bella caligrafía, la puso en un sobre y a las doce de la noche se lo entregó.

La nota decía que el piano podía llevárselo cuando ella lo dispusiera. No era de cola entera como el anterior, pero era un Steinway, que siempre había sido famoso por su extraordinario sonido.

María, como una niña con juguete nuevo, abrazó a su padre, lo besó, acarició el piano, volvió a sentarse en el banquillo y atacó el teclado con uno de los estudios de Chopin que más le gustaban, el *Revolucionario*.

Aunque María habría querido llevarse el piano al día siguiente, le pareció que la casa todavía no estaba en condiciones de recibir el instrumento. La enorme cantidad de cajas que tenían todavía sin desempacar se amontonaban aquí y allá, lo que parecía confirmar el dicho popular de que "más tiene el rico cuando empobrece que el pobre cuando enriquece". Por el momento, no había espacio para poner el piano en el lugar adecuado, y si lo colocaban en otra parte después no habría quien le ayudara a María a moverlo, ya que ni Mixi ni Paulina eran dechados de fuerza física, así que tuvo que esperar varias semanas antes de realizar la mudanza del piano, semanas que María vivió con impaciencia.

Cuando Avelfo vio abrirse la puerta principal de la casa para que entrara el piano, salió huyendo como alma que llevara el diablo. Para él era como ver llegar el potro del tormento. Se había quedado sin automóvil, de modo que por primera vez en su vida se encontraba como soldado sin fusil, arquero sin arco o cirujano sin bisturí. Se fue caminando hacia el centro de Coyoacán, y ahí en la plaza, frente a la iglesia donde treinta años atrás había asistido al matrimonio de Bruno y Esther, se sentó en una banca y lloró como una Magdalena, sin saber si era por arrepentimiento o por lástima de sí mismo. Su padre le había dicho tantas veces que los hombres no lloraban, que siempre había reprimido las lágrimas.

Pero hoy las palabras de su padre le sonaban huecas, como nacidas dentro de un caracol, de esos que vendían en Veracruz, y que al ponérselo sobre la oreja podía escucharse el mar... un mar tan falaz como las palabras de su padre... Pasaron en desfile por su mente todas las pertenencias perdidas: su yate, sus caballos, sus carruajes, su finca, su palacio marmóreo de la calle de Humboldt. Aún le quedaban algunas prendas: relicarios familiares, abanicos de sus amantes y, sobre todo, su hijo. Tenía a su hijo... y a su esposa... ¿qué es lo que le reprochaba a ella? Era culta... demasiado; era inteligente... demasiado; era joven... eso... eso es lo que le reprochaba; no, "reprochar" no era la palabra: era lo que le envidiaba: ella tenía la juventud que él había perdido... ¿cómo recuperarla?, ¿cómo volver a tener veintiocho años? Esos veintiocho que ella acababa de cumplir hacía unos días... esos veintiocho que él estaba por cumplir cuando vino a esta iglesia para felicitar a su amigo Bruno que se estaba casando con Esther... Veintiocho años... ¡Si pudiera volver a tener veintiocho años!... Sintió un fuego que nacía en su sexo y subía hasta su rostro, le quemaba las sienes... Echar atrás el tiempo... tirar ese saco de años que le pesaba en la espalda como el mundo debió de pesarle a Atlas... El fuego le quemaba la garganta... se levantó y vio arder la iglesia, el quiosco del parque, la nevería de enfrente, los automóviles y a los papeleritos que gritaban:

—Ortiz Rubio fue herido en un atentado contra su vida cuando salía de Palacio Nacional, después de tomar posesión como Presidente de la República... Ortiz R...

Todo dio vueltas a su alrededor, estaba en el centro de un carrusel y los caballos giraban rodeándolo, subiendo y bajando en medio de llamaradas de un fuego inextinguible. Ardía él mismo. ¿Sería Mefistófeles que venía a ofrecerle como a Fausto la juventud? Ardía su mente, su barba, su ropa le quemaba como abrazo de medusas de mar. Se encogió, se encogió hacia el interior de sí mismo buscando el caparazón protector del caracol, pero era un caracol sin carapacho, un caracol que cualquiera podría pisar y dejar embarrado en el suelo como a un tlaconete, sin siquiera bajar la mirada para ver lo que había muerto a sus plantas.

¿Cuánto tiempo pasó? No lo supo, sólo al abrir los ojos y ver que era de noche, se dio cuenta de que había pasado muchas horas sin saber de sí mismo. Se levantó y caminó sin rumbo hasta la verja de hierro que rodeaba el jardín de la casa, y fue entonces cuando escuchó su voz presentándose a sí misma e invitándolo a entrar: "Soy tu nueva casa, ven". Buscó en sus bolsillos la llave y al no encontrarla tiró de la palanca que movía una pequeña campana interior. Salió Paulina corriendo a abrirle la reja. Mientras quitaba la cadena y el candado Paulina le hizo saber que la señora estaba preocupada por él, porque se había ido en saco de casa y sin dinero... ¿Dónde podría estar? Él respondió con un ruido gutural que podía querer decir cualquier cosa. Paulina se santiguó tres veces, diciendo: "¡Pobrecito, señor. Gracias al Señor que está usted bien, señor!"

Adolfo entró, subió las escaleras. María quiso preguntarle adónde había ido, pero él pasó de largo, se metió en su habitación y se acostó, tal como estaba vestido y con zapatos, quedándose dormido de inmediato. María se dirigió a su *secretaire* y se sentó a escribir. A quien acababa de ver no era su marido: era un viejo más viejo que su padre, más viejo que su abuelo. Tenía una vejez que no se medía por los años de vida, sino tal vez por los años de muerto. María terminó de escribir la carta comenzada, ¿qué le depararía esta carta? No lo sabía. La cerró, la lacró y abrió su *Diario*.

Cuando el pajarito del reloj cucú, comprado por su madre en Europa durante su luna de miel, salió por su ventanillo a anunciar la media noche, María cerró el *Diario*. ¡Es hora de dormir!

*

—El pajarito de la suerte, marchantita, el pajarito de la suerte...

La calle está llena de vendedores de pájaros que llevan cargando sobre la espalda torres de Pisa, más que jaulas, repletas de pájaros multicolores.

Pero uno de los pajareros, lo que vende es el oráculo, la buena fortuna, o la mala, según la suerte... y es el pajarito adiestrado el que elige el papel con la buena o la mala fortuna...

—A ver, caballerito, quítate el sombrero frente a la seño, eso es, así... ahora haz una reverencia para saludarla... eso es, caballerito... ahora convídale a la seño un dulcecito... eso es... eso es... hazle otra reverencia, eso... a ver, caballerito, ahora muéstrale a la seño el espejito para que vea lo bonita que es y más que se está poniendo... eso, eso es... a ver, saca ahora la carta con su suerte... eso es... aquí está su suerte, seño... dásela en la mano, caballerito, no se la tires en el suelo... no seas mal educado... recógela y dásela en la mano... eso es... así...

—¡Qué gracioso!... ¿Tiene nombre el pajarito?
—Sí, seño, se llama Mario...
María se turba, aprieta el papelito en la mano, sin leerlo.
—¿Cuánto le debo?
—Lo que sea su voluntá, seño...

El pajarero pone al pajarito de nuevo en la jaula con los otros pájaros, María saca una moneda, la deja caer dentro de una vasija que está junto a la jaula, y se retira con premura.

—¿No lo va a leer, señora?
—Todos los papelitos han de decir lo mismo...
—Pero, ¿no le da curiosidá?
—En la casa lo leo, Paulina, ahora tenemos que apurarnos con las compras.

María, seguida de la sirvienta, camina entre los puestos de jitomates, mangos, papayas, chiles poblanos y no poblanos, pilas de colores, arco iris vegetal que jueves a jueves despliega su abanico en la plaza de La Conchita, que se convierte en mercado para beneficio de los coyoacanenses. María compra el periódico en el puesto, después de leer el encabezado: "Daniel Flores en presidio por su atentado en contra del presidente Ortiz Rubio", y lo guarda. Llenos ya los dos bolsones de mecate que lleva Paulina, María la despacha a casa, diciéndole que ella irá a comprar sola el pan, porque no vale la pena que vaya cargando las bolsas del mandado hasta la panadería. Paulina se alegra porque así podrá pasar junto a la lechería donde trabaja su hermana, quiere saber si la acompañará el domingo a la Villita para ir a ver a la Guadalupana. Una vez sola, María saca el papel que le entregó el pajarito, lo abre y lee:

Hay encuentros que en la vida
son cartas que tejen cantos
son cantos que tejen risas
son dudas que tejen llantos

        Hay encuentros que en la vida
        son dudas que tejen ondas
        son ondas que tejen cimas
        son cimas que tejen frondas.

                Hay encuentros que en la vida
                son letras que tejen hilos
                son hilos que tejen bridas
                son bridas que tejen nidos.

Desconcertada, lo vuelve a leer; le parece imposible que el dueño del pajarito supiera por lo que ella estaba pasando. Lo dobla con todo cuidado y lo guarda en su bolso de mano. Se dirige entonces a toda prisa al árbol donde será su primer encuentro con Mario Andrés. Al fin lo conocerá, después de tantas cartas de Mérida a México y de México a Mérida. Hoy es el gran día. Ya no es el *me gustaría...* que desde meses atrás ha pronunciado dentro de su mente, cuando quería cerrar los ojos y al abrirlos ver a Mario Andrés frente a ella, como esos príncipes orientales de *Las mil y una noches* que aparecían como por arte de genios de la botella. Ahora el *me gustaría...* ha perdido su cualidad hipotética, su carácter de evocación mágica. Mario Andrés estará frente a sus ojos dentro de un instante... Se acerca. Unos cuantos pasos más... vislumbra ya el árbol y la pequeña banca empotrada en el rodal de piedra que lo circunda. Le parece, sin embargo, no ver a ninguna figura masculina alrededor... ¿No habrá podido venir a México? No puede ser... tiene que venir. ¡Debe venir! Has esperado tanto para conocerlo... María ¡no puedes esperar un día más!...

        Naranja dulce
        limón partido
        dame un abrazo
        que yo te pido

        si fueran falsos
        mis juramentos...

¡Ahí está! Atrás del árbol, ve el ala del sombrero... cuántas veces embozada... una lágrima asomada... yo no pude contener... si crucé por los caminos como un paria que el destino se empeñó en deshacer...

—¡María!... ¿Eres tú, verdad?... ¡Claro, tal como te imaginé!... ¿Eres tú, verdad?

—¡Mario Andrés...!

—No, no es verdad... Sí... ¡Es verdad!... ¿Alucino? No... Eres tú... Eres tú...

—Sí, soy yo... en piel y alma... soy yo, Mario Andrés... soy yo...

Una danza de letras los envuelve de pronto... como en una esfera repleta de palabras... se han dicho tantas cosas... se han prometido tantas eternidades... Las palabras revolotean con alas de mariposa alrededor de ellos, se posan en sus hombros, en sus cabellos, en sus brazos. Manos que se juntan, rostros que se acercan... El "pueden vernos" impensado, el "soy casada" olvidado, el "para siempre juntos" resonando en ecos de montañas de promesas por cumplir... Cada pausa, un atisbo por la retina del otro, como quien se asoma al abismo formado por el cañón de un río... Cada sílaba, un retorno al presente inaprehendido por soñado; inmaculado, por nunca tocado; inclemente, por la ruptura de normas, prohibiciones y legados ancestrales que pisotean sin arrepentimiento. Cada movimiento es un amanecer y un crepúsculo. Las manos rozan, sujetan, escapan, vuelven a la prisión, huyen, retornan. Cada parpadeo es el descubrimiento de una imagen que se guarda en los ojos convertidos en caja de Pandora.

Para María, la distancia que iba de los zapatos al sombrero de Mario Andrés resumía el Bien y el Mal, la Nada y el Todo, la Carne y el Espíritu, Eros y Tánatos. Para él, ella era Eva, la pecadora, y María, la virgen, fundidas, confundidas en una sola imagen, un rostro auroleado por una cabellera de oro, ya no era un remolino de letras en un papel teñido, sino piel dispuesta a ser acariciada y ojos de mar huracanado listo para engullirlo en su profundidad sensual por insondable, ¿qué estrellas marinas se esconderían en ese mar para tentar su alma o qué sirenas para tentar su cuerpo?

Mario Andrés, más práctico que ella, propone planear sus próximos encuentros. No debían verse en lugares públicos. Ella no podía exponerse. Había que encontrar una solución. Hablaría con un amigo que vivía también en Coyoacán. Tal vez él les facilitara el jardín de su casa para encontrarse... ¿Dudas? No. María se entrega a su destino como quien entrega las llaves del reino. Lo que tú digas... cómo tú quieras... donde tú dispongas...

*

Esta medianoche María escucha el canto del cucú, ya en la cama. La casa entra en una normalidad doméstica que no deja de ser anormal. Después de la cena, María se ha retirado a su habitación y Adolfo a la suya. Mixi se ha llevado a Marcos y a Xóchitl a dormir, y Paulina, una vez recogida la mesa, lavado los trastes, secado y guardado todo en sus respectivos cajones y gavetas, se ha ido también a acostar. La casa está en silencio. María ha cerrado su *Diario*, y esta noche no hay carta que escribir. Se pone su camisón de seda blanca y se acuesta. Cierra los ojos, pero el sueño no llega. Vuelve a abrirlos y su mirada queda fija en el zenit del dosel de su cama.

Mientras tanto, Adolfo se ha puesto a releer antiguas cartas de sus amantes, y con la de Nadine en la mano ve surgir del claroscuro de la tinta sobre el pálido papel a la propia Nadine, más pálida que el papel bajo la tinta, envuelta en brumas y hablándole en voz baja. No esperaba volver a saber de usted después de que anoche me dejó en la puerta de mi habitación. Su carta de esta tarde me sorprende y me halaga. Adolfo se ve a sí mismo caminando sobre el pasillo del hotel de Enghien-les Bains para ir al encuentro de Nadine, sonriendo ante la perspectiva de una nueva aventura amorosa que promete ser magnífica.

María vuelve a cerrar los ojos, luchando por dormir. Ha escuchado a lo lejos el canto del cucú anunciando la una, las dos... *Me gustaría...* soñar con él, ahora que puedo saber cómo es, no necesito de la imaginación, sólo de la memoria. La *Princesa* parece adivinar el insomnio y reclina su cabeza sobre el brazo de María, ronroneando para arrullarla, pero el sueño no llega y vuelve a abrir los ojos.

Una gota de agua que cae con persistencia en un lavabo lejano estimula el insomnio medido por un reloj cuyas manecillas marcaran días en lugar de minutos y semanas en lugar de horas. Sobre el plafón del dosel ve reproducirse el rostro de Mario Andrés, que le extiende sus manos fuertes y morenas, y ella se eleva hasta el plafón del dosel para dejarse abrazar y acelerar el porvenir.

Adolfo, en cambio, cae en una duermevela más próxima al pasado que al futuro. Una gota de alcohol que se bebe con persistencia estimula el sueño. Nadine, la misma Nadine que años atrás conoció en el casino francés, abre la puerta de su suite en el hotel de Enghien-les Bains, repitiendo el mismo gesto al tomar sus dedos finos y enjoyados. Adolfo, calcando su acción pasada con la misma minuciosa intención, le acaricia los dedos y se los besa uno por uno, repitiendo cada gesto, cada entonación de voz, como en una película que se proyecta por segunda vez. Pero en esta repetición le besa el rostro. Ella lo atrae hacia el interior de la habitación, que se encuentra en penumbra. Beso furtivo de quien juega al amor. Caricias suaves de quien busca el placer.

María ha dejado sus ropas abandonadas en el lecho y navega sin velamen, en la eteridad de su vigilia para abrazar desnuda el broncíneo mástil de un Mario inmaterial.

Adolfo ha desnudado a Nadine con desasosiego de felino en brama, arrebatando, desgarrando ropas y buscando afanoso el centro del goce en la cresta marina de un sueño.

Ojos abiertos.	Ojos cerrados.
Manos que buscan	Manos que encuentran
Bocas que besan	Bocas que gimen
Piel que acaricia	Piel que se estruja
Cuerpo abierto	Cuerpo cerrado
Posesión recibiendo	Posesión entregando
Un solo espíritu	Un solo cuerpo

La gota cae...
La gota cae...
La gota cae...
La gota cae...
La gota cae...
La gota cae...
La gota cae...

María escucha el gotear inacabable del agua en medio del abrazo que la abrasa en la etérea eteridad interior del dosel de su lecho. Adolfo ignora cuántas gotas bebió para fabricar su ensoñación y no se pregunta cuál es el espacio del sueño, cuál el de la vigilia. ¿No está abrazando a Nadine? ¿No siente en su piel la de ella? Lo que le importa es vivir el abrazo, sea en vigilia, sea en sueño.

María no quiere parpadear para no perder la imagen de Mario, que navega con ella y sin velamen en un premonitorio abrazo, en la etérea eteridad de su vigilia. ¿Barcos a la deriva? No, babor y estribor, dos costados de una sola nave. Dos alas de una misma mariposa.

Un trino quiebra la magia. María no sabe si proviene del cucú que anuncia las cuatro de la madrugada o de un jilguero posado en la ventana. Mario desaparece como un barco en la profundidad marina del plafón. Nadine es como una sirena entre espumas nevadas de un mar alucinante.

La gota cae...

María se levanta a cerrar la llave de agua del lavabo. De regreso, se detiene en el *chiffonnière,* saca una caja de Belmont que le robó a Adolfo de su armario y decide probar... ¡nunca has fumado, María! No, pero ahora siento un deseo irrefrenable de hacerlo, dicen que un cigarrillo calma los nervios, las ansias, ¿y tú ahora, qué ansias necesitas calmar? Aún repercute en su cabeza el eco de una gota cayendo en el pozo de un sueño... *Me gustaría...* no pensar en lo que *me gustaría...*

V
¿Tentación de Eva o caída de Luzbel?

Cuatro campanadas de un carillón inaudible. Cuatro puntos cardinales en el espacio del amor. Cuatro meses de una comunión espiritual tal como Platón la concibiera. Mario representaba el deseo sublimado, dos seres como unidad, totalidad, integridad. María se transmutaba en mariposa cada vez que veía a Mario sentado en la banca de "su árbol", esperándola. No hubo "jardín" del amigo para encontrarse, no hubo sitio más seguro, o menos riesgoso que la banca de su Árbol de la Vida, donde creció el amor hasta volverse un roble que María calculó indestructible.

Los planes iban y venían como péndulo de reloj: del divorcio al sacrificio del amor, del sacrificio del amor al divorcio. Mario exigiendo un espacio en la vida de ella. María rogando paciencia en el ansia de él. Y en el centro del péndulo la comunión espiritual de un amor que maduraba de hora en hora, de semana en semana, de mes en mes.

María comienza a llevarle sus escritos, cuentos, poemas para que él los juzgue... porque ella no se atreve a publicarlos sin una opinión objetiva; le confiesa que le ha enseñado algunos a Emilie, pero como ella la quiere tanto no sabe si al emitir su opinión se deja llevar por el cariño de la amistad.

—Entonces dudarás también de mi juicio, porque te quiero más que nadie...

—Mario, por favor, dime si en verdad puedo considerarme escritora... Te he dicho que desde niña he escrito, pero como mi primera meta fue ser pianista no le di importancia a mi escritura...

Él comenta que sus cuentos y su obra de teatro están dentro de la tendencia modernista de los mejores escritores de América, pero cuando llega a los poemas dedicados a él mismo, que publicó ella después bajo el pseudónimo de "Aurelia", que era el nombre de sus dos abuelas, nace en su interior, además de la admiración, un resplandor de orgullo.

> "Extraña cosa que al cerrar los ojos
> sólo puedo mirar una figura
> grabada ahí con singular dulzura
> cual flor que sobrevive entre despojos
>
> Figura juvenil que me persigues
> clavando en carne viva tu mirada,
> ¿por qué misterio estás ahí estampada?
> ¿por qué sin tregua con tesón me sigues?
>
> si duermo o velo sin cesar te veo,
> si hablo, mis labios dejan ir tu nombre,
> si oigo un rumor, que son tus pasos creo.
>
> Y así viviendo como fascinada
> por el hechizo tentador de un hombre,
> prosigo en mi locura obsesionada."

Es la primera vez que una mujer le escribe un poema. La abraza con ternura y le afirma, y reafirma, y confirma que sí, que es escritora, y muy buena y para demostrárselo le hará una entrevista en el periódico. Ha comenzado a trabajar como fotógrafo en el *Orientación* y puede proponerle al director que le permita publicar una entrevista sobre una nueva escritora mexicana. Urde el plan completo, irá a entrevistarla a su casa, así podrá ver dónde vive, para poder después imaginarla caminando en su sala, en su comedor, en su jardín. ¡Cuántas veces ha querido visualizarla en sus quehaceres hogareños y no ha podido, porque no sabe cómo es su casa! Además, podrá conocer también a Marcos Bruno. María se resiste, ¿cómo permitirle entrar en su casa?

—No tiene nada de malo, ni siquiera te besaré la mano.

—*Me gustaría...* pero...

—Escoge un día en que sepas que tu esposo acostumbra salir...

—Pero, Mario, si por mala fortuna él volviera a la casa en ese momento, ¿qué pasaría?

—Nada, qué ha de pasar, soy un periodista que va a entrevistarte.

　　—No sé si podría fingir frente a él...

　　—No tendrás que hacerlo, si eliges bien el día.

　　—En realidad tú eres fotógrafo, no periodista... Tal vez ni siquiera acepten publicar la entrevista...

　　—Sí, la publicarán, el director es amigo mío... Se lo pediré como algo especial...

　　—No sé...

　　—Como tú quieras, pero me alegraría conocer a tu hijo... Si no te decides a aceptar la entrevista, quizá ¿podrías traer al niño un día aquí, a nuestro árbol?

　　María niega, el niño es inteligente y no sabe mentir; si su padre lo interroga puede contarle... Mario entonces insiste en la entrevista, y ella le promete que lo pensará; lo que es más, sondeará a Adelfo para ver lo que piensa de que a ella la entrevisten para el periódico.

　　—Él nunca le ha concedido importancia a mi trabajo literario...

　　—Mayor razón para que yo te entreviste. El saber que otros te admiran hará que reflexione...

　　—¿Que reflexione? Cómo se ve que no lo conoces... Mi marido no reflexiona, sólo grita, bebe y escapa de la casa como de un infierno...

　　—¿Por qué?

　　¿Por qué? Recuerdo su mirada tierna de cuando nos casamos por lo civil, el retrato de ese día pasó años sobre su escritorio como si no existiera; en ese retrato me abrazaba y me veía con una dulzura que jamás he vuelto a contemplar en su rostro. ¿Qué se hizo esa dulzura? Si era capaz de ser tierno, ¿qué sucedió? ¿Qué hice para que dejara de serlo? ¿No amarlo? Tal vez. Él debió percibir mi desamor. Entonces yo amaba a Bruno y él tuvo que sentir mi lejanía buscada, no casual. Se habla tanto de la intuición femenina... pero, ¿y la masculina? Est ce qu'il n'existe pas? Recuerdo que aquel día elegí un sombrero de ala ancha para evitar su cercanía. El ala me proporcionaba una barrera justificada, una tabla de salvación, un muro entre su boca y mi boca. Su bigote me molestaba cuando me besaba en los labios... él debió de notarlo...

　　—¿Por qué?

　　—No lo sé... tal vez nunca lo he comprendido...

　　—Pero si tú eres la mujer más comprensiva que he conocido en mi vida... Desde el primer momento me has comprendido...

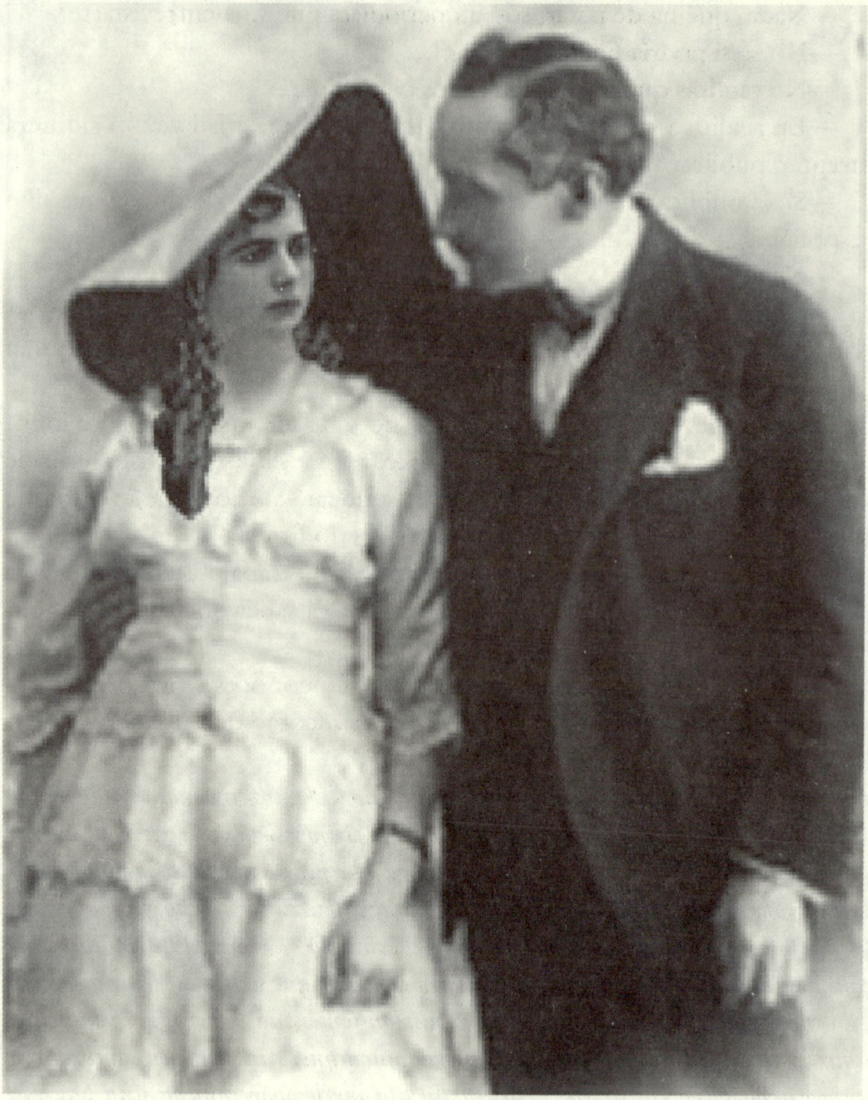

—Pero tú no eres él... ni yo soy la misma...

Mario la abraza y ella se desprende suavemente de sus brazos diciéndole que es tarde. Debe irse. No quiere tener problemas ni despertar suspicacias... Mario besa su mano y ella vuela hacia su propio infierno.

*

Ha amanecido temprano, Adolfo se ha despertado con el sol, y cuando baja a la pequeña sala familiar están sonando las siete en el reloj de la iglesia cercana.

El retrato familiar del padre de Adolfo, colocado sobre una cómoda de la sala, evoca en él aquel período de su infancia vivido en el perdido palacio de la calle de Humboldt, cuando su padre era Ministro de Guerra y Marina. De pie frente al retrato vive nuevamente la escena. Su padre lo reprende desde su sitial, con voz firme, de militar en mando, su bastón a un lado, cerca de la escupidera de porcelana; sus dos hermanas mayores, Francisca y Josefina, escuchan el regaño, sentadas frente a él, como los monos chinos: ver, oír y callar.

Mientras tanto, Paulina, que está sacudiendo los muebles de la sala, escucha la voz del señor y al voltear a ver con quién habla se da cuenta de que está solo.

—Sí, papá...
—...
—No, papá...
—...
—No, papá...
—...
—Sí, papá...
—...
—Sí, papá...
—...
—Sí, papá...
—...
—No, papá...
—...
—No lo vuelvo a hacer, papá...
—...
—Sí, palabra de general, papá...
—...
—Gracias, papá...

Su padre saca unas monedas y se las da. Fito extiende la mano para recibirlas, las cuenta.

—Gracias, papá.
—...
—¿Me dejas jugar con los caballitos...?
—...
—Sí, papá, ya hice mi tarea.
—...
—Gracias, papá...
—...
—Arre, arre, caballito... tú si sabes galopar...

Paulina, asustada, va a la cocina a decirle a Mixi que el señor tiene otro de sus ataques, que habla solo y que se ha puesto de rodillas en el suelo, como si estuviera jugando.

—Yo le digo a la señora que hay que llamar al señor cura para que le saque los demonios del cuerpo...

—No, Paulina, no son demonios.

—Sí que lo son, yo he visto las malicias aquí rondando por la casa... y si uno no está preparado... se meten en el cuerpo... por eso hay que recibir al Señor en uno, sólo así se puede vencer al Enemigo...

—Seguramente es su nahual, yo he tratado de invocar a su nahual para obligarlo a que se vaya, pero no quiere irse. Hay nahuales muy difíciles de alejar.

—No, Mixi, te digo... son las malicias, los demonios que rondan y atrapan a los descuidados... El señor se ha descuidado y ya lo atraparon, ahora sólo el señor cura puede sacarle los demonios...

—Tú eres joven, Paulina, y no sabes, pero todos llevamos dentro nuestro nahual, sólo que hay nahuales buenos y nahuales malos... porque son diferentes animales con diferentes instintos... hay animales que no atacan a los seres humanos, como las gallinas o los peces de colores, pero hay otros que según sea su especie son benéficos o malvados; como las serpientes, las hay venenosas y las hay no venenosas... Hay unas que reptan sobre el suelo, otras que se deslizan en el agua y otras que vuelan... unas que te muerden y otras que te ahorcan... Por eso cada nahual es diferente...

—Yo no sé nada de esos nahuales...

—Porque eres ladina... pero yo puedo enseñarte...

—Yo sé lo que dice el señor cura, que hay demonios que se posesionan de una persona y la vuelven maligna como ellos... yo creo que el señor está poseído por un demonio... y por eso yo me he quedado en esta casa, para ayudar al señor y también a la señora en la tarea de sacar ese demonio de adentro del señor...

—No, Paulina, no es un demonio, es su nahual...

—Yo no sé de nahuales...

—Pero yo sí...

Marquitos, ya vestido y peinado, ve a su padre jugando con los soldaditos de plomo, se acerca y empieza a jugar con él.

—Dispara...

—Apunta...

—Fuego...

—No, no, primero se prepara, luego se apunta y luego se hace fuego...

—A mí no me gusta la guerra...

—Entonces juguemos a las carreras...

—¡A que mi caballo corre más que el tuyo!

—No, no, el mío es más veloz...

—¿Qué quiere decir "veloz"?

—Te apuesto estas monedas a que el mío gana...

—Pero yo no tengo monedas...

—Entonces no puedes jugar a las carreras... si no tienes monedas no puedes apostar ni jugar conmigo... vete... vete... no toques mis caballos...

—Pero si son míos... son los soldaditos que me regalaste el día de mi cumpleaños...

—Yo no te regalé nada, son míos...

—Son míos...

—Son míos...

Al adulto hecho niño le brillan los ojos, le fosforecen, se retuerce en su interior la rabia hecha madeja y nudo, agarra al niño pequeño de los hombros y lo lanza contra el suelo. Marcos Bruno grita. Paulina y Mixi escuchan el llanto y, asustadas, se dirigen a la sala familiar y al ver Mixi que el señor sacude al niño de los hombros para obligarlo a soltar su caballito, corre a rescatarlo.

—Te voy a acusar con mi papá, para que te castigue como a mí... por quitarme mis caballos...

—Tú me los regalaste, tú me los regalaste, papá... Son míos... son míos...

—Señor, señor, suelte al niño, que lo está lastimando...

Marcos Bruno llora, Paulina se va a llamar a María, mientras Mixi forcejea con el señor, tratando de arrancarle al niño de las manos. Finalmente, Mixi logra que su padre lo suelte. Adolfo se dirige a su habitación haciendo pucheros infantiles.

—Los voy a acusar a todos con mi papá... ya verán... ya verán...

María abre los ojos al escuchar el alboroto con que entra Paulina a su alcoba cuando en la iglesia suenan ocho campanadas, y le pregunta qué pasa.

—¡El señor..., señora!... Al señor le han entrado los demonios.

*

El cucú ha cantado muchas veces la media noche y muchas veces el medio día. Han pasado meses difíciles para María. Adolfo, cada vez más frecuentemente, se enajena y violenta. Mario Andrés ha pasado casi todo el tiempo en Mérida. Tuvo que irse, para cumplir una comisión como fotógrafo del periódico. Además, tenía que liquidar asuntos de carácter económico. No era fácil ni rápido cambiar de ciudad, aun dentro de un mismo país. Sin embargo, sus cartas seguían llegando asiduamente, dos o tres por semana.

> Mérida, 28 de febrero de 1931
>
> Mi querida Alma-Monina,
>   Me alegro mucho de que hayas pasado muy feliz la celebración de las bodas de plata de tu padre el pasado 21. Algún día tendré el gusto de conocerlo. Ya por lo que me has contado creo que es un hombre de gran calidad humana, además de excelso cantante de ópera. Creo que, llegado el momento, nos entenderemos muy bien. Espero que nuestros planes puedan realizarse muy pronto. Yo estoy por terminar mi comisión y mis asuntos aquí.
>   En cuanto pueda empaco y salgo para México *definitivamente.*
>   Mientras tanto, tú podrías ir iniciando los preparativos para el divorcio. Le he escrito a otro abogado amigo mío que, estoy seguro, encontrará un recurso para allanarte el camino. Como convenimos, por razones que tú has comprendido muy bien, será mejor que por ahora no digas a tu padre que yo existo, pero confía en que para el final de este año podremos estar juntos, celebrando nuestra boda. Aquí te adjunto la tarjeta del abogado para que puedas comunicarte con él.
>   Recibe mi infinito cariño.
>   Tuyo   M.A.R.

Luces y sombras de la vida. No bien acaba de leer la carta María, cuando entra Mixi no tan silenciosamente como otras veces, no tan calmada como otras veces, no tan hierática como otras veces.

—Niña, niña... te llama por teléfono tu mamaisita.

—¿Algo malo? Traes una cara...

—Parece que el papá de la niña se puso malo... Dice que le dio un síncope...

No ha terminado de hablar Mixi cuando ya María va a media escalera como alma que lleva el diablo. Llega a la biblioteca y más tarda en escuchar la voz de 'isita que en salir de la casa apenas con tiempo para que la nana le ponga un chal encima y le dé su bolso.

—Cuando llegue el señor, que me alcance en la casa de papá…

Ya en la casa, 'isita la pone al tanto de lo que pasó y de que por fortuna el doctor del Hospital Francés era vecino suyo y en cinco minutos estuvo con Bruno para atenderlo. Le había dicho a 'isita que se trataba de una angina de pecho, por lo que debía estar en absoluto reposo. Le recetó unas cucharadas que debían preparar en la farmacia para administrárselas cada cuatro horas y se fue porque tenía una emergencia en el hospital. Cuando llega el doctor Toledano, llamado de inmediato por María, Luisa le informa que desde hacía unos días se había quejado de un dolor opresivo en el pecho que le corría hacia el brazo izquierdo, y que se sentía siempre muy fatigado, especialmente al subir las escaleras. Por fortuna, el síncope le había dado cuando estaba apenas levantándose de la cama, así que cayó desmayado hacia atrás y no se lastimó, pero si hubiera estado de pie hasta habría podido descalabrarse. María le preguntó al doctor si la medicina que recetó el médico del hospital le parecía bien. El doctor Toledano revisó la receta y estuvo de acuerdo con las cucharadas, pero además le recetó unas píldoras que debía tomar con un vaso de leche tibia en la noche. Recomendó una alimentación moderada, lo mejor era una dieta blanda, y había que mantenerlo lo más inmóvil posible para que no hiciera ningún esfuerzo. Incluso, lo mejor era tener la habitación en penumbra para evitarle cualquier excitación. Y, por supuesto, vigilarlo constantemente por si le repetía el dolor.

María tranquilizó a 'isita, que comenzó a llorar y le ofreció quedarse con ella en la noche para cuidar por turnos a su papá. Ya vería cómo se compondría, en pocos días sería el de siempre. Aunque no creía mucho en sus propias palabras, las decía con tanta convicción que 'isita fue calmándose poco a poco. Pero a medida que 'isita se calmaba, María se iba inquietando. Los recuerdos de la pérdida de su madre le cayeron encima con un peso mayor tal vez que el de la lápida sobre el cuerpo de Esther. De pronto sintió un gran temor de que su padre muriera. Era como perder la infancia para siempre. La memoria compartida era el verdadero cordón umbilical que la ataba a sus padres. Mientras hablaba con 'isita, la fue viendo transformarse en la tía que muchos años atrás la acogió como si fuera verdaderamente su hija. Si la sustitución de una madre no era posible, sí era posible querer a otra mujer con un cariño equiparable. Se vio a sí misma, de niña, en aquel aniversario de la muerte de su madre en que la sacaron de la escuela para ir a ofrecer flores a la iglesia, en una misa dedicada a su memoria. Después de salir de la iglesia, su padre les tomó una fotografía que aún conservaba.

—Ven, Monina, les tomaré una fotografía a ti y a tu mamá Luisita.

Sintió ganas de llorar pero se contuvo. Escuchó la voz repetida por el eco: "tu mamá Luisita...", "... uisita...", "... isita..."

*

María había aceptado, por fin, el plan de la entrevista periodística, durante una de las cortas estancias de Mario en la ciudad de México, porque en el fondo ella quería que Mario conociera a Marcos Bruno, y era la única forma de hacérselo conocer sin peligro, o al menos con menor peligro. Pero después de entrevistarla, Mario había regresado a Mérida, de modo que cuando se publicó la entrevista ni siquiera pudo comentarla con él.

Una mañana, Mixi recibió subrepticiamente un recado de manos de Mario, que le entregó de inmediato a su ama, donde él le informaba que había regresado definitivamente a México y que había rentado una casita también en Coyoacán, para no estar lejos de la suya:

> *Querida Almonina, ¿Serías tan gentil de permitirme verte esta tarde a la hora de siempre, en el lugar de siempre?*
> *Tuyo*
>
> M.A.R.

María, envuelta en su manto de silencio, no ha querido comunicar a nadie su amor por Mario Andrés. Emilie trata de sondearla, pero lo único que consigue de ella es una sonrisa dulce y un cambio de conversación. Hoy, la violenta escena de Avelfo, al enterarse de la entrevista en el periódico, parece haber traspasado los límites de lo permisible. Emilie no pudo menos que darse cuenta de que ella llevaba varios moretones en los brazos y uno en el cuello que no alcanzó a cubrir con la chalina. María le narra la escena a Emilie, sin detalles, diciéndole que él terminó como

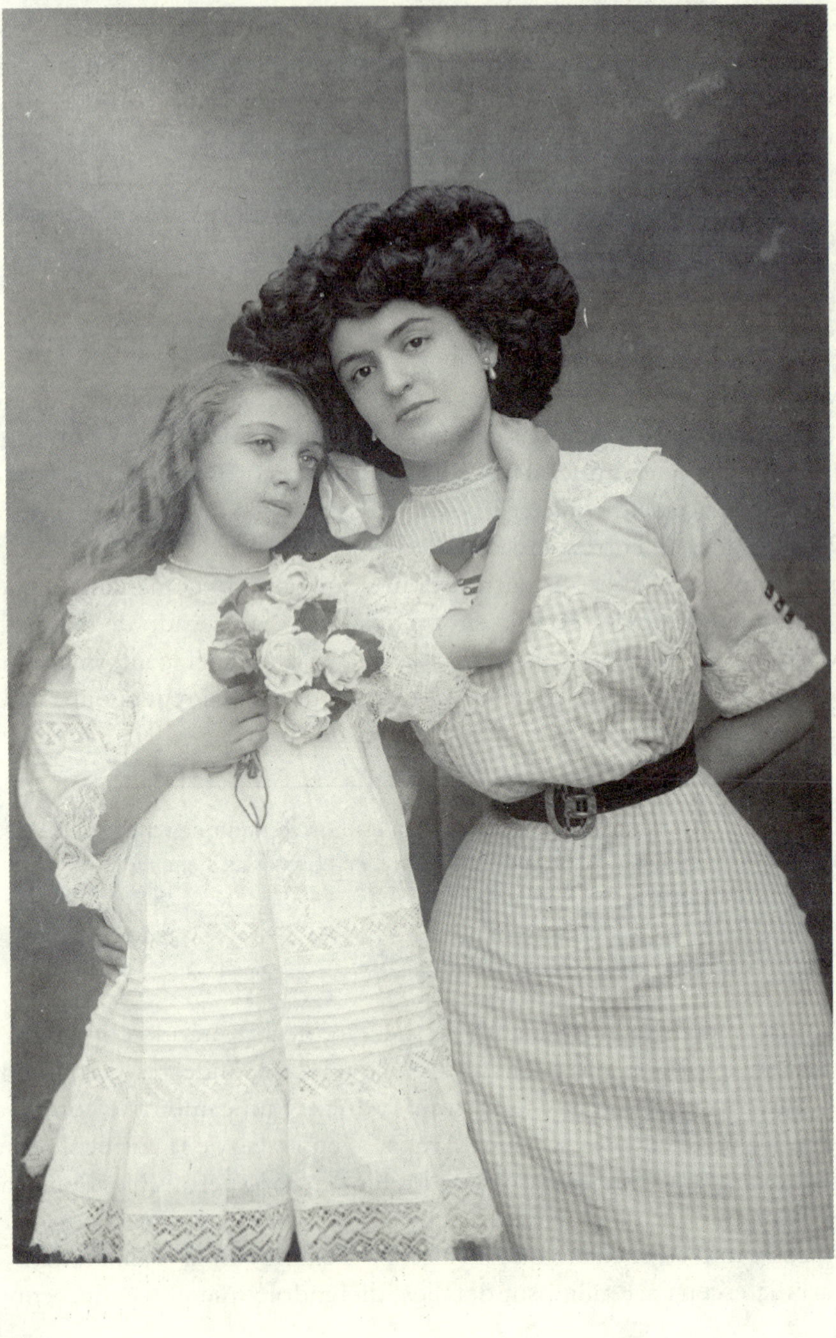

siempre alucinando, y al irse furioso para encerrarse en su cuarto la empujó contra el dosel de la cama, con cuya columna se golpeó.

—¿Fue por la entrevista aparecida en el *Orientación*?

—No lo sé...

Emilie supone que la escena de Adolfo se debió a celos amorosos, debidos a que en la entrevista había párrafos admirativos como:

"...[la entrevistada] nos habla de sus esperanzas y de sus proyectos literarios, apenas empieza su labor, ciertamente; pero desde luego, esta joven escritora ha entrado a la liza bien preparada; su vasta cultura, su amor al estudio, su talento, y su encantadora feminidad, la pondrán en primera línea".

Pero María no cree que sean celos de carácter amoroso.

—No, no es lo que dice la entrevista lo que lo enojó...

Piensa que el enojo es porque Avelfo no quiere que ella escriba, o pinte, o toque el piano, es decir, él no quiere que ella haga nada donde se distinga, y menos ahora que él ha perdido todo y se siente fracasado; eso lo enloquece, no puede soportarlo, entonces bebe, bebe hasta la ebriedad, hasta la alucinación.

Emilie sospecha que el problema es más serio de lo que María le cuenta. Aunque conoce casos de dipsómanos que tienden a alucinar, lo de Adolfo parece rebasar los límites de la dipsomanía.

—¿Qué dice el doctor Toledano?

—¿Qué va a decir, si Avelfo no lo consulta? Yo no puedo llevarlo por la fuerza, e incluso cuando el doctor va a casa él no le habla de sus trastornos; lo que es más, desde hace tiempo trata de evitar su presencia y me pidió que cambie de médico para Marcos Bruno. Supongo que es para evitar que llegue de sorpresa con el pretexto de hacer visitas médicas al niño.

—¿No estará celoso del doctor?

—Claro que no... ya te dije que su problema es que yo escribo... mientras era sólo el periodismo lo toleraba, pero desde que sabe que estoy escribiendo literatura... *Si supieras, Emilie, todo lo que no te he contado... el martirio de vivir en esa casa, el amor que ha nacido en mí por Mario Andrés... pero no debo caer en la tentación... contar es abrir las exclusas del alma... es destapar por segunda vez la caja de Pandora... y no quiero perder la esperanza...* se ha puesto intolerable...

—Entonces, ¿cómo dices que la entrevista no lo enojó?

—No me sé explicar... no fue lo que dijo el periodista o lo que yo dije en la entrevista lo que lo enojó, porque ni siquiera la leyó. Cuando se la enseñé, vio el encabezado y la hizo a un lado sin leerla. ¿Para qué iba yo a insistir?, ¿para provocar su furia?

—Sin embargo, se enfureció.

—Sí, pero te aseguro que no fue por lo que decía, es decir, no fue por celos, sino por el hecho en sí de que alguien me haya entrevistado.

Emilie siente que le está sacando la verdad con tirabuzón; María resiste, evade, trata de escapar del interrogatorio.

—¿Y qué vas a hacer?

—Le diré que he dejado de escribir.

—¿Y dejarás?

—No. Sólo cambiaré de seudónimo y cuidaré de que no se entere de que sigo escribiendo.

—Has aprendido a mentir...

—A querer o no... Si se enoja porque escribo... ¿qué otra cosa puedo hacer?

—No me has contado nada del periodista que te entrevistó...

María busca en su mente un pretexto que le permita cambiar la conversación, sabe que si dice algo sobre Mario Andrés su emoción la delatará... ¡Emilie la conoce tan bien! Pero tampoco puede desviar la conversación bruscamente, porque será otra manera de delatarse...

—Ya te lo contaré con detalle, lo que pasa es que hoy es mal momento, porque no quiero dejar a Marquitos solo mucho tiempo, estuvo hace unos días con calentura... y ¡sabes lo que es eso...!

—¿Y qué tuvo?

—Anginas... Además, me dijo el doctor Rangel que tenía adenoides... así que eso complicó la enfermedad, por eso le subió tanto la fiebre...

—¿Y ya está bien?

—Sí, pero no quise traerlo porque el día está nublado. Pensé que si llovía podía hacerle daño... y ya ves, estamos cerca del cordonazo de San Francisco, no quise arriesgarme...

—Hiciste bien...

María siente que ya salvó el problema de tener que hablarle a Emilie de Mario Andrés. Y por supuesto, no explica que dijo en su casa que iría a ver a Emilie, para tener un pretexto para salir esa tarde a ver a Mario Andrés.

—Te devolveré las revistas en cuanto sea posible.

Se despide como siempre a la francesa, con el beso recíproco en ambas mejillas, y camina hacia su Árbol de la Vida que, por fortuna, le queda a unas cuantas calles de la de su *grande sœur*, así que no tiene necesidad de ningún vehículo.

Por el camino no puede evitar sus propios pensamientos. Sabe que, aunque no ha mediado el acto definitivo que convertiría a Mario en su amante, no encuentra otro término para definir su relación con él que la de ser amantes. Es evidente que está siendo infiel de pensamiento aunque no de acto, y se pregunta ¿qué es la fidelidad? ¿No es acaso la conjunción de acto y pensamiento en la observancia de la palabra jurada, como decía su abuelo? Pero cuando la palabra jurada se hace contra la propia voluntad, ¿no se está siendo infiel a sí mismo al dar esa palabra? Luego, si la palabra jurada es infidelidad a sí mismo, ser infiel a esa palabra es fidelidad a la propia persona… Ergo, diría Descartes: no soy infiel… porque si dar esa palabra fue ir en contra de mi voluntad, retirar esa palabra es ir en mi favor… Doble ergo: soy fiel a mí misma…

La fidelidad militar es la honrosa lealtad a la causa que se defiende, la observancia de la fe jurada a la bandera a cuyo pie se filia el soldado cubriéndose con su flotante paño…

—Pero abuelo…

La fidelidad es la adhesión, el afecto digno, desinteresado, del hombre para con su patria, para con su jefe, para con su amigo; la constancia, la abnegación, la firmeza en ese afecto…

—Eso es, abuelo… la firmeza en el afecto…

La fidelidad en la palabra, es el más escrupuloso cumplimiento de ella, motivo por lo que es preciso ofrecer siempre aquello que puede y debe cumplirse, decir lo que sabe que es verdad…

—Exacto, abuelo, y mi verdad es…

…el hombre se hace respetable, empezando por respetarse a sí mismo…

—¿Lo ves, abuelo? Me das la razón… Sólo te faltó añadir que también la mujer respetable debe respetarse a sí misma y no aceptar un juramento obligada por su padre.

—No entiendes…

—¿Por qué dices que no entiendo, abuelo?

—Porque una mujer, como todo soldado, debe obedecer las órdenes de los oficiales de grado superior.

—O sea, abuelo, que ¿los hombres son superiores sólo por ser hombres?

—No entiendes...

—Sí que entiendo, abuelo. Supongamos que un oficial es traidor; entonces, un soldado no puede ser obligado por un oficial traidor, aunque sea de grado superior, a jurar por otra bandera...

—María, tu padre no es un oficial traidor...

—No, pero es un hombre... que ignoró mi albedrío..., mi afecto tenía que estar ligado a mi bandera, y mi padre me obligó a jurar fidelidad a una bandera que yo no elegí... Yo debí elegir mi bandera según mi afecto... ¿Cómo voy a respetarla si me fue impuesta? La lealtad no se impone... abuelo, se decide...

Pero a medio camino entre la casa de Emilie y el Árbol de la Vida, donde iba a encontrarse con Mario Andrés, la alcanza Mixi para decirle que el señor está muy enojado y que teme que vaya a golpear al niño. María se dirige corriendo a la casa, sube volando al cuarto de los juguetes y encuentra al esposo y al hijo jalando cada uno un brazo de un payaso de trapo, sólo que Avelfo, con la mano que le queda libre, trata de golpear a Marquitos con su cinturón. El niño grita y chilla pero no suelta el payaso. María se arroja sobre su esposo para impedirle que golpee al niño, y él, enfurecido, la empuja contra la puerta, gritando que no se meta, que él tiene que educar a ese niño malcriado le pese a quien le pese, y si él le prohibió jugar con ese payaso el niño tiene que obedecer y nadie debe interferir con su educación.

—¡Tiene que obedecer! O-be-de-cer... es algo que tienen que aprender todos en esta casa, inclusive tú...

Mixi, aprovechando la distracción del señor, que ha soltado el payaso, carga a Marcos Bruno y se lo lleva a su recámara. María, tirada en el suelo, le responde a Adolfo que ésa no es la manera de educar.

—¿Ah, no? ¿Tú me vas enseñar cómo educar a mi hijo? ¿Tú? ¿Una ramera que permite que un hombre que no es su marido le diga linduras, y no sólo que se las diga, sino que las publique?... Sí... ya leí la entrevista que te hizo ese sinvergüenza... ¿Por qué no te vas con él?... ¿eh?... Anda, responde, no te hagas la inocente palomita...

María no puede levantarse del suelo, siente que la cabeza le estalla... Mete la mano por entre sus cabellos y la saca mojada en sangre... Alza la vista y ve que el rostro de Avelfo se va oscureciendo, oscureciendo... y en medio de esa niebla lo ve levantar la mano con el cinturón y se cubre la cara con los brazos, instintivamente. No siente ya el golpe del cuero sobre la espalda ni escucha las injurias. Adolfo, enloquecido, descarga golpe tras golpe, primero sobre el cuerpo desmadejado de su esposa y después contra los juguetes... Un soldado con traje de teniente se yergue y se le enfrenta...

—¿Te crees que el golpear mujeres te hace más valiente?

—Tú no te metas... Yo hago lo que se me da la gana con mi mujer, para eso es mi mujer...

—¿Quieres que llame a tu padre? ¿Te atreverías a contestarle eso a él?

Fito suelta el cinturón y se encoge como un caracol buscando el interior de su concha.

—No, no vayas a llamarlo...

Fito se repliega hasta un rincón, se encoge..., se encoge hasta quedar hecho un ovillo, mirando temeroso para todas partes, y descubre que los rostros de todos los soldados voltean hacia él y lo ven con miradas reprobatorias. Uno de ellos toca el tambor y anuncia:

—Ya viene el general.

—No, no, no quiero que venga mi padre, ¡no quiero!, ¡¡no quiero!!

Todos los juguetes cobran vida. Los muñecos se acercan a él, rodeándolo, cercándolo, aprisionándolo con sus cuerpos de trapo, de madera, de plomo. Suenan el tambor y el clarín, las órdenes militares retumban en el aire: "A la carga", "Al ataque", "Atención en la retaguardia", "El General ordena avanzar". Y... "un, dos; un, dos; un, dos; un, dos..." "¿Qué hacemos con el prisionero?" "Fusílenlo".

—No, no, no quiero que me fusilen... mi padre no puede mandarme fusilar... Yo no tengo la culpa... yo no tengo la culpa... de que él haya perdido su brazo y su pierna... yo no tengo la culpa...

María al fin vuelve en sí y trata de enderezarse, no ve a nadie en la habitación, que se ha quedado a oscuras, se levanta, busca el interruptor y prende la luz. Es entonces cuando descubre a su esposo encogido en un rincón, cubriéndose la cara con las manos. Intenta acercarse, pero teme hacerlo. Va hacia la puerta y llama a Mixi, pero Mixi no la escucha porque se ha ido con el niño a ocultarse en los cuartos de servicio del fondo

315

del jardín. Llega Paulina en su lugar, asustada, y con un vaso de agua en la mano.

—¿Quiere un poco de agua, señora?

María se lo agradece, pero toma el vaso para llevárselo a su marido, que parece necesitarlo más que ella. Se acerca a él y le ofrece el agua. Adelfo alza la vista, toma el vaso de agua y lo bebe. Ella lo ayuda a levantarse.

—María, tienes el vestido manchado de sangre. ¿Qué te pasó? ¿Te golpeaste?

María asiente con la cabeza.

—Señora, señora, ¿quiere que vaya a buscar al señor cura?

—No, Paulina. El señor se pondrá bien, lo que necesita es dormir.

*

Al día siguiente, muy temprano, todavía con el eco del péndulo resonando en su cabeza, María se levanta. No ha dormido pensando lo que debe hacer. ¿Qué habrá hecho Mario Andrés al ver que ella no llegó a la cita? ¿Pensaría que ya no lo quería ver? Ignora que él, ante su ausencia, supuso que un imponderable le había impedido asistir, de modo que se había ido a rondar la casa para ver si encontraba a Mixi, pero viendo la casa a oscuras había supuesto que habían salido y que ella no había podido escaparse para verlo. De modo que se había ido a su casa decepcionado, pero con la esperanza de que el día siguiente le ofreciera alguna oportunidad para encontrar a la nana.

En la madrugada, María toma la decisión. No postergará ni un día más su salida de esa casa. Se irá con sus padres… No, su padre está delicado, la impresión de que ella abandone su hogar podría hacer que se repita el síncope… No, le ocultará hasta donde sea posible su situación… Se irá con Emilie unos días, mientras arregla algo… no sabe qué, pero recuerda la voz de *mère* Antoinette, que repite siempre aquella hermosa frase llena de esperanza: "Dios proveerá". Pues si Dios no provee algo, o si Emilie le niega posada, se irá con… Sí, ya no le importa lo que diga la gente, se irá con Mario Andrés…

Desnuda, delante del espejo, contempla las marcas rojas del cinturón sobre su cuerpo. Si así pudiera ver las marcas de las decepciones sobre su espíritu. Querer Ser y no poder Ser. Querer ser Uno, con el hombre amado, y descubrir que el Dos es un imperativo categórico. No pudo dejar de recordar a Bruno en ese día en que seguramente celebraría su cumpleaños con su esposa, allá en Europa. ¿Qué me decepcionó de Bruno? ¿Qué palabra? ¿Qué expresión? ¿Qué idea? ¿Qué gesto? ¿Qué intención? Creo que fue una frase pronunciada en un mal momento… Sí, fue cuando después de hacer el amor… él dijo: "Es tan corto el amor y es tan largo el olvido". ¿Por qué me decepcionó esa frase, si en el poema me parecía tan inteligente, tan plena de verdad? Quién lo sabe. Sólo sé que en ese momento el amor se esfumó como la paloma del mago; invertí el verso nerudiano: *es tan largo el amor y es tan corto el olvido*, y decidí olvidarlo. La decepción es un enemigo que ataca desde cualquier flanco, desde cualquier punto por no estratégico que parezca; cualquier palabra es un trampolín, cualquier tiempo, cualquier espacio; la decepción no tiene preferencias, y le encantan los disfraces, las máscaras, los afeites. Puede ataviarse de luto o de fiesta, con gracia o con torpeza, cubrirse de luz o de sombra, de miseria o de riqueza. Puede ponerse la máscara de la comedia o la de la tragedia, la de ángel o la de demonio, la del amor o la del odio, y puede ponerse pelucas o bigotes postizos, como cualquier actor magnífico, pésimo o mediocre. Dijo Mario Andrés que su retrato era para irme "desilusionando poco a poco…" ¿Será así? *Me gustaría…* saberlo… aunque… ya temo cada vez que digo que *me gustaría…* algo, porque la decepción ya se ha disfrazado tantas veces con esas palabras, que ya no quiero ni pensar en lo que *me gustaría…* Ahora comienzo a decir: *me habría gustado…* ser pianista, *me habría gustado…* viajar por todo el mundo dando conciertos… *me habría gustado…* casarme con el hombre amado… *me habría gustado…* que a mi abuelo no lo mataran a balazos… *me habría gustado…* ¡No!… Lo que iba a decir no es verdad. Había algo que de niña quería ser, pero que hoy no me habría gustado ser… *no me habría gustado* ser general… No me gustan las armas… no me gusta matar… y en la guerra… hay que matar si no quieres morir… Dice mi padre que cuando mataron a mi abuelo en el Zócalo, no iba combatiendo… ni vestido con su uniforme de general… Sin embargo, aunque a mí no me gusten las armas, sigo como él y como todos esos generales que salían retratados en los periódicos de entonces: siempre en la guerra o preparándome para ella…

Se vistió de prisa y entró sigilosa a la habitación de la nana, que dormitaba sentada en un sillón, vigilante del sueño de Marcos Bruno y de Xóchitl. Le dijo que preparara algo de ropa de los niños y de ella, porque no podía permanecer más tiempo en la casa. En una hora se irían. María misma empacaría sus pertenencias más preciadas. Era evidente que Avelfo era una amenaza y que tanto el niño como ella estaban obligados a alejarse de él, porque nunca se sabía en qué momento su marido podía caer en otro de sus ataques de furia y no quería que Marcos Bruno corriera de nuevo el riesgo de salir lastimado.

María salió de los cuartos de servicio silenciosamente para no despertar a Paulina. Al terminar de alistar sus cosas, escuchó el débil maullido de la *Princesa* que, sentada junto a la cama, la miraba como preguntándole: ¿Y yo? María la alzó en sus brazos como a un bebé y pensó por unos segundos... No podía abandonarla, moriría de tristeza... Fue por la jaula de pájaros que le sirvió para traerla desde la calle de Humboldt, la metió con cuidado en ella y se sentó sobre la cama a reflexionar. ¿Cómo llegar de improviso con todo su cargamento a casa de Emilie para pedirle que la alojara por unos días? Aunque... su casa era grande y seguramente habría espacio para los cinco, pues la gata contaba como persona. ¿Le avisaría antes? No, porque tal vez trataría de desanimarla; necesitaba que Emilie se encontrara con un hecho consumado. Cuando suenan las seis de la mañana en el reloj cucú de su madre, María-Generala, María-Eva, María-Nora, María-Adúltera, María-Ángela-Caída-María No-Virgen se echa una capa sobre los hombros y se dispone a partir, no con José sino con Mixi, y no a punto de dar a luz, sino con dos niños de seis y cinco años hacia otro pesebre: un nuevo campo de batalla.

No bien cruza la puerta que da al jardín, cuando escucha la voz de Avelfo detrás de ella, más sonora que el retemblar de los tambores de guerra.

—¿Crees que te permitiré que te lleves a mi hijo?

María voltea la cabeza y ve a Avelfo detrás de ella, cubriendo con su cuerpo el umbral de la puerta y con los brazos en cruz como un Sansón dispuesto a derrumbar las columnas del templo, el templo entero, antes de permitir que le arrebaten a su hijo. Y detrás de él un Judas, con rostro de Paulina, que evidentemente había ido a despertar al señor para avisarle que la señora lo estaba abandonando.

—¿Tú querías irte? Bien. ¡Vete! Pero sola. ¡Sola! ¿Me escuchas?

Voltea la cabeza para gritar una orden.

—Mixi, vuelve a llevar al niño a su cuarto… ¡Obedece! Y tú, Paulina, vigila que nadie salga.

Cierra la puerta detrás de él y, apretando un brazo de María, la arrastra por el prado hasta la reja del jardín, abierta de antemano por Mixi, para facilitar la huida, y la empuja hacia la calle.

—No te llevarás a mi hijo, y menos para irte con tu amante, ese escritorzuelo del periódico que se atrevió a entrar a mi casa, en mi ausencia y sin mi permiso. Lo sé todo.

María habría deseado en ese momento que la tierra se abriera y se la tragara para hacerla renacer en otra Táuride. Se queda hecha piedra, como si hubiera visto a la medusa, y sólo escucha cada vez más lejos la voz iracunda de su marido que le grita: ¡Ramera! ¡Vete con tu amante! No volverás a ver a mi hijo… ¡Ramera!

¿Habrá sentido lo mismo Eva al ser expulsada del Paraíso?… Pero tu casa, María, no es el Paraíso. Estás siendo expulsada del Infierno… Todo lo que encuentres en el futuro será mejor que este Averno. En los **trece años**, "13", como los ciclos calendáricos de los aztecas, y **nueve meses**, "9", como los que tarda en nacer un hijo, en las mujeres desde Eva hasta María, "**13 años y 9 meses**" te quedan para fundar tu Paraíso… Tu propio Paraíso. Aún hay esperanzas, María… aún hay esperanzas.

No, no puede ir en este estado con Emilie. Tiene que darse tiempo para reflexionar, para decidir qué hacer… Tiempo… tiempo… siempre hace falta tiempo. Cuando María echa a andar hacia la parada del tranvía suenan en la iglesia siete campanadas, como habrán sonado siete cantos del cucú de su recámara, que ahora no puede escuchar…, "7"… como los siete días de la Creación del mundo…

VI
Pidiendo posada a un ángel reformador

Dos horas han pasado desde que subió al tranvía rápido de San Ángel en busca de sí misma. No ha visto nada de todo lo que ha visto. La palabra "ramera" retumba en su cerebro como un eco que se niega a morir. El tranvía se dirige al Zócalo. Ese Zócalo donde se derrumbó su abuelo no hace ni veinte años. Él salió de una prisión, ella acaba de salir de otra prisión. Pero si su abuelo perdió su vida al ganar su libertad, ella ha perdido a su hijo. ¿Qué es peor, abuelo? ¿Perder al hijo o perder la vida? Se pregunta las opciones, ¿quién puede ayudarla a recuperar a su hijo? ¿Su padre? No, está convaleciente y la pura emoción de saber que ha dejado a Adolfo puede provocarle otro síncope. ¿Será tan cruel Avelfo de contarle a su padre lo sucedido? No... tendría que confesar su propio proceder... ¿A dónde ir? ¿A quién pedirle posada? ¿A Emilie? ¿Y después, qué? Emilie no va a resolverle la vida; si acaso, sólo el alojamiento por unos días y luego la propia amiga le dirá que busque otra posada o que vuelva con su marido. ¡No! Ir con Emilie no soluciona nada. ¿Irme con Mario Andrés... así, como amante? Lo haría si no fuera por mi padre... y por mi hijo. ¿Entonces?... ¿A quién recurrir, abuelo?

Han desfilado frente a sus ojos sembradíos de maíz, bosquecillos, y ahora calles y callejones. La gente sube y baja en las paradas señaladas, el tranvía va repleto, unos van a su trabajo, otros a los mercados, los hombres cargando pollos y canastos, las mujeres con un bebé dentro del rebozo y otro hijo de la mano... ¡Mi hijo! ¿Qué va a sentir o qué va a resentir cuando vea que pasan días y su madre no está con él? Calma... hay que pensar... Lo primero será... ir al periódico y hablar con el director para que te dé un puesto permanente que te permita sobrevivir sola... Una vez instalada en alguna parte, recuperar a Marcos Bruno como sea... Pero, ¿instalada dónde? ¿Por qué no en una casa de huéspedes?...

Sí, tal vez ésa es la mejor solución. Sí, me instalaré en una casa de huéspedes mientras recobro a mi hijo, después buscaré un apartamento pequeño, para Mixi, los niños y yo, porque a mi nana no la abandonaría jamás, es como una de mis manos o de mis pies... María advierte que el tranvía lleva varios minutos detenido... ya está cerca del Zócalo... pero no en la terminal.

Se asoma a la ventanilla y ve el tumulto. Una manifestación de mujeres de la CROM se dirige al Zócalo. ¿Por qué no unirse a ella? Siente el impulso y algo la retiene. Nunca se ha sentido verdaderamente parte del pueblo. Ha vivido siempre en ese espacio mundano que la gente llama "aristocracia mexicana". Pero, ¿cuál es su aristocracia? Si en México no hay reyes ni duques ni más corte que la de los milagros, como la que pinta Hugo en *Los miserables*. ¿Cuál es tu aristocracia, María de los no-milagros, de los no-amores, de las sí-decepciones? Eres una mujer como ellas... con problemas económicos, domésticos y con menores ventajas, porque esas mujeres fueron educadas por sus padres para luchar, en cambio tú lo fuiste sólo para ser la esposa de un hombre "prominente", una esposa que hablara francés, tocara el piano como un adorno más, no para hacer carrera de pianista, y que tuviera un barniz de cultura para poder conversar en las recepciones diplomáticas... Y aquí estás ahora, sin saber cuál es tu lugar en la sociedad... Con un esposo que te ha engañado siempre, y al que... Sí, sí, sí, ya sé que yo también lo engañé, pero lo hice casi empujada por él... si no hubiera insistido tanto en que quería un hijo... ¿Y a Bruno? ¿No lo deseabas?... No... lo amaba... ¿No lo deseabas?... No lo sé... tal vez... ya no sé ni siquiera cuáles son ni cuáles han sido mis sentimientos ni mis deseos, ni la diferencia entre unos y otros... ya no sé si soy yo quien inventa el amor... o el amor el que me inventa a mí, ni si deseo a Mario Andrés o si lo amo ni si su imagen sólo me ayuda a fugarme de mi casa de muñecas ibseniana, de mi disfraz de madre abnegada..., ya no sé por qué me quedé tantos años con un hombre que nunca me amó y al que nunca he amado... ¿Con qué convicciones puedo ir a luchar con esas mujeres...? No las merezco... Ellas saben lo que quieren... Pero tú quieres a tu hijo, ¿no?... Sí... más que a nada en el mundo... ¿Entonces? Tienes algo por lo cual luchar: tu hijo... Si a las mujeres les niegan sus derechos... se te negará el derecho a tener a Marcos Bruno... En el juicio de divorcio el juez fallará contra ti... Sí, tengo que luchar, pero no en un partido... ¿qué sé yo de actividad partidista?... No puedo combatir con armas que no son mías, con armas que desconozco, con armas que nadie me ha enseñado a usar... dispararía a un blanco equivocado... ¿por qué no en el periódico?... ahí sí podré luchar... a mi manera... mis armas no son tus armas, abuelo, lucharé con mis armas que son... las palabras... hoy no me estoy preparando para la guerra, porque ahora, como tú, estoy en medio del campo de batalla, luchando por mi vida... y la de mi hijo... cada quien lucha en su propia guerra...

*

Retumbos de artillería, gritos de los oficiales, aullidos de soldados que caen para no volver a tener hambre ni sueño ni delirio. Los tímpanos le dolían a Adolfo como heridas abiertas en su cráneo, pero no detuvo su lectura. Las escenas se sucedían en su mente, sin tregua ni reposo. Había perdido la noción de la realidad.

Después de haber ordenado, como general en guerra, el encierro total y absoluto de Marcos, Adolfo se había encerrado a sí mismo en su cuarto, no quería saber nada de la casa, de María, de Mixi, ni siquiera de Paulina, a la cual debía el haber podido conservar a su hijo. Buscó una botella de ron escondida tiempo atrás entre los libreros, pero al quitar un libro para hacer un espacio que le permitiera sacar la botella resbalaron del libro abierto unas hojas de papel amarillentas de vejez, dobladas por la mitad tal vez cuarenta años antes. Desde el momento en que comenzó a leer el manuscrito, comenzó el delirio.

> "Apuntes sobre el asalto a Puebla, el 2 de abril de 1867"
>
> El Ejército de Oriente a las órdenes del Gral. Don Porfirio Díaz después de haberse organizado en Huamantla, marchó sobre Puebla; llegando a aquella ciudad el 9 de marzo, acampó en la garita de México y Cerro de San Juan, parte occidental de la ciudad.
> El mismo día se practicaron los reconocimientos necesarios sobre varios puntos importantes de la ciudad ocupados fuertemente por tropas imperialistas en edificios y casas bien defendibles, fuera del radio fortificado.

Adolfo se vio a sí mismo como el comandante Marcos Guerrero, al centro de un campo de batalla entre oficiales patriotas y oficiales del Ejército Imperial de Maximiliano, luchando cuerpo a cuerpo, espada contra espada, bayoneta contra bayoneta, fusil contra fusil.

Duplicación de identidades: Adolfo-Marcos montando un corcel y enfrentándose a las fuerzas enemigas. Relincho de caballos. Estruendo de artillería. Bestias y hombres heridos caen a su diestra y a su siniestra, pero no se arredra y sigue adelante, sin detenerse, sin mirar a los muertos, sin contar a los vivos que frente a él le apuntan con sus ojos de tigre, que le atacan con sus lenguas de lumbre, que lo cercan con sus brazos de pólvora y metralla.

```
En los días 10,11 y 12, los enemigos fueron sucesi-
vamente desalojados a viva fuerza de la Peniten-
ciaría de San Javier, de la iglesia de Guadalupe, de
la manzana situada entre el Mesón de Guadalupe y
calle de Espíndola, del Mesón de Sosa y de la Plaza
de Toros, ocupando a la vez las manzanas que les co-
rrespondían.
   El 13 se ocuparon de la misma manera las manzanas
comprendidas entre las calles Quintanilla, Loros, Pa-
rral y Tecali, enfilando el convento de Santa Inés fuer-
temente ocupado por el enemigo.
```

Adolfo-Marcos y su caballería han pasado por los campos dejando tras las huellas de sus herraduras una estela de barriles de pólvora vacíos, paredes derrumbadas, maderos y carros en pedazos, ruedas destrozadas, cañones inservibles, sillas de montar sin sus dueños y cuerpos, cuerpos, cuerpos humanos y animales flotando sobre ríos de sangre. Llega al fin frente al convento de Santa Inés donde el bramido de los cañones levanta nubes de humo que los rayos solares iluminan con extraños resplandores. Las torres doradas impasibles al combate humano aguardan resignadas la pólvora que las derribe o las hiera, y ahí se lanza en singular combate contra los imperialistas.

```
El 14 fueron ocupadas las manzanas que ven a la plaza
de San Agustín, estableciéndose 2 piezas de artille-
ría sobre una calera en la que corresponde a la ca-
lle Cocheros.
   Ocupando el 15 el templo de Dolores, fué vivamente
batido por la gruesa artillería de la Plaza, que lo
maltrató mucho, derribando sus torres sin lograr des-
alojarnos aunque sufrimos fuertes pérdidas.
```

Adolfo-Marcos sabe que las fuerzas imperiales cuentan con jefes experimentados, como Miramón y Mejía. Sabe que ha vuelto de Europa el *Tigre de Tacubaya,* como llaman al general Márquez después de la masacre que realizó en ese pueblo; sabe que Maximiliano lo había enviado tres años atrás como embajador a Constantinopla para negociar para México la compra de Los Santos Lugares, pero la salida de las tropas de franceses y zuavos ordenada por Napoleón III lo ha obligado a llamar a Márquez para que con su consabida crueldad colabore en la derrota de los republicanos. Adolfo ya no es más "Adolfo", su cuerpo y su mente son de Marcos Guerrero, viste el uniforme de capitán que su padre llevara puesto aquel día de marzo de 1867 y con la espada en la mano se lanza al ataque.

```
Fueron ocupadas el 16, después de reñidos combates,
las manzanas correspondientes a las calles de la
Siempreviva, la Obligación, y el Presidio de San
Marcos: esta noche fué herido el Gral. Manuel Gon-
zález en el brazo derecho que pocos días después le
```

fué amputado; sufrimos en este combate sencibles pérdidas.

Fueron ocupadas, el 17, las manzanas del Hospicio y el resto de la de San Marcos haciendo sufrir al enemigo fuertes pérdidas siendo menores las nuestras.

Del 18 al 20 nos ocupamos en ocupar sólidamente el terreno hasta aquí conquistado.

El 21, después de tenaz resistencia, se ocupó el convento de la Merced, y por el lado opuesto, al sur, hacia San Agustín, se trabó un violento combate en la manzana ocupada por el Circo Charini, incendiándose a consecuencia del combate, pero quedamos dueños del campo.

Al ver la plazuela de San Agustín, Marcos-Adolfo recuerda que su abuelo le contó que durante la época de la Colonia, cada 31 de agosto, desde 1521, se realizaba una fiesta en honor de San Hipólito, ya que en esa fecha Cortés se adueñó de la ciudad de México, razón por la cual San Hipólito fue declarado patrono de la Nueva España, y los indios siempre llamaron al lugar Plazuela de San Hipólito, misma donde fray Bernardino Álvarez había fundado un hospital de dementes.

Del 20 al 28 fueron de continuos combates; pretendía el enemigo, aunque en vano, arrancarnos algo de nuestras conquistas.

Entre el 29 y 30 se practicó una brecha en el frente Occidental de la calle Pimentel, ya practicada la inutilizó la caída sobre ella de los edificios laterales.

El enemigo nos incendia parte de la manzana de carreto, pero ni consiguió penetrar, ni que la desalojásemos: un techo ardiendo cae sobre el General en Gefe.

El 31 se practican oradaciones que hagan practicable nuestros caminos sobre la línea fortificada del enemigo.

Mientras tenían lugar las operaciones mencionadas el Gral. Manuel Andrade Párraga, (cuartel maestre del Ejercito) conducía parte de la 2/a. división (que mandaba el Gral. Diego Alvárez) por el lado oriente de la ciudad ocupándola hasta los puentes en que la divide el río de San Francisco, haciendo regresar a la plalla a los defensores de aquella parte.

El Gral. R. Cravioto con su Brigada ocupaba a la vez la parte norte desde la Merced a Sta. Mónica.

El 1/o. de Abril hubo una Junta de Guerra que presidió el Gral. en Jefe, a que concurrieron los Grales. Andrade, cuartel maestre Alatorre. Gral. en Jefe de la 1/a. división, y el Coronel Ceballos, comandante de la artillería. Quedó resuelto y ordenado el ataque el día siguiente. El memorable 2 de Abril se verificó el atrevido asalto a las fortificaciones de la ciudad, a las 4 y 30 de la mañana. La señal convenida para su simultaneidad fué un gran lienzo empapado en petróleo que ardió como una inmensa hoguera en el Cerro de San Juan, y toque árrebato con una campana única en la torre de la Merced.

El capitán mayor Marcos-Adolfo lee el informe de las fuerzas de asalto destinadas para esa jornada, que será memorable:

- - - Fuerzas de Asalto- - -

De la 1/a. División mandada por Alatorre:
1/a. Brigada Gral. Figueroa:
1/a. Columna Teniente Coronel J.
Figueroa, 2/a. Jefe Teniente
Coronel Trussi, sobre la trinchera
de la calle Dean   200. hombres
2/a. Teniente Coronel R. Fuentes,
2/o. Comandante C. Berro sobre la
trinchera de Ynfantes.   180.   "   "
3/a. Comandante Ramón Sarmiento,
2/o Comandante Antonio Machorro
sobre la calle de San Gerónimo.   300.   "   "
                                                    680.   "   "
2/a. Brigada, Coronel Luis Mier y
Terán.
1/a.Columna, El mismo y su 2/o.
Teniente Coronel J. Enriquez,
sobre la de la calle de Miradores   200.   "   "

2/a. Columna Teniente Coronel, G.
Carbó sobre la del Noviciado.   200.   " "
3/a. Brigada, Comandante Carlos
Pacheco sobre la de Siempreviva.   100.   " "
                                             500.   " "
3/a. Brigada, General J. Carrión.
1/a. Columna Teniente Coronel
Vicente Acuña.-calle Iglesias   200.   " "
2/a. Teniente Coronel José M.
Vázquez, para asaltar la brecha
de Malpica.   90.   " "
3/a. Teniente Coronel Genaro
Rodríguez, Frente de Belem.   90.   " "

Columnas de asalto de la 1/a.   380.   " "
División. 1560 hombres.
Fué asaltada la trinchera de
la calle de Sn. Agustín por
el Gral. Juan Bonilla con el
Batallón de Zacapoaxtla   200.   " "
De la Merced se desprendió el Gral.
R. Cravioto con una columna de   200.   " "
las tropas de la parte oriental a
las órdenes de los Generales Manuel
Andrade Párraga y D. León asaltaron
las calles y trincheras del
Correo y la Compañía.   300.   " "

                        Total   700.   " "
De la 1/a División.   1560.   " "
Total Gral. de asaltantes.   2260.   " "

   Marcos-Guerrero tiende la mano para recibir de manos del general Porfirio Díaz la orden de tomar la trinchera de la Calle de la Siempreviva. Él sabe que de cada trinchera depende el triunfo total sobre el enemigo y que ceder un palmo de tierra es perder la guerra.

El asalto fué simultáneo, y con tan remarcable brabura, que la energica defensa de los sitiados fué vencida en 30 ó 40 minutos.
   Las trincheras enemigas todas artilladas con

327

fuertes guarniciones y además numerosos tiradores situados en las azoteas y balcones, hicieron amplio uso de sus fuegos por su frente y sus flancos, causándonos terribles pérdidas, sin lograr detener un instante el impulso de nuestros soldados.

Las reservas del enemigo que acudían en distintas direcciones, fueron arrojadas y dispersas.

Un repique en las torres de la Catedral, ordenado por el Teniente Coronel Vázquez José M. anunció al Ejército y a la República que el llamado Imperio de Maximiliano, había dejado de ser.

El triunfo fué tan completo como brillante, amargado sin embargo por la pérdida de más de quinientos valientes, muertos o heridos.

Sufrió el enemigo menos pérdidas gracias a sus fortificaciones y a la precipitación de su fuga guareciéndose en el interior de muchas casas y en las fortalezas artilladas de Guadalupe y Loreto, cuyo numeroso personal con su General en Jefe se rendían al día siguiente 3, a discreción del vencedor.

Sucumbieron en el asalto los valientes Tenientes Coroneles Vicente Acuña, Jefe del 6/o. de línea y el del mismo empleo Genaro Rodríguez, del mixto de Veracruz.

Más de treinta Jefes y Oficiales fueron muertos o heridos en ésta jornada.

El valiente Comandante de Batallón Marcos Guerrero, mortalmente herido, destrozado, a la cabeza de su columna, fue una de las nobles víctimas de esa gloriosa jornada: vive aún, y sus mutilaciones son una enseñanza de heroico patriotismo, para los jóvenes militares a quienes alienta la gloria, en su carrera.

Adolfo sabe bien lo que ocurrió porque se lo escuchó relatar a su padre... a los pocos metros del parapeto se adelantó a sus soldados, blandió su espada y exclamó: ¡Adentro!, lanzándose a la vanguardia con temerario arrojo, pero antes de llegar al borde de la trinchera, fue herido, no abandonó su puesto, se rehizo un momento, a pesar de que la sangre brotaba de su herida con espantosa abundancia, volvió a la carga y volvió también a ser herido —tal como después Carrión, un famoso historiador, lo escuchó de los propios labios de quienes lo presenciaron—; se pretendió separarlo del lugar del combate, se opuso tenazmente, por fin se le colocó en una camilla, que se arrimó a la pared, y desde ella, desangrándose horriblemente animaba a sus soldados. Cuando vio que estos saltaron la trinchera, se reclinó sobre un lado y dijo esta única palabra: "¡Vaya!" Aunque seguramente pensó: ¡Bien haya quien pronto entiende, a tanto dísele y dísele! Adolfo prosigue su lectura, ignorando que no está en el campo de batalla, ignorando su propio nombre, ignorando que mañana despertaría en un mundo donde la guerra iba a tener que librarla con armas menos blancas aunque tal vez más explosivas.

> El ejército de Oriente tan valiente como honrado, dió en el asalto de Puebla, la más alta prueba de su moralidad, por que no empañó su gloria con el más ligero desmán. Después de su conquista heroica, ningún hombre se separó de sus filas, a ninguno le ocurrió la innoble idea del saqueo, tan común en todos los ejércitos del mundo, y más honrado este ejército que todos, se mantuvo sobre sus armas en espera de nuevas órdenes que lo condujeran a conquistar nuevas glorias para la patria.
> ¿Obraron de la misma manera los ejércitos del tiempo de Napoleón I, los de Rusia y Turquía en su reciente guerra y los de Prusia en su contienda última con la Francia? Preguntémoslo a la historia.
> El Ejército de Oriente el 1 de Abril, víspera del asalto, tenía casi agotadas sus municiones de guerra, revisadas sus municiones, en lo general había 20 cartuchos por hombre; muchos de sus oficiales no tenían más arma que un gran corazón que exponer a las balas enemigas, mucha abnegación y patriotismo y mucha energía para arrastrar tras de sí, a la gloria a sus subordinados.
> Esos 2,260 hombres del Ejército de Oriente vencieron el 2 de abril por asalto, a 4,000 imperialistas, buenos soldados, bien fortificados con toda clase de elementos de defensa y animados con la seguridad de que un cuerpo de Ejército estaba ya inmediato, a las órdenes del Gral. Márquez para auxiliarlos. Este puñado de soldados republicanos les quitó sus

banderas, 100 cañones profusamente dotados de municiones, un millón de cartuchos de fusil en sus depósitos, y hasta sus esperanzas de continuar sosteniendo aquella farsa Imperial que tantas víctimas hizo en nuestra patria. La guarnición enemiga quedó toda prisionera, muchos de ella en la clase de tropa, abrazaron nuestra causa, espontáneamente, porque era la suya: eran mexicanos.

   Pocos días después ese heroico ejército hoyaba sus plantas, en San Lorenzo y Sn. Cristóbal al Ejército traidor de Leonardo Márquez y por último daba el golpe de gracia a los enemigos de la República en esta misma Capital.

Gral. Ignacio R. Alatorre
México, Junio 16 de 1889

Cuando acabó de leer las hojas manuscritas escritas medio siglo atrás que habían resbalado del libro *Fuentes para la historia* también había dado fin a la botella de ron y ahí, tirado medio cuerpo sobre el tapete y el otro medio sobre el edredón que colgaba desde la cama, se quedó dormido en el suelo al arrullo de los arcabuces que aún resonaban en su cerebro, sosteniendo con la mano sobre el pecho el libro abierto como cadáver en quirófano.

*

Previendo su necesidad de dinero, María lleva en su bolso las pocas joyas que le quedan y en la mano, como prenda lacerada, el anillo que fuera muestra visible de su obligado compromiso, en el que un inmenso solitario lucía su aridez junto a la argolla de matrimonio, símbolo a su vez de una impuesta esclavitud, aceptada, firmada y ratificada por dos leyes: la civil y la eclesiástica.

Cuando al fin llega el tranvía a su destino, el Zócalo está pletórico, no es el Zócalo de los desfiles del 16 de septiembre ni el de los ángeles caídos como su abuelo, aunque en algo se lo recuerda, ya que al movimiento normal del lunes se añade el tránsito desviado por la manifestación popular, que en sí representa su propia rebelión. María desciende y avanza con paso resuelto hacia el Monte de Piedad. Después de recibir la boleta de empeño por su anillo de compromiso y su argolla matrimonial, pensó que ese acto lo aplaudiría don Quijote, ya que con él desfacía un entuerto, y se sintió si no divorciada, sí liberada de la tutela patronal de su marido y de las leyes que apoyaban ese símbolo esclavituario.

Caminó hacia el periódico con paso seguro, de quien acaba de ganar su primera batalla en la guerra.

—Ay, mamacita, ¡quién no tuviera ojos pa' no sentir tentación!

En otro momento el piropo callejero la habría indignado; hoy ni siquiera lo escucha, toda su atención está puesta en la organización de su futuro. En cuanto a Mario Andrés, seguramente buscará encontrarse con su nana... Mil suposiciones se siguen unas a otras en su mente, algunas se repiten obsesivamente, otras son descartadas por inaceptables, especialmente la de irse a vivir con Mario Andrés. Pero la pregunta recurrente, ineludible, era la de: ¿cómo recuperar a mi hijo? Al llegar a *El Universal* se dirige directamente a la Caja para cobrar sus últimos artículos; necesita reunir la mayor cantidad de dinero posible. Piensa que la capacidad de solventar los gastos vitales es el tributo que hay que pagar si se quiere ser independiente. Se dirige a la oficina del director. La secretaria le informa que el señor Lanz Duret no vendrá por la mañana, avisó que llegará después de comer. Desconcertada, va en busca de Gonzalo, pero no se atreve a contarle su situación. Sale de nuevo a la calle. Siente que está viviendo un noviciado, tal como el que se vivía al casarse. La salida del hogar doméstico era un ritual semejante a la iniciación exigida para entrar en una secta, su viaje por la ciudad es iniciático, una prueba para su voluntad de independencia...

Se ve a sí misma ir hasta el Ángel de la Independencia, subir por dentro de la estrecha columna, asomarse por el barandal hacia el Paseo de la Reforma y, bajo el sol en su zenit, saludar con una mano al pie del ángel femenino que impúdicamente muestra sus pechos a la ciudad y con la otra agitar su pañuelo como una bandera al compás de un himno que cantaba Estrella para escándalo de sus amigas, con música del himno nacional:

> La mujer que no ame a su marido
> vuele en busca de su libertad
> que no es un paraíso perdido
> si el amor no mató la soledad

y retiemble en sus centros el nido
si en él no encontró felicidad.

María-ángel se transfigura entonces en escultura viva y, usando la columna como trampolín, agita las doradas alas y se eleva hacia el sol en un vuelo litúrgico para celebrar su libertad.

VII
¿Quién le pone el cascabel al gato?

—¿Cómo puedes estar tan tranquilo?
—No tengo por qué estar intranquilo. ¿Crees que vas a comerme la reina, Alfonsito? Mm... Ni lo sueñes... No te olvides que soy experto en el manejo de caballos...
—No me refiero a la reina, sino a tu esposa...
—Más o menos es lo mismo. ¿No dicen que la esposa es la reina del hogar?
—¿Cómo puedes hacer bromas sobre algo tan delicado como la desaparición de tu esposa?
—¿Desaparición? No, no desapareció... La eché...
—Pero si Luisa me dijo que nadie sabe dónde está...
—Yo sí... Está con su amante... Se fue con él...
—Adolfo, tú sabes que ella no tenía ningún amante...
—¿Cómo que no?... El escritorzuelo ése que vino a entrevistarla...
—¡Por Dios, Adolfo! ¿No crees que son celos infundados?
—¿Infundados? ¿No leíste su entrevista?... Dicen que no hay más ciego que el que no quiere ver... tú lo serás. ¿Yo? Yo no. Yo no soy ciego... ¡Ajá! ¿Qué te decía yo? Ahora qué reina está en problemas, ¿eh? Te dije... soy experto en el manejo de caballos; por cierto, estoy en vísperas de comprar la mejor cuadra de caballos de carrera de México...
—¿No habías quebrado en tus negocios?
—¿Quién piensa en eso? Eso es cosa del pasado...

Después de la salida de María, pasaron cuatro días sin que nadie supiera dónde estaba. La sucesión de acontecimientos sólo podría resumirse en una lista de hechos, algunos simultáneos, otros sucesivos, que ocurrieron como secuencias de una película no filmada, de una obra teatral no escrita: comedia, drama y melodrama de la vida, que era, como Calderón diría, el Gran Teatro del Mundo. Intentaré una lista de los acontecimientos, tal como fueron sucediéndose:

- Al verse en la casa, Mixi, como ratón en la ratonera y con la responsabilidad del cuidado del niño, resuelve que debe esperar a que su ama se comunique con ella en alguna forma. Por la tarde decide ir en su busca, pero ¿a dónde ir?
- Mixi encarga el niño a Paulina, pidiéndole que no lo deje solo con el señor. Sale con el pretexto de ir a comprar pan, leche y huevos, pensando que tal vez el señor Mario Andrés vaya a su encuentro para informarse de lo que ha sucedido.
- Efectivamente, él, que espiaba la casa, la ve salir y le pregunta por qué no fue María a la cita del día anterior. Mixi le cuenta la escena ocurrida y la violenta salida de María.
- Mario Andrés se angustia. Mixi supone que se fue con su amiga Emilie.
- Mario Andrés le pide la dirección de Emilie para ir a buscarla.
- Mixi sugiere que es mejor que ella vaya a casa de la señora Emilie, ya que ésta desconoce su existencia.
- Mario Andrés le da la dirección y el teléfono del lugar donde puede localizarlo a él. Quedará en espera de su llamada.
- Mixi va a casa de la señora Emilie y ahí se entera de que su ama no está con ella ni sabe nada de lo ocurrido. Por supuesto, Mixi no le suelta prenda sobre la existencia de Mario Andrés.
- Emilie le dice a Mixi que vuelva a casa, por si María habla por teléfono, y para que cuide a Marcos Bruno, no sea que al señor Adolfo le dé otro ataque de furia. Ella tratará de localizarla y en cuanto sepa algo se lo comunicará a Mixi.
- Emilie se va a casa de Bruno pensando que tal vez María esté refugiada con su padre.
- Luisa la recibe con sorpresa y, al darse cuenta de que nadie sabe dónde está María, ambas se alarman. Piensan en las posibilidades: podría estar con el tío Archibaldo, o con el doctor Toledano,... ¿con quién más?
- Luisa no se atreve a contarle a Bruno ni la escena violenta de Adolfo ni la desaparición de María por temor a una recaída de su enferme-

dad, ya que el doctor en lo que más ha insistido es en que no debe tener emociones fuertes.
- Luisa y Mixi se interrogan entre ellas sobre qué hacer: ¿buscar en los hospitales? No, no, no puede haberle pasado nada... ¿Y la policía? Eso es meterse en berenjenales...
- Luisa le habla a Archibaldo sólo para preguntarle si María está con él, pero sin entrar en detalles, y para que no sospeche nada de la desaparición de María le inventa que ella había comentado que iría a pedirle un libro prestado. María tampoco está ahí. ¿Qué hacer? No toman ninguna decisión drástica, deciden esperar a que ella se comunique. Si se corre la voz de que María se ha ido de su casa, abandonando a su hijo, sería un escándalo y ambas temen el escándalo.
- Por su parte Mario Andrés hace viajes entre la casa, por si Mixi aparece, y "su Árbol", por si a María se le ocurre buscarlo en el lugar acostumbrado de sus citas.
- María perdida, María desaparecida, María fantasma es invocada en ambos espacios, los domésticos y los utópicos.
- Adolfo, después de dormir casi un día entero, se despierta con ánimo de reorganizar su vida. Llama a su amigo Alfonso y lo invita a cenar esa noche. Es en ese momento cuando se entera el doctor de la versión de Adolfo: María lo engañaba y él la ha echado de la casa. De ahí mismo, el doctor llama a Luisa y se entera de que Luisa no sabe dónde está María.
- Entretanto, María recuerda la existencia de una casa de huéspedes para mujeres solteras, viudas o divorciadas, subvencionada por la parroquia de San Cosme y regenteada por una señora joven, de nombre Guadalupe Mendoza, a quien todas las inquilinas llaman cariñosamente Lupe y que ella había conocido cuando hizo un reportaje para su página femenina en *El Popular*, varios meses antes, y hacia allá dirige sus pasos.
- Apenas María le cuenta a Lupe sus tribulaciones, ésta la lleva a una de las recámaras, asoleada, amplia y limpia. Le dice que descanse y le ofrece una infusión de tila para que se tranquilice.
- María no sólo se queda dormida, sino que cuando despierta se da cuenta de que ya es otro día; se siente con fiebre, desmadejada y sin fuerzas para levantarse. Pasa tres días más entre el delirio de la fiebre

335

y la somnolencia de los medicamentos recetados por el doctor Díaz, a quien Lupe llamó cuando la vio enferma. Lupe, como madre protectora, la cuida y no deja de vigilar su sueño.

—¿Por qué te dejaste matar, abuelo?
—Hay sucesos de la vida, niña mía, que parecen incomprensibles a quien no los vive.
—Necesito comprenderlos, abuelo, entiéndeme... He dado un paso irreversible, como el tuyo, abuelo, por eso necesito entenderte...¿Por qué? ¿Por qué habiendo sido siempre fiel a la autoridad te rebelaste contra un gobierno establecido? ¿Por qué, abuelo? ¿Por qué?
—Tendría que contarte los antecedentes...
—Tenemos todo el tiempo del mundo, abuelo... todo el tiempo del mundo...
—Todo comenzó antes de mi destierro... "cuando los clubes velecistas me impelían a aceptar la candidatura a la Presidencia y cuando el Partido Democrático me postuló para la Vicepresidencia... renuncié a ello entonces porque sabía que el grupo dominante que rodeaba al Presidente era contrario a mi postulación y no dudaría en iniciar ataques armados en contra de mis partidarios..." Yo no quería ser causa de una guerra... yo era militar para acabar con las guerras, no para iniciarlas, pero todo esto es historia que encontrarás en los libros...
—No, abuelo, **me gustaría**... saber tu historia, no la oficial...
—Desde la capital se armaron motines en contra de la autoridad que yo ejercía en mi calidad de Gobernador de un Estado, para, atribuyéndome exceso en la represión o en la defensa, llevarme ante el Tribunal formado en el seno de la Representación Nacional, tal como me llevaron, sin conseguir mancharme...Todos reconocían mi honradez, incluso Madero, en el libro que lo llevó a la presidencia lo reconocía así, e irónicamente dijo que si bien yo era honrado tendría que rodearme de personas que no lo eran... pero ¿no se rodeó él también de personas que no lo eran, como Huerta, el que lo asesinó después de mi muerte? La verdad es que cuando se me ofreció la oportunidad de suplantar a don Porfirio no quise hacerlo por no desatar la anarquía en el país. Presentí, tal como después ocurrió, que estallaría una guerra civil y yo no quería ser la causa de una violencia que destruiría la

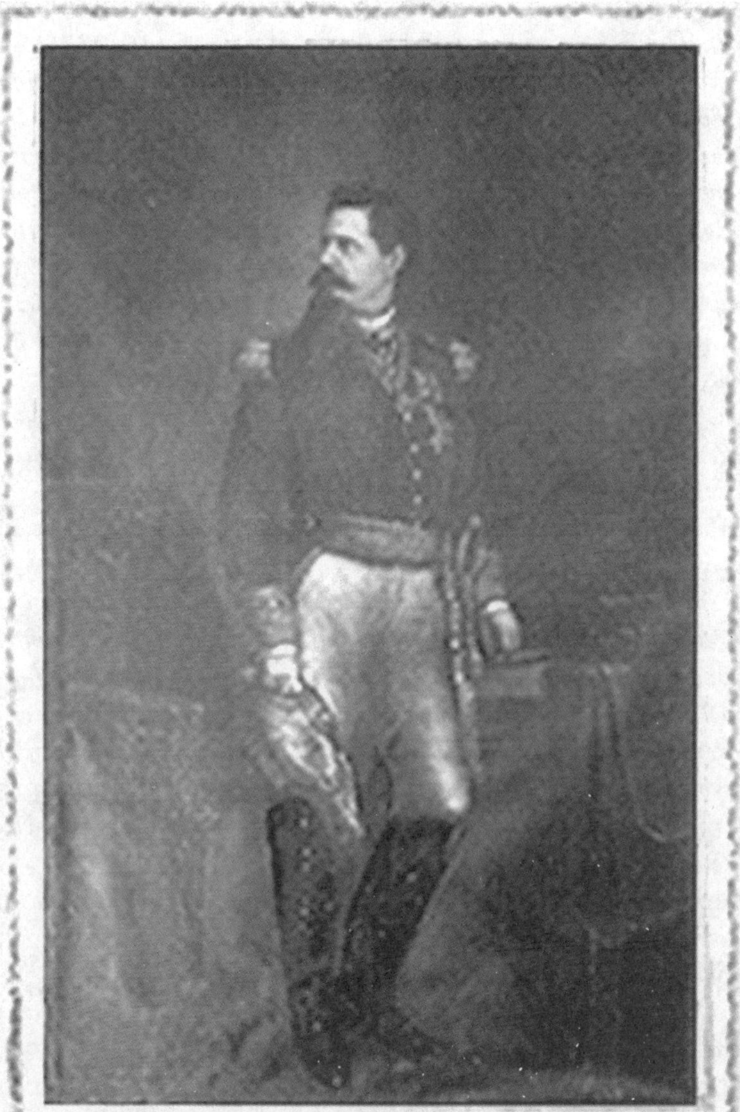

paz de la República... por eso acepté el destierro disfrazado de comisión militar con que el Presidente me envió a Europa.

—Y ¿por qué volviste, abuelo? ¿No sabías que habías defraudado a tus partidarios?

—"Volví porque en el primer tercio del año anterior, como lo expliqué en el manifiesto que dirigí a mis conciudadanos y compañeros al llegar a México, recibí un comunicado en el que se me hizo saber en Europa que sería llamado por el Gobierno para hacerme cargo de los asuntos militares del país, cuando éste se encontraba en plena lucha armada, a lo que contesté que SÓLO VENDRÍA A DESEMPEÑAR EL DELICADO PUESTO, EN TAN GRAVES CIRCUNSTANCIAS, SI SE ELIMINABA DEL PODER AL GRUPO RESPONSABLE DE LAS DESGRACIAS DE LA REPÚBLICA, Y SI SE ME DABAN FACULTADES PARA HACER CONCESIONES A LA REVOLUCIÓN, QUE SEGÚN MI JUICIO HABÍA TENIDO RAZÓN DE SER."

—Pero, abuelo, sigo sin entender... ¿de qué Gobierno estás hablando? ¿Del de Solfiglio?

—Monina, no le faltes al respeto a los caídos... y con mayor razón si han muerto.

—Está bien, abuelo, no me riñas... desde niña le he llamado así...

—Cuando me fui de mi patria no imaginé que a mi regreso me cruzaría con él en el mar. Cuando llegué a México, dada la situación que encontré en la República, ansié cooperar para encauzarla dentro del orden: conferencié con el Presidente Interino, señor De la Barra, y con el señor Madero. Acepté entonces "el ofrecimiento del señor Madero para tomar a mi cargo la Secretaría de Guerra, una vez que se verificasen las elecciones presidenciales en su favor..."

—Ahora entiendo menos, abuelo, ¿por qué entonces no fuiste su Ministro de Guerra?

—No seas impaciente, Monina, todo a su tiempo...

—¿No comprendes, abuelo? Necesito saber... ¿por qué te rebelaste en su contra?

—Desde antes de que se pusiera al frente del poder supremo, fui rechazado con encono por sus partidarios.

—Eso es natural, abuelo, veían en ti una prolongación del gobierno de Solfi... digo, de don Porfirio...

—Pero era un error, yo siempre estuve en contra del grupo de los científicos, que era el dominante y que veía en mí a un peligroso liberal. El hecho fue que la prensa volcó en contra mía todas las injurias. En sus clubes acordaron hostilidades de diverso género contra mi persona..."

—¿Te atacaron?

—Sí, sus ataques fueron no sólo contra mí, sino contra mi familia y mis partidarios, eran verdaderas provocaciones. "Los elementos de Madero habían ordenado que vigilasen mis actos rondas policiacas, sus partidas armadas aparecían en campos y caminos por la noche o por el día, mientras en el país varios grupos de los revolucionarios cometían actos violentos, porque ya de hecho desconocían a su Caudillo y al Gobierno provisional. Se sucedían atentados inauditos, ataques de poblaciones, incendios, violaciones y otros crímenes atroces, debido a lo cual hice una exposición a la Nación en que expresaba que me apartaba de la política del señor Madero, en vista de haber sido rechazado violentamente por sus partidarios, y que, accediendo a exhortaciones diversas, aceptaba mi candidatura a la Presidencia que se me ofrecía, al ver la situación desastrosa del país, con el fin de procurar su salvación..."

—¿Y Madero aceptó que te separaras de su lado?

—Sí, y no sólo lo aceptó, sino que "ME EXPUSO QUE NO CONSIDERARÍA HOSTIL DE MI PARTE, EL QUE YO PERMITIERA SE ME POSTULASE PARA LA PRESIDENCIA DE LA REPÚBLICA, TENIENDO LA SEGURIDAD DE QUE LA CAMPAÑA HABRÍA DE HACERSE DENTRO DE LA LEY Y TENIENDO EN CUENTA LOS VÍNCULOS QUE NOS LIGABAN..."

—¿Y tu levantamiento fue en términos de la ley, abuelo?

—Hay circunstancias, hijita mía, que son imponderables...

—Lo sé, abuelo, lo sé, por eso necesito saberlo todo... porque estoy a punto de romper con los lineamientos de la ley... y quiero saber por qué lo hago, porque yo misma no me entiendo. ¿Qué fue lo que pasó, abuelo?

—"Fueron los maderistas quienes iniciaron las hostilidades. Comenzados apenas los preparativos de los partidos para la lucha política que se creía tendría un carácter democrático, mis partidarios se enfrentaron con obstrucciones de las autoridades revolucionarias, desafueros que llegaron incluso a hacer uso de las armas contra mis seguidores. Se verificaban cotidianos motines sangrientos, dirigidos por líderes del bando maderista, tolerados unos y apoyados otros por quienes tenían el deber de evitarlos. Estuvieron así instigándome a levantarme en armas."

—Y lo lograron, abuelo...

—Sí, pero no fue tan rápido... Se sucedieron motines en diversos lugares del país, a los que llamaban contramanifestaciones, y éstos tuvieron un ignominioso efecto en la capital. Debido a la falta de garantías individuales para los comicios, se propuso al gobierno que se pospusieran las elecciones para cuando el gobierno estuviera en disposición de otorgar garantías a los electores. Pero el gobierno tuvo oídos sordos al clamor democrático. La propuesta de posponer las elecciones presidenciales hasta que hubiera garantías fue denegada y el partido velecista, al faltarle garantías, se abstuvo por completo de ocurrir a los comicios, tal como lo hicieron otras agrupaciones políticas. Agrega a esto el hecho de que "las hostilidades y combinaciones urdidas por la intriga para hacerme aparecer responsable de algún acto punible..."

—¿Querían ponerte en evidencia?

—Sí, y "en ello tomó parte hasta la policía reservada, así se lo hice saber al Tribunal que debía sentenciarme. Urdieron nuevos ataques contra mí, como el del 3 de septiembre, y se llegó a dar el caso, al tenerse conocimiento de ellos, de que el propio Gobierno Interino me autorizara para mantener armados a un centenar o más de mis amigos, a fin de darme garantías. Mi situación por tal manera se hacía insoportable y tuve que salir ocultamente de la Capital a finales del mes de septiembre para evitar que me mataran a mí o a mi familia. Por Veracruz me dirigí a los Estados Unidos, haciendo estancia en San Antonio, Texas. Ya has visto cómo un concurso de circunstancias fatales me arrastraba".

—¿Por qué no te quedaste en los Estados Unidos?, ¿qué te llevó a levantarte en armas contra el gobierno de Madero?

—¿Qué me llevó? La anarquía y la violencia que vi que estaba destruyendo al país... María, ¿qué se debe hacer cuando se contempla el caos? No fui yo solo quien se dio cuenta de que el nuevo gobierno era incapaz de mantener el orden, incapaz de resolver los problemas que el país planteaba, incapaz de hallar las soluciones que el pueblo demandaba, por eso también volvieron a sublevarse los Zapatas y los Villas, y, después de mi muerte, los Carranzas y los Obregones; sólo que yo me di cuenta antes que todos ellos... ¿Qué hacer entonces, si no tratar de poner fin a ese caos, dar orden y paz al país amado?

—Sí, a veces no se puede... Yo quise dar orden y paz a mi casa... y no pude... abuelo, no pude...

—¿*Comprendes ahora, niña mía?* "*Al mirar que esa anarquía paseaba ya tremenda sus pendones de crimen en nuestro ensangrentado territorio, intenté la rebelión, porque juzgué patriótico (aunque esto se crea error de mi parte), derrocar a un Gobierno que entró también a sangre y fuego...*"

—¿*Y te lanzaste a la hoguera como Nanahuatzin, el llagado, para ver si podías crear el Sol?*

—*Sí, me lancé a la hoguera del sacrificio, porque sentí la presión de las circunstancias que gravitaban sobre mí...*

—*Yo también la siento, abuelo... y no logro asir la realidad...*

—"*... esas circunstancias me empujaban y me herían para que adoptase una resolución que suponía salvadora, en caso de que la parte sana del país me escuchara...*"

—*La parte sana de Adolfo no me escuchó, abuelo...*

—"*Yo que había sido esperanza de un inmenso partido que surgió espontáneo para encumbrarme al poder, en horas en que fui al destierro; yo que al regresar de ese destierro fui rodeado por grupos políticos que proclamaban mi candidatura para la Presidencia; yo que fui estrechado por mis correligionarios y más por la guerra inicua de mis gratuitos enemigos; yo que me supuse con un prestigio que después vi que había perdido. Yo, María, me creí el llamado a enderezar los derroteros de un pueblo, me creí el llamado a detener y a encauzar muchedumbres desoladas y hambrientas, que descendían hasta la sima del crimen, buscando su reivindicación. Me creí el llamado, e intenté rebelarme no contra Madero, sino contra el estado de cosas de la Nación, y dirigí manifiestos y proclamas, y apurando mis recursos económicos propios, hice compras de armas, de municiones, de equipos, de caballos, y organicé, desde San Antonio Texas, grupos diversos con que debiera atacar la ciudad de Laredo, del lado mexicano*", *tal como lo expliqué al Tribunal que me juzgaba...*

—*Abuelo, yo no tengo bienes propios para comprar abogados, para luchar por mi hijo... yo no tengo tus recursos... Tú pudiste preparar tu guerra...*

—*No, hijita, no pude...*

—*Pero si yo te vi siempre prepararte para la guerra...*

—"*Esta vez de nada sirvió gastar mi pequeña fortuna, mis fuerzas y lo que es peor, destruir mi prestigio de militar y de político... Todo eso de nada valió. El gobierno de los Estados Unidos sostuvo conmigo una actitud con-*

traria a mí desde un principio, actitud que no había tenido con otros rebeldes mexicanos. El gobierno del país vecino que había permitido que Madero se pertrechara en su territorio; que había cerrado los ojos cuando se refugiaron en él las guerrillas de Cruz, que ahí preparaban sus ofensivas quedando a salvo de las persecuciones de mis fuerzas, cuando yo era gobernador de Nuevo León, cuando yo intenté preparar mi ejército, actuó deliberadamente en contra mía. Si Estados Unidos que había admitido que el general Ruiz Sandoval y el tristemente célebre Catarino Garza se internasen más allá del Río Bravo, sin obstáculos, hubiera tenido la misma tolerancia conmigo que tuvo con los otros, muy otra habría sido la historia. No, María, a mí no se me toleró lo que se le toleró a Madero y a todos los otros mexicanos que se internaron en los Estados Unidos para reunir sus pertrechos de guerra. El gobierno de los Estados Unidos nos hizo aprehender a mí y a los jefes que me secundaban, capturó los pertrechos de guerra y persiguió a todos mis seguidores. Así, la actitud enemiga de los Estados Unidos, desatada contra mí, sin ejemplo en tiempos pasados, acabó con la posibilidad de efectuar el movimiento inicial que debiera dar base a mis operaciones, y de ahí el derrumbamiento de mis elementos, la desmoralización de mis partidarios, y la imposibilidad de crear un ejército."

—No entiendo, entonces, ¿cómo fue que tú te entregaste en México?

—"Porque yo salí con libertad bajo caución, pensé en reorganizar mis fuerzas, pero cuando supe que dos graves acusaciones iban a presentarse contra mí ante la Corte de los Estados Unidos que estaba citada para el 13 de diciembre en Brownsville, que fue la que juzgó a varios de mis fieles, encarcelados partidarios, apenas podía disponer de una semana para salir del territorio de los Estados Unidos. Tuve que hacerlo a caballo y por largos caminos extraviados para evitar la persecución de la nube de policías mexicanos y del vecino país del norte que me rodeaba."

—¿Como un fugitivo, abuelo?

—Sí, hijita mía, como un vulgar bandolero...

—Te entiendo, abuelo, ahora, yo también me encuentro fugitiva, con la acusación de "ramera" y no sé hacia dónde tirar... ¿Eran muchos tus soldados?

—"No, iba sólo con tres compañeros de armas y dos sirvientes. Llegué a las márgenes del Bravo, cerca del Fuerte Davis, y logré pasar a México. Me enteré de que la víspera de mi paso, una partida de cuarenta y tantos hombres supuestamente apalabrados para reunírseme, había aparecido cerca de Reinosa y detenido un tren ferrocarrilero. Supuse que esos hombres eran los primeros de las partidas que formarían mi ejército; los busqué la misma noche que entré a territorio mexicano."

—¿Fueron tus únicos combatientes afiliados?

—"Ni siquiera eso, hijita, pronto me cercioré de que habían sido dispersados y de que habían huido hacia los Estados Unidos. No podía comprender que las otras partidas apalabradas, que había calculado sumarían como seiscientos hombres, no estuvieran en alguna parte, así que seguí internándome hacia el Sur, enviando correos adonde juzgué conveniente; y los días pasaban y ni un solo individuo venía a incorporárseme. Llego a Laguna de los Indios, y la gente del lugar que aparecía como amiga, ocultamente se pone en movimiento para, por medio de correos, teléfono y telégrafo, dar parte a las autoridades civiles y militares de mi paso por allí; y desde ese momento se ponen en acción fuerzas para perseguirme, ya procedentes de Camargo y Colombres, ya de los Aldamas y de Linares."

—¿Y no te diste cuenta de sus intenciones?

—"Lo que me importaba era encontrar a mis partidarios... Muchas fueron las estériles búsquedas que hice de ellos. Todos temían, todos en el trance fatal me volvieron las espaldas, dejándome en completo abandono, con sólo mis fieles acompañantes. Pero yo, después de varias búsquedas infructuosas, todavía esperaba al menos una veintena de hombres que se reputaban de confianza... Esperándolos y creyendo que ellos eran mis seguidores cuando vi a varios hombres sin uniforme que llegaban al Rancho de la Parrita, donde los había citado, fui hacia ellos pero me topé con una acordada que me hizo fuego... Fue así que mis tres acompañantes y mis sirvientes quedaron separados de mí, por lo que me encontré en una selva solo en absoluto, aislado y sin esperanza de auxilios, con el vacío del desierto a mi alrededor."

—Entonces, abuelo, ¿no hubo siquiera un levantamiento?

—No, hijita, no lo hubo más que en mi intención. Finalmente, todo quedó en un sueño convertido en pesadilla... el sueño de hacer prevalecer en la Nación el orden y la justicia, pero ante la realidad, me di cuenta de que mi intención de levantamiento sólo sería un foco más de violencia y de anarquía y decidí entregarme. Así, el día que tú cumpliste once años, "yo corrí a buscar a cualquier tropa o autoridad que encontrara para entregarme.

Aceptando toda responsabilidad dirigí al Secretario de Guerra un mensaje de rendición donde me hacía responsable de un levantamiento cuyo objetivo era derrocar a un gobierno que era incapaz de regir al país en la paz y el orden".

—¿De un levantamiento que nunca tuvo lugar? ¡Pobre abuelo!

—Sí, tienes razón al compadecerte de mí. "*En tales circunstancias, no me quedó siquiera la promesa de una gloriosa muerte. Una batalla para desaparecer en su fragor hubiera sido para mí un fin que correspondiese a mi pasado; un encuentro con enemigos, rodeado al menos de un centenar de hombres para entrar en la lucha; una veintena de guerreros siquiera a mi lado para lanzarme sable en mano como tantas veces me lancé a sucumbir; pero nada, sólo el vacío, el desierto en torno mío, ni un hombre conmigo. Como ves, hijita, no obrando como militar, puesto que no tenía un solo soldado, obré como patriota al entregarme en bien de los intereses de mi país. ¿Qué batalla podía dar quien no contaba más que con su caballo y su espada en la soledad de selvas desiertas? Mi palabra de llamamiento a mis conciudadanos para buscar la paz y el orden se perdió en el vacío. Los elementos que pudieron haber servido a ese objeto fueron destruidos por las autoridades de los Estados Unidos, en acuerdo con las del país.*"

—¿Tú crees que habrías triunfado si te hubieran secundado tus partidarios?

—No lo sé, pero "*con elementos bélicos, yo hubiera triunfado o muerto de la más noble y bella manera, combatiendo según mis convicciones por lo que estimé el bien de la Patria. Consumado el suicidio de mi vida pública, rompí mi acero, que porté al cinto por más de cuarenta y cinco años; el de las luchas contra los invasores y el llamado Imperio, y contra los enemigos de las instituciones; de cuyas pugnas llevé fechas marcadas con desgarraduras sangrientas en mi cuerpo de combatiente*". Así, hijita mía, ¿cómo quieres que te aconseje yo? "*¡Yo, pretendiendo ser evocador, sin ser oído; yo, pretendiendo ser caudillo de guerreros, sin un soldado! ¡Tienen a veces los sucesos desgarradoras ironías!*"

—Entonces, cuando te sacaron de la cárcel de Tlatelolco y te dirigiste a Palacio Nacional, ¿lo que buscabas era morir en un campo de batalla?

♦ María-olvidada-de-sí-misma ya no escucha la respuesta. Cuando vuelve a la realidad, le hace a Lupe la pregunta repetida a millares en todas las lenguas y en todos los hospitales: "¿dónde estoy?" Los hechos vuelven poco a poco a reinscribirse en el archivo de su memoria y le pregunta a Lupe cuánto tiempo lleva dormida.

♦ Lupe le informa que ha pasado cuatro días delirando, llamando a su hijo y a su abuelo, y preguntando "¿por qué?" a cada momento. Ya estaba preocupada. El doctor le había dado un tranquilizante y recomendó que la dejara dormir. "¿Qué doctor?", pregunta María-recuperándose-a-sí-misma. Lupe enrojece. "Mi novio es médico. Se llama Arturo... Arturo Díaz."

♦ María poco a poco recobra las fuerzas perdidas, quiere saber cómo está su hijo. Es lo único que le interesa. Lupe se ofrece para hablar por teléfono y hacerse pasar por amiga de Mixi, si por desgracia su marido contesta el teléfono.

♦ El plan permite al fin la comunicación entre María y la nana. Mixi le dice que el señor se ha vuelto muy estricto con el niño.

♦ María se entera de que Emilie y Luisa saben de su evasión. Le pide a Mixi que hable con ellas y les diga que María habló para decir que está bien, pero que no le dejó ni dirección ni teléfono del lugar donde se encuentra.

♦ Mixi informa al señor Mario Andrés del paradero de María, y él se lanza en dirección de la casa de huéspedes.

♦ María, ya repuesta de su enfermedad que el doctor supone fue consecuencia de la gran angustia a que se vio sometida, se reencuentra con Mario Andrés en el saloncito de la casa de huéspedes, bajo la mirada compasiva y tolerante de Lupe. El abrazo es largo y pleno de amor. Las preguntas se suceden sin alcanzar a ser respondidas del todo. Las caricias de terciopelo sobre el rostro de María son recibidas con lágrimas en los ojos.

♦ Lupe quiere dejarlos solos, pero Mario Andrés le ruega que no se vaya. Es mejor, para la reputación de María, que nadie pueda sospechar nada incorrecto. Todo lo que quiere es planear bien las cosas. Ya ha hablado con el licenciado Berruecos y él ha pedido una cita con Adolfo para ver si logra convencerlo de que el divorcio sea de común acuerdo.

Después de los primeros días, en el ex hogar conyugal se estableció un nuevo orden de vida. Adolfo volvió a jugar ajedrez con el doctor Toledano; volvió a salir por las noches, aunque no diariamente, tratando de no perder sus viejos hábitos; siguió bebiendo como siempre, pero adquirió como nuevo vicio el de vigilar estrictamente el comportamiento de Marcos Bruno: a qué jugaba, cuánto jugaba, cómo jugaba y cuándo jugaba; qué comía, cuánto comía, cómo comía y cuándo comía; a qué hora se levantaba y a qué hora se acostaba. La vigilancia se volvió el quehacer cotidiano, la tarea irremplazable.

—¡Mm…! Está bien, retrocedo…

—¡Eso es! Ahora… jaque…

—Estás agresivo…

—Señor, ahí está un señor que quiere hablar con usted.

—¿Quién es, Paulina?

—No sé, le mandó esta tarjeta.

—¿Licenciado Berruecos? Mm… No sé quién es…

—¿Quieres que me vaya?

—¿Irte por un desconocido que llega? No faltaba más…

—Pásalo al salón, Paulina.

—Sí, señor.

Adolfo nunca imaginó que María le enviara a un abogado. Su más recóndito deseo era que después de verse sola y arrojada a la calle como una mujerzuela, volviera arrastrándose a pedirle perdón, y tal vez… sólo tal vez, después de mucho rogarle, él accedería a que ella volviera, pero retirándole el derecho de educar a su hijo. Así, la solicitud de dar su acuerdo para un divorcio voluntario lo desconcertó al punto de que las injurias que en otro momento hubiera desatado en contra del abogado, se le estrangularon en la garganta, los ojos desmesurados giraron en su órbita; su mano derecha, fuera de control, alzó el bastón que sostenía y así, arcángel en lucha contra el demonio, se lanzó sobre el abogado que, viéndose en peligro de ser atacado físicamente, salió huyendo de la habitación y de la casa.

El doctor Toledano vio entrar a otro Adolfo del que había salido del estudio un momento antes. La sosegada paz con que jugaba ajedrez había desaparecido, la mirada extraviada era incapaz de fijarse en un objeto, un león enjaulado sería la mejor imagen para representarlo en ese momento. Sin tratar de ser cortés, le pidió a Alfonso que lo llevara en su automóvil al domicilio de su abogado. Alfonso trató de inquirir sobre la visita del desconocido, y fue entonces cuando Adolfo soltó todas las injurias que llevaba guardadas en la garganta, en contra del licenciado Berruecos, de María, del escritorzuelo y de cuanto se relacionaba con ellos. Claro, lo había engañado cuando lo vio arruinado, pero "se arrepentirá cuando vea mis nuevas caballerizas y mis palacios…"

El doctor dejó a Adolfo en la puerta de la casa del licenciado Jáuregui, y cuando vio abrirse el portón arrancó su automóvil y se dirigió a casa de Bruno para saber si Bruno y Luisa habían averiguado algo sobre el paradero de María.

Impuesto Jáuregui del asunto que llevaba a Adolfo a su casa, trató de tranquilizarlo. Le hizo comprender que él tenía todos los elementos para ganar en un juicio de divorcio: era ella quien había abandonado el hogar conyugal, en cambio él era quien habitaba el hogar y tenía en su posesión al niño; así pues, ningún juez se atrevería a quitarle la custodia del infante.

Una vez recuperada en parte la tranquilidad, Jáuregui quiso distraerlo y se ofreció a mostrarle su museo particular que había construido en la parte trasera de su casa. Adolfo, mitad presente, mitad ausente, pasó revista, como un lugarteniente junto a su general, del ejército familiar de su amigo.

El museo no era sólo un museo de figuras de cera, sino también de tesoros de valor incalculable. Cada una de las habitaciones mostraba un estilo, un decorado, con artículos relacionados. Los ancestros de Jáuregui, de acuerdo a su época, se integraban al mobiliario suntuoso, fuera sosteniendo en la mano biblias recamadas en oro y piedras preciosas, o crucifijos tallados en madera, o apoyando un brazo sobre cómodas chinas que dejaban ver, al abrir una puertecilla, paisajes con figuras humanas y de animales, labradas en marfil. Todos los tesoros de la mitra pasaron lista de presentes: cuadros al óleo de escenas cardenalíceas, retratos de obispos, grabados de escenas bíblicas, sillas pontificias, cálices góticos y románicos, muchos de oro y constelados de joyas, incensarios y candelabros de plata pura, búcaros, escudos, iconos, crucifijos de todos los tamaños y en distintos materiales, todos suntuosos, misales, casullas y mitras bordadas con rubíes y esmeraldas, abanicos, lámparas, armaduras, partituras de cantos gregorianos y cascos medievales.

De entre los muchos objetos, a Adolfo le llamó la atención un reloj de sobremesa, damasquinado con incrustaciones de oro y plata, obra del afamado artífice español Plácido Zuloaga. Era indudable que la guerra cristera había dotado a su amigo de muy preciados tesoros. En uno de los salones estaban los padres de Jáuregui, con las mejillas sonrosadas, en actitud de compartir la cena, sentados frente a la mesa de un comedor Chippendale cubierta con manteles de encaje de Brujas, vajilla de porcelana de Sèvres y copas de cristal de Bohemia. En otro salón, decorado al estilo Luis XVI, sus bisabuelos departían con sus hermanos y hermanas momentos tal vez vividos, tal vez sólo imaginados. Algunos niños de cera, fuera de la atención de los adultos, jugaban a las escondidillas entre los sillones de brocado, los muebles *bonheur-du-jour* de porcelana alemana decorados con querubines y ninfas y los jarrones chinos de antiguas dinastías, todos en sus posturas congeladas en el tiempo. Niños que serían para siempre niños, viejos que desafiaban la muerte al detener el pasado. Las figuras de cera de tan perfectas parecían moverse, cobrar vida, de tal manera que cuando Adolfo vio parada junto a la puerta de salida la figura de Ana, la esposa de su amigo, alargó su brazo disponiéndose a besarle la mano. Jáuregui soltó la carcajada y sólo entonces Adolfo se percató de que también ella era una reproducción en cera.

—Pero entonces, ¿tu esposa ha muerto?

—Claro que no, está en casa, ahora iremos para que la saludes...

—¿Pero... la tienes en cera como si...?

—¿No entiendes? Mi mujer un día envejecerá, en cambio aquí ella mantendrá su lozanía, su cutis de porcelana, su cuello de cisne blanco... Para siempre... y así podré seguir contemplando su belleza día tras día, año tras año, es como... imagina... es como asesinar al tiempo...

—Si yo me viera a mí mismo así, reproducido en cera... creo que... me parecería estar viendo mi propio cadáver...

—Adolfo, Adolfo... ¿cuándo comprenderás el arte?

Asesinar al tiempo... sí, debo hacer fabricar una María en cera... Así, Marquitos verá a su madre cuando él quiera... y no estará siempre preguntando dónde está... ¡Eso es, eso es!..., haré reproducir a María en cera... Jáuregui tiene razón, hay que asesinar al tiempo...

—¿Y quién fue el artista que hizo las figuras?

—No hay sino un artista en México capaz de infundir vida a sus creaciones, tal como Marie Tussaud lo hiciera en Inglaterra ¿Has ido alguna vez a su museo?

—No.

—Cuando vuelvas a Londres no dejes de visitarlo, está en la calle Marylebone, ¿la recuerdas?, está en pleno centro londinense. La cámara de horrores es impresionante por su realismo. ¿Sabes que durante la Revolución francesa Marie Tussaud fue hecha prisionera y se le encomendó que reprodujera las cabezas de muchos de los guillotinados?

—¿Y todavía están ahí?

—No, ella después se trasladó a Londres, pero algo de ese terror quedó en su sangre y por eso la cámara de horrores de su museo contiene a muchos de los criminales de su tiempo y a otros posteriores a su muerte que comparten su fama con las figuras que ella hizo de Voltaire, de Franklin, de Nelson y de sir Walter Scott... seguramente a ella le hubiera encantado hacer la cabeza de Jack *el Destripador*, que también está en exhibición, sólo que ya no le tocó saber de su existencia...

—Se ve que eres un experto en la materia...

—Bueno, mi investigación formó parte de la construcción de mi museo...

Ana, la esposa de Jáuregui, aparece en la puerta y le tiende la mano a Adolfo, pero él no se atreve a tomarla, teme que también sea una figura de cera...

El carillón de la capilla propia de Jáuregui, traída desde España, piedra por piedra, les recuerda que es hora de cenar.

—¿Nos acompañará a cenar, Adolfo?

*

Luz a sombra. Blanco a negro. Sí a no. Transparente a
opaco. Arriba a abajo. Derecha a izquierda. Pasado a
futuro. Norte a Sur.
                      Sur a Norte. Futuro a pasado. Izquierda a derecha. Abajo
                      a arriba. Opaco a transparente. No a sí. Negro a blanco.
                      Sombra a luz.

Espejo, espejo... Te veo y no me veo. Tendría que arrancarme la piel con todo y músculos y color y volumen y calor y frialdad y poner todo el túmulo sobre ti, para hacer de la imagen un rostro. ¿Podré decir entonces que ese túmulo soy yo? ¿Cómo creer que detrás de tu mercurio momificado esté la identidad de María, tantas veces perdida, muerta, enterrada, y tantas otras reconstruida, revivida o reencontrada?

¿Cuántas veces tendré que partir en busca de mi yo? Quizá si me reflejara en un lago encontraría los restos de mi rostro para poder reconstruirme... ¿Puede algo ser reconstruido, revivido o reencontrado? Nada es igual a lo que era, ya lo dijeron los sabios (así, en masculino) que en el mundo han sido. Contradicción sin fin o, como diría Gorostiza, muerte sin fin. Eres una verdad rechazada, una mentira aceptada. Falsificación de un retablo original. Desértico espejismo: permanente y efímero, fijo, intermitente y quieto en su movilidad. Espejo falaz que te desmiente. Espejo mítico que te revela. Evocación de un futuro ya pasado. Suma de identidades sucesivas y simultáneas. ¿Por qué no ha de ser todo simultáneo? ¿Isócrono, unísono y multívoco?

¿Cuál es la efigie verdadera y cuál la máscara? La máscara no precisa del disfraz, se muestra como es.

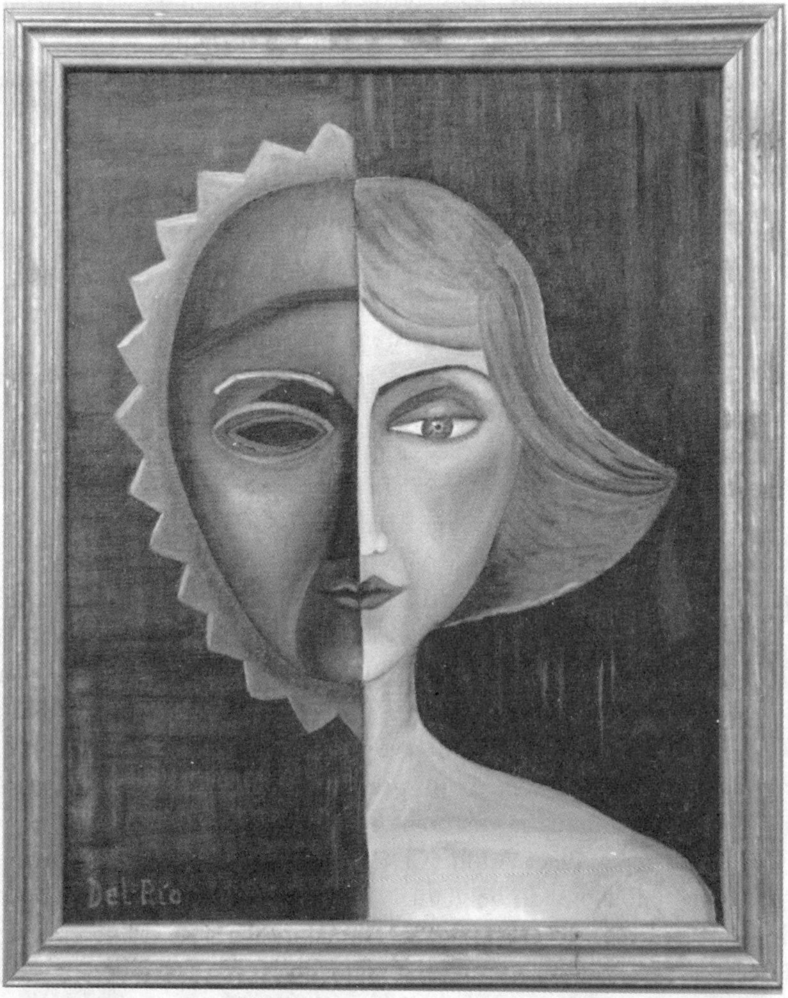
Del Río

El rostro en cambio se encubre bajo tintes, pastas, polvos, creando la apócrifa copia que el espejo duplica. Eres y no eres al mismo tiempo. Contienes todas las identidades ficticias que has sido y todas las que serás. Naces y mueres en un punto de luz cercano y distante, siempre inaccesible. Muda imagen que a su vez es sólo imagen, representación de una identidad que se crea y se descrea a cada instante. Visión de otras infinitas identidades que se esfuman bajo el disfraz inaprehensible, sincrónico, persistente y fugaz de un ser humano al que los otros llaman: Mujer.

*

—No, papá, no… no lo vuelvo a hacer…

Al escuchar los gritos de Marquitos, la nana miró automáticamente el reloj de pared que la ayudaba a mantenerse siempre alerta con la hora del desayuno, de la comida y de la cena, y vio que eran las tres de la madrugada. Se levantó de la cama y corrió, como espíritu arrastrado por su nahual, hacia el cuarto del niño. La escena que descubrió la dejó paralizada: el señor Adolfo junto a la cama del niño lo golpeaba con un cinturón de cuero.

—¡Para que aprendas a no quedarte dormido abrazando juguetes!

De nada valieron los gritos de Mixi pidiéndole que no golpeara al niño, que viera que le estaba haciendo daño. Adolfo, enfurecido, daba golpe tras golpe sin escuchar ni sus gritos ni el llanto de su hijo. La nana corrió al teléfono para hacerle saber a su ama lo que estaba sucediendo. María, a su vez, telefoneó a Mario Andrés, quien le aconsejó que llamara a la policía. Sólo la policía podría intervenir legalmente y, además, constaría en actas el maltrato, esto sería un precedente en favor de María cuando reclamara judicialmente la custodia de su hijo.

Cuando llegó la policía Adolfo ya se había calmado. El niño, acurrucado con la nana, había pasado del llanto al lloriqueo y del lloriqueo al sueño, como una huida ante el dolor. Adolfo recibió a la policía fingiendo estar despertándose. Preguntó quién había hecho la queja y la policía explicó que una señora vecina suya había llamado, sin identificarse. Adolfo negó los golpes, los gritos, lo negó todo. ¡Había tantas señoras locas por el vecindario! Y la policía, no llevando orden de cateo, se fue por donde había venido, sin levantar actas ni hacer constar el maltrato al niño, sino disculpándose con el señor por haberlo despertado.

Por la mañana, María y Mario Andrés se encontraron en su árbol para planear lo que debían hacer. A María no le importaba ya ni su reputación, ni el "qué dirán". ¿Sabes qué *me gustaría...*? Mario Andrés vio en el rostro de María la resolución de robarse al niño. Trató de disuadirla, sin lograrlo; sin embargo, ella reflexionó en que no podía llevarlo a la casa de huéspedes de Lupe porque eso podría perjudicarla. Adolfo podía acusar a Lupe de secuestro o algo parecido... pero no podía permitir que el niño siguiera corriendo peligro. Finalmente, Mario Andrés accedió al robo y le ofreció su casa para que se fuera a vivir allí con los niños y Mixi. Él se iría a un hotel mientras no se arreglara el divorcio y su propio matrimonio. María, emocionada por el amor que él le demostraba con ese acto de renunciamiento, en ese instante de su vida en que cualquier otro hombre se habría aprovechado para obtener ventaja, aceptó, y juntos se fueron a ver al licenciado Berruecos para que ella firmara la demanda de divorcio. Esta vez estaba dispuesta a denunciar la verdad sobre el comportamiento de su marido, lo único que importaba ahora era salvaguardar físicamente al niño. Ya después se ocuparía de curar su espíritu.

Cuando María le dijo al abogado que pensaba robarse al niño, él le aconsejó que no lo hiciera. Era un acto que ponía en peligro la decisión judicial sobre la custodia; después del divorcio, sin embargo, ante el riesgo que el niño corría de ser golpeado nuevamente, ella podía demandar que de inmediato se le otorgara la custodia, en base a los golpes recibidos esa madrugada, los cuales podrían comprobarse haciendo examinar al niño.

María firmó la demanda y el abogado salió a los tribunales para hablar con el juez de paz que debía dictar el laudo de la custodia inmediata por riesgo comprobado, pero la burocracia no era tan veloz como lo exigían las circunstancias; había trámites que no podían saltarse y que tomaban varios días en resolverse, de suerte que tres días después, cuando Mixi le habló para decirle que el señor había golpeado nuevamente a Marquitos, María, desesperada por la impotencia que sentía frente a la lentitud de la ley, retomó su primer plan de robarse al niño. Sin embargo, el plan tenía sus bemoles, ya que Mixi le informó que en el día quien tenía las llaves de las puertas de salida era Paulina, y al irse a dormir se las entregaba al señor, pero cuando el señor salía por la noche, dejaba la casa cerrada con llave y él se llevaba las llaves.

María urdió el plan, sabía que el sueño más pesado era el de la ebriedad, así que le dijo a Mixi que cuando viera al señor bebiendo por la noche, preparara a los niños para su salida y la llamara por teléfono. Mixi le explicó que eso era muy difícil porque generalmente era en el estudio donde el señor se encerraba a beber y ahí mismo estaba el teléfono. María le indicó que ella podía entrar con cualquier pretexto, era demasiado inteligente para que no encontrara una solución. Sólo debía marcar el número, no necesitaba decirle nada, sólo esperar tres timbrazos y colgar, ella entendería. Cuando él se quedara dormido, Mixi podría quitarle las llaves y salir con los niños sin hacer ruido, para no despertar a Paulina. Ella estaría afuera esperándola en un automóvil.

Mario Andrés comentó que eso era tan peligroso como ponerle el cascabel al gato; sin embargo, no se atrevió a oponerse al plan. Sabía que era un riesgo, pero que María tenía razón de estar preocupada por la seguridad del niño.

—¿Para eso quería tanto un hijo? ¿Para golpearlo?

María no comprendía que Adolfo maltratara al hijo que tanto había deseado tener. Siete años se había pasado reclamándole por no darle un heredero, y ahora… casi lo mataba a golpes…

Todas las noches, María y Mario Andrés esperaban hasta altas horas de la madrugada, pendientes del teléfono, la llamada de Mixi. Cada vez que María, descorazonada, temía que nunca pudiera recobrar a su hijo, Mario Andrés le levantaba el ánimo, incitándola a sonreír como siempre, a tener fe, a imaginar sus problemas resueltos antes de que ese año diera fin. La primavera abría los botones en flor de la esperanza y nuevamente María sonreía.

Al fin, el sábado siguiente, eran poco más de las dos de la madrugada cuando sonaron tres timbrazos en el teléfono seguidos por un silencio más elocuente que cualquier palabra. El rostro de María, como un Lázaro resucitado, vuelve a la vida, y Mario Andrés se apresura a ponerle sobre los hombros la misma capa que la cubrió cuando se volvió fugitiva no hace ni un mes.

En la casa de Adolfo, al ver Mixi al señor bebiendo solo en su estudio, se había dispuesto, como dijo Mario Andrés, a ponerle el cascabel al gato. Se dirigió al cuarto de Paulina, que dormía sin sospechar nada. Le pasó la mano sobre sus ojos sin tocarlos, antes de desaparecer como sombra sobre un muro negro. Después de hacer la llamada que María esperaba, se fue directamente al cuarto de los niños, que ya sabían lo que tenían que hacer desde días antes, cuando le explicó a Marquitos que una noche lo despertaría para salir de la casa sigilosamente con objeto de reunirse con su mamá, encargándole a su hija que preparara lo mínimo de ropa para llevarse cuando llegara la ocasión. No se olvidó de meter en su jaula de pájaros a la *Princesa*, que paradójicamente era uno más de los ratones en que estaban transfigurados Mixi y los niños, ni de recoger el bolsón con las cartas del señor Mario Andrés, que se había quedado en su mano el día que iban a escaparse de la casa junto con su ama. Y espió, como ratón escondido, desde un punto estratégico, el momento en que el señor-gato se quedara dormido para extraer las llaves del Paraíso-Infierno. Cuando el cucú del reloj canta las cuatro de la madrugada, Miccaiximati, escoltando a sus ratoncitos, cruza la reja hacia la calle, con la jaula en una mano y el bolsón de las cartas en la otra. En la puerta está el automóvil que los traga como la ballena a Jonás, en mitad del mar.

VIII
Fundando un paraíso

Los primeros cuatro meses en la casa de Mario Andrés fueron de un corre-ve-y-dile de nunca acabar. Marcos Bruno, pegado a las faldas de su mamá, no quería soltarla por nada del mundo, de modo que Mixi tenía que averiguárselas con las compras, la cocina, los recados, ires y venires sin fin por calles y mercados, y correos, y telégrafos, y oficinas, y tribunales, y el periódico, y... y... y... Para colmo, María nunca había recibido tantas cartas de sus lectoras y lectores ni tantas invitaciones para dar una conferencia aquí, otra allá, lo mismo en círculos literarios que musicales, que periodísticos. Sus artículos comenzaron a salir de las páginas dedicadas a la mujer y a aparecer en páginas editoriales. Su carrera subía, como cohete de los fuegos artificiales del 15 de septiembre, hacia la bóveda celeste, para una vez allí lanzar sus luminarias en todas direcciones.

La casa estaba situada en un nivel elevado. Se ascendía del jardín por una pequeña escalera exterior hacia un portal con columnas que daba acceso a la casa. Una de las puertas daba a un recibidor y otra a la cocina. Las habitaciones, llenas de luz, eran amplias y la escasez de muebles las hacía ver más amplias aún. Mario Andrés le había llevado a la casa una máquina de escribir, y sólo retuvo para él un cuarto oscuro, donde revelaba sus fotografías. María hizo de la sala su oficina, del comedor su archivo de correspondencia y de la recámara del niño un cuarto de juegos. Él pasaba en casa los ratos que le dejaba libre su trabajo como fotógrafo. Una vez que los niños se habían ido a dormir, cenaban juntos y después él se retiraba a su hotel. Cuando Luisa supo por Adolfo que María se había robado al niño y, por voz de la propia María, que estaba viviendo en la casa de Mario Andrés, aunque ella juraba que él no dormía allí, Luisa no tuvo más remedio que creerle a Adolfo que María lo engañaba y contarle a su esposo lo que para él fue una tragedia familiar.

Bruno, ni corto ni perezoso, llamó a su notario y redactó un nuevo testamento, donde desheredaba a María; sin embargo, cuando finalmente ella llegó a verlo, la dejó llorar sobre su hombro sin atreverse a volverle la espalda. Fue entonces cuando supo que Adolfo golpeaba al niño, y que incluso a ella la había maltratado algunas veces. Sin saber a quién creer ni a quién culpar, colocado en medio de las dos versiones, decidió no intervenir ni en favor ni en contra de su divorcio, era lo más que podía prometerle. En cuanto al "escritorzuelo", ¡que no es escritor, papá, sino fotógrafo!, Bruno no quería saber nada de él, le suplicó que ni siquiera se lo mencionara, él haría de cuenta que ese señor no existía. ¿Por qué, papá? María no entendía ese rechazo de la realidad... ¿no era suficiente que ella lo amara? Su mamaisita fue más comprensiva, y sin que Bruno se enterara concertó una cita para conocer al tal Mario Andrés, quería hablar con él sin que María estuviera presente, de modo que lo citó en casa de su cuñado Archibaldo, quien, por supuesto, ya se había enterado del chisme, pues Adolfo se había convertido en viva imagen de la Llorona de la leyenda, la que vagaba por los campos clamando por sus hijos; así, Adolfo-Llorona vagaba por las calles contando a todo el mundo que su mujer lo engañaba y que le había robado a su hijo. Hizo tanto alboroto que hasta un periodista escribió un artículo en el periódico sobre esos "¡Señores de los grandes palacios, de las influencias poderosas! Ustedes no han perdido piernas ni brazos en jornadas heroicas contra los invasores y no tienen por qué se les perdonen sus yerros. Hay espacio de sobra para subir y para derrumbarse, para despreciar y para ser despreciados".

Mario Andrés llegó puntual a la cita. Archibaldo lo hizo pasar al salón, donde Luisa esperaba sentada en la poltrona de alto respaldo, sin saber que en la misma, años atrás, otro Bruno, no su esposo, esperó la llegada de un sueño con nombre de María hasta entonces virgen de amor. Mario Andrés la saludó respetuoso con una inclinación de cabeza y cuando Archibaldo se excusó y se retiró, dejándolos solos, se puso a las órdenes de Luisa. La conversación fue breve, a veces cortante y puntiaguda, pero Mario Andrés salió bien librado de ella. Luisa quería corroborar cuáles eran sus intenciones con respecto a María y quedó complacida con la respuesta, sembrada de juramentos. Él insistió en que si Luisa conocía bien a María, nunca debió dar crédito a acusaciones innobles. María era respetada por él y sólo pedía licencia para casarse con ella, una vez librada la sentencia en el juicio de divorcio entablado por María. Por su parte, Adolfo-Llorona no había hecho mucho en su favor para ganar el juicio. La pérdida de su hijo lo había desplomado moralmente al grado de envejecer en un día por lo menos diez años. Se volvió más irritable, agredía en la calle a cualquier transeúnte que por casualidad lo contrariara; volvió a ser arrestado por escándalo público y exhibicionismo, amenazó a los oficiales de policía diciéndoles que haría que los destituyeran, pues él tenía grandes influencias políticas en el gobierno, y que inclusive el presidente Pascual Ortiz Rubio le pedía consejo en asuntos de gobierno. Su sobrina Azucena y su esposo Abelardo tuvieron que ir a rescatarlo de la delegación de policía.

En su desesperación por recuperar a su hijo, Adolfo-Llorona se puso a buscar en su casa un documento del cual suponía, más que sabía, su existencia, el cual lo acreditaría como heredero de la gran fortuna de sus más remotos ancestros, no de la de su padre, sino de su línea materna. De su padre no quería hablar ni recordar nada, ya que nunca lo había comprendido; su padre lo culpaba, lo vigilaba desde el otro mundo recriminándolo aun en su mudez lapidaria.

Agachado sobre un baúl, extraía y hacía volar por sobre sus hombros, como un mago Merlín de feria, sombreros, miriñaques, abanicos, trajes bordados de abalorios, jaeces y arreos de caballos, cuellos escarolados, apanalados, de pajarita, acanalados, alechugados, gafas inservibles, monóculos, rosarios, misales, chaquetines con botonaduras y entorchados de plata, revistas de un siglo atrás, portarretratos, camafeos... y al fin, un documento amarillado, agrisado por el tiempo doblado en cuatro y metido entre programas de ópera que anunciaban cantantes que ya habían muerto o desaparecido en el anonimato desde hacía muchas décadas, el documento de la herencia inaudita, firmado el 19 de mayo de 1866 por el propio emperador Maximiliano de Habsburgo. El documento traía además otras muchas firmas que acreditaban la herencia recibida por su ancestro, el escribano Torres, la del Ministro de Justicia, Pedro Escudero y Echánove, y otras de funcionarios de menor jerarquía.

El sello en relieve tenía el nombre de "Maximiliano, Emperador de México" envolviendo el círculo del escudo de armas. Un sello, cubierto por pétalos de papel, que al abrirlos decía a la letra: "2º Sello. Papel de 1ª clase. Pagó su valor de 16 pesos". Otro sello era el del "Ministerio

PRIMERA clase.   **SELLO 2º** Diez y seis pesos.

Para los años de mil ochocientos sesenta y cuatro y mil ochocientos sesenta y cinco.

Maximiliano, Emperador de México

Habiendo acreditado el Escribano Don José M. Torres por medio del testamento respectivo que su madre Dª Pilar Centellas le instituyó heredero del Oficio Público número uno y de hipotecas de la Ciudad de Puebla, del que era legítima renunciataria por fallecimiento de su esposo, quien lo remató en mil cuatrocientos pesos, Hemos venido en expedirle el presente título de propiedad del mencionado Oficio, para que como dueño legítimo, lo posea conforme á las leyes, disfrutando de los emolumentos establecidos por los aranceles vigentes, ó que en lo sucesivo se establezcan.

Dado en Méjico á diez y nueve de Mayo de mil ochocientos sesenta y seis.

VALGA PARA LOS AÑOS DE 1866 Y 1867.

El Oficial Mayor encargado de la Sección 3ª

Maximiliano

Se expide título de propiedad del Oficio Público nº 1 y de hipotecas de la Ciudad de Puebla al Escribano Dn. José M. Torres.

Por el Emperador
El Ministro de Justicia
Pedro Escudero y Echánove

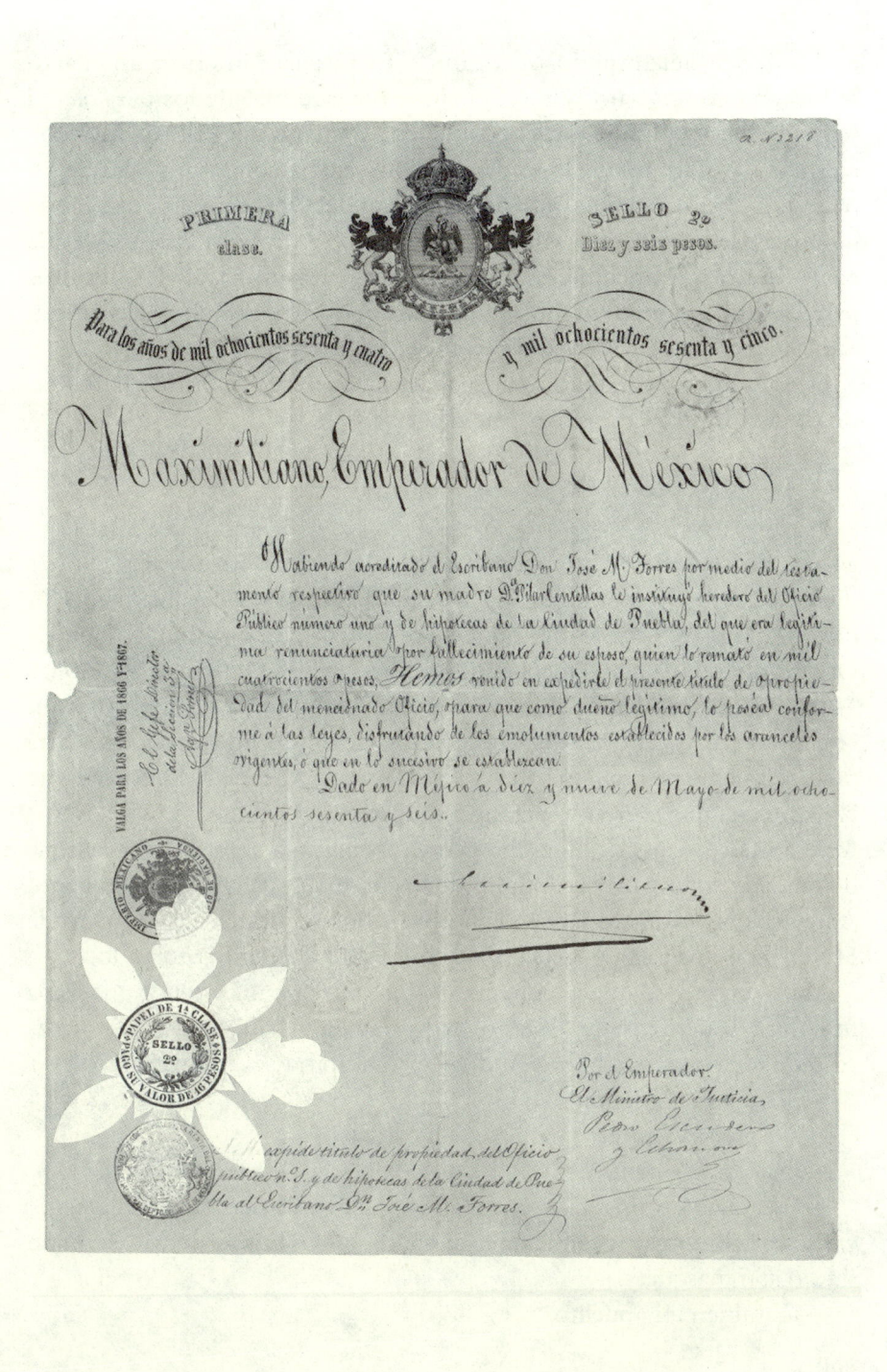

de Hacienda del Imperio Mexicano". En la parte inferior, un cuarto sello, también en bajorrelieve, encimado sobre uno de los pétalos del segundo sello, indicaba que era del "Departamento del Valle de México" y estaba seguido de una leyenda que comenzaba con las iniciales de Su Majestad: "S. M. expide título de propiedad del Oficio Público no. 1 y de hipotecas de la ciudad de Puebla al Escribano Dⁿ. José M. Torres". En la parte de atrás, el documento tenía también varias firmas de los distintos jefes de las secciones, y sellos de los ministerios de Estado y de Justicia, ratificando el registro del título en los libros respectivos.

El grito con que Adolfo saludó el descubrimiento del título hereditario de su ancestro despertó a Paulina.

*

María, entretanto, se preocupaba no sólo de darle prisa al juicio de divorcio, sino que por su propia carrera de escritora se había fijado un horario para escribir lo del periódico y otro para escribir lo "suyo". Organizaba su día de tal manera que pudiera dedicarle tiempo al niño y a Mario Andrés, quien la convenció de enviar su libro de cuentos a un concurso en Argentina, del que él había recibido información. María metió el manuscrito en un sobre y se lo entregó a Mario Andrés para que él lo enviara por correo, esperando que llegara a tiempo. ¡Los transportes eran tan lentos...! Sin embargo, se prometió a sí misma no sentirse defraudada si no ganaba ninguno de los premios. ¡Pero el premio llegó! Ante sus ojos azorados, abrió el enorme sobre donde venía el Diploma de Honor, con una carta y una certificación sobre el premio otorgado.

Ahí se enteró de que el concurso había sido organizado por una logia masónica, y al preguntar a Mario Andrés quién le había dado la información de ese concurso, Mario Andrés le confesó que él era masón.

—¿Eso es una religión?

—No precisamente...

—¿No precisamente?

—Es más bien una asociación de carácter político, con rituales de carácter religioso... prácticamente todos los políticos de México han sido o son masones...

—¿También mi abuelito?

CÓDIGO MORAL MASONICO
Base fundamental de la masonería

Adora al Gran Arquitecto del Universo.

Ama a tu prójimo.

Haz bien y deja hablar a los hombres.

Ama a los buenos, compadece a los débiles, huye de los malvados: mas no odies a nadie.

Habla respetuosamente a los grandes, prudentemente a tus iguales, sinceramente a tus amigos y con ternura a los pobres.

No adules jamás a tu hermano, porque es una traición, y si tu hermano te adula, desconfía, no te corrompas.

Escucha siempre la voz de tu conciencia.

Sé el padre de los pobres; cada suspiro que tu dureza les arranque será una maldición que caerá sobre tu cabeza.

Respeta a extranjero y a viajero, porque su posición les hace sagrados para ti.

Evita las disputas y prevé los insultos, poniendo la razón de por medio.

Respeta a las mujeres; jamás abuses de su debilidad y muere antes que deshonrarlas.

Si el Gran Arquitecto del universo te da un hijo, dale gracias; pero tiembla por el depósito que te confía, porque en lo adelante, tú serás para ese niño la imagen de la Divinidad. Haz que hasta los diez años te tema, hasta los veinte te ame y hasta la muerte te respete. Hasta los diez años sé su maestro, hasta los veinte su padre y hasta la muerte su amigo.

Enseña a tus hijos buenos principios antes que bellas maneras, que te deban una doctrina esclarecida mejor que una frívola elegancia. Que sean mejor hombres honrados que hombres hábiles.

Lee y aprovecha. Ve e imita. Reflexiona y trabaja y que todo redunde en beneficio de tus hermanos para tu propia utilidad.

Sé siempre contento para todo y de todo.

Jamás juzgues ligeramente las acciones de los hombres, perdonándolas o condenándolas. Dios es el único que puede valorizar sus obras.

—También... igual que don Porfirio y Madero, que Juárez y Santa Anna, que Miguel Hidalgo y Vicente Guerrero... Unos han formado parte de un rito, otros de otro, pero todos han participado en trabajos de logia y jurado mantener el "Código moral masónico", respetándolo después, y a veces traicionándolo.

—¿Cuál es ese código?

Mario Andrés sonríe ante la curiosidad sin límites de María.

—¿Para qué quieres conocerlo?

—Puedo escribir un artículo sobre eso...

—Está bien, te traeré documentación... aunque debes de saber que muchas de las prácticas son secretas...

—Respetaré lo que sea secreto... Pero, a propósito de secretos, hay uno que quiero comunicarte...

—Entonces dejará de ser secreto...

—No, sólo que en lugar de ser un secreto solista, será un secreto a dúo.

—Muy bien... acepto la responsabilidad secretera... Es como ser un "secretario", palabra que significa "el que guarda los secretos de su jefe"...

—De lo cual se deduce que yo seré...

—... mi jefe...

Ríen con buen humor.

¡Si con este hombre me hubiera casado desde un principio...! Nos llevamos tan bien... ¿Qué estoy esperando para entregarme a él? ¿La firma de otro papel? ¿No basta con nuestro amor y nuestra voluntad? ¿Por qué esperar? Aunque si se averigua que llevamos vida marital podría perder la custodia de Marquitos en el juicio de divorcio. ¿Por qué todo tiene que ser tan complicado?... No queda sino esperar. El abogado dice que la ley exige que pase un año después de la sentencia de divorcio para poder volver a contraer matrimonio... ¿No es demasiado pedirle que me espere tanto tiempo, si yo misma estoy ansiosa de completar nuestra unión, para que ésta sea un verdadero matrimonio? Yo no necesito de las firmas que requieren los demás para llamarlo así.

—¿Y cuál es el secreto?

María, imitando a la Garbo, lo incita a acercarse. Mario se levanta y va a sentarse junto a ella, María acerca la boca a su oído y le dice muy quedo, con su mano casi cubriendo su propia boca:

—El secreto es... que estamos solos... Mixi llevó a Marcos y a Xóchitl con Emilie, porque los invitaron al cumpleaños de uno de sus hijos y se quedarán a dormir allá, así que compré una botella de *champagne* y celebraremos...

—¿Qué quieres celebrar?

—Nuestra primera cena solos... Yo misma la he preparado.

—Hm... ¿no me envenenarás?

—Tal vez... ¿te arriesgas?

Mario Andrés siente el roce de la *Princesa* contra su pierna. Voltea a verla, mientras ella se restriega con sensualidad gatuna, entornando sus ojos de pupilas verticales.

—¿Qué dices, *Princesa*, me arriesgo?... Dice que sí, que me arriesgue...

Después de cenar y con tres copas de *champagne* bailoteando en su cabeza, María sintió temor de que una vez en la intimidad del lecho le ocurriera lo mismo que con Bruno. ¿Y si él la decepcionara, después de tan larga espera? Cerró los ojos, como queriendo borrar la mala idea. Habían pasado más de dos años desde que iniciaron su intercambio postal y más de cuatro meses que convivían sin mediar el acto definitivo que sellaría para siempre su unión... pero ¿qué sería de su amor si ella no encontraba en la relación íntima la felicidad que esperaba? Apretó los ojos, no quería pensar, pero pensaba...

Madre mía, **me gustaría...** *que estuvieras aquí conmigo, ahora para hacerme una advertencia o darme tu consejo... no puedo pedírselo a mi abuelo... porque como hombre no podría comprender esta angustia...*

No quería temer, pero temía... la conciencia le decía que debía esperar hasta el día de su nuevo matrimonio para consumar el acto definitivo, que no quería nombrar porque le habían enseñado que era innombrable... pero, sin embargo, su temor se volvió terror cuando imaginó lo que pasaría si él la decepcionara esa noche cuando ya estuvieran casados... Y volvía a repasar sus miedos una y otra vez...

... si espero hasta ese día y esa primera noche él me decepciona... y mi amor se esfuma como me ocurrió con Bruno, ¿no sería mejor decepcionarme hoy, antes de nuevas firmas...? ¿Podría yo soportar otro divorcio?

—¿Dijiste algo?

—No.

—¿Me amas?

—Sí.
—¿Así nada más?
—¿Cómo?
—Digo que si sólo merezco monosílabos...
—No.
—¿Entonces?
—Te amo.
—¿Así tan seria?
—Estaba pensando.
—Eso es bueno, significa...
—Ya sé... que tengo cabeza...
—Hmm.

Siguió el silencio de nuevo. Como prestidigitador que lanza bolos de una mano a la otra, ella lanzaba sus miedos y temores por el aire, para volver a retomarlos, dejando siempre al menos uno flotando en el aire. Al fin, tomó la decisión. Dejó todos sus miedos y temores encerrados en la botella vacía de *champagne* y ofreció sus labios a los labios de él, su cuerpo a sus brazos, y después de recibir y dar el beso, le dijo al oído:

—¿Sabes lo que *me gustaría...*?

Lo tomó de la mano y lo encaminó hacia la alcoba.

—Le he prometido a tu madre...
—Nunca hagas promesas que no sabes si puedes cumplir...
—¿Estás segura?
—Muy segura.
—María...
—Mario...

En todos los relojes de la ciudad sonaron las doce campanadas de la media noche.

*

Cuando en la mañana sonaron siete campanadas en la iglesia cercana, María recordó...

El despertar no es abrir los ojos, sino volver a pensar, con razón Mixi le llama al despertar "recordar". Recuerdo ahora el beso en la puerta, el ascenso por la escalera sin sentir mi propio peso, recuerdo cómo me abracé a su cuello cuando él me cargó para entrar a la alcoba y, por fin, el remolino de sensaciones táctiles, sin palabras para describirlas, hasta perder la noción de mí misma, y reencontrarme después en el placer de sentirme parte de un solo cuerpo formado por dos cuerpos. ¿Quién era él, quién era yo? Juntos fuimos hermafrodita mítico y pareja original. Mi lecho se transformó en elíseo, nirvana y paraíso. Y aquí estás ahora, María-Eva, Eva-María, con tu cabeza reclinada en su brazo y tu pierna entre las suyas. ¿Durará esta sensación para siempre? ¿Por qué te lo preguntas? ¿Qué temes? Creo que ahora sí sé por qué dejé de amar a Bruno... porque yo no correspondía a la imagen de la mujer de la que él estaba enamorado... Yo no era esa mujer... ¿Y él correspondía al hombre que tú imaginabas? No... tampoco él llenaba esa imagen... Por eso... después de nuestro primer y único encuentro real, el amor se volatilizó como los sueños al despertar...

—¡Mi pequeña...!, ¿dormiste bien?

María abre los ojos y contempla a Mario como si lo viera por primera vez, el pelo negro rizado y revuelto le cae sobre la frente. Ella estira su brazo y le hace a un lado el pelo dejando su frente al descubierto.

—Sí, muy bien...

—Será mejor que me vaya, para que no tengas que dar explicaciones...

—*Me gustaría...* que desayunaras conmigo...

—Pero...

—Desde hoy... viviremos juntos.

—Se enterarán tus padres y...

—De todos modos nunca me han creído. Para ellos, esto sucedió entre nosotros hace tiempo, así que lo único que haremos es volver realidad sus sospechas.

—Y a Marquitos, ¿qué le dirás?

—Que tú eres su nuevo papá.

—No, recapacita. Perderías a tu hijo. La ley no perdona el adulterio.

—De todos modos el abogado de Adolfo comprobará que vivo en tu casa.

—No, he cambiado el contrato de renta de esta casa a tu nombre, legalmente tú eres la arrendataria.

—Piensas en todo... tienes razón... no hay que hacer locuras... ¡ya bastante locura fue...!

Cuando Mario se levanta de la cama, María se da cuenta de que es la primera vez que ve a un hombre desnudo.

—¿Sabes qué *me gustaría...*? Pintarte así...

—¿Cómo?
—Desnudo...
—¡María!
—¿Por qué no?
—Porque...
—¿Te parece que sería impúdico?
—Hm... sssí...
—Entonces, ¿te parece impúdico que los pintores pinten a las mujeres desnudas?
—Bueno... no lo había pensado...
—Lo haré... te pintaré desnudo.

Cuando Mario Andrés sale de la casa está sonando la sirena de una fábrica, como señal de la hora de entrada para los obreros, y apresura el paso instintivamente.

*

Cuando escucha el timbre de la puerta, María se extraña. Desde que se fue de la casa de Adolfo, nadie la visita, toda su vida social está en el periódico, adonde ahora va diariamente, por eso la llegada del doctor Toledano a la casa la toma por sorpresa. Sabe por Luisa que él visita a Adolfo. Desde su separación, las amistades se han dividido, tomando partido por uno o por otro. Emilie, como amiga suya, no volvió a la casa de Adolfo, y los amigos de él, en cambio, no la buscan a ella para nada. ¡Es como en la guerra, abuelo: o estás conmigo, o estás contra mí!

El doctor Toledano la saluda como si se hubieran despedido una semana antes, con la misma afabilidad de siempre. Mixi no está, ha ido al mercado, de modo que cuando él acepta tomar un café, ella le pide que la acompañe al antecomedor, para conversar mientras lo prepara.

El doctor le explica el motivo de su visita. Lleva varios días tratando de ver a Adolfo. Sabe que está solo, no tiene servidumbre, porque Paulina, finalmente, se cansó de trabajar sin sueldo y dijo que Dios le había ordenado irse a otra parte. Pero Adolfo no abre la puerta.

—¿Qué puedo hacer yo?
—María, usted es la única que tiene llave, deje a un lado el resentimiento y acompáñeme a la casa, es indudable que Adolfo está enfermo.

María recuerda cuando Adolfo intentó suicidarse, sólo ella y Mixi lo sabían. Así que con la culpa golpeándole el corazón y el temor nublándole los ojos, acepta acompañarlo. Va en busca del llavero de la casa que Mixi extrajo el día que se robaron a Marcos y sale con el doctor en dirección a la casa de Adolfo.

—¿Por qué no le doy las llaves y usted va solo?

—Porque usted es la esposa; si hay algún inconveniente...

—Entiendo... iré con usted.

¿Qué te gustaría... María? ¿Que esté vivo o que esté muerto? Muerto no tendrías ya que divorciarte, ¿verdad?, serías una respetable viuda... ¿No dicen que la viudez es el estado civil perfecto? No, no..., me sentiría responsable de su muerte por haberlo privado de su hijo... Pero si no es su hijo... Pero él cree que sí... No sé... déjame en paz... ¿por qué tienes que torturarme siempre? ¿Yo? Eres tú misma quien se tortura... cuando no quieres reconocer la verdad de tus sentimientos... ¡Déjame en paz!

—¿Decía?

—No, doctor, pero estoy tan preocupada...

María le pregunta al doctor cuál es la historia que Adolfo le contó sobre su separación. El doctor sabe que no es el momento más apropiado para revivir heridas, así que inteligentemente desvía la conversación y termina hablando de los últimos acontecimientos nacionales. Él ha leído los artículos de ella en *El Universal* y la felicita por su amplia documentación en cada uno de los asuntos que trata. La serie que publicó sobre los pintores de mujeres fue magnífica, así como la que dedicó a los precursores del periodismo en México. María le cuenta que esos artículos fueron parte de la investigación que hizo para una conferencia en una logia masónica, porque los masones se han interesado en conocerla después de que recibió en Buenos Aires un premio por su libro de cuentos *El árbol que llora* en un concurso organizado por una logia masónica argentina.

Cuando llegan ante la puerta de entrada de la casa, María trata de abrirla, pero sus manos tiemblan. Le pasa el llavero de cuero negro al doctor. Recorre el jardín reviviendo el momento de su última salida, y cuando entra al vestíbulo y ve el retrato de su abuelo, impasible, en su misma congelada postura, mirando hacia el exterior del cuadro, como si nada hubiera sucedido, no puede impedir que le broten las lágrimas.

—Vamos, María, sea valiente...

—Trato de serlo, doctor, pero... tengo tanto miedo...

Todas las cortinas están cerradas, cubriendo los postigos de madera de las ventanas, que sólo se cerraban de noche. Suben la escalera y encuentran a Adolfo dormido, en medio de un desorden de sábanas, cobertores, ropajes, trastos de cocina y botellas, botellas, botellas...

—¿Está vivo, doctor?

El doctor le toma el pulso.

—Sí, María, está vivo, pero tiene fiebre.

María arregla la habitación hasta donde es posible, mientras la conversación fluye entre ellos, pasando del tema de la enfermedad al de la separación. María trata de explicarle al doctor las circunstancias por las que ella tuvo que marcharse.

—Hay ocasiones en que la única solución es independizarse...

—Lo sé, María. ¿Recuerda lo que le conté de cuando me fui de la casa de mi padre? Yo también necesité independizarme.

—Sí, me acuerdo; por cierto, doctor, nunca me ha dicho cómo volvió a encontrarse con Adolfo, después de que él se fue a la escuela militar...

—Bueno, creo que ahora no importa que lo sepa... Fue en un burdel...

—¿Usted...?

—Sí, María, los hombres tenemos, parece, más urgencias amatorias que ustedes las mujeres...

María volvió los ojos hacia Adolfo. ¿Cómo se había esfumado el Adonis de las anémonas? ¿Dónde se había ahogado el Delfín de los mares? ¿A donde había volado el ave del Paraíso? La Adelfa se había transfigurado en gnomo...

—Doctor, creo que Adolfo está despertando...

De pronto, para María este Adolfo convertido en un viejo de barba crecida y gris, vestido con una piel amarillenta que parece un guante que le quedara grande, es un extraño. No se imagina cómo pudo vivir con él trece años... sin amarlo ni un solo día...

Observa cómo el doctor lo ausculta, y piensa que Adolfo es otro de los ángeles caídos del porfirismo que tratan de sostenerse con las uñas para no ser arrastrados en la avalancha que los desploma de su cima nevada. Le nace dentro una gran compasión por él. Deja al doctor solo con Adolfo-ángel-caído para que lo ausculte tranquilamente y va en busca de su abuelo, que tanto ha extrañado en estos meses de vida independiente.

Tal vez fue mejor, abuelo, que murieras como querías morir, en tu caballo y seguido por tus partidarios, dispuesto a la lucha... De otro modo, estarías como Adolfo-ángel-caído, revolcándote en las cenizas de tu pasado, preso tal vez en una cárcel peor que las construidas con ladrillos y rejas, la cárcel de tu propia conciencia traicionada...

—No, María... yo nunca traicioné mi conciencia... Ya te expliqué que si me levanté en contra del poder establecido, que siempre había yo respetado, fue porque vi que el país se estaba desplomando en un caos de intereses personales que nada tenían ya que ver con la revolución del pueblo, y veía a Madero incapaz, como lo fue, de salvar al país de ese caos, por eso los Carranzas, los Obregones y los Calles asesinaron a los Zapatas, a los Villas y a los Felipes...

—¿Felipes?

—¿Te has olvidado de Carrillo Puerto y de Ángeles? Los dos nacieron en pañales de seda y los dos se volvieron socialistas...

—¿Ángeles no fue villista?

—Sí, pero también se decepcionó de Villa.

—¿Y tú no te decepcionaste de don Porfirio?

—No calificaría yo como "decepción" mi sentimiento por él. "Fue un hombre glorioso por su historia, al frente de los destinos de un pueblo, llevado por él hasta la prosperidad; pero quedó aprisionado por los que lo rodeaban, cuando lamentablemente declinó y no pudo reaccionar como en tiempos en los que su clarividencia en la apreciación, y su resolución y energía inquebrantable en el obrar..."

—Pero, abuelo, es que él nunca comprendió al pueblo ni la revolución popular... y Felipe Ángeles sí.

—Ángeles quiso abrazar la causa revolucionaria pero no pudo hacer olvidar a los demás su pasado... personalmente, prefiero haber muerto como morí, que en el paredón como él, frente a un pelotón de carrancistas...

Mientras María contempla el retrato de su abuelo, el doctor ha auscultado a Adolfo y, al fin, llama a María.

—¿Ha terminado, doctor?

—No, María, creo que apenas hemos comenzado.

—¿Qué quiere decir?

El doctor Toledano, con el estetoscopio en la mano y una linterna en la otra, le hace seña a María de que se acerque.

—Los síntomas son... un mal pronóstico... Venga, quiero que usted misma observe.

Adolfo-ángel tendido con los ojos cerrados no ve ni escucha, está más allá del sueño y la vigilia. El doctor abre uno de sus ojos y le dice a María que observe lo que pasa en la pupila al ser iluminada por la linterna.

—No pasa nada...

—Eso es... no pasa nada y debiera pasar. Las pupilas debieran encogerse al ser iluminadas y no se encogen. Además, la pupila de un ojo... vea..., y la del otro... tienen diferente tamaño...

—¿Eso indica... una enfermedad grave?

—Es más que una enfermedad, es una explicación, María, de toda la conducta de Adolfo... desde hace años...

—¿De sus ataques?

—Sí, de sus alucinaciones, de sus estados de confusión, de su exhibicionismo y de su violencia...

—¿Qué quiere decir...?, ¿que está loco?

—Los síntomas indican una neurolúes...

—¿Qué es eso?

—Una... sífilis nerviosa...

—¿Sífilis?

María siente que todo gira a su alrededor y se deja caer en una silla.

—Todo indica que debe de tener muchos años con ella...

—¿Está seguro, doctor?

—Habrá que hacerle el análisis de sangre de Wasserman, pero el síndrome de Agli Robinson es innegable... Además de la pérdida del reflejo fotomotor, hay anisocordia...

—¿Cómo?

—Es lo que usted acaba de ver, que las pupilas no reaccionan ante la luz, y que tienen diferente tamaño, pero además tampoco hay el reflejo... Bueno, quiero decir que lo normal al golpear la rodilla sería que su pierna se alzara, sin embargo, ésta no se alza... no hay reflejo.

—¿Y cuál es entonces el paso a seguir?

—Internarlo...

—¿Internarlo?

—Sí, el pronóstico es la parálisis general progresiva... Además de su delirio, que también irá en aumento.

—¿Su delirio?

—Sí, el delirio es de carácter existencial, ni el paciente ni el mundo que lo rodea son como son en la realidad, sino como son en su imaginación. El individuo es el Sujeto de su propio delirio, y su mundo es el Mundo también de su propio delirio. Es decir, surge de una fractura con la realidad, realidad a la que sustituye con la que él imagina.

—Pero, ¿dónde internarlo?

—María, por favor, no se asuste, pero... la sífilis nerviosa hasta ahora no tiene curación. Al ver sus ataques de confusión, desorientación, violencia y últimamente su delirio de enormidad, que es una forma aumentada de la megalomanía, me hizo temer que algo así estuviera ocurriendo. En realidad no he hecho sino confirmar mis sospechas.

—Es decir...

—Es decir, que habrá que internarlo en el manicomio de La Castañeda... No hay otro remedio...

María se cubre la boca para no gritar.

—Hablaré con el director y le recomendaré que se le dé un trato especial, el doctor Ramírez Moreno es amigo mío.

—Pero... habrá algún tratamiento, ¿no es así?

—Sí, los hay, pero sólo son paliativos... Uno de los tratamientos es el de provocar artificialmente otra enfermedad: el paludismo.

—¿Para qué?

—Para elevar la temperatura, porque se supone que el plasmódium no resiste las altas temperaturas, pero sólo cuentan los minutos en los que el enfermo sobrepasa los 40 grados de temperatura y el tratamiento debe sumar 20 horas; también se utilizan otros tratamientos a base de bismuto y de arsénico, pero son más molestos. Sin embargo, ahora lo que debe preocuparle más es el niño. Lléveme lo al consultorio para hacerle un examen completo. La sífilis puede heredarse... y si Adolfo ya la tenía desde antes de...

—No, doctor, eso no es necesario...

—Pero, María, comprenda, hay un peligro...

—No... ¿no dicen que el médico es como el sacerdote...

—¿Qué quiere decir?

—Que usted sabrá guardar el secreto...

—¿Guardar el secreto de que Adolfo tiene sífilis? Eso es imposible, para curarlo hay que...

—No me refiero a eso...
—¿Entonces?
—Hablo del secreto sobre Marcos... Marcos no es hijo de Adolfo...
—¿Cómo?
—Que Marcos no es hijo de Adolfo.

El doctor, todavía con la sorpresa pintada en el rostro, escucha la débil voz de Adolfo, como llegada desde otro mundo...

—Alfonso, ¿con quién hablas?

María le hace señas para que no diga que ella está ahí.

—Con nadie, Adolfo, duerme.
—Acércate, Alfonso... ¿No escuchas repicar las campanas? Repican para celebrar que Maximiliano me ha legado todo el estado de Puebla... Escúchalas...

IX
La afi... nación se consolida

No, este *Diario* no sirve.
Tendría que reescribirlo entero.
Llegar a ser lo que soy hoy no fue tan fácil.
Habría que volver a revivir lo que he pensado, sufrido, gozado.
¿Qué es lo que he sido hasta ahora? ¿Y qué es lo que seré desde ahora?
Quizá no soy sino un reflejo que se debate en la insustancialidad de los espejos.
Un reflejo de un mundo que se cae, o que se levanta, para el caso es lo mismo...
se parecen tanto los niños a los viejos..., el niño nace sin dientes ni pelo,
poco después, moja la cama donde duerme y se arrastra por el suelo.
El viejo ya ha perdido los dientes y el pelo cuando muere,
poco antes moja la cama donde duerme
y apoyado en un bastón, cojeando
se arrastra por el suelo.
Niño y viejo
Son uno.

Los procesos se suceden y a veces hasta son simultáneos: el viejo va al sepulcro y el niño va a la escuela, al mismo tiempo. Este anciano, enfermo y loco que un día fue mi esposo, ¿no es acaso el producto del México que yo viví en mi infancia? Y mi hijo, que mañana irá a la escuela, ¿no es acaso la promesa de un México que ni mi esposo ni yo viviremos en el futuro?

No necesito preguntarte ahora, Miccaiximati, cuántos años me quedan, porque lo sé: dieciocho años exactos, ni un día ni una semana más. ¿Qué haré con mi vida en dieciocho años? Así deben preguntarse los presidentes cuando dan su discurso de protesta: "¿Qué haré en los cuatro años que seré presidente?" Planear es tan fácil... y llevarlo a la práctica, ¡tan difícil!

¿Entiendes por qué hay golpes de Estado? La vida, como el poder, produce adicción. La vida y el poder te envician como el alcohol o el opio. El que ha nacido a la vida no quiere perderla, como el que ha subido al poder no quiere soltarlo. Son un anhelo insaciable. De ese anhelo nacen la medicina y los golpes de Estado. La medicina, para conservar más tiempo la vida; los golpes de Estado, para conservar más tiempo el poder.

¿Qué es una vida? ¿Qué es un país? ¿Una memoria? ¿La tumba de un pasado o el río que corre hacia el mar? ¿Un volcán en ebullición o un volcán que al apagarse se convierte en mausoleo de sí mismo? ¿Un manantial que lanza sus aguas hacia todas direcciones con una energía que no se sabe de dónde viene, o un árbol que extrae de la tierra con sus raíces la savia que lo alimenta, sin saber que en sus ramas crece el heno, el parásito que habrá de asesinarlo? ¿Un rosal que florece o una hoguera que se apaga? O ambas cosas, simultáneas o sucesivas.

Te quedan dieciocho años, María, para descifrar enigmas, armar rompecabezas, completar proyectos iniciados, deshacer los entuertos de tu vida…¡Dieciocho años! ¿Qué harás con tu vida en tus últimos dieciocho años? ¿Recuerdas lo que viviste en tus primeros dieciocho años? Dieciséis de esos dieciocho años los pasaste al lado de tu padre, pero desde los cuatro ya habías perdido a tu madre, a los dieciocho años amabas a Bruno… a los dieciocho años cumpliste dos de casada… a los dieciocho años ya estabas decepcionada del matrimonio…

Sí, no me lo recuerdes… Hay cosas que *no me gusta* recordar… ¿Por qué? Recordar es bueno… se aprende a no cometer los mismos errores… Esta vez no lo cometeré… Mario es… maravilloso…

*

Mixi entra a la habitación como una sombra que se desliza sobre un muro negro.

—Niña, ya llegó la señora Emilie.

María cierra su *Diario*.

Habían pasado tres meses desde que se supo que Adolfo requería ser internado. Los acontecimientos se habían sucedido en secuencias inesperadas. Mario Andrés había tenido que pagar varias cuentas pendientes de Adolfo. Hubo que desocupar la casa. El esposo de Emilie colaboró proporcionando dos carros de mudanzas de "Las fábricas Universales" para llevar el mobiliario de una casa a la otra. Por parte de la familia de Adolfo, Azucena y su esposo se hicieron cargo de las mensualidades que acordaron pagar en La Castañeda para que se le diera a Adolfo atención especial, una habitación para él solo, además de los gastos que ocasionara su tratamiento. Esas mensualidades saldrían de la renta que produjera la casa de Coyoacán, una vez alquilada. María recuperó el retrato de su abuelo, aunque como no había espacio donde colgarlo se quedó empacado junto con otros efectos personales que habían quedado abandonados en la casa cuando se separó de Adolfo. El título firmado por Maximiliano y otros documentos de antigua estirpe que se encontraron regados por el suelo fueron a dar de nuevo al baúl de la abuela, bautizado por María como "el baúl de los olvidos".

Hace meses que Emilie ha perdonado a María por haberla privado del secreto sobre su relación con Mario Andrés, lo cual consideró como un ultraje a su amistad. Como reacción, ahora, a cada momento, trata de cerciorarse de que María no esté ocultándole algo, pero sigue buscando en sus revistas francesas que recibe periódicamente informaciones que le sean útiles a María para sus artículos.

Las amigas se abrazan con sus besos de rigor en ambas mejillas, a la francesa. Aunque siempre era María quien acostumbraba visitar en su casa a Emilie, esta vez Emilie fue la que quiso no sólo ver la casa donde estaba viviendo María y en donde no se había parado en los ocho meses que llevaba separada de Adolfo, sino conocer al propio Mario Andrés. Además, Emilie deseaba saber cómo iba el asunto del próximo matrimonio.

—Tuvo que cambiarse el planteamiento de la demanda. Ahora lo que se está alegando es el estado mental de Adolfo, pero el papeleo es interminable. Ya sabes lo que son los abogados... y las leyes, son cuento de nunca acabar.

—¿A qué hora vendrá... [carraspeo]... Mario Andrés?

El nombre de Mario Andrés le sale a Emilie de la boca a regañadientes, como si su sola pronunciación fuera un delito.

—No debe de tardar, le dije que vendrías a comer a las dos.

—Antes de que llegue, *petite sœur*, ¿por qué no me muestras la casa?

María se la muestra. Dos de las habitaciones están prácticamente convertidas en bodegas, y las demás, con muebles que eran como ropa de talla cuarenta y cuatro vistiendo a una persona de talla treinta y cuatro, ya que habían sido diseñados para espacios más amplios. María trata de justificar la desproporción.

—Tú sabes… no estaba planeado que tuviera que traerme tantas cosas…

Cuando llega Mario Andrés los primeros momentos son de tensión. Emilie no sabe de qué hablar ni qué es inconveniente preguntar, pero cuando Mario Andrés comienza a sacar a flote su cultura, especialmente en los temas que a Emilie le interesan, el tema estelar: la literatura francesa, la tensión va desapareciendo. Ya en la sobremesa, roto el hielo de los primeros instantes y para descubrimiento de la propia María, él comienza a comentar la poesía de Mallarmé, de Rimbaud, y a recitar poemas completos traducidos al español, que ellas aplauden entusiasmadas. Les recita después un poema de Maeterlinck, traducido, según aclara Mario Andrés, por Enrique Díez-Canedo y que Emilie interpreta como una alusión a su actual estado amoroso fronterizo, pero se guarda su comentario y la única reacción que se permite después de la segunda estrofa es voltear a ver significativamente a María.

Al terminar de recitarlo, en lugar del aplauso se produce un breve silencio, y María trata de romper la tensión pidiéndole que recite otro poema.

```
Las lámparas dejásteis encendidas
—¡oh, los rayos del sol en el jardín!
las lámparas dejásteis encendidas,
veo la luz del sol por las rendijas,
¡abrid, abrid las puertas del jardín!

—Las llaves de las puertas se han perdido.
Hay que esperar, tenemos que esperar,
de la torre las llaves han caído,
hay que esperar, tenemos que esperar,
hay que esperar los días que vendrán…

Vendrán los días que han de abrir las puertas,
en la selva se guardan los cerrojos,
arde la selva en torno de nosotros
con los fulgores de las hojas muertas
que arden en los umbrales de las puertas…

—Los nuevos días se cansaron ya,
también los nuevos días tienen miedo,
los días que esperamos no vendrán,
los días que esperamos morirán
y aquí también nosotros moriremos.
```

—Bueno, uno corto, no quiero abusar de su paciencia; se llama "Sueño". El poeta también es belga, como Maeterlinck:

> Esta noche he soñado
> que un enorme pescado
> pescaba a un chiquitín
> pescador con su caña.
>
> Rieron los pescadores
> de zapatos en fila
> cuando les he contado
> mi extraña pesadilla
> A pescar han partido
>
> Tres horas han pasado
> y hace poco han traído
> sobre unas angarillas
> a un pescador ahogado.

—¿Cómo debe interpretarse?
—Los símbolos tienen la ventaja de que uno puede interpretarlos a su saber y entender, es decir, a su entero placer.
—¿El poeta pertenece al grupo de los simbolistas?
—Según la antología, es un poeta de la última hornada, es decir, forma parte del grupo de "Poetas del Espíritu Nuevo".
—¿Cómo dices que se llama?
—Maurice Carème... Recibió el premio Verharen hará unos tres años.
—¿Qué antología es?
—Se titula *Un siglo de poesía belga,* es de Francisco Castillo Nájera, con prólogo de José Juan Tablada...
—¡No la conozco!
—Si me permite, Emilie, hágame el honor de aceptar que le regale un ejemplar. Acaba de publicarse. La edición es bilingüe, por lo que me atreví a cambiar ligeramente la traducción del último poema, para, según yo, mejorar la rima... ¡Que no me oiga Castillo Nájera!
—Ya se sabe que los pobrecitos traductores siempre salen perdiendo, especialmente desde que se inventó el dicho ése de "traduttore, traditore".

Emilie recordó que traía un antiguo ejemplar del *Je sais tout* que encontró en su biblioteca, pero se le olvidó en su automóvil. En él viene un artículo sobre la proliferación de escritoras en Francia desde el siglo XIX. Según el autor del artículo, para 1907, de las veinticinco mil personas que se dedicaban profesionalmente a la escritura, cinco mil eran mujeres. María dice que quiere ver eso y le pide a Mixi que vaya a pedirle la revista al chofer de Emilie. Cuando María ve la lista de las treinta y dos escritoras que aparecen en la fotografía se queda asombrada, no sólo por la cantidad de escritoras, sino porque muchas de las que aparecen en el dibujo llevan el nombre completo de su esposo, en lugar de su propio nombre.

—Alfonse Daudet, Edmond Rostand, George de Peyrebrune, Daniel, Lesueur, Fernand Gregh... Pero esto es el colmo, ¡a quien hacen famoso es al marido! Que lleven el nombre del esposo en la vida social, pase, pero... ¡¿como escritoras...?!

—¡Cinco mil escritoras! ¿Se dan cuenta? ¿Cuántos de esos nombres han sobrevivido? No es justo el silencio que se hace alrededor de las escritoras. ¡Es como una confabulación de los hombres! ¿Qué opinas Mario?

—Que ustedes tienen razón en enojarse... ¡No es justo! Sin embargo, sí hay mujeres que han sido reconocidas...

—Ah, sí, pero salvo excepciones, como la de Sor Juana, siempre se debe a que han estado casadas con hombres famosos o a que han sido hijas de hombres famosos, o a que han firmado con nombre de hombre, como Fernán Caballero y George Sand... Miren, aquí hay una ilustración que ejemplifica mi reflexión. El rostro de la mujer en el lago se refleja con rostro de hombre.

María se levanta y va por una revista de arte.

—¿A qué nombre dieron fama las esposas de Alfonse Daudet y de Edmond Rostand al escribir, sino a sus maridos? ¿Cómo se llamaban ellas realmente?

Mario toma en sus manos la revista, y la vuelve de cabeza, para mostrar la ilustración a la inversa.

—Bueno, también podríamos ver la ilustración al revés, y entonces ejemplificaría el dicho de que "detrás de un gran hombre, siempre hay una gran mujer", ¿o no?

—¿Quedamos empatados?

—Al menos defendí hasta donde pude la causa masculina, sin traicionar mis propias ideas, que siempre han estado en favor de los derechos de la mujer.

—Bueno, entonces estarás de acuerdo en que las mujeres tenemos que romper la confabulación del silencio.

Salieron a relucir las escritoras que firmaban con nombre de hombre para poder ser reconocidas, como lo hicieron, en España, Fernán Caballero, y en Francia, George Sand. La diferencia con las otras escritoras era que no se ponían el nombre de un esposo "George" o "Fernán", sino que ellas mismas personificaban ese pseudónimo masculino. Hicieron planes para reunir escritoras, para organizar la tan traída y llevada idea de crear un ateneo de mujeres, y hasta sobre el futuro matrimonio. Por supuesto, Mario dijo que no se quedarían viviendo en esa casa. La conversación continuó con toda fluidez hasta que Emilie dijo que era hora de partir. María explicó que ella tenía que ir a recoger a Marquitos, quien se había quedado a comer en la casa de un amiguito, hijo de sus vecinos, con el que había hecho amistad. Mario Andrés también tenía que irse al periódico, y se ofreció a acompañar a Emilie a su casa, pero ella no aceptó; sin embargo, cuando salieron, su despedida fue mucho más calurosa de lo que había sido su saludo al conocerlo. Un hombre que gustaba de la poesía y de la literatura francesa no podía disgustarle.

Era media tarde cuando los tres salieron de la casa, donde sólo quedó escuchándose el rumor de platos, y cubiertos, y trastes que se lavan y se secan y se guardan, producido por Mixi, que estaba terminando de alzar la cocina, con la ayuda de la pequeña Xóchitl.

*

Otros tres meses resbalaron sin ruido, como si las hojas del calendario fueran trineos descendiendo sobre la nieve. María, en agitación profesional, no descansaba. Mario Andrés, interesado en lograr el divorcio, se encargó de liquidar cuentas de Adolfo, acelerar los papeleos legales, y de su propio trabajo, que había aumentado considerablemente al ser llamado por otro periódico para prestar servicio fotográfico.

Bruno, mejorado sólo en parte de su mal cardíaco, requería siempre la atención de parte de Luisa, que no se atrevía a dejarlo solo ni un momento, aun cuando la servidumbre de su casa —un matrimonio que llevaba años de trabajar con ellos— cubría todas las necesidades hogareñas, desde el cuidado del automóvil y del jardín hasta el de la cocina, las recámaras y el lavado y planchado de ropa.

De modo que era María la que visitaba a su padre, quien prácticamente ya no salía de su casa, salvo para ir a la ópera de vez en cuando, porque decía que ése era el elemento nutricio de su alma. Privarlo de la ópera era como privar al cuerpo de agua y alimento. Si bien ya no podía cantar como hace poco, al menos le quedaba el oído para disfrutar. Así que en casa Luisa ponía en el fonógrafo los discos de Enrico Caruso, de Francesco Tamagno, de Tito Schipa y de otros tenores extraordinarios.

Bruno había comenzado su colección de fonogramas desde su luna de miel en París; y para él, escuchar *La Bohemia,* aún en fonograma, era volver a oír la voz de Esther, y recordar sus ilusiones de un día cantar juntos en los escenarios de los grandes teatros del mundo, la *Scala* de Milán, el *Théatre Nationale de l'Opera* de París, o el *Metropolitan Opera House* de Nueva York. Perdidas las ilusiones de llegar a ellos como cantante, y después hasta como visitante, se volvió coleccionista de grabaciones operísticas. La propia Luisa había aumentado su colección, con los discos que

Teatro Gran Nacional

EL BARBERO DE SEVILLA.

MÉXICO.

llegaban a México grabados en Europa y en los Estados Unidos, unos por la Gramophone & Typewriter, aunque tenían las marcas de la casa Victor o Victrola, y otros italianos grabados por la casa Zonophone, a cinco dólares por disco o cincuenta por docena.

Luisa pensaba que aunque era muy *chic* ir al palco del Teatro Nacional para escuchar a los cantantes con su voz al natural, los discos eran un muy buen sustituto, ya que no siempre se podía ir al teatro, en cambio los discos sí podían escucharse a voluntad. Era como tener en casa una orquesta con las mejores voces cantando en función privada, en la comodidad del hogar y a elección de uno, cada vez que se tenía el antojo de escuchar algo bello, tal como el cuerpo tiene antojos de beber un vino delicado o un platillo exquisito en ciertos momentos de la vida.

—¿Sabes, Luisa, cuál fue el último personaje que interpretó Caruso antes de morir?

—¿Cuál?

—El de Eléazar, de la ópera *La Judía*... de Halevij. Cuando murió se anunció que ésa fue su presentación pública número seiscientos tres en los diecisiete años de cantar en el *Metropolitan* de Nueva York. ¿Te das cuenta?

—¿Te acuerdas cuándo murió?

—Claro que sí, estábamos celebrando la Nochebuena con María y Delfín.

—¿Qué año fue?

—No me acuerdo, pero era, creo que era... el tercer cumpleaños de María que pasamos con ellos, ya casados...

—¿Te imaginas lo que habrá sido para él interpretar treinta y seis personajes diferentes en el *Metropolitan*?

—¡Qué habría dado yo por...!

—No te quejes... No sabemos si tú has tenido algo que quizá él nunca tuvo...

—Tuvo aplausos, fama...

—Pero tú has tenido el amor de tu familia... de tu hija... el de Esther... el mío...

—Claro que sí, no me quejo... sólo que siempre queda dentro el sinsabor de lo no realizado... de lo no cumplido... Ve ahora para qué han servido todas las luchas y guerras de mi padre... La nación se consolida sin su ayuda… sin sus armas ni su nombre… ¿Valió realmente la pena el sacrificio de mi carrera?

La llegada de María no pudo causar a Bruno un mayor regocijo. La visita era para anunciarle que la víspera había ido a su casa el licenciado Berruecos para anunciarle que el divorcio había sido acordado en su favor y que sólo necesitaba unas firmas de ella para pedir la ejecutoria.

Por supuesto, María no les contó ni a su padre ni a Luisa que cuando se fue el licenciado con su papelería firmada, María, sin poder disimular su alegría, abrazó a Mario Andrés y después de un beso cargado con toda la pasión que ambos sentían. Le había pedido que volviera en dos horas, dejaría a Marcos Bruno dormido y se pondría sus mejores galas para ir a cenar fuera. Ya no importaba que los vieran juntos: "desde hoy… soy tu mujer", le había dicho. Mario respondió que la llevaría al mejor restaurante, como lo hizo, y que beberían *champagne,* como lo hicieron, para celebrar. Lo que el propio Mario Andrés no supo es que su voz se había empalmado, en la mente de María, con el recuerdo del melodioso concierto de Max Bruch tocado por Jascha. Pero nada de eso le contó María ni a su padre ni a Luisa. Tampoco les contó que esa mañana, antes de salir de casa, había decidido hablar con Marcos Bruno. Aunque le faltaban cuatro meses para cumplir apenas siete años, el niño tenía una comprensión y una inteligencia que a veces le asustaba. Varias veces le había preguntado si Mario Andrés era su tío, y ella, no queriendo mentirle, le había respondido que no, que era un amigo suyo. Así que, al saber que el divorcio ya no sería obstáculo para su próximo matrimonio, había decidido explicarle que Mario Andrés iba a ser su nuevo papá.

Cuando Mario Andrés llegó de su trabajo esa tarde, María todavía no volvía de ver a su padre; en su lugar, en la puerta del portal que daba acceso al recibidor, donde ella acostumbraba darle la bienvenida, estaba Marquitos, de pie, evidentemente, esperándolo.

Se miraron hombre y niño. Era un enfrentamiento para negociar sobre el cariño de una mujer.

—¿Así que… ahora… tú eres mi papá?

Mario, al verse recorrido de pies a cabeza por la mirada del niño, se puso en cuclillas antes de responder; no quería que, por la estatura, Marquitos lo sintiera inalcanzable.

—Sí, Marquitos…

—Me llamo Marcos Bruno.

—Está bien, Marcos Bruno, si así quieres que te llame. Pero, ¿me dejarás de vez en cuando decirte "hijo mío"?

—Hm...

Marcos Bruno piensa por un momento la respuesta. Se cruza de brazos.

—¿Vas a pegarme como mi antiguo papá?

—No, Marcos Bruno... nunca te pegaré... te lo prometo.

—Hm... ¿Vas a quitarme mis juguetes, como mi antiguo papá?

—No, yo te daré juguetes.

—También él me daba, pero luego me los quitaba...

—Yo no te los quitaré, sólo te los daré.

—Hm... ¿vas a jugar conmigo sin enojarte?

—Sí, voy a jugar contigo sin enojarme.

—Hm... ¿vas a hacer que mi mamá no me cuente cuentos antes de dormir?

—No, al contrario, la animaré a que te los cuente y otras veces te los contaré yo mismo.

—Hm... ¿Vas a hacer que mi mamá te quiera más que a mí?

—No... y yo también te querré mucho...

—Hm... está bien, entonces, te doy permiso de que me llames "hijo mío"... no siempre... ¿eh?, a veces... pero yo no te voy a llamar "papá"...

—¿No?

—No.

—¿Cómo me vas a llamar?

—Mandrés.

—¿Mandrés?

—Sí, porque Mario Andrés es muy largo... "Mario" se parece al nombre de mi mamá...

—Y... ¿Andrés?

—No me gusta... prefiero... Mandrés, porque se parece a Mandrake...

—¿Te gusta leer tiras cómicas?

—No, sólo Mandrake.

—¿Por qué?

—Porque es un mago y puede hacer lo que yo no puedo: volar, ir a otros planetas y... hacer justicia...

—Entonces... si me vas a llamar Mandrés, ¿me das permiso de llamarte: Mandrakito?

—Sí... pero sólo cuando juegues conmigo...

—¿Y me das permiso de abrazarte?

—Hm... ...sí.

Mario Andrés lo abraza y el niño, necesitado de ternura paterna, coloca sus brazos alrededor de su cuello y se deja abrazar.

Para alegría de Bruno, su hija no tuvo que esperar un año para volver a casarse. El abogado amigo de Mario Andrés logró obtener una dispensa, visto que el niño necesitaba de un padre y que del suyo, dado su estado mental y su carencia de recursos económicos, no se podía obtener una pensión alimenticia que aliviara las responsabilidades de la madre.

Así que, sin mediar matrimonio eclesiástico, se llevó a cabo una sencilla ceremonia civil en la casa de Archibaldo, pues Bruno no quiso aceptar que fuera en un juzgado como cualquier hijo de vecino, ni que entrara en su casa el "escritorzuelo", ¡que es fotógrafo, papá!, hasta que no estuviera debidamente casado con su hija. No estuvieron presentes, además de la familia, sino los amigos más cercanos: por supuesto, Emilie con su esposo, el doctor Toledano, Gonzalo de la Garza con Margarita y Lolita, sin sus hijas.

Cuando María entró al salón del brazo de su padre para iniciar la ceremonia, no pudo evitar el recuerdo. En esa misma habitación había engendrado a Marcos Bruno.

¿Podré decirte un día, Mario Andrés, quién es el verdadero padre de mi hijo? ¿Podré confesarte que lo concebí en el lugar exacto en que tú y yo celebramos nuestro matrimonio? ¿No te perdería con esa confesión? ¿Por qué decir la verdad es tan difícil? ¿Por qué las consecuencias de las palabras dichas son peores que las de los hechos? El delincuente que comete el crimen perfecto nunca es castigado, a menos que lo confiese con palabras. ¿Qué son las palabras para tener tanto poder? Con palabras es posible transformar el bien en mal y el mal en bien. Con palabras se puede engañar o desmentir, acusar o perdonar. Con palabras podemos matar o salvar a alguien. ¿De qué materia están hechas las palabras para tener ese poder? Con un "sí" se compromete uno a amar a alguien por toda la vida... ¿es eso, en verdad, posible? ¿Puede uno comprometerse a tanto? ¿No será por eso que ocurren los engaños conyugales? ¿Por un compromiso irresponsable sellado con la palabra "sí"?

—María Vélez Marrón, ¿acepta usted por esposo a Mario Andrés Robles García?
—Sí.
En el reloj de la catedral suenan las doce campanadas del mediodía.

X
¡Un Diario no es un objeto: es un lugar!

Pitos, cornetas, gritería infantil. Los niños juegan a la roña en el jardín. Fiesta para celebrar el cumpleaños de Marcos Bruno. Desde la ventana del segundo piso, María vigila.

¡Qué lejos me parece el día que cumplí once años! *¡Me gustaría...!*

¿Qué te gustaría?

Retomar mi *Diario* olvidado desde hace tanto tiempo. No hay duda, cuando se es feliz se olvida uno de escribir su *Diario*. Se le coloca en un cajón del escritorio porque hay algo más importante que escribir: la vida misma.

Entonces, ¿qué ha sido para ti tu *Diario,* María? ¿Un recurso para expulsar de tu conciencia penas, resentimientos, dolores que lastiman tu espíritu?, o tal vez... ¿otra forma de buscarte a ti misma? Escribir, describir, confrontarte... ¡El espejo! ¿Se busca acaso en el *Diario* crear ese espejo en el que quisiéramos ver cómo somos realmente? Tal vez un *Diario* sea eso, la creación de un espejo ideal:

¡La utopía!

Tal vez un *Diario* es la fundación de un paraíso del cual no te expulsa ninguna espada flamígera... un paraíso que tú misma creas, labras, siembras y cosechas... un paraíso sin manzanas prohibidas, sin serpientes tentadoras, porque nada es pecado ni delito... un paraíso sin árboles prohibidos, donde todos los frutos te son accesibles...

Ahora lo veo, un *Diario* no es un objeto:

¡es un lugar!

Un lugar donde puedes hablar de amor y de odio, de anhelos y decepciones, de rencor y de perdón, donde el sexo no es un tabú y donde la verdad no se avergüenza de ser dicha...

Calcó después el grabado de "La expulsión del Paraíso" de Gustave

> Tu *Diario* es tu utopía:
>
> ¡La utopía es, entonces, un espacio libre,
> encarcelado entre las dos tapas de un libro!

Doré, omitiendo las figuras de Adán y Eva y del Ángel de espada flamígera, iluminando el dibujo, pues su Paraíso no podía ser en blanco y negro, ya que la vida era como un arco iris de colores y sonidos.

*

Un sol madrugador se ha levantado en el horizonte y en el reloj cucú que adorna la chimenea suena la primera de seis campanadas afinadas en sí.

El nuevo régimen presidencial parecía favorecer al nuevo matrimonio. Mario Andrés entró como fotógrafo a la cooperativa del periódico *Excélsior* y en poco tiempo fue reconocido como uno de los pilares del departamento fotográfico. A un comentario de María sobre si era posible que, tal como decían los astrólogos, el ascendiente de un astro en el firmamento fuera capaz de cambiar los destinos, Mixi había comentado: "No olvides, niña, que el sol sale y se mete cada día". Sin embargo, María, que conocía la forma ambigua de hablar de su nana, respondió con una sonrisa: "... pero vuelve a salir a la mañana siguiente".

Una vez concertado el matrimonio se había hecho indispensable el cambio de domicilio. La conveniencia de estar más cerca de su lugar de trabajo obligó a la pareja a dejar Coyoacán e instalarse en la colonia Juárez. Lo primero para María fue buscar una casa con una sala de techo lo suficientemente alto como para poder colgar en uno de sus muros el retrato de su abuelo. La encontró en la calle de Londres, entre Lisboa y Dinamarca. ¡Ironías geográficas que la divertían! A María le había parecido que el abandonar el retrato de su abuelo en la casa de Adolfo fue como perder un fragmento de sí misma: un brazo, una pierna o un ojo; por ello, al rescatarlo sintió recuperar su identidad. El ver la figura de su abuelo sobre el piano, con su rostro imperturbable y vistiendo como siempre su impecable uniforme, le devolvió a María la noción de seguridad. Ya no tenía por qué temer el futuro.

María y Mario iniciaban el día muy de mañana, desayunaban entre sonrisas y ternuras, con Marcos y Xóchitl; después Mixi llevaba a los niños a la escuela y ellos partían a sus respectivas actividades cotidianas. Pero esa mañana, María preparaba la conferencia sobre "El por qué de las revoluciones" que daría en el Frente Socialista de Abogados. El licenciado Valentín Rincón se la había pedido, asegurándole que la conferencia sería muy concurrida, y que asistiría el Ministro de Francia, Henri Goiran, como invitado de honor. De modo que en lugar de irse al periódico, como todas las mañanas, se quedó a escribir, mientras Mario Andrés se iba a una conferencia de prensa que daría el Presidente sobre la reforma agraria, y que, indudablemente, repercutiría en la vida nacional.

No era la primera vez que el rumbo del país se reflejaba en la vida de María. El ascenso al poder del general Lázaro Cárdenas había marcado un giro ideológico hacia la izquierda no sólo entre las masas trabajadoras, sino entre empleados, intelectuales, obreros y artistas. Todas las asociaciones llevaban inserta, de una manera u otra, la insignia revolucionaria. Había asociaciones socialistas de todo: de ingenieros, abogados, médicos o fotógrafos, lo mismo que de mineros, campesinos y obreros de fábricas de hilados y tejidos. El licenciado Vicente Lombardo Toledano acababa de fundar la Confederación de Trabajadores Mexicanos, que agruparía a todas las uniones sindicales; sin embargo, el voto a la mujer no se había concedido, y seguía siendo la meta de las organizaciones femeninas.

Al abrir un cajón de su escritorio buscando papel para su máquina, brota un legajo lleno de periódicos, unos doblados, otros recortados, todos en desorden. Son sus artículos publicados, que van y vienen rodando por la casa desde el día de la mudanza. En ese momento hace una recapitulación de su nueva vida de escritora. Desde que se casó con Mario vive en un nuevo orden integrando el amor con la profesión, y piensa que así como su vida se ha puesto en orden también sus papeles ameritan que se les ponga en orden. Piensa que aunque aún le quedan años por delante, desea dejar arreglada su herencia literaria desde ahora: "un lugar para cada cosa y cada cosa en su lugar", dice mamaisita. Si llevo un *Diario,* que es ¡un lugar! y un libro, mis publicaciones también deben ser ¡un lugar! y un libro.

Recuerda que vio, entre los muchos tiliches que llegaron de la otra casa, un inmenso libro de contabilidad forrado con fina gamuza que quién sabe de qué pariente había heredado Adolfo. Ese libro sería ideal para pegar en él todos los recortes de sus artículos publicados hasta ahora en periódicos y revistas para que un día lo hereden sus nietos, bisnietos o tataranietos... Sabe que no puede ponerlos en orden en un día, pero si no comienza, nunca acabará.

Y olvidándose de la conferencia que tenía que escribir, se pone, con goma de pegar y tijeras en mano, a recortar y a pegar todos los artículos que va sacando de cajones y cajitas y *secretaires*... Y con los recortes, fotografías, notas y cartas recibidas y dejando espacio para las que vaya a recibir, van abriéndose también en su mente las esclusas y los cajoncitos que guardan sus memorias. Va repasando las luchas, los encuentros, los sinsabores y los triunfos, también las decepciones. Además de sus artículos y cuentos cortos para *El Universal* y otros periódicos ha comenzado a dedicar más tiempo a escribir novelas cortas y obras de teatro. Todo eso se ha ido acumulando hasta formar una torre más inclinada que la de Pisa. Si desde un principio se negó a escribir sólo sobre temas del hogar, con mayor razón ahora que su prestigio ha ido en ascenso. El abanico de sus temas periodísticos se ha abierto para abarcar mayores horizontes, aunque cuando surge un acontecimiento doméstico que la invita a escribir sobre asuntos personales lo hace con gran naturalidad, como aquél que le dedicó a Marcos al relatar lo que significa para un niño su primer día de escuela.

—¿Recuerdas tu primer día de escuela, María?

—No sé si el que recuerdo es el primero, pero en mi memoria está presente el día en que mi padre me entregó en el *Saint Joseph* como quien entrega un casimir inglés a un sastre para que le haga un traje. Tuve que despedirme de mi casa, de mi nana, de mi piano, como tal vez se habrá despedido de todo mi abuelo cuando se iba a la guerra sin saber cuándo volvería, ni... ni si volvería.

—Había muerto tu madre, ¿qué más podía hacer tu padre?

—Tenerme a su lado. Confortarse conmigo y confortarme con él, por la pérdida que ambos sufrimos. No abandonarme dentro de las paredes de un convento cárcel.

—No, no era ni un convento ni una cárcel, era una escuela. Tenías que educarte.

—Sí, ésa es siempre la excusa para martirizar a los hijos.

—¿Preferirías haberte quedado sin educación?

—¿Fue realmente una educación?

—No habrías podido nunca leer a Molière ni a Racine, a Chateaubriand ni a Rousseau, a Verlaine ni a Voltaire, al menos en su propia lengua.

—Pero aprender letras, lenguas y ciencias no es educación. Lo que dan en la escuela es enseñanza. Son los padres quienes educan con su ejemplo, con su mirada, con su ternura y con su amor. Mi madre, aunque sólo la tuve cuatro años, me enseñó a sonreír, a reconocer lo bello, a imaginar un mundo mejor que todos los mundos posibles, con su pintura, con su canto, con su voz de hada buena...

—¿Me estarás resultando rousseauniana? Dime, de tu padre, ¿qué aprendiste?

—¿De mi padre? ¿Qué aprendí de mi padre? A soñar... y también, quizá, aprendí lo que mi abuelo habría definido como deplorable: aprendí a no combatir...

—¿Sientes que eres conformista?

—No, sé que soy rebelde, pero, como dice el doctor Toledano: sólo peleo a la pura palabra. Si se trata de usar armas, me rindo, no combato. Renuncié a ser generala. De todas las armas posibles, es la palabra la única que sé esgrimir.

—¿No has pensado que tienes en la mano el arma más fuerte?

—A veces, sólo que...

—¿Tienes rencor contra tu padre?

—¿Rencor? No... tal vez sólo un poco de resentimiento. Si se hubiera arriesgado a ser cantante de ópera y no ingeniero... otra sería mi vida...

Los recortes que está pegando le hacen ver cómo se han ampliado los temas de sus escritos. Los artículos que tiene en la mano han saltado de los temas literarios y musicales no sólo a otras artes, sino también a temas sociales, históricos y políticos. Ahora diserta sobre asuntos legales o filosóficos lo mismo que escribe biografías de mujeres célebres o de estrategas militares, alternando en las páginas de *El Universal* con personalidades de renombre como José Juan Tablada, Artemio de Valle-Arizpe, Carlos González Peña y Dolores Bolio.

"Gracias por la infinita comprensión y el enorme talento que derrocha al comentar mi humilde libro. En un abrazo va mi agradecimiento.
Dolores Bolio."

María se cartea y se carteará en adelante, con escritores, periodistas y funcionarios. Irán a dar a su libro "mastodonte", como lo bautiza ese día, cartas de personajes de la política cultural como Agustín Yañez, José Vasconcelos y Octavio Barreda; de escritoras colegas, como Asunción Izquierdo Albiñana, de artistas célebres como Fanny Anitúa. Y será requerida por círculos de distinto tipo, sean sindicatos obreros o campesinos, logias masónicas o asociaciones femeninas.

Mientras se enajena con la tarea de recortar y pegar sus artículos, fotografías y cartas, suena el teléfono y es Mixi que la llama desde la escuela de Marquitos. Es para avisarle que el director del colegio quiere hablar con ella. María toma su sombrero y su bolso y sale despavorida, pensando que Marcos ha hecho algo malo, siempre ha sido travieso. ¿Qué travesura habrá hecho esta vez? Cuando llega a la escuela se dirige apresuradamente a la oficina del director Latapie, quien la recibe con una sonrisa no esperada por María, ya que su imaginación ha recorrido toda la escala de travesuras posibles que Marcos habría podido cometer. El director le ofrece asiento y un café que María acepta complacida, pensando que si el director la recibe con tanta gentileza, la travesura de su hijo no debió de ser muy grave.

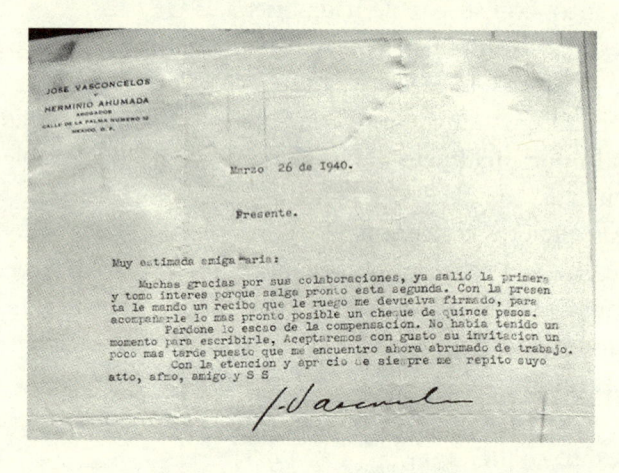

—*Madame* Rgobles ¡es un gran placegr tenegrla a usted aquí pgresente.

Otra vez el cambio de nombre, de nuevo la pérdida de identidad: ser y no ser. ¡Si Shakespeare hubiera sido mujer su monólogo habría tenido otro carácter...! Las mujeres casadas tenemos que sufrir ese arrebato de nuestro nombre y esa suplantación de una identidad ajena sobre nuestro cuerpo, como una marca de fuego hecha sobre el corazón. Aun con todo el amor que tengo por Mario Andrés me resisto a perderme a mí misma en el interior de un nombre que no me pertenece. ¡Qué ironía, "Guerrero" y "Robles" representan "Destreza en el combate" y "Fortaleza física", dos cualidades de las que yo carezco!

—Me he pergmitido pedigrle venigr, porgrque quisiégramos que fuegra nuestrgra invitada de honogr en la celebrgración de la Fête National du 14 Juillet... Aunque faltan dos meses quegremos pgrepagrar bien el pgrograma. Estagrá pgresente monsieur l'Embassadeur de France, ya que tenemos también el honogr de que su hijo sea alumno nuestgro, como el suyo.

—Estaré encantada, señor director.

—También quisiegra pedigrle que, si es tan gentil, acepte pagrticipagr en nuestgro evento tocando al piano alguna pieza de un compositogr fgrancés, ya que sabemos pogr su hijo que además de escgritogra es una gran pianista.

—No tanto, sólo toco en casa por placer, pero con todo gusto participaré. ¿Qué le parece que toque el *Clair de lune* de Debussy?

—*Où-là-là, il serait magnifique... Merci, merci.*

—Bien, de acuerdo entonces, ya me dará después los detalles.

—Pogr supuesto... También quisigra infogrmagrle que monsieur Marcos Bgruno...

393

—¿Ha hecho algo malo?

—*Oh no, no, madame, au contraire... nous nous sommes randu compte, pardon...*

—*No, no, vous pouvez parler en françaises.*

—De ninguna manegra, madame, decía yo que nos hemos dado cuenta de que Marcos Bruno está mejogr pgrepagrado que sus compañegros de clase, de modo que lo hemos pgromovido, poniéndolo en una clase supegrior.

Cuando María le contó a Mario Andrés la noticia de que Marquitos había sido promovido en la escuela, él comentó que había que darle un merecido premio.

—No lo malacostumbres. Es peligroso que un niño tenga dinero.

—¿Quién te ha dicho que le voy a dar dinero?

Mario-Generoso le pidió a Xóchitl que llamara a Marcos, que estaba en su habitación haciendo su tarea. Marcos bajó y se dirigió al comedor, pensando que lo habían llamado para cenar. Ellos fueron a sentarse también mientras Xóchitl avisaba en la cocina que los señores ya estaban en la mesa.

—¿A dónde quieres ir en estas vacaciones que ya están por comenzar?

Marcos miró a su mamá, como para adivinar de qué se trataba la pregunta. En general, nunca le preguntaban a dónde quería ir, simplemente lo llevaban con ellos cuando había unos días de asueto. María alzó ligeramente los hombros, mientras le daba a Mario una botella de vino para que la destapara.

—A donde quiera mi mamá.

—¿No tienes alguna preferencia?

—Sí, en realidad... Quisiera que mi mamá dijera a dónde le gustaría ir...

—¿Ya oíste a tu hijo?

—Mm... *me gustaría...* ir a... ¡Veracruz!

—¿Estás segura?

—Sí... y tú, Marcos, ¿estás seguro de que también quieres ir a Veracruz?

—Sí, seguro.

—Bien, iremos a Veracruz.

La mañana siguiente, María siguió pegando recortes y fotografías y cartas en su "mastodonte" y siguió destapando recuerdos con cada carta, con cada fotografía, porque no sólo la invitaban a ceremonias escolares, sino también a banquetes en honor de personajes importantes que llegaban de visita a México, como a los que asistiría años después para agasajar a Rómulo Gallegos y a Jules Romains. También era invitada anualmente a las entregas de premios nacionales, como el que recibiría su tío Alfonso, también años después, de manos presidenciales.

De entre la torre de Pisa salta el recorte de periódico sobre el nombramiento de su tío como embajador en Argentina; se queda un momento con el recorte, leyéndolo de nuevo. Después, como si una idea la asaltara de pronto, saca un pliego de papel y comienza a escribir.

Querido tío Alfonso:

¿Cuántas veces he de decirte que tú has sido mi inspiración, mi modelo a seguir? Tú sabes lo que me ha costado construir mi vida y mi profesión. Aunque desde lejos, tú siempre me has confortado y animado a seguir adelante. Si para mí la tragedia de mi abuelito fue una catapulta, imagino que para ti fue una avalancha que no sólo separó a los hermanos sino que arrasó con toda la vida familiar. Ahora que nos falta mi abuelita Aurelia siento más la nostalgia de mi abuelo, porque ella, con su sola presencia me recordaba la infancia en El Mirador. *Ella me contaba de cómo le hacía trampa a mi abuelo cuando jugaban a la brisca, y cómo se divertía él con sus trampas. ¡Me contaba tantas cosas! Cuando le pregunté cómo eras tú de niño, me dijo que eras tan travieso como mi Marcos, que no niega la cruz de su parroquia. Imagino que mi abuelo, de niño, ¡quién nos contara cómo fue!, debió ser como tú de travieso y como Marcos, quien por algo lleva también el nombre de Bruno. ¿Sabes lo que hizo el otro día? Escribió un cuento de horror y le dijo al profesor que era de Edgar Allan Poe y... ¿sabes lo mejor? ¡El profesor se lo creyó! No me extrañaría que un día escribiera un ensayo sobre el Olimpo de los Dioses de Grecia y lo firmara con tu nombre.*

Quiero pedirte algo: estoy reuniendo tres volúmenes con mis artículos publicados en El Universal, *que tú conoces, separados por temas, a los que voy a titular: "Historia menor", "Poesía y realidad" y "Libros sobre la mesa". ¿Sería mucho pedirte que me escribieras algo que sirviera como prólogo a estos tres libros? Ya sé que estás muy ocupado con tus quehaceres diplomáticos y tu propia obra literaria, pero... ¿negarás a tu sobrina una palabra de aliento? ¿Verdad que no?*

Recibe un beso de tu sobrina que tanto te quiere y admira,

Después de leer la carta, la firmó como "Monina", la cerró, escribió en el sobre la dirección de la embajada de México en Buenos Aires, le pidió a Xóchitl que la llevara al correo, que quedaba a media calle de la casa, y siguió empapelando su "mastodonte" con notas, recortes de periódico, diplomas, cartas y más cartas que brotaban de los cajones como agua de manantial. Fotografías de colegas escritoras, de recepciones y banquetes, fotografías de familia y de cuando en cuando un recuerdo que quería borrar de su memoria: un retrato de su pasado familiar enajenado y violento; entonces, tomaba la fotografía y sin pensarlo dos veces la rasgaba por la mitad, y luego de nuevo por la mitad y por la mitad, hasta que no quedaba de la imagen ni una brizna reconocible.

Pasaron poco más de dos meses antes de recibir la respuesta del tío Alfonso, con tres poemas: una décima para cada libro y una nota manuscrita debajo del último, que decía: "Monina, es mejor *Libros en la mesa* que *Libros sobre la mesa*.

María tomó las páginas originales y las colocó cuidadosamente en su libro "mastodonte".

Para el libro de Monina,
Historia menor

Musa de comba y de aro
la de la historia menor,
toda es juegos, y no es raro
porque anda en la edad
  mejor.
Monina con su primor
de los ojos la convida,
y las dos van por la vida
en fiesta de colegialas,
como si fueran dos alas
de una sola flor partida.

Para el libro de Monina,
Poesía y realidad

Una misma melodía
cantada en distinta edad:
aprender —realidad,
desaprender —poesía.
Que hoy disfrute a saciedad
cada flor y cada ave:
mañana, como la nave
de Molinos, ya en el puerto,
recoja el velamen muerto
y abandone lo que sabe.

Para el libro de Monina,
Libros en la mesa

Medicina para el sano
sin almirez ni alquitara:
libros en la mesa, para
cuando la frente en la mano.
Este galeno galano
brinda la triaca mejor
que para quien pena por
la falta de un compañero,
los libros son lo primero
(¡Claro! después del amor).

Siendo la conquista de los derechos de la mujer una meta por la cual María luchaba, comenzó a dar conferencias no sólo sobre el derecho al voto, sino sobre diferentes problemas relativos a la mujer, entre ellos el de la prostitución. Creía, identificándose con Sor Juana, que ésta no era culpa de las mujeres "de la vida airada", sino de los hombres que las buscaban. Después de dictar su conferencia bajo el título de "La prostitución desde el punto de vista histórico", la publicó, para escándalo de muchas personas, inclusive de su mamaisita.

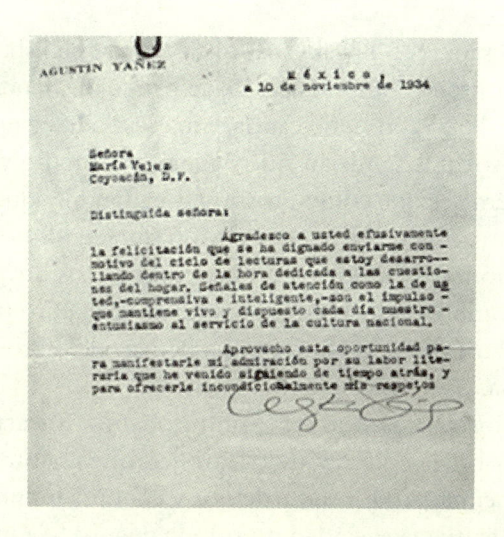

—Pero, hijita, ¿cómo te has puesto a escribir sobre las prostitutas?

—Son personas como nosotras, mamá, sólo que con terribles problemas para sobrevivir.

—¿Pero qué va a pensar la gente de ti? Que andas rozándote con esas mujeres... ¿No entiendes que eso no le hace bien a tu reputación?

—Mi reputación es la de una mujer casada y, por tanto, respetable.

—Pero es que pones en entredicho hasta a tu propio marido...

—¿Por qué?

—Bueno... ¿cómo alguien puede hablar de una manzana, si no conoce lo que es una manzana?

—Ah, entonces, ¿cómo puede haber escritores que narren un crimen en sus novelas, cuentos o dramas, si no han cometido un crimen?

—No es lo mismo.

—Que yo sepa nadie acusó a Edgar Allan Poe de emparedar personas ni de otras atrocidades que narra en *La casa Usher* o en otros de sus cuentos.

—Pero... ¿no dicen que estaba loco?

—Mamá, ¿no entiendes que lo que pasa con esas mujeres es que son víctimas de una sociedad inmadura y corrupta? La prostituta, como la mariguana o el opio, es una mercancía, pero si una mercancía no es consumida, ésta desaparece del mercado. Si el que siembra mariguana o amapola no encontrara compradores de su producto, tendría que sembrar maíz o frijol. Igual pasa con la mercancía carnal: si no hubiera hombres como Adolfo, las prostitutas tendrían que hallar otro medio de vida. Lo que sucede actualmente es que como prostitutas ganan más que como obreras. El problema, pues, no está en la prostitución sino en los hombres; como el de la drogadicción, no está en las drogas, sino en los drogadictos... ¡Curioso, hay un nombre para el que consume drogas, pero no lo hay para el que consume prostitutas! ¿Cómo podría llamársele? ¿Prostitadicto?

—Ay, Monina, qué cosas se te ocurren...

Pegó en su libro "mastodonte", uno por uno, los artículos sobre la prostitución y sobre la educación de la mujer, que era otro de los problemas que le preocupaban. En sus artículos y cuentos humorísticos denunciaba el hecho de que la sociedad no sólo le negaba a la mujer el derecho a la educación, sino que la había manipulado siempre hasta convertirla en un objeto lúdico.

La idea de la fundación de un ateneo de escritoras con la que María jugaba mentalmente desde hacía muchos años tuvo al fin eco en su grupo de amigas y colegas.

Y el "Ateneo" se fundó.

Amalia González Caballero de Castillo Ledón estaba casada con un historiador prominente que había sido compañero de su tío Alfonso en la fundación del Ateneo de la Juventud, de modo que acogió la idea con entusiasmo y propuso que en lugar de llamarse Ateneo de Escritoras, se llamara Ateneo de Mujeres Mexicanas, porque así podría incorporar a profesionistas nacionales de distintas disciplinas. Todas las participantes en las primeras reuniones estuvieron de acuerdo.

Las primeras afiliadas comenzaron a reunirse periódicamente en la casa de la presidenta, que fue Amalia, y María formó parte del comité directivo; tiempo después, el Ateneo tuvo su local propio. En las primeras reuniones se redactaron los estatutos, los cuales incluían como metas la fundación de una editorial, de una revista que sería el órgano del Ateneo, e inclusive de una universidad para las mujeres, además de proponer mil actividades para difundir lo mismo la literatura entre las mujeres que la producción literaria femenina y, muy enfáticamente, la difusión de sus derechos civiles, a través de conferencias y de lo que era la novedad tecnológica: la radio.

Los proyectos no se habían quedado en palabras: desde abril de 1934 en que se aprobaron oficialmente los estatutos, se había fundado igualmente la editorial Mi Mundo, que comenzó a funcionar publicando obras de las ateneístas, entre las que estuvieron María y Asunción Izquierdo Albiñana, casada con un político que, como le prohibía escribir, cambiaba de pseudónimo cada vez que él descubría el nombre que estaba usando. Vez hubo en que al descubrirla en el penado acto de escribir, y al leer el título de su novela, *Andréida*, enloquecido de furia, arrojó su máquina de escribir por la ventana.

Gracias a la idea de abrir el Ateneo a todas las intelectuales, al lado de los poetas, novelistas, dramaturgos y periodistas, es decir, de quienes dedicaban su vida a la profesión de escribir, había abogadas, pintoras, doctoras en medicina, funcionarias, arqueólogas, maestras, es decir, profesionistas de diferentes disciplinas. Entre las afiliadas más destacadas María anotó en su *Diario*, además del nombre de Amalia, la presidenta, los de Graciana Álvarez del Castillo, Alba Sandoiz —que era un anagrama del nombre y apellidos de Asunción con el que publicó *Andréida*—, Dolores Bolio, también colega suya de *El Universal*, Magdalena Mondragón,

Cómo se organizó el STAND 24 en la Feria del Libro. La Presidenta del "ATENEO MEXICANO DE MUJERES", AMALIA DE CASTILLO LEDON, dio en octubre 22 de 1941, entre otras cosas: "he designado a Emmy Ibáñez Tesorera, y me creo en el deber de informarles, que ella afrontó, solucionándola, la difícil situación que nuestra Institución tuvo que atravesar en las semanas pasadas . . ."

La EDITORIAL "MI MUNDO", subsidió, organizó y mantuvo dicho evento en el STAND 24 de la gran FERIA DEL LIBRO con el rubro de "ESCRITORAS MEXICANAS", que cooperaron la mayoría de ellas con sus obras.

ESCRITORAS MEXICANAS

(ARLETTE) M. A. R. DE DEL RIO GOVEA.
AVENDAÑO JACOBA.
ALVAREZ DEL CASTILLO GRACIANA.
BASURTO CARMEN G.
BOETTIGER DE ALVAREZ MARIA.
BOLIO DOLORES.
CASTAÑO ROSA DE.
CASTILLO LEDON AMALIA.
CUATAPARO ANA MARIA DE.
D'ERZELL CATALINA.
Derba Mimí.
ENRIQUEZ DE RIVERA EMILIA.
FARIAS DE ISASSI TERESA.
FORMOSO DE OBREGON ADELA.
Garza María Luisa (Loreley)
GOMEZ MATHILDE.
GOMEZ ENRIQUETA (Pianista).
GUZMAN EULALIA.
GOMEZ MAYORGA ANA DE.
Hernández Ana María.
IBAÑEZ EMMY.
IZQUIERDO ALBIÑANA A.
LLACH LEONOR.
MABARAK MAGDA.
Manrique de Lara Juana.
Marta Julia.
MEZA OTILIA.
Meldiú Lázara.
MONDRAGON MARGARITA.
Mondragón Magdalena.
NAVA DE RUISANCHEZ JULIA.
Nájera Esther (Indiana).
OCAMPO MARIA LUISA.
Ochoa y Bezares Virginia.
PARODI ENRIQUETA DE.
PALAVICINI LAURA.
Peña Monterrubio Esperanza.
Pereda Laura de.
Ponce Concha.
Quirarte Clotilde.
RAMOS ANTONIA VICTORIA.
Ramírez Garrido A. I.
RIOS CARDENAS MARIA.
ROSS MARIA LUISA.
SADA CONCEPCION.
Sánchez Prado Margarita.
SANSORES ROSARIO.
SELDI RASA.
Sierra Tina.
SODI DE PALLARES ELENA.
SOTO Y GALINDO TRINI.
TREJO BLANCA LYDIA.
Uriarte Chayo.
Uribe Rebeca.
Urueta Margarita.
Valle Rosa del.
VASCONCELOS DE VERGES TINA.
VELAZQUEZ SCHIAFFINO ADELA.
VELAZQUEZ BRINGAS ESPERANZA.
VERA LUZ.
VILLARREAL CONCHA DE.
ZAMBRANO ESPERANZA.
ZENDEJAS JOSEFINA.

Diploma de confraternidad y distinción a la Escritora Mexicana

MARIA VELEZ

cuyas obras literarias cooperaron al éxito artístico y económico en el Stand 24 de la gran **Feria del Libro**, celebrada del 2 al 17 de mayo de 1942, en esta Capital.

México, D. F., julio 1o. de 1942.

Presidenta,
Amalia de Castillo Ledón

Srio. Gral.,
Graciana A. del C. de Chacón

Srio. Int.,
Leonor Llach

Tesorera,
Emmy Ibáñez

El Departamento del Distrito Federal

confiere el presente

Diploma

al Ateneo Mexicano de Mujeres.

en constancia de haber obtenido
Mención Extraordinaria.
en el concurso de el mejor Stand.

en la Feria del Libro y Exposición Nacional del Periodismo

México D.F. 17 de Mayo de 1942.
El Jefe del Departamento.
Lic. Javier Rojo Gómez.

dramaturga joven que estaba escribiendo una obra cuyo título le encantó a María: *Cuando Eva se vuelve Adán;* Leonor Llach, que era la secretaria general del Ateneo; Emmy Ibáñez, que era la tesorera; Concepción Sada, dramaturga, y muchas otras que compartían con ella las reuniones y asambleas del Ateneo, como Carmen Toscano, poeta, hermana de Salvador, uno de los fundadores, junto con Octavio Paz y Rafael López Malo, de la revista *Barandal,* que aunque desapareció al poco tiempo de fundada, había dejado sembrada una buena semilla. Precisamente en esa revista María había leído un artículo de Alberto Einstein, que la había hecho reflexionar sobre la "libertad", ya que él decía que los actos humanos no sólo eran determinados por necesidades interiores, sino también por obligaciones ajenas a los humanos; tal vez Einstein lo había planteado de otra manera, pero así se le había grabado a María en la mente. Cada vez que entraba al Ateneo una nueva afiliada, María la agregaba en su *Diario.* La mayoría de esas ateneístas participaban en la feria del libro que organizaba anualmente el Departamento del Distrito Federal, en una de las cuales María recibiría poco después un reconocimiento por sus méritos literarios.

El Ateneo, que había nacido como una pequeña locura en la imaginación, era ahora una realidad y su creación produjo nuevos frutos; así surgieron de las afiliadas otras organizaciones, algunas con fines más directamente políticos, encaminadas fundamentalmente a obtener el voto de la mujer y su integración a la vida política del país, y otras de carácter cultural, como el Ateneo Musical Mexicano, cuyos estatutos ayudó a redactar.

Muchas de las ateneístas eran maestras que pugnaban por el mejoramiento de la educación, como la doctora Luz Vera, quien colaboraba en las Misiones Culturales, creadas por el presidente Cárdenas, en la organización del Centro Escolar Obrero de Puebla y en la Escuela de Artes y Oficios para señoritas, de la misma ciudad. La educación indígena y la alfabetización de los campesinos eran también metas que se planteaban las afiliadas.

María recibía palabras de aliento tanto de sus amigas escritoras como de sus amigos escritores. Sentada en el tapete, porque la superficie del escritorio no le bastaba por la dimensión de su libro mastodonte, recortaba de aquí y de allá reseñas sobre sus cuentos y artículos publicados, sobre sus primeros libros, como la nota de Asunción Izquierdo Albiñana, quien al leer sus primeros cuentos publicó una reseña que María relee: "… una de nuestras más jóvenes escritoras de mayor porvenir en las letras, se destaca en el panorama literario de México, como elemento precioso y vital de una sinceridad fresca y enérgica. Su estilo diáfano, sin rebuscamientos ni exotismos que, cuando la emoción lo exige, sabe volverse conciso y vibrante, tiene una ductilidad asombrosa. Sinceramente tendemos la mano a la escritora y a la amiga, en ademán de cordial animación para que prosiga, con paso perseverante, por la difícil senda…" Otra de aquellas notas, recortada con esmero por María para pegarla en su libro, fue la de Carlos González Peña, quien publicaba en el mismo periódico donde ella escribía: "Nutrida en letras francesas, imbuida de la lengua de Francia, saturada de su tradición y de su carácter, esta muchacha, que nunca ha pisado las calles de París diríase una florecita del jardín francés, que por raros, extraños destinos, nos llegó fragante y lozana hasta acá. Tiene del París que tanto amó América en la segunda mitad del pasado y principios del presente siglo, la finura, la frivolidad graciosa; y, también, el sentimiento de la medida y de la proporción grata. ¡Qué más! Hasta su prosa, en léxico y giros, trasciende a frecuentes, por no llamarlas constantes lecturas de antiguos y modernos ingenios del dulce país de Francia. Figura menudita, cabellos de oro, ojos claros; un no sé qué de fugitiva, como espuma de champaña, en el mirar y en la sonrisa, le dan linda traza de muñeca francesa. Sin embargo —y luego de tratarla, los lectores se habrían sorprendido y convencido— ella es mexicana…"

Al contemplar cómo su libro mastodonte se va llenando de memorias, de pronto, sin saber por qué, siente tristeza, una tristeza irrazonada, irrazonable. Todo es tan hermoso ahora que tiene la sensación de que aquello no podría durar para siempre. Como una Marie Antoinette que en medio de su gloria sospechara el futuro guillotinando su testa real, tuvo miedo. Miedo a que el hoy mutara su rostro. Miedo a que fuera destronada la felicidad de su presente. Las lágrimas rocío resbalan por la rosa piel de sus mejillas. No, ¡no había que pensar en el futuro! Si se deja llevar por el pensamiento éste la conducirá automáticamente a calcular una vez más, como en tormento chino, repetitiva y compulsivamente, el tiempo que le queda de vida; y volvería a medir la sombra que el conocimiento de la muerte arrojaba sobre su vida, y otra vez sentirá la duda de si debe creer o no en el enigma de su nana. ¿Qué pasaría si al llegar la fecha calculada no me muero? ¿Sería como renacer? o ¿como nacer a una nueva incertidumbre? *Me gustaría...* poder creer firmemente en un algo sobrenatural... ¿seré atea?, ¿cuál es el Dios posible? ¿No ha dicho Gorostiza: "Oh Inteligencia, soledad en llamas, que todo lo concibe sin crearlo!"? ¿No ha dicho que sólo somos "¡flores de sangre, eternas, en el racimo inmemorial de las especies!"? ¡Futuro, futuro, futuro! ¡Pensamos tanto en el futuro que dejamos de vivir el presente! ¡El presente! Ésa es la consigna: sólo vivir el presente. No más preocuparse por "mañana", ¿eso resuelve verdaderamente el problema de la existencia? No, no... no hay solución al enigma, no me refiero al del conocimiento que puede tenerse de la muerte, sino al verdadero enigma del existir: ¿cuál es mi esencia? Eso es lo que ahora *me gustaría...* saber.

Cerró el libro mastodonte, se puso en pie y se dirigió al piano. Las notas del *Moldau* de Smetana, en arreglo para piano, hicieron vibrar los muros de la casa y Marcos Bruno bajó corriendo a sentarse en un rincón de la sala, a escuchar tocar a su madre.

*

Al terminar de tocar su tristeza había desaparecido. Vio a su hijo absorto, nadando aún entre las olas de la música, y fue a darle un beso.

—Mamá, ¿estabas triste?

—Sí, pero ya no lo estoy. La música es la mejor curación para la tristeza. Todo el dolor se descarga por los dedos para quedar archivado en el marfil del teclado.

—Y cuando no se toca ningún instrumento, ¿cómo se descarga la tristeza?

—¿Estás triste?

—Quisiera saber cómo hacerlo cuando lo esté.

—Cualquier forma de arte, es curativa. La escritura es como el piano... la tristeza se va por la pluma hasta quedar presa en el papel. Cuando estés triste, escribe: no hay mejor remedio.

Marcos Bruno la mira por primera vez no como madre, sino como mujer.

—Mamá... ¿por qué quieres ir a Veracruz?

María carraspea y sonríe a la vez.

—Dime la verdad, mamá... no me cuentes un cuento de hadas...

—¿Por qué quiero ir a Veracruz?... Tal vez ni yo misma lo sé... quizá porque fue allí donde comenzó todo...

—¿Qué es "todo"?

—Todo... La vida con tu padre... Nuestra luna de miel fue en Veracruz... Allí, el azar fincó las bases del futuro... *"De tin marín, de do pingüe, cúcara, mácara, títere fue".* Marcos, yo también un día fui niña, pero allí, hijo mío, en Veracruz me hice mujer. Y allí supe que nunca podría...

—¿Qué no podrías qué...?

—Integrar una verdadera pareja con tu padre.

—¿Por qué algunos de sus amigos lo llaman "Adonis"?

—Vamos, basta de charla, tienes que acabar tu tarea y yo acabar de pegar mis artículos en el mastodonte.

Marcos recibe el beso en el cachete que le da María y echa a correr hacia la escalera, rumbo a su habitación. María vuelve a su librote porque se ha propuesto terminar de pegar todo lo que anda rodando por ahí. Así, María continúa cargando su mastodonte con aquello que le parece importante, no sólo los recortes y fotografías sino incluso medallas y escudos provenientes de diferentes organizaciones.

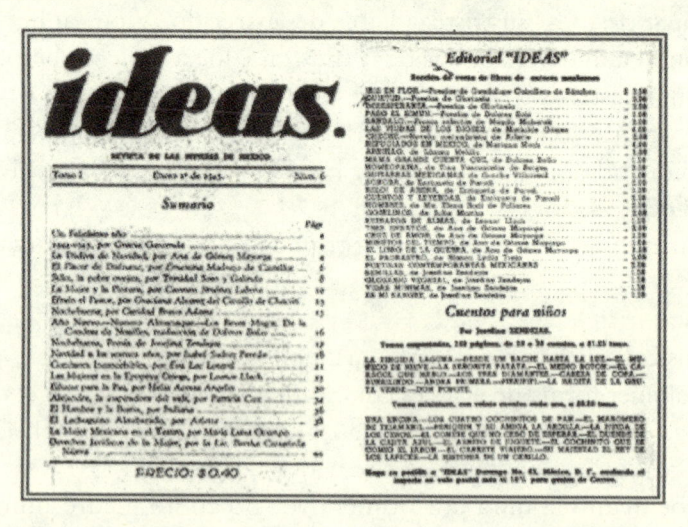

Una de las socias del Ateneo, Emmy Ibáñez, fundadora de la editorial Mi Mundo, ha decidido subvencionar con fondos propios el órgano del Ateneo: la revista *Ideas* en la que María colaboraría regularmente. La revista se ocuparía de temas variados y después comenzaría a publicar también libros de las autoras, así como cuentos para niños. María decide reunir los números de la revista año por año para mandarlos empastar después.

Ahora la casa es un mar tranquilo, sosegado y claro. María-Memoria tiene la sensación de que estos años representan su cosecha vital, tal como para el país la administración de Cárdenas estaba siendo la cosecha de la Revolución. Todos los dolores pasados habían sido de labranza y de siembra. Parecía que el precio de la joya deseada se pagaba por adelantado y a plazos, tal como ella pagó aquel brazalete de serpiente que representó su libertad. ¡Hace tanto tiempo que no se lo pone! Va a ver a su joyero.

Al abrir la caja de música de laca negra, escucha la melodía como agua fresca de un surtidor que le refresca el rostro, mientras una bailarina japonesa vestida con kimono de seda bordada gira al compás de la música moviendo el abanico. Saca el brazalete y lo contempla como si fuera la primera vez que lo viera. Ahora que vive con Mario no siente esa necesidad imperiosa de ser libre que la había perseguido antes. ¿Cómo estará Adolfo-ángel-caído?

¡Me gustaría... reanudar mis veladas literario-musicales! No importa que ahora no viva en un palacio... la música y la literatura no precisan de palacios, bien lo demostró Lope de Vega al sacar al teatro de los salones de la realeza y llevarlo a los corrales... Hoy en la noche se lo comentaré a Mario... Seguramente le encantará la idea. ¡Sí, debo sacarle jugo a esta cosecha en los once años de vida que me restan!

Alza el rostro y su mirada se pierde en el camino invernal, cubierto de nieve, de la acuarela que cuelga del muro frente a ella, firmada por el pintor belga Stephane Dhaeyer que le había encantado desde niña por su atmósfera nostálgica, nebulosa y evocadora de ese camino ignoto que se hallaba siempre frente ella. La pintura, atesorada, la había acompañado desde su infancia a través de los vericuetos de su vida. El timbre del teléfono la saca de sus cavilaciones. Es Mario, que diariamente, esté donde esté, la llama a esa hora para recordarle que la ama.

*

La última vez que vio a Adolfo no era un Avelfo, ni un Adelfo, ni un ángel-caído, porque un Luzbel convertido en Lucifer produciría truenos tempestuosos y resplandores demoníacos. No, lo que había visto en La Castañeda era una ruina humana. Le recordó aquella casa de Maximiliano que visitó una vez en Cuernavaca, sin ventanas y sin techos, con paredes descascaradas que un día estuvieron recamadas en oro, recubiertas de brocados y guardando dentro los tesoros que el emperador le había regalado a la "India bonita". La visita a Adolfo-ruina había partido de una petición de Marcos.

—¡Mamá, se acerca mi cumpleaños y ya sé que vas a prepararme una fiesta!

—¡Ajá!, ¿quién fue el pajarito que te fue con el chisme?

—Ningún pajarito... cada año lo haces... y ¿quieres que te diga la verdad? No me gustan las fiestas de cumpleaños. Mis compañeros de la escuela quieren jugar a juegos que a mí no me divierten... Prefiero...

—Dime lo que prefieres... Si puedo te complaceré...
—Quisiera... que me llevaras a ver... a mi padre...
—¿Cómo?
—Quiero ver a mi padre...
—Pero, hijo...
—Ya sé que está en La Castañeda... y también la clase de pacientes que están en ese hospital, no me importa... Quiero verlo...

María no quería ir sola con Marcos, ni tampoco ir con Mario, de modo que le pidió al doctor Toledano que los acompañara. Él era amigo del director y conocía el manicomio. Durante el camino, el doctor trató de preparar a Marcos Bruno sobre lo que iba a ver para que el impacto no fuera tan traumático. Aunque era un niño muy inteligente y muy maduro para su edad, ya que a sus doce años se comportaba como un muchacho de dieciséis, emocionalmente no dejaba de ser un niño.

Una vez que hizo las advertencias del caso, pasó a relatar la historia del hospital, con todo lujo de detalles.

—La inauguración del Manicomio General de La Castañeda en septiembre de 1910 fue una de las ceremonias que, en compañía de múltiples festejos, sirvieron al gobierno del general Porfirio Díaz para celebrar el primer centenario de la iniciación de la guerra de Independencia. Este nuevo establecimiento abriría sus puertas para recibir a los asilados, que se despedían de los dos hospitales para enfermos mentales que, desde la época de la Colonia, existían en la ciudad de México, que fueron el de San Hipólito, para hombres, y el de La Canoa, para mujeres.

—¿Aquí también hay mujeres, doctor?

—Sí, Marcos, también. El Hospital de San Hipólito debió su fundación al empeño de fray Bernardino Álvarez, quien llegó a la Nueva España, como soldado, a mediados del siglo XVI. Participó en la guerra contra los chichimecas, pero, desordenado en sus costumbres y amigo de aventuras, fue a dar a la cárcel, de la que logró escapar, y llegó hasta Perú, donde reunió algún capital. Años después regresó a la ciudad de México y, arrepentido de su pasado, se hizo fraile. Final muy frecuente y muy español en aquella época de disipados aventureros y mujeres livianas, quienes, al ser abandonados por la juventud y la belleza, sobre las cenizas de su pasado, brillaba la fe y la caridad.

—Eso es muy cómodo, ¿no es así?

—Así es, Marcos.

—Doctor, ¿cree usted que Marcos...?

—¿... sepa lo que son aventureros y mujeres livianas? ¿Qué dices, Marcos, lo sabes?

—¿Me creen retrasado mental?

—¿Respondida? El caso fue que en noviembre de 1566 fundó un nuevo hospital en la calle de San Bernardo, el que por ser muy pequeño pronto se trasladó al lugar que ocuparía en definitiva, en San Hipólito.

—¿Y cómo sabe usted esas fechas tan precisas?

—Un buen guía de turistas debe estar bien informado de lo que va a mostrar... yo venía a mostrarles La Castañeda, así que repasé mi lección...

—Entonces, si es lección, tendremos que calificarlo...

—Aceptado, tú me calificas, Marcos. ¿En qué íbamos?

—En que el hospital se trasladó a San Hipólito.

—Bien, se ve que tienes buena cabeza, Marcos. La orden hospitalaria fue suprimida a fines del siglo XIX, pero el Hospital de San Hipólito siguió funcionando como "hospital de dementes".

—Y ahí, ¿había mujeres?

—No, el que albergaba a las mujeres locas y desvalidas era el Hospital del Divino Salvador, llamado comúnmente de La Canoa, por hallarse en las calles de este nombre.

—Qué historia tan complicada...

—Pero hay datos curiosos en toda esa historia. Uno de ellos es que hubo un carpintero, llamado José, que fue un hombre muy caritativo y que, con la ayuda de su esposa, se dedicó a recoger mujeres dementes y menesterosas que, abandonadas a su suerte y sumidas en la miseria, deambulaban por la ciudad. Su actividad encontró apoyo en el arzobispo, Monseñor Francisco Aguiar y Seixas, lo que le permitió trasladar a las mujeres que había recogido y protegido, y que originalmente estaban hospedadas en su casa, a un local más amplio y adecuado, frente al Colegio de San Gregorio, donde permaneció hasta el año, si no me equivoco, de 1698; sí, sí, recuerdo que eran dos años menos del 1700...

—Doctor, dice usted "recuerdo", como si hubiera vivido en esa época...

—Bella María, ¿nunca le he confesado que tengo algo de demiurgo?

—Esa palabra no me la sé... ¿qué es un "demiurgo"?

—Podría darte muchas definiciones, Marcos, pero la que más me atañe es la de "espíritu universal, ajeno al tiempo y al espacio", como dirían los agnósticos griegos.

—Es decir, que eran dos hospitales...

—Sí, y ambos desaparecieron al ser trasladados sus pacientes al nuevo Manicomio General de La Castañeda que ustedes conocerán dentro de unos minutos, ya que estamos cerca de Mixcoac, y el hospital está al lado poniente, cruzando la vía del ferrocarril de Cuernavaca. Los terrenos de gran extensión para construir el manicomio de La Castañeda fueron cedidos por personajes adinerados. En el acta de donación se asentaba que al dejar de ser utilizados para la finalidad a la que habían sido cedidos, su propiedad debía regresar a sus dueños originales o a sus descendientes. El hospital fue construido por el ingeniero Porfirio Díaz Ortega, hijo del presidente Díaz, quien fue un buen ingeniero y conocedor de la arquitectura.

—Dígame la verdad, ¿cómo es que usted sabe tanto sobre el manicomio?

—Porque tuve que hacer un estudio que me encargó el doctor Ramírez Moreno, para proponer una reforma de sus pabellones, y me pidió que incluyera la historia del hospital, lo cual serviría para comprobar cómo el número de pacientes ha aumentado excesivamente, desde su fundación hasta hoy.

—¿Quiere decir que en México cada vez hay más...?

María se detiene, se da cuenta de que al utilizar la palabra "locos" puede lastimar a Marcos, y se contiene.

—Dilo, mamá... yo sé muy bien que mi padre está loco.

El doctor voltea la cabeza y fija su mirada en María. La pregunta no sale de sus labios, pero la piensa: "¿Cuándo le va a confesar que Adolfo no es su verdadero padre?" Y como si Marcos hubiera leído su pensamiento, pero volteado de revés como en un negativo de fotografía, lanza su pregunta.

—¿La locura es hereditaria, doctor?

—Hijo, ¿qué pregunta es ésa?

—Una pregunta lógica... pero no te la voy a responder completa hoy, porque ya estamos llegando, sólo te diré que a ti se te han hecho todos los estudios necesarios y no corres el menor peligro... Un día tu mamá te explicará...

Cuando entraron al manicomio lo primero que vio María fue un hermoso parque arbolado atravesado por una calzada que conducía a una doble rampa que terminaba en el vestíbulo del edificio principal. El doctor les explicó que este amplio vestíbulo conducía al patio central, en torno al cual se situaban las dos plantas en las que se hallaban la dirección y las oficinas administrativas. A María le llamó la atención la elegancia sobria del estilo francés de la segunda mitad del siglo XIX.

El doctor los encaminó por las calzadas que conducían a los pabellones destinados a los pacientes y que se alineaban a la derecha y a la izquierda del pabellón central. El doctor les fue mostrando y explicando dónde se hallaban los consultorios, la sala de curaciones y la farmacia, hasta llegar a la reja metálica que daba acceso a los pabellones. El doctor había arreglado con el hospital que el encuentro con Adolfo no fuera dentro de ningún pabellón interior, para tratar de que la visita fuera lo menos dolorosa posible. De modo que condujo a María y a Marcos a un patio central destinado a los enfermos menos incapacitados, quienes podían disfrutar las ventajas del aire claro y limpio del exterior.

El doctor les pidió que esperaran en una banca del patio, mientras él entraba a avisar que ya estaban allí, para que la enfermera sacara a Adolfo. Pero cuando María vio acercarse al doctor Toledano acompañado de la enfermera que empujaba en una silla de ruedas no a un hombre, a la ruina de un hombre, prefirió que Marcos fuera solo a su encuentro, ella lo esperaría allí sentada.

Marcos se alejó y María vio reproducirse en su mente el dibujo de Goya con sus búhos y murciélagos en ataque feroz a la razón. ¿Qué sueño de la razón había producido a ese Adolfo-ruina?

¿Qué sueños de grandeza eran capaces de destruir caciques, dictadores, generales, emperadores? ¿Qué ambiciones de riqueza, de mujeres, de poder transformaban al hombre en una ruina humana? ¿Cuáles eran los murciélagos voraces que le extraían su sangre: la ambición de poder, la lujuria, el deseo de acumular riquezas? Adolfo, al conquistar mujeres, se había vencido a sí mismo; Napoleón, al coronarse, traicionó sus principios revolucionarios, como Solfiglio, que inició su carrera política enarbolando el lema de la no reelección y después, al reelegirse hasta la iniquidad, había provocado su caída. ¿Qué manicomio será capaz de curar los sueños de la razón de caciques, líderes, presidentes, dictadores, reyes y emperadores que se dejan devorar por los murciélagos apocalípticos?

Sin embargo, habría que pensar si este Adolfo-ruina no habrá encontrado al fin en la locura la libertad... Recuerda aquel artículo de Einstein, *me gustaría...* saber quién es verdaderamente libre en el mundo... Creo que no existe una palabra más usada y aplicada a tal multitud de casos que sea menos verdadera que ésta: ¡libertad! ¿Libertad de qué? "Vivimos en un país libre", "tenemos libre albedrío", "somos dueños de nuestros actos"... ¡Mentira! Todo es mentira. Sí, esta noche escribiré un artículo sobre la tan traída y llevada "libertad". Podría empezar desde el nacimiento:

"Nacemos y antes de tener uso de razón ya las personas mayores disponen de nosotros a su arbitrio. Nos imponen los usos, las costumbres, la alimentación, la religión, la educación, los trajes, el lenguaje, las modalidades del país en que venimos al mundo. El niño, un poco más tarde, ama la libertad, quiere jugar, correr, disparatar... pero no... he aquí a la señora Educación que aparece y contiene todos los impulsos naturales. El freno es poderoso y el pequeño ser se doblega a todo, por su voluntad o sin ella."

Claro... en estos tiempos que tanto se critica el "afrancesamiento" del porfirismo... ha dejado de ser importante "saber francés", pero yo no pedí que me pusieran en una escuela francesa... se me impuso...

"La escuela, con todo el bagaje de ciencia que es costumbre inculcar a la infancia, se encarga de llenar las tiernas cabecitas, marcar los derroteros de su conducta, dilucidar el deber y hacerles marchar por la senda que todos los antepasados han recorrido."

También tendré que describir lo que es la libertad en la época juvenil. ¿Cuál? Si no hay ninguna. Todo le es prohibido a la juventud: beber, fumar, tener relaciones sexuales...

"La Sociedad tiene sus reglas, las leyes se yerguen majestuosas para indicar al individuo cómo debe conducirse. Y el freno se hace aún más duro. ¡Ay de los que las infringen! El muchacho loco y turbulento es calificado de extraviado, de calavera, de extravagante cuando menos. La muchacha... ¡ni se diga! No hay frase más hueca que la de dejar a la persona: 'hacer su vida'. Son los demás los que hacen nuestra vida. Los usos y hábitos que se estilan y tienen reglamentado cada paso nuestro como una lección, como un trozo de música que no puede apartarse del ritmo señalado de antemano so pena de discordar."

Adolfo fue uno de esos muchachos locos, turbulentos, calificado de extraviado y de calavera... y claro ve a dónde ha venido a dar...

"En la edad adulta ni se diga. Son tantas las obligaciones creadas, los deberes impuestos, que no hay un solo acto de nuestra existencia que no esté regulado por infinidad de causas y circunstancias. Lo más sencillo e ínfimo está catalogado: el trabajo, el paseo, el amor, todo lleva el peso de un mandato, de una costumbre. El acto libre es casi desconocido en nuestra vida y cuando se lleva a cabo trae detrás una cadena tal de tribulaciones que el más valiente retrocede y prefiere amoldarse a lo establecido."

¿Recuerdas, María, cuando Adolfo fue detenido por pasearse desnudo? Poco faltó para que lo trajeran aquí, y lo mismo pasaría si de pronto nos presentáramos en la calle vestidos a la manera de la Edad Media, sólo porque éste era nuestro gusto.

"Y al niño que se resistiera a aprender todo lo que sus mayores le ordenan, ¿qué castigos le lloverían encima? ¿Y la muchacha que de pronto, sin decir 'agua va', se fuera a viajar tan tranquila sin permiso de su familia? ¡Cuán presto sería regresada al hogar! Y así sucesivamente. Si examinamos nuestra vida no hallamos un acto libre e independiente. Todos son ajustados a las normas establecidas, a las leyes, a los hábitos, a las modas. A todo lo que en tantos siglos los seres humanos han ido forjando para atarse más y más en una red interminable de obligaciones y deberes. ¡Cuán lejos está lo primitivo! Y la civilización, ¡qué ramificaciones tan tupidas ha creado!"

Sí, podrá salir un buen artículo, tal vez a Mario no le guste... aunque él siempre me apoya...

"Si tiene usted ganas de comerse una rebanada de melón, piense primero si es la hora oportuna y si los demás no lo encontrarán fuera de lugar. El ridículo es otro eslabón más de la cadena que nos ata a todos los ciudadanos libres de un país libre..."

Mientras María sigue pergeñando sus ideas para el artículo que publicaría poco después bajo el título "Una vana palabra: Libertad", atisba desde lejos la ruina humana; Marcos se enfrenta a ella, con sus breves doce años a cuestas, tratando de preguntar lo impreguntable, de expresar lo inexpresable, de comprender lo incomprensible.

Al terminar la visita y volver al automóvil, María decidió que no volvería a La Castañeda. Cuando Marcos quisiera ver a su padre, que lo llevara Mixi o el doctor Toledano. Ella no podía volver a verlo en ese estado. ¡Sentía tanta lástima por él! Al llegar a casa, escuchó un cláxon detrás de ellos. Mario llegaba también en ese instante a la casa. Se bajó del automóvil cargado de paquetes, conteniendo seguramente regalos para celebrarle a Marcos su cumpleaños y con la mano que le quedaba libre le abrió la portezuela a María, antes de saludarla con un beso.

—¿Pudiste hablar con tu padre?

—No, con quien hablé no era mi padre.

XI
El ave del Paraíso,
¿es una flor o un pájaro?

Prender el aparato de radio para escuchar las noticias después de cenar era un acto habitual en Mario, pero el discurso del presidente Lázaro Cárdenas trasmitido por XEFO y XEW anunciando la nacionalización de la industria petrolera fue la noticia con que cenó todo México aquella noche primaveral.

Artículo 1º— Se declaran expropiados por causa de utilidad pública y a favor de la Nación, la maquinaria, instalaciones, edificios, oleoductos, refinerías, tanques de almacenamiento, vías de comunicación, carros tanques, estaciones de distribución, embarcaciones y todos los demás bienes muebles e inmuebles...

Seguía una lista de todas las compañías expropiadas y de los artículos referentes a cómo se llevarían a efecto la ocupación de las instalaciones y las indemnizaciones correspondientes. Mario se levantó como un resorte y después de darle a María un beso casi simbólico tomó su sombrero y salió hecho un bólido rumbo al periódico. Era obvio que se necesitarían muchas placas fotográficas para la edición del día siguiente.

El discurso prendió la mecha de la efervescencia política. Mario pasaba el día entero fuera de casa, tomando fotografías de los distintos acontecimientos que se sucedían debido a la expropiación, y María escribía artículos y dictaba conferencias por la radio sobre la mujer campesina, la mujer proletaria, los derechos de la mujer o los niños que el Presidente acababa de hacer traer a México al quedar huérfanos por la guerra civil de España. El día de la manifestación masiva de apoyo al presidente Cárdenas, que tuvo lugar a los pocos días, fue especialmente activo. Miles de personas se reunieron en el Zócalo con pancartas gritando frases de apoyo. Cerca de la hora de cenar, Mario regresó a casa acompañado de Antonio, un colega fotógrafo italiano corresponsal de un periódico de Roma. Muchos fueron los periodistas extranjeros que llegaron a la ciudad para enviar a sus respectivos diarios las noticias de las reacciones de los diferentes sectores sobre la expropiación de la industria petrolera.

En viajes anteriores, Antonio había tenido la oportunidad de conocer a Mario Andrés, con quien había hecho amistad de inmediato. Sus largas estancias en España, adonde había ido varias veces, y recientemente para hacer reportajes sobre la guerra civil española, le habían permitido dominar la lengua castellana, al grado de que al oírlo hablar difícilmente se podía adivinar su origen italiano.

—¿Nos hará el honor de quedarse a cenar con nosotros?
—Con todo gusto, señora...
—Llámeme María, por favor, y si lo desea puede hablarme en la lengua de Dante; aunque no la domino, he convivido con ella mucho tiempo...
—¿Algún ancestro italiano?
—No, mi padre adora la ópera y he pasado toda la vida escuchándolo cantar óperas italianas... A veces también alguna francesa...
—En mi familia no ha habido cantantes pero todos consideramos la ópera como algo que nos pertenece...
—María, ¿por qué no pones uno de los discos que te regaló tu padre?
—¿Le gustaría oír a Francesco Tamagno, a Caruso o a Tito Schipa?
—Con *piacere*...

—Los discos son antiguos, pero aún pueden disfrutarse. Tengo... *Otello, La Bohemia, Manon Lescaut...*

—Lo que usted elija estará bien.

Mientras Mixi y Xóchitl ponen la mesa en el comedor, la conversación se dirige hacia la política. María pregunta si puede preverse la reacción del presidente Roosevelt, ya que la mayoría de las dieciséis compañías que se expropiaban eran norteamericanas.

Elucubran sobre lo que sucedería si Estados Unidos e Inglaterra reaccionaran violentamente, podría temerse hasta una invasión.

—¡Qué bueno sería que pudiéramos conocer nuestro futuro de antemano!

—¿Lo cree así, Antonio?

—Por supuesto, si uno supiera con certeza, por ejemplo, cuándo va a morir, podría planificar su vida, su profesión, por arriesgada que fuera. Podría uno lanzarse a las empresas más peligrosas, sabiendo que no corre el riesgo de morir en ellas.

—¿No cree que podría haber otro tipo de riesgos?

—¿Como cuáles?

—Por ejemplo, si usted es alpinista y se propone subir al Everest, podría ser que no muriera en el intento, pero que quedara ciego o paralítico. ¿De qué le habría servido conocer la fecha exacta en que va a morir?

—Bueno, usted que es escritora, puede imaginar algo sobre ese tema, le paso la idea, podría escribir un cuento o una novela sobre una persona que conociendo de antemano la fecha de su muerte...

—No lo diga... tal vez conozca a la persona...

—¿De veras?

—¿Le gustaría que se la presentara?

En ese momento entra Mixi, clava sus ojos en María y, con una voz que parece venir del otro mundo, pregunta si ya puede servir la cena. María le sonríe a Mixi dándole a entender que no debía temer, ella no iba a traicionar su promesa.

—Sí, Mixi, puedes servir cuando quieras, creo que todos tenemos hambre.

Mixi hace una inclinación de cabeza y con su rostro de impávido Benito Juárez femenino sale hacia la cocina, mientras Antonio observa el piano y alza la tapa del teclado para ver la marca.

—Es un bello piano.

—Sí, regalo de mi padre. Mi primera ilusión no fue ser escritora, sino pianista...

—¿Y aún lo toca?

—Y muy bien, te lo aseguro. María, ¿podrías deleitarnos tocando algo después de la cena?

—Por supuesto... y usted, Antonio, ¿siempre quiso ser fotógrafo y periodista?

—Sí y no...

—¿Sí y no?

—Sí, porque siempre quise ser fotógrafo, y no, porque nunca pensé en serlo dentro del periodismo.

—¿Entonces?

—Mi *hobby,* como dicen en los Estados Unidos, es retratar paisajes. Amo la naturaleza. Me habría gustado dedicarme profesionalmente a retratar árboles cargados de cerezas, pájaros, detalles lacustres, como una flor de loto flotando sobre un lago, y flores, flores, flores... hay flores tan hermosas en la naturaleza...

—... las rosas...

—Sí, las rosas son bellas, pero hay tantas otras flores bellas en las que nadie repara, pequeñas flores silvestres perdidas en campos vírgenes, flores que nacen cuántas veces de una planta considerada "hierba mala" —ofrecen su belleza un día y mueren al siguiente—, flores azules, tornasoles, como alas de mariposa, flores con pétalos como hilos de telaraña, flores con grandes ojos amarillos como de gato, flores con espinas frágiles que vuelan por el aire para cegar al animal que las ataca, también flores inmensas como esos girasoles que mueven su ojo gigante para seguir al sol en su curva celeste.

—No sabía que fueras poeta...

—No, Mario Andrés, no soy poeta, soy un fotógrafo de flores metido a periodista...

Mixi pronuncia la frase clásica de las obras de teatro, aprendida de Louis: "La cena está servida", que corta la conversación. Xóchitl pregunta si llama a Marcos, que está en su cuarto haciendo su tarea escolar.

—¿Y tú, a qué hora vas a hacer tu tarea?

—Ya la hice, madrina.

—Siempre tan trabajadora..., sí, llámalo, por favor, dile que no se tarde. Xóchitl sale corriendo hacia la escalera.

—En tu honor, abriré un *Chianti*... italiano para acompañar la cena.

—Y yo en agradecimiento a su invitación, señora...

—María, por favor,

—... María... ya que llegué aquí sin un ramo de flores para usted, permítame regalarle una flor que le durará más que cualquier flor natural...

Antonio abre su portafolio, saca la fotografía de una flor y se la entrega a María.

—¡Qué hermosura! ¡Un ave del Paraíso!

—Sí... una de las flores más bellas que existen...

—Gracias... a esta flor no tendré que ponerla en un búcaro con agua...

Marcos llega, saluda a Antonio dándole la mano como un adulto y todos pasan al comedor.

La cena transcurre alegremente. Marcos escucha cómo repasan nuevamente los acontecimientos, desde el día del discurso presidencial, la manifestación popular de apoyo al Presidente más numerosa de que se tuviera noticia, por parte de todos los sectores sociales, no sólo los de izquierda sino hasta del propio clero; el nombramiento del ingeniero Vicente Cortés Herrera como primer gerente de la industria petrolera; la toma de refinerías, pozos, muelles y edificios administrativos que se había realizado a lo largo y ancho del país, a partir de las primeras horas posteriores al discurso presidencial.

—Roosevelt tendrá que admitir finalmente la realidad. Y la realidad puede palparse cuando uno ve a los ricos donar joyas y a los pobres donar guajolotes para que el país pueda reunir el dinero del pago de las indemnizaciones. Ha sido un acto de solidaridad que nunca creí ver, cuando doña Amalia, la esposa del presidente, recibía en el vestíbulo del palacio de Bellas Artes los donativos de ricos y de pobres, de opulentos y de miserables... fue algo verdaderamente impresionante...

—Mamá, ¿el ave del Paraíso es una flor o un pájaro?

—Es... una flor... y... un pájaro...

—¿Y qué fue primero... la flor o el pájaro...?

—Me imagino... ¡qué pregunta!... Supongo que a la flor la bautizaron con ese nombre por parecerse al pájaro...

Ave del Paraíso

—¿Y por qué no al revés, mamá? Tal vez bautizaron al pájaro así, por parecerse a la flor.

—Hm... bien pudo ser... ¿Tú qué opinas, Mario?

—Que es hora de que los muchachos se vayan a dormir.

—¿No puedo quedarme para oírte tocar el piano, mamá?

—Otro día, Marcos...

Marcos suspira y se levanta sin protestar, Xóchitl sigue su ejemplo. Ambos se despiden diciendo buenas noches a todos y salen del comedor, Marcos rumbo a su habitación y Xóchitl hacia la cocina. La costumbre era que después de comer o cenar con todos en la mesa, Xóchitl iba a la cocina a servirle de comer o de cenar a su mamá.

—¡Qué bonita se está poniendo esta niña!

La conversación se dirige entonces hacia la política; se comenta el derecho de asilo, la llegada a México de León Trotski, desterrado por Stalin, la guerra civil española y la política de no intervención que México había defendido desde la época de Juárez. Antonio explica que esa política es correcta siempre y cuando todas las naciones la respetaran, pero lo que sucede en España es que mientras Inglaterra y Francia han creado un Comité de No Intervención, el Eje Berlín-Roma ha unido sus fuerzas a la de los rebeldes de la derecha española que luchan en contra de la República; así, el gobierno de Azaña está luchando no sólo contra los rebeldes falangistas, sino contra las fuerzas de Alemania e Italia, de modo que si las potencias occidentales no cambian su política y apoyan a la República española, los pronósticos no pueden ser muy buenos.

—Según yo creo, la crisis política, no sólo la de España sino la de otras naciones, tiene sus raíces en la crisis económica mundial que se inició desde el veintinueve. El desplome de la bolsa de valores dislocó el comercio internacional, y todas las economías nacionales debilitadas desde antes por la guerra se derrumbaron y acrecentaron sus deudas...

—Estoy de acuerdo, Mario, sólo que en España el cisma político entre las izquierdas y las derechas se intensifica por la intervención de Alemania y, ¿por qué no decirlo?, de mi propio país...

—¿Qué opinas de que dejemos la política y pasemos a la sala para escuchar a María?

Antonio, entusiasmado, se levanta, da las gracias caballerosamente por la cena, y los tres se dirigen hacia la sala. María abre el piano y no puede evitar alzar los ojos para ver a su abuelo.

No me había dado cuenta de cuánto se parece mi padre a ti, abuelo, sobre todo en los ojos. La mirada tierna o enérgica, inquisidora o insinuante según la ocasión. Su carácter puede ser tan inflexible como tolerante, tan compasivo como exigente. Lo mismo es humorista y juguetón en un momento que solemne y grave en otro. ¡Los misterios de la herencia! Ya lo dicen los naturalistas: lo que no hereda el hijo, puede heredarlo una nieta. Nacemos con un ojo francés y un oído español. ¿De quién habremos heredado el gusto por la música mi padre y yo? ¿De la abuela Aurelia o del bisabuelo coronel?

—¿Qué les parece si, para hacer honor a España, toco una de las doce piezas de la suite *Iberia* de Isaac Albéniz?

—Aceptada la moción.

La casa se satura con los sonidos de arpegios y acordes que María hace fluir, poniendo en ellos el espíritu español de algún ancestro que se cuela por sus dedos.

*

> **Llegó Trotsky**
>
> *Ciudad de México, 11 de enero de 1937.* León Trotsky, la figura más destacada, después de Lenin, de la revolución rusa, llegó hoy a México en calidad de refugiado político.
>
> El famoso creador del ejército rojo que derrotó a la contrarrevolución, quien además es uno de los pensadores más originales dentro de la corriente marxista, fue expulsado de su país por José Stalin en 1929, y desde entonces peregrinó por Europa llevando a cabo una sostenida labor de refutación en contra de la acción y la doctrina estalinista.
>
> Al ser expulsado de Noruega, por las presiones de Moscú, Trotsky no tenía donde acogerse; fue entonces cuando su gran amigo Diego Rivera logró que el presidente Cárdenas le concediera asilo político.
>
> La estadía de Trotsky en nuestro país no será fácil, pues no obstante que él ha declarado que no llevará a cabo ninguna labor política que pueda dañar a México, su sola presencia resulta polémica. El líder comunista Hernán Laborde ha manifestado que su partido pedirá al gobierno la expulsión del revolucionario ruso, y el dirigente de la Confederación de Trabajadores de México, Vicente Lombardo Toledano, asegura que, si Trotsky llega a provocar disidencias entre los obreros, se procurará su salida del país.

Se acerca el aniversario de la boda y han invitado a medio mundo, compañeros de los periódicos donde cada uno trabaja, amigos personales y familia. Mario mismo ha ido con María a casa de su suegro para convencerlo de que los acompañe, ya que nunca ha aceptado sus invitaciones anteriores, a pesar de que ha puesto en juego todos sus recursos de simpatía y de afinidades culturales, para congraciarse con él. Y aunque Bruno lo trata con consideraciones, éstas le parecen a Mario más diplomáticas que de afecto. Pero esta vez está decidido a sacar al lobo de su guarida y volverlo cordero. Lleva no uno, dos ases bajo la manga, como pícaro jugador de póker, y está seguro de ganar la partida: dos publicaciones que está seguro de que con ellas ganará si no su afecto, sí la aceptación de visitarlos.

—Yo sé, ingeniero, que su padre tenía gran admiración por Napoleón; he encontrado en mis andanzas por la República un libro que estoy seguro será de su completo agrado: *Biographie des Contemporains, par Napoléon*. Está publicado en París en 1824, es decir, cuando Napoleón tenía apenas tres años de haber muerto en Santa Elena.

—Yo no sabía que Napoleón hubiera escrito un libro sobre sus contemporáneos...

—El prólogo de la edición explica que se trata de una recopilación de diferentes escritos que él hizo y de notas tomadas bajo dictado o por conversaciones que tuvieron con él quienes lo acompañaron en su exilio, fundamentalmente de Les Cases, quien al principio de su destierro hizo las veces de secretario...

Bruno no tiene que cerrar los ojos para recordar la quinta *El Mirador* con sus múltiples retratos de Napoleón: en batalla, en ceremonias, en reuniones políticas o simplemente descansando, pero no recordaba ninguna reproducción de Saint Hélène en actitud de escribir, tal vez porque su padre no quería saber nada sobre su derrota, sólo sobre sus triunfos. Sí, ahora recordaba a un Napoleón escribiendo, pero era de cuando era joven y su mente estaba llena de proyectos espectaculares. ¡Qué diferencia entre ese retrato y el que le habían hecho al final, cuando, acorralado por Lowe, el gobernador de Santa Elena, ya enfermo y decaído, trataba de alejar el espectro de la muerte!

Bruno toma el libro como si fuera una rosa de cristal y va abriendo páginas al azar, leyendo los nombres de los personajes que Napoleón comenta.

—Bernadotte..., José Bonaparte..., el rey Carlos IV..., el rey Fernando VII... interesante. Afirma que se le ha imputado el haber tomado parte de una intriga contra Fernando VII, pero que lo único que él hizo fue ayudar al rey destronado por el príncipe de Asturias, que conspiró y lo hizo abdicar... ¡Interesante perspectiva de la historia!...

—¿No es verdad que vale la pena el libro?

—Vaya si vale, es un hallazgo... Hm, aquí están sus opiniones sobre Fouché, Marie Antoinette, Robespierre y, por supuesto, Wellington...

—Pero no sólo comenta sobre reyes, generales y cortesanos, también opina sobre artistas y científicos...

—Lo veo, aquí hay un comentario sobre Talma, el gran actor francés, y sobre Laplace, el geómetra...

—Entonces, ¿encuentra valioso el libro?

—¡Es un tesoro!

—Pues recíbalo con todo el cariño de su hija y el afecto de su yerno.

—Gracias, muchas gracias.

Mario Andrés saca entonces de la manga el segundo As, que espera sea la clave definitiva para hacer imposible que su suegro ponga un pretexto para no asistir a la celebración del aniversario.

—Pero no es todo... Aquí le traemos otro obsequio que indudablemente apreciará; éste tiene que ver con la música. Es un repertorio de arias de ópera, con acompañamiento de piano, que podrá tocar doña Luisa para usted. Son dos tomos y contienen arias notables de distintas óperas, desde los clásicos y los románticos hasta los compositores jóvenes actuales.

—¡Qué maravilla!

—Mire usted el primer tomo: Bellini, Verdi, Donizetti, Flotow, Meyerbeer, Rossini, Weber, Kreba, Nessler, Herold, Gounod, Auber, Balfe, Lortzing, Adam, Kreutzer, Nicolai, Boildieu, Ricci, Mehul (¿cómo se pronunciará?), Beethoven, Cherubini y Mendelssohn.

—¡Extraordinario!

—¿No es verdad?

Bruno, al comenzar a revisar el volumen, se olvida del mundo exterior, comienza a tararear las melodías que va encontrando.

—Papá, ¿vendrás a celebrar con nosotros nuestro aniversario?

—¿Cómo está Marquitos?

—Muy bien, papá, ya lo verás...

—¿Creciendo?

—Sí, sobre todo en inteligencia...

—¿Estudioso como siempre?

—No, papá...

—¿Cómo?

—Estudioso como nunca...

—¡Ah, vaya! Ya me había alarmado...

—Si de algo no puedes alarmarte, papá, es de su interés por el estudio... aunque... ni siquiera tiene que estudiar... Con leer un libro se le queda en la cabeza para siempre... A veces me pone a sufrir con sus preguntas... ¿Sabes lo que me preguntó el otro día? Quería saber si Frazer, el autor de *Le Rameau d'or*, había escrito también la Biblia, porque en los dos libros encontró temas y sucesos tan semejantes que parecían inventados por la misma persona.

—Tienes que hacerlo que me visite más seguido, me gusta charlar con él.

—Lo haré, papá.

—Entonces, ¿qué dices? ¿Vendrás a celebrar con nosotros?

—Sí, hijita, iré, iré.

Mario Andrés sonríe, pensando que los dos ases dieron el resultado deseado. Y después de despedirse, desde el jardín escuchan los primeros acordes que Luisa toca en el piano, de una de las piezas contenidas en el primer tomo del *Opern-Repertoriium*.

*

A pesar de todas las preparaciones para la celebración, la celebración no tuvo lugar. Mario deseaba ganarse el cariño de su suegro a como diera lugar, por lo que pensó preparar para la noche del aniversario la amplificación de una fotografía de Marcos de cuando era pequeño, y otra actual, hecha por él mismo, pero mientras María y él revisan el álbum familiar buscando una fotografía de Marcos, aparece Mixi en la puerta de la sala, demudada.

—¿Ya está la cena?

—No, niña... algo pasa...

—¿En la cocina?

—No... no sé... tal vez en casa de su papá...

—¿Llamó por teléfono?

—No... pero... algo pasa, niña... algo pasa...

María se levanta. Sabe que Mixi no habla por hablar; si teme algo, es que sucede algo temible. Corre al teléfono y le habla a Luisa para saber qué es lo que pasa. Luisa responde que no pasa nada. Su papá está dormido, se acostó en la tarde a dormir su siesta, como de costumbre.

—Mamá, por favor, no quiero alarmarte, pero... ¿no podrías ir a ver si está bien?

—Claro, hijita, pero no sé por qué estás asustada...

—Yo tampoco, mamá, pero... ¿quieres ir a verlo?... por favor...

Desde el teléfono, María escucha el grito de Luisa...

—Mario, Mario... vamos... mi papá... mi papá, creo que ha tenido otro ataque.

Al otro día, en la capilla del Panteón Francés resonaron los acordes de la misa de *Réquiem* de Verdi, cantada por Fanny Anitúa para los funerales de Bruno Vélez Olvera.

XII
Enajenación, arrebato y vuelo de pájaros

La muerte de su padre revivió en María la sensación de desamparo que había sentido a la desaparición de su madre; por más que Mario le repetía que no estaba sola, que lo tenía a él, ella lloraba repitiéndose a sí misma "debí estar más cerca, debí estar más cerca". Al sonar las cinco campanadas de la tarde, se verificaron diariamente, en casa de Luisa, los rosarios de la novena a la que asistían sobre todo familiares y amigas. María recibió decenas de cartas y telegramas de condolencia de colegas, amistades y parientes de Monterrey y de España, adonde se comunicó de inmediato la dolorosa noticia, pues Rodolfo, el hermano de su padre, se había quedado a vivir en Madrid; desde la época de Carranza salió exiliado, y allá había criado a su familia, cuando él se encargaría de notificar del fallecimiento a su hijo mayor, Bruno, que dejaría de ser llamado "Brunito", al no haber ya la necesidad de distinguirlo de su tío. Su hermano Alfonso, desde su puesto diplomático, que no podía abandonar por el momento, envió una carta dirigida a Luisa y a María, en la que se palpaba su dolor por la pérdida de su hermano mayor. Su tío Archibaldo no faltó a ninguno de los rosarios y misas que se celebrarían en la Capilla de Nuestra Señora de Lourdes del Templo del Colegio de Niñas. El gato *Kiki*, fiel a su amo, dejó de comer, y

> †
> El señor ingeniero don
> BRUNO VÉLEZ OLVERA
>
> falleció ayer a las dieciocho horas en el seno de Nuestra Santa Madre Iglesia Católica Apostólica, Romana, con todos los auxilios espirituales y la Bendición Papal.
> Su esposa, hija, hermanos, hermanos políticos, sobrinos, sobrinos políticos, primos y demás parientes lo participan a usted con el más profundo dolor, suplicándole ruegue a Dios Nuestro Señor por el eterno descanso del alma del finado.
> El duelo se recibe hoy a las cuatro de la tarde en la casa número 34 de la Calle de la Magdalena y se despide en el Panteón Francés.
> [No se reparten esquelas]

el último día del novenario, como si adivinara que después del último rezo la gente volvería a su rutina, apareció muerto en el jardín. Se había tirado del balcón.

Mario no sólo consoló a María como su amante esposo, sino que se volvió su "paño de lágrimas", como decía mamaisita. Pidió asueto en su trabajo para no dejarla sola, se dedicó a animarla, a decirle lo mucho que tenía por delante, su brillante futuro, que era el orgullo de su padre, y aunque él ya no estuviera, ella, en su nombre, tenía que seguir su vida, que mientras ella lo recordara él viviría en su memoria.

Si a María tales palabras, dichas muchas veces por cumplir entre las amistades, siempre le habían parecido huecas, dichas por Mario con toda sinceridad y profundo cariño llegaron a persuadirla de que tenía que seguir haciendo su propia labor para honrar la memoria de su padre, aunque en el fondo sabía que le quedaba muy poco tiempo para cumplir todo lo que en un principio se había propuesto.

Al darse cuenta de que 'isita se quedaría viviendo sola, le propuso a Mario que se mudaran a una casa más cercana, para poder visitarla con mayor frecuencia... lo debí hacer desde antes, desde el primer ataque que sufrió mi padre... y volvía a llorar... y Mario volvía a convencerla de que no era posible adivinar... y se repetía el círculo vicioso.

Y como si Mario no pudiera encontrar mejor medio para levantar el ánimo de María, se volvió insistente en sus apetencias sexuales y María respondió a ellas con una pasión acrecentada. Parecía que la presencia de la muerte vivificaba los instintos. A los dos o tres orgasmos nocturnos fueron añadiéndose, uno o dos o tres que ocurrían a cualquier hora del día, escapando de la presencia de Marcos, de Mixi y de Xóchitl, ante quienes algunas veces tenían que inventar una mentira para su encierro inesperado en la recámara: una siesta, una pequeña indisposición o un dolor de cabeza.

—Nunca me has pintado desnudo, como me lo anunciaste el primer día, ¿recuerdas?

—Claro que lo recuerdo, pero... soy celosa, no quiero que nadie te vea desnudo, y si te pinto, alguien podría... algún día... tal vez después de que yo...

—No digas eso... nunca me dejes... prefiero irme antes...

—No, no... no hablemos de eso...

—Ven acá...

Mario le acaricia los senos y ella mentalmente hace el cálculo de cuántos años le quedan de vida... Ve su propia lápida, su cuerpo degenerándose bajo tierra, dejando de ser cuerpo hasta quedar desnudo, pero desnudo de piel y músculos y sangre. Recuerda el grabado con el esqueleto de Vesalio que tenía el doctor Toledano colgado en su consultorio y su leyenda al pie: *De corporis humanis fabrica.* Imagina a Mario frente a su tumba, llevándole flores; pero, ¿qué pasará entonces?... él volverá a casarse... ¡no quiere pensarlo!... lo abraza, lo besa, le pide que le prometa no olvidarla nunca, si ella muere... y él en respuesta vuelve a penetrar en sus entrañas, como para sellar el pacto de la memoria...

Si el tiempo se midiera no por minutos sino por los orgasmos que producen dos cuerpos al convertirse en uno, qué larga sería la vida. Es tan breve el momento del gozo. Mi piel respira por sí misma, no necesita de pulmones. Mi sangre gira por las venas sin precisar del corazón. El acto sexual es como una rebelión a todo sometimiento, a todo dictado del poder. Si la sangre se subleva al dominio del órgano que la rige, en cambio la mente, que pretende gobernar desde su trono al cuerpo que la sostiene, se hace esclava del sexo. ¿Dónde entra aquí el amor? ¿Por qué para gozar hace falta el amor?

Suena el despertador mañanero; finalmente, el trabajo obliga como el hambre, y ambos tienen que retomar sus respectivas obligaciones laborales.

—¿Me amas, Mario?
—Más que nunca.

*

La gente acostumbraba decir que las desgracias no venían solas y María pudo comprobarlo. Antes de las fiestas patrias, Mario Andrés recibió la comisión de cubrir para el periódico la crisis europea. Lo eligieron no sólo por ser un magnífico fotógrafo, sino por sus estudios en la escuela alemana; iría primero a Berlín, el futuro de Europa lo decidirían los cuatro grandes —Chamberlain, Daladier, Hitler y Mussolini—; de ahí se iría a España para reportar lo que pasaba en la guerra civil y, especialmente, con los voluntarios mexicanos que se habían ido y se seguían yendo a España, y que, solidarizados en su mayoría con el movimiento republicano, gritaban a la menor provocación ¡Mueran los gachupines! y ¡Viva la Revolución Social! Unos activistas eran partidarios del socialismo, otros del comunismo, otros del anarquismo y algunos eran simplemente intelectuales que deseaban mirar al toro desde el ruedo y no desde la barrera.

María fue a despedir a Mario Andrés a la terminal de donde partiría hacia la frontera. Una vez del otro lado, seguiría su viaje hasta Nueva York donde se embarcaría hacia Southampton, Inglaterra. Y de ahí a Berlín. El viaje no prometía ser fácil ni rápido. Cuando él puso el pie en el estribo, María le entregó un ramito de flores de "no me olvides" que Mario tomó acercándolo a su boca.

—Tú tampoco me olvides.

—Nunca.

Parecía que el destino de su amor era estar siempre lejos uno del otro. Ella había querido acompañarlo al menos hasta su ciudad natal, pero él se negó, eso sólo haría más difícil la despedida; además, era imposible llevar a Marcos porque el año escolar se acercaba al final y, si él se quedaba en México, Mixi tendría que quedarse también para cuidar de él, y Mario no quería que María se regresara sola desde Monterrey.

La primera sensación por la partida de Mario fue de vacío. Un vacío que paradójicamente la llenaba por dentro. **Me gustaría...** *hallar la palabra que describiera lo que siento... Creo que hay una palabra que no existe... tiene que ver con "extrañar" pero no es "extrañar", no es "carencia" ni "hueco", ni "angustia", es algo que va más allá de ellas, más allá de cada una y de todas juntas, cuando la ausencia se hace inadmisible, cuando la carencia no puede comprenderse, cuando el hueco no es vacío sino pérdida de mí misma, cuando la angustia es el acto mismo de la ausencia, cuando ni pensar ni soñar en una presencia es suficiente, porque nada la suple. Sí, es una palabra que no existe y que hay que inventar.*

Pocos días después comenzaron a llegar las cartas de Mario, y éstas mitigaron un poco el dolor de la ausencia. Escritas unas en el autobús, otras en el barco, ellas reflejaban las impresiones que él iba recibiendo de cada lugar. Las de Nueva York no eran muy halagadoras. La Urbe de Hierro era para Mario como un Saturno devorando a sus hijos; sin embargo, la ola de inmigrantes, especialmente de judíos, que llegaban a la Isla Ellis procedentes de Polonia, Austria, Italia y Alemania era impresionante.

Si María había adquirido el hábito de escribir su *Diario* cada noche después de cenar, a partir del día en que se fue Mario Andrés, el hábito no cambió sino en el destino de su escritura, ahora en lugar de ir a dar al lugar de su "Utopía" iba a dar al correo, esperando que la carta pudiera alcanzar los pasos de su esposo.

Adorado esposo mío,
Todo lo que pueda decirte sobre lo que significa para mí tu ausencia es nada, nunca como ahora he sentido que el lenguaje es un recurso limitado para expresar las emociones. ¿Cómo puede decir esto quien se dedica a escribir?, me preguntarás cuando leas estas líneas, pero ésta es la sensación que priva en mí desde que te has ido. No encuentro las palabras para describir lo que tu lejanía ha provocado en mi interior. No sólo me es difícil traducir a la letra escrita la sensación de abandono que me ha producido tu partida, también me es imposible lograr que tus cartas me consuelen de tu ausencia. Creo conocerte tanto que cuando escribo esto imagino lo que pensarás al leerlo. Dirás: "cuando comenzó nuestro amor también estábamos lejos". Sí, tienes razón, sin embargo, en aquel entonces, no conociendo lo que era tu presencia, tus cartas eran mi realidad y mi goce. En cambio, ahora, aunque espero tus cartas con ansia infinita, tus letras no suplen tu presencia. Sé que mis palabras pueden torturarte y prefiero no continuar con esta cantilena del dolor que me causa tu lejanía, así que trataré de hablarte de otras cosas. En tu carta me preguntas cómo va mi novela. Bueno... haciendo un gran esfuerzo, la terminé. Le hice algunos cambios que notarás cuando la leas. No estoy muy segura de que les vaya a gustar el retrato que hice de la región, a Lancha y a sus amigas, en las que me inspiré para algunos de mis personajes, porque aunque quise presentar un aspecto costumbrista de Cosamaluapan, mi protagonista, aunque poseedora de toda su feminidad, no se ajusta al molde de mujer sumisa y pueblerina. Si tú la calificaste de "donjuanesca" (aunque en mujer), ya me imagino lo que pensarán las muchachas veracruzanas... ¡Me alegro de que tú hayas dicho que la protagonista es diferente a mí!, pero ¡no te enojes si algunos críticos sugieren otra cosa! ¿Recuerdas las reseñas que aparecieron sobre la Andréïda de Asunción*? ¿Por qué siempre que una mujer escribe una novela los críticos piensan que se*

está retratando a sí misma? Quise romper también con ese estereotipo. Mi "Alicia" es coqueta, frívola, divertida, simpática y superficial en sus amores. Yo no creo haber sido así de adolescente. Así que, respondiendo a tu pregunta, no sólo terminé la novela, sino que se la envié a quien tú sabes, para ver si acepta escribir unas líneas como prólogo. Como ves, trato de no dejarme vencer por el dolor de tu ausencia.

En cuanto al país, no bien habías zarpado desde Nueva York hacia Europa, cuando la radio anunció aquí el desembarco en Veracruz de treinta mil españoles, afirmando que Cárdenas abre sus puertas a las muchedumbres republicanas que huyen de las fuerzas franquistas apoyadas por Alemania e Italia. Me encontré con uno de tus compañeros, no me acuerdo de su nombre, ya ves que soy muy despistada para los nombres, pero me dijo que están esperando con ansiedad tu material fotográfico, no sé si se refería a fotografías, o a otro material. Tú lo sabrás.

Bueno, como ya es la medianoche, imagino que estarás despertando o desayunando, porque para ti serán como las siete de la mañana, así que te deseo un buen día. Recibe muchos, muchos besos y todo mi cariño envuelto en la seda de mi nostalgia.

Tu siempre tuya esposa y amante que te adora y te necesita,
tu Almonina

Cuando cierra la carta no puede dejar de pensar en cuántas cartas más tendrá que escribir antes de que él vuelva. ¿Se repetiría la Gran Guerra que asoló el continente entre 1914 y 1918? Es de temerse. Recuerda cuando, recién casada con Adolfo, durante esa guerra, su amado Bruno estaba en Francia, mientras ella acá soñaba con él.

Sí, Alemania daba signos de estarse preparando para la guerra. La primera secuencia de fotografías fue de tanques, aviones y barcos militares.

Toda la juventud alemana estaba encantada con los rituales bélicos, los obreros tenían trabajo en las fábricas de armamentos, en los trabajos de construcción de edificios, carreteras, ferrocarriles, en las industrias automotriz, textil y de toda clase de implementos bélicos y de transporte para sus milicias.

Los desfiles del ejército entrenado y las multitudes aclamando los anuncios de expansión territorial que hacía Hitler eran impresionantes. El mundo podía comenzar a temblar, igual que María.

Las estadísticas de las elecciones entre los años 1933, en que Hitler había ascendido al poder, y 1938 mostraban el crecimiento gigantesco del partido nazi. El *Führer* aparecía en todas partes: entre los obreros que construían las carreteras, en los laboratorios de investigación científica, en las fábricas de acero o de automóviles, en conciertos, entre los jóvenes de las juventudes nazis y las muchachas que llevaban flores para agasajar a los soldados y hasta en fiestas y festejos, donde se tocaban canciones con letras de espíritu bélico y racista que iban creando una mística de la guerra; en todos los alemanes arios.

Se va a dormir esperando no soñar con las imágenes que danzan en su imaginación, y para su alegría no sueña con aviones ni tanques ni barcos de guerra; sueña con Mario-Ulises que, escapando de todos los peligros, inicia el camino del retorno. La imagen se pierde en las ondas de un río por el que ella navega, cuando la despierta su *Princesa* que, trepada sobre la almohada, ronronea a su oído. En ese momento entra Xóchitl a llevarle a la cama el periódico de la mañana y María aprovecha para darle la carta que debe llevar al correo inmediatamente.

—Madrina...

—Dime, florecita...

—¿Puedo preguntarle algo?
—Lo que quieras...
—¿Usted conoció a mi padre?
—¿A tu padre?
—Ajá...

María duda un momento, no sabe lo que Mixi le ha contado a su hija... no quiere mentir ni lastimar a Xóchitl ni a Mixi.

—¿Qué te ha dicho tu mamá?
—Sólo que era jardinero.
—Así es, por eso te puso el nombre de Xóchitl, que en náhuatl quiere decir "Flor".
—Pero, ¿usted lo conoció?
—Claro que sí. Fue el jardinero de la casa algunos meses.
—¿Y cómo era?
—Era un hombre bueno.
—¿Me parezco a él?
—Te pareces más a tu mamá... a ver... déjame verte... tal vez en la boca haya una cierta... reminiscencia de él...
—¿Remini... qué?
—Reminiscencia... algo como que lo recuerda...
—¡Ah!
—¿No estás ya por terminar el segundo de secundaria?
—Sí, madrina.
—¿Y no sabes lo que significa "reminiscencia"?
—No lo sabía hasta ahora...
—Bueno, anda, vete al correo. Pídele a tu mamá el dinero para el porte y fíjate que te lo den correcto.
—Sí, madrina... ¿madrina?
—¿Quieres saber algo más sobre tu papá?
—Bueno, sí..., pero no es lo que le iba a preguntar...
—Era muy trabajador... ¿qué más querías saber?
—¿Cuándo... se vuelve una mujer?
—¿Cómo?
—Sí... qué diferencia hay entre una niña y una mujer... yo estoy como... en medio... y no sé... cuándo voy a...
—¿A...?

—... a convertirme en mujer.

—Ah... ¡vaya preguntita que me haces!

—¿Es según los años que se cumplen o... según otra cosa?

—Bueno... creo que según... los años que se cumplen y... también según otra cosa... Ah... creo que ya entendí tu pregunta... ¡Claro, tiene que ser eso! ¿Nunca oíste hablar a tu mamá del... período...? o de... ¿menstruación?

—No.

—Bueno, si es eso lo que te está ocurriendo, debes saber que es natural... todas las mujeres, comenzando más o menos a tu edad y terminando entre los cincuenta años... tenemos "eso", que dura entre tres y cuatro días y ocurre más o menos cada veintiocho...

—Entonces, ¿ya soy mujer?

—Se puede decir que sí... aunque, bueno... es el principio para ser mujer... pero todavía te falta...

—¿Qué me falta...?

—Ya lo irás aprendiendo, a su tiempo... Anda, vete al correo...

—Sí, madrina.

Xóchitl sale tan cabizbaja como cuando entró a la recámara. María, aflojerada, abre el periódico para leer las noticias. Encuentra en las primeras páginas las fotografías de Mario-Ulises y recuerda que, cuando de niña, quería seguir el modelo de su abuelo.

¿Eres la misma, María, que quería ser generala? Abuelo... estabas equivocado, la guerra no es una profesión honorable... El soldado al que le ordenan matar no sabe siquiera a qué intereses está sirviendo... La obediencia a ciegas es un insulto a la inteligencia. La guerra es una lucha por el poder de unos, para controlar a otros, como cualquier pleito callejero... ¡No, abuelo! ¡Estabas equivocado...! Tú me enseñaste a prepararme para la guerra... pero la guerra no es la solución para la vida ni de los individuos ni de las naciones. Mientras la humanidad resuelva sus conflictos con las armas seguirá viviendo en el primitivismo de la prehistoria. ¡Nuestra civilización califica a la especie humana como "sapiens"! Pero, ¿qué sabiduría es ésta que construye cañones y tanques, que dispara bombas y enseña a las niñas a admirar uniformes guerreros y no a hombres sabios? ¿Qué inteligencia es ésta, abuelo, que se pone al servicio de la muerte y no de la vida? ¿Qué civilización es ésta, que construye monumentos para honrar asesinos?

—*Te olvidas, María, de que la guerra no es siempre ofensiva, sino también defensiva.*

—*¿Defensiva, abuelo? Si nadie atacara a nadie..., nadie tendría que defenderse.*

—*Vives en un mundo violento, acéptalo como es. No puedes exigir que el mundo sueñe con la misma utopía que tú.*

—*Pero sí que tenga respeto a sí mismo. Tú, que en tanto valoraste el respeto, lo sabes. ¿Cómo puede ser una profesión honorable la milicia? ¿Cómo puedes sentir orgullo cuando la medalla y el ascenso te los dan por matar?*

María, al fin, deja el periódico sobre la cama y se prepara para iniciar el día. Después de los rituales mañaneros, lectura de noticias, baño y desayuno, se va a su escritorio a preparar sus artículos para El Universal.

Al terminar de escribir, pasado el mediodía, se va al piano para borrar de su mente la ansiedad que la atormenta, y al ver el retrato de su abuelo se queda como hipnotizada repasando en su mente las vicisitudes que le ha tocado vivir desde que estaba sentada en sus rodillas preguntándole qué era la guerra. Entonces no sabía que su abuelo se había alistado en el ejército a los quince años, cuando apenas podía sostener un fusil, para pelear en contra de los franceses que habían invadido México, esos franceses que ella admira tanto. Tampoco sabía entonces que en aquella lucha su abuelo había caído prisionero por vez primera. *¿Qué son las guerras, sino luchas fratricidas, ya que todos los humanos somos de una misma familia, sean franceses o alemanes, mayas o nahuas, judíos o árabes, tal como son parientes los tigres y los gatos; los chimpancés y los gorilas; los perros y los lobos. Las guerras con distintos pretextos: económicos, religiosos o racistas no son sino luchas por el poder de un hermano sobre otro. Aunque nunca me alisté en un ejército ni fui hecha prisionera como tú, siento que he participado en tantas guerras y permanecido tantos años en prisión que puedo entenderte, abuelo, hoy mejor que nunca; sin embargo, no creo que la guerra sea una solución para ningún conflicto.*

Marcos llega de la escuela acompañado de un amigo a quien deja en el vestíbulo y va en busca de su madre, a la que halla sentada en el banquillo del piano, contemplando el retrato de su abuelo.

—Mamá, ¿puedo invitar a un amigo a comer? Habla poco español, apenas lo está aprendiendo porque hace poco que llegó a México de Alemania.

María alza la vista y ve en el umbral de la puerta a un joven delgado de cabello rubio rizado, con traza de tímido. No se extraña de que sea mayor que Marcos, casi todos sus amigos lo son, y sonríe a su hijo, todavía con la mirada perdida en una realidad que aún no se integra en su mente.

—Sí, claro, avísale a Mixi que ponga otro lugar en la mesa.

—Gracias, mamá.

—¿Cómo se llama tu amigo?

—Sigmund, como Freud, Sigmund Brom, pero le decimos "Mundi" porque a todos les da trabajo pronunciar su nombre... Tú entiendes, ¿no?

—Mm... así que ¿Sigmund, como Freud? ¿De dónde conoces tú a Freud?

—Ay, mamá... ¿quién no ha leído a Freud?

—¿En la secundaria estás estudiando a Freud?

—No, mamá, no hablo de la escuela...

—Entonces, ¿de qué?

—Tengo otros amigos...

—¿Que han leído a Freud?

—Sí, claro...

—¿Quiénes?

—¿Por qué tantas preguntas?

—Porque *me gustaría*... saber lo que lees y a quién tratas...

—Bueno, otro día te doy la lista de mis amigos... por ahora, ¿puedo hacer pasar a Mundi?

—Sí, por supuesto... ¿No me vas a dar mi beso?

Marcos le da un beso en la mejilla y luego va hacia su amigo, lo introduce a la sala y se lo presenta a su madre.

—Ella es mi mamá.

—Mucho gusto, señora.

—¿Así que te llamas Sigmund, como Freud?

—Sí, señora.

—Hm... ¿Has leído a Freud?

—Sí, señora.

—¿Lo leíste en Alemania?

—No, señora, en Alemania está prohibido.

—¿Prohibido? ¿Por qué?

—Porque es judío... como yo.

435

María enmudece. De pronto ha sentido un latigazo interno... Vuelve el rostro hacia el retrato: *¡el racismo, abuelo! ¿Qué guerra está preparando Alemania?* Al apoyar su mano con fuerza sobre el teclado hace sonar las notas desacordadas.

—¿Te pasa algo, mamá?

—No, no, creí escuchar... el teléfono... Puedes avisarle a Mixi que sirva de comer.

*

Cuando María escucha el silbato del cartero, que siempre anunciaba con dos silbatazos que dejaba carta en el buzón, corre a la puerta. Ve el sobre y se pregunta cómo es posible que la carta traiga sellos de México. Lee el nombre del remitente: José Vasconcelos. María le había enviado el manuscrito de su última novela, pidiéndole que le diera su opinión. La decepción por no recibir carta de Mario fue parcialmente compensada con la rápida respuesta de Vasconcelos, a quien había admirado desde que escribía en *El Universal*, antes de su campaña presidencial, y su admiración se afirmó más cuando supo que gracias a él se había levantado la cuchilla del exilio que pendía sobre su tío Alfonso y que también gracias a él había nacido un nuevo arte en México, el muralismo. Leyó ávidamente la carta de Vasconcelos...

```
Sra. María Vélez,
   Presente.
   Muy estimada señora y amiga:

   Con positivo interés he leído su novela de cos-
tumbres. Se pinta en ella con extraordinario acier-
to y sostenido interés, la vida de nuestras pobla-
ciones rurales en decadencia. El derrumbe de lo
poco que nos va quedando de tradición española
civilizada se hace patente en el desastre de los
destinos individuales, consumidos por vicios vul-
gares, impotentes para canalizar los impulsos no-
bles. Entristece el relato por los síntomas que va
revelando de la descomposición social y por el
desenlace sin heroísmo. Pero así es la verdad, y
```

> es misión de novela costumbrista enseñar lo que es, pese al buen deseo de autores y lectores de que las cosas fueran distintas.
>
> Con mi enhorabuena por su obra, le envío las seguridades de mi atenta consideración.
>
> J. Vasconcelos

... y de inmediato se sentó a escribirle su respuesta, en la que le pidió autorización para utilizar su carta como "Prólogo" en la publicación de su novela.

Marcos, como todas las vísperas de su cumpleaños, había insistido en ir a visitar a su padre. Esta vez lo encuentra absolutamente perdido en su delirio. Su padre apenas puede reconocerlo, lo han sujetado a diferentes tratamientos y el doctor Toledano le explica que un delirio no puede arrancarse de la mente como si fuera un árbol sin raíces. La lucha en contra de la enfermedad es un combate cuerpo a cuerpo y la lucha en contra de la locura es una guerra en la que se valen todas las artimañas, las legales y las ilegales, las permitidas y las prohibidas por la ética.

Marcos vuelve a su casa deprimido, oscurecido por el niebla de la locura. María se da cuenta de su estado desde que lo ve entrar. Sabe a dónde ha ido y cómo vuelve cada vez que el doctor Toledano le hace el favor de llevarlo al Manicomio de La Castañeda a visitar a lo que resta de Adolfo, que ya ni siquiera es una ruina. Es un fantasma de sí mismo, atacado por las furias goyescas.

María invita al doctor a comer, pero él se disculpa, tiene que volver a su consultorio; sin embargo, antes de irse, y cuidando que Marcos no los escuche, le hace una pregunta.

—¿No cree, María, que es tiempo de que Marcos sepa la verdad?

—¿Hoy?

—¿Por qué no?

—¿No comprende que el muchacho está librando una guerra con el fantasma de la locura? Dos veces me ha preguntado si no es hereditaria, porque Freud afirma en uno de sus libros que...

—¿Dónde lee a Freud?

—No lo sé, pero sólo usted puede... traer la paz a su espíritu.

—Está bien, doctor... lo haré hoy mismo... se lo prometo.

En cuanto el doctor se retira, María se siente como debió de sentirse la pintora del cuadro *El ser y sus fantasmas,* que vio hace poco en una exposición. Las figuras de Bruno, su abuelo; Bruno, su padre; y Bruno, su primo y amante, se le empalman en la mente. Su madre la juzga, observándola desde un rincón ignorado de su espíritu. Es el peor momento para confesarle a Marcos que no es hijo de Adolfo-fantasma, sino de Bruno-fantasma. Todos son fantasmas: su abuelo, su madre, su padre, hasta Mario, que también se halla ahora en otro mundo. *Me gustaría...* que este momento ya hubiera pasado. El tiempo debiera ser como un disco del fonógrafo para que pudiéramos poner la aguja en cualquier parte del disco. Entonces podríamos repetir hasta la eternidad los momentos gozosos y saltar los odiosos. ¿Qué momentos repetirías hasta la eternidad, María? Por hermosos que hubieran sido, ¿no acabarían por aburrirte? Necesitas el dolor para disfrutar el gozo... ¡No! Me niego... no necesito del dolor... nadie necesita del dolor. ¿No? Pregúntale al doctor Toledano si no hay personas que disfrutan con el dolor... Con el dolor ajeno tal vez, pero no con el propio... Ve a la delegación de policía y pregunta si no hay personas que siendo inocentes se acusan de los crímenes más horrendos... Eso es masoquismo... es... una enfermedad como cualquier otra... no es lo normal... ¿y qué es lo normal? ¿Quién es el juez que mide la normalidad y dictamina dónde está la frontera entre lo normal y lo anormal?

Se encamina a la habitación de Marcos Bruno y lo halla leyendo, sentado frente a la mesa donde hace sus tareas escolares. No sabe por dónde comenzar. Hace mucho se ha dado cuenta de que Marcos es un niño superdotado, pero el diálogo que sigue le parece a María como estarlo escuchando en un escenario de teatro; ni su voz es la de una madre ni la de Marcos es la de un niño.

MARÍA: Mañana cumplirás trece años... es un número interesante.
MARCOS: ¿Te refieres a la cábala?
MARÍA: Sí... y no.
MARCOS: ¿Por qué "sí"? y ¿por qué "no"?
MARÍA: "Sí", porque la cábala es un acto supersticioso para adivinar algo que nos interesa..., y "no", porque hay verdades que para ser adivinadas no precisan de actos supersticiosos, sino de... confesiones supremas.

Marcos: Hm... o de libros que relaten historias pasadas y descubran secretos que no conocemos...

María: ¿Por ejemplo?

Marcos: Por ejemplo, yo sé que algunas personas llamaban a mi padre "Adonis", un día te pregunté por qué y no me respondiste... en cambio, en este libro he hallado una respuesta...

María: ¿Ah, sí? ¿Y qué dice ese libro?

Marcos: Que Adonis fue una divinidad griega, tal vez de origen fenicio, que se representaba por un joven de gran belleza, que murió a causa del ataque de un jabalí y que de su sangre brotaron las anémonas.

María: ¿Y qué sacaste en claro?

Marcos: Dice algo más, te lo leeré, espera... "En los festivales que a Adonis hacían en el Asia Menor y en Grecia, lloraban anualmente la muerte del dios con amargas lamentaciones, principalmente las mujeres; sus imágenes, amortajadas como los muertos, eran llevadas en procesión funeral y después arrojadas al mar o en los manantiales".

María: ¿Y sacaste alguna conclusión?

Marcos: Sí...

María: ¿Puedo saber cuál fue?

Marcos: Que tal vez mi padre debe todo su mal... a que fue un... Adonis... sólo que el jabalí no lo mató... sólo lo trastornó.

María: ¿Nunca te has preguntado por qué te llamas Marcos Bruno?

Marcos: No, porque tú me lo dijiste un día... por mis abuelos...

María: ¿Me has dicho alguna vez una verdad... a medias?

Marcos: Mamá... ¿cómo quieres que te confiese eso?

María: Confesar algo... indebido... cuesta trabajo, ¿verdad?

Marcos: Sí...

María: ¡Oh, Dios!... Pues sí... cuesta trabajo... pero a veces, es necesario, ¿verdad?

Marcos: Hm... sí...

María: Bueno... al toro hay que agarrarlo por los cuernos...

Marcos: Eso dicen... ¿Por qué suspiras, mamá?

María: Porque tengo que confesarte algo... que no sé...

Marcos: ¿Es algo... indebido? ¿o la otra mitad de una verdad a medias?

María: No sé si fue indebido... y sí, es la otra mitad de una verdad a medias... pero... si no hubiera hecho lo que hice, tú no existirías...

Marcos: ¿Cómo? Que yo… ¿qué?

María: Tu padre nunca pudo… tener hijos… de modo que yo… ¡Oh, Dios…! Yo…

Marcos: ¿Tú, mamá? ¿Te acostaste con otro hombre?

María: Por favor, Marcos, no lo digas así…

Marcos: ¿Por qué? Así fue, ¿no?

María: Sí… pero…

Marcos: ¿Quién es mi padre, mamá?… ¡Mamá!… Necesito saberlo…

María: ¿Para qué quieres saberlo? ¿Para atormentarte?

Marcos: No, para saber quién soy…

María: ¿Te bastaría saber que heredaste dos veces una misma raíz?

Marcos: No, mamá… no me basta…

María: Está bien, como quieras… Tu segundo nombre no fue sólo por tu abuelo…

Marcos: ¿Bruno?

María: Sí, Marcos… Tu padre vive en Europa, se llama Bruno…

Las palabras de su madre resuenan en la cabeza de Marcos como campanas al vuelo… Tu padre vive en Europa, se llama Bruno… Tu padre vive en Europa, se llama Bruno… Tu padre vive en Europa, se llama Bruno… Tu padre vive en Europa, se llama Bruno… Tu padre vive en Europa, se llama Bruno… Tu padre vive en Europa, se llama Bruno…

XIII
Penélope desescribiendo su Luna

María-Penélope, esperando el regreso de Mariodiseo, no teje: escribe, y escribe, y escribe. ¡Escucha el péndulo del reloj, minuto a minuto, desde el escritorio! Todas las horas que hubiera vivido con él, ella escribe, todas las noches que habría dormido con él, ella escribe. Palidece, enferma. Marcos la acompaña, Mixi la alienta y Xóchitl le ayuda en los menesteres prosaicos. Extraña a la *Princesa* a los pies de su cama o sobre su almohada, ronroneándole al oído y recuerda el dolor agudo, como puñal en la entraña, de su muerte. Nunca podrá borrar de su memoria la imagen de la gata colgando de la escalera de fierro, de caracol, mientras las criadas de la casa vecina, con una crueldad sólo pensable en las bestias feroces, la golpeaban con palos de escoba para hacerla caer. Les gritó "asesinas" y corrió a rescatar a la *Princesa,* que murió en sus brazos, como los soldados en la guerra... sin saber por qué moría... Aquel día lloró, lloró, lloró, y hoy ni siquiera puede llorar... cuando lee las terribles noticias que envía Mariodiseo desde Alemania: las palabras de Hitler dirigidas a sus soldados de la Legión Cóndor que vuelven de España triunfantes. ¡Han matado a la República!

"Camaradas, me siento feliz de saludaros personalmente y de teneros ante mí, porque estoy orgulloso de vosotros... Partisteis para ayudar a España en una hora de peligro y volvéis convertidos en aguerridos soldados. Vuestra mirada no sólo se ha dado cuenta de las proezas realizadas por los soldados alemanes en la primera Guerra Mundial; os habéis calificado para servir de ejemplo y convertiros en los instructores de los jóvenes soldados de nuestro nuevo Ejército..."

Ya Goering había enumerado las batallas en que tomó parte la Legión Cóndor: Madrid, Bilbao, Santander, Brunete, Teruel, las batallas del Ebro, de Cataluña, de Barcelona y de Valencia. Hitler terminó con un grito que retumbó en todos los confines de la tierra: "¡Viva el pueblo español y su jefe Franco! ¡Viva el pueblo italiano y su Duce Mussolini! ¡Viva nuestro pueblo y el Gran Reich alemán!" Para terminar, Hitler había hecho entrega de una insignia especial a los legionarios de la LIII escuadrilla aérea, al IX regimiento de la DCA y al III regimiento de enlaces aéreos.

Han pasado varios meses desde que Mariodiseo partió y María-Penélope, como siempre, escribe.

> *Adorado esposo mío,*
> *Desde que nos casamos es la primera vez que pasaré sin ti mi Navidad-Cumpleaños. Aunque me has explicado en tus cartas que no te es posible volver cuando la crisis está a punto de estallar, no quiero imaginar lo que pasará si sobreviene una guerra y tú te encuentras atrapado sin poder regresar. ¡Piensa que una guerra puede durar años! Amor mío, yo no sé lo que haría si tú te quedaras allá preso en las garras de ese animal feroz que es la guerra. Aquí me ha contado el amigo de Marcos, del que te hablé en mi carta anterior, que todos los judíos que pueden escapar lo están haciendo porque la persecución que están sufriendo es índice de lo que pasaría si estalla la guerra... ¿No crees que tú también puedes correr peligro? ¿No escuchas los discursos de*

> *Hitler? Su racismo no tardará en abarcar a todos los que no sean arios. Por favor, piensa en mí. Regresa. ¿Quieres convertirte en héroe o en mártir? El heroísmo y el martirio son sólo dos de las falacias que han inventado los humanos para alcanzar la inmortalidad. Pero la inmortalidad si no es en la vida misma sólo es un espejismo. No te quiero periodista-héroe, ni periodista-mártir, no te quiero en monumento, ni en piedra ni en bronce; te quiero a ti, en piel y huesos, y sangre, y ojos, y cabellos, te quiero a ti y me quiero en tus brazos... amor mío, tesoro de mi vigilia y de mi sueño, obsesión de mis nervios y de mi pensamiento: ¡Vuelve, te lo imploro!*
> *Tu Almonina, tuya, tuya, tuya.*

María no leía, devoraba a diario las noticias del periódico. Desde el principio del nuevo año Hitler había militarizado a las milicias pardas, las SA, que eran fuerzas represivas del partido nazi a las que su jefe de la región berlinesa les dirigió un discurso que sonó a desafío: "El año 1939 será un gran año para Alemania. Nadie se figura todavía la importancia de los acontecimientos que se preparan ni de los éxitos que logrará el pueblo alemán. El mundo va a quedarse atónito". Y Himmler, jefe del Estado Mayor de las milicias negras, llamadas SS, organizaba sus cuadros en divisiones idénticas a las del ejército, tanto en armamento como en organización.

Cada carta es un anuncio apocalíptico, tratados van y tratados vienen, reuniones de jefes de Estado, advertencias que suenan a amenazas, apologías y arengas explosivas. Tiene razón Mario: ¿cómo puede pensar en volverse a México en un momento así? Entiendo su responsabilidad profesional.

Pero aunque María lo comprende se niega a aceptar la soledad. El tiempo sigue pasando, y ella sigue tejiendo su red de letras, lenta y cotidianamente. Un mes y otro mes y un mes más... Cuando la soledad la abruma busca la palabra consoladora de su mamaisita, pero ella también está tan sola... ¡más sola que tú, María! **Me gustaría...** que el reloj se acelerara... aunque se reduzca el tiempo de mi vida... ¡quiero verlo!, ¡que vuelva!, ¡ver sus ojos de nuevo y su sonrisa!, ¡verlo en sueños es ya un consuelo! ¡Cuando sueño con él no quiero despertar! Y ni escribir mi

Diario me produce placer... *me gustaría*... que fuera Luna Nueva para que el tiempo recomenzara... Recuerda sus años de amor idílico por Bruno y trata de imaginarlo. ¡Bruno! ¿Bruno, cómo estarás? ¿Habrás engordado? ¿Seguirás amando a tu esposa? ¿O tendrás una bella amante francesa que te hace olvidar la rutina conyugal? ¿Rutina conyugal? Mario y yo hemos vivido todo, menos la rutina conyugal... Nuestra vida ha sido toda una lucha perenne por salvar nuestro amor. El amor también implica una guerra defensiva frente al mundo. Los adversarios se disfrazan como el espía de la quinta columna. El mundo ataca al individuo con armas inesperadas... como esta vez... su misma profesión resultó mi adversario. Ya no quieres saber de fechas, ¿verdad? No, sé que estoy consumiendo el poco tiempo que me queda... como quien echa al fuego de la chimenea el último leño que le quedaba para no morir de frío...

Luisa, desde el balcón de su pequeña terraza, donde pasa las horas cuando no está dando clases de piano a niños y niñas del vecindario, a hijos e hijas de parientes cercanos o lejanos, ve llegar el coche de donde baja María. Se levanta, impulsada por el resorte de la alegría, y la saluda desde allí:

—Entra, no está puesto el candado de la reja.

Para evitar tener que bajar y subir las escaleras cada vez que llegaba un alumno, Luisa dejaba las puertas de la reja del jardín y de la casa sin seguro. Sus alumnos lo sabían y entraban después de un timbrazo simbólico, sólo para avisar que iban a subir. Al igual que ellos, María empujó la reja y la puerta de entrada que daba a la escalera y subió. La terraza era acogedora; aunque techada, el amplio ventanal le permitía al sol entrar libremente. El canapé y los pequeños sillones, todos forrados y bordados por las manos laboriosas de Luisa, brindaban la comodidad que el cuerpo buscaba siempre en forma tan egoísta como perseverante. A los dos besos de saludo reglamentarios, siguieron las frases usuales del "¿cómo estás? ¿qué noticias tienes? ¿cómo te has sentido? ¿te ha llegado carta? ¿sabes algo de él? ¿a qué hora llega tu próximo alumno?", hasta ubicarse ambas en los sillones, con una tacita de té en las manos.

—Te traje un regalito...

—Pero, Monina, ¿para qué gastas?

—Va a ser el día de las madres y como no podré venir, porque tengo que estar en la fiesta de la escuela de Marcos, quise traértelo ahora. Le prometí que iríamos a cenar esa noche a un restaurante francés, *me gustaría*... tanto que nos acompañaras...

—Ya sabes que estoy de luto, además no me agrada salir de noche...

—Pero, en fin... es un día especial... lo que menos querría mi papá es que te alejes de nosotros... vendríamos a dejarte después. ¿Qué dices?

—Está bien... iré.

—Gracias... le dará mucho gusto a Marcos saber que vendrás. Tú sabes cuánto te quiere. Anda, abre tu regalo.

—¿Qué es?

—Ya verás...

—¡Un camafeo!

—Sí... ábrelo...

—Me vas a hacer llorar... Gracias...

—Fue idea de Mario Andrés. Él tenía ya hechas las fotografías de mi padre en óvalo pequeño para ponerlas en el camafeo. Pensaba dártelas en la Navidad, pero cuando se fue las fotos se quedaron guardadas en su laboratorio y no las había yo encontrado hasta hace poco, en que por casualidad abrí un cajón y ahí estaban muy cuidadosamente envueltas en papel celofán. Así que las puse en el camafeo y... hoy es un buen día para darte ese regalo...

La conversación que sigue es inconexa, 'isita salta del tema del dolor a las necesidades prosaicas, el pago de la luz, del teléfono, el vidrio de la ventana que se rompió al golpearse la puerta con el aire y el trabajo que le dio ir a la vidriería a comprar otro cristal, y ¡claro!, todo se junta, el lavadero de la cocina se tapó y el plomero le cobró más de lo que ella cobra por dar una hora de clase de piano, y luego, de nuevo recuerda cuánto extraña a Bruno. ¡Él siempre tan cuidadoso de la casa! Cualquier cosa que se descomponía la arreglaba de inmediato, fuera lo que fuera. Un día hasta se subió a la azotea para arreglar la antena del radio, porque una lluvia la movió y él quería escuchar una transmisión de la Radio Francesa en onda corta; ese día casi se mata, porque un ladrillo del pretil estaba flojo... entonces fue a la tlapalería, compró cemento, y él mismo hizo la mezcla para volver a pegar el ladrillo y asegurar todos los demás. "Si me he de morir, que no sea mi casa la que me mate", dijo con una sonrisa de oreja a oreja, ¡ya sabes el buen humor que tenía! A María le cuesta trabajo contener las lágrimas, pero lo hace porque no quiere contagiar a 'isita con su llanto, porque las dos acabarían llorando como otras veces.

Cuando María ve a su mamaisita con la mano extendida, diciéndole adiós desde la ventana de la terraza, recuerda la imagen de su padre alzando su brazo para señalarle con su paraguas un pájaro en la rama de un árbol. ¡Cuánta soledad deja un ser al partir! No quiere imaginar que ella pudiera encontrarse en la misma situación que 'isita... sola... con la vejez aproximándose... sin más aliciente que la visita esporádica de un hijo que se presenta con un regalo en la mano para suplir su lejanía... pero, ¿llegará ella a esa edad no dorada de un siglo no dichoso? o, por el vaticinio dictado por los dioses de Miccaiximati, ¿nunca arribará a esa ribera de la vida que es la ancianidad?

Las fechas se suceden y, al llegar septiembre, Penélope lee y relee la carta recién recibida de su Odiseo. Las fotografías son de la entrada de Hitler a la ciudad de Danzig. A los seis días cayó Cracovia y en menos de tres semanas Varsovia. La mecha se ha encendido y el humo de bombas y cañones llega a todos los rincones del mundo.

Me gustaría... saber si me será posible conocer el final de esta guerra. No quiero pensar. ¡Mario, amor mío! ¿Dónde estarás ahora? Quisiera imaginarte en algún lugar concreto... si estuvieras en París, podría hacerlo, pero en Alemania ¡imposible! Aunque has enviado tantas fotografías de Nuremberg y de Berlín, no puedo imaginarte ahí... Las cosas que cuentas no corresponden a un mundo civilizado: persecuciones, quemas de libros, asesinatos a mansalva, sin explicación ni juicio, ¿qué va a pasar con Europa?, ¿con el mundo?

El rostro de Hitler, como el de un demonio, se me figura que aparece dibujado hasta en las aguas de los ríos. ¿Cómo podemos llamarnos civilizados, abuelo, si seguimos atacándonos los unos a los otros? ¿Asesinando nuestros ideales y a nuestros propios hijos? ¿Dónde están la equidad, la justicia y la libertad? ¿Dónde está la utopía, abuelo, en la paz o en la guerra? ¿O sólo en mi *Diario*, que como Luna Nueva se reinventa a sí mismo cada noche, con el mismo grito que Frida escribió en uno de sus cuadros: "Árbol de la esperanza, manténte firme"? En la guerra que me tocó vivir, abuelo, moriré tal vez como tú, sin heroísmo, pero con la convicción de que hice hasta donde pude de acuerdo con..., como diría Ortega y Gasset, "con mi circunstancia", porque no puedo aislarme del mundo que me tocó sufrir y gozar, que me tocó vivir. Dime, María, si el mundo pudiera hablar, ¿diría cómo es su yo y su circunstancia? ¿Nosotros creamos el mundo, o el mundo nos crea a nosotros? Otra vez la pregunta de Marcos: ¿qué fue primero, la flor del ave del Paraíso o la propia ave? ¿Fueron Bruno y Adolfo y Mario Andrés quienes al llevarse pedazos de tu piel y de tu carne han hecho de ti lo que eres ahora? ¿O has sido tú quien, como el heno que vive a costa de la savia del árbol dejándolo marchito y seco, los transformaste en lo que son? ¿Quién forma a quién? ¿Ha sido Hitler quien creó una nueva Alemania, o fue Alemania la que creó a un Hitler? ¿Por qué la vida tiene que ser tan incierta? Yo creo saber cuánto tiempo me queda de vida, pero… a nuestra civilización, ¿cuánto tiempo le queda? ¿Dónde seré… enterrada… cuando…? El timbre del teléfono interrumpe su pensamiento.

*

Marcos toca con los nudillos sobre la puerta una y otra vez. ¡Mamá, mamá! María no responde. Mixi ha ido al mercado con Xóchitl y no sabe qué hacer, sólo sabe que escuchó un grito y luego nada: el silencio tras la puerta cerrada con llave. ¡Mamá, abre por favor! Decide tratar de entrar por una ventana. Sale al jardín, trepa por un árbol, aunque nunca ha sido muy diestro en esa clase de aventuras y, aun temiendo que la rama se rompa, avanza sentado sobre ella hasta alcanzar el alféizar de la ventana. Rompe un vidrio con su zapato, para poder quitar el pasador, y entra a la recámara. Su madre, todavía con la bocina del teléfono en la mano, está tirada sobre el suelo, desmayada.

Marcos coloca una almohada bajo la cabeza de su madre, moja una toalla en el lavabo del baño y se la pone en la frente, después toma la bocina del teléfono para saber si hay alguien del otro lado de la línea, pero la línea se ha interrumpido. Cuelga la bocina, y trata de reanimarla. Un momento después María abre los ojos.

—Mamá, mamá… ¿qué te pasó?

—No sé… me hablaron del… Oh, no… no, no puede ser cierto…

—¿Qué, mamá?

—Mario Andrés… Mario Andrés… lo han declarado como "desaparecido".

—¿Dónde?

—En Alemania... Hijito... Mario Andrés... no volverá... está muerto... ¡está...!

El llanto le cierra la garganta y Marcos la abraza dejando que solloce en sus brazos.

*

El automóvil avanza lentamente, como tratando de no turbar con su ruido el silencio, se detiene. María desciende con el ramo de flores en la mano y se encamina por la vereda, entre las lápidas, tratando de orientarse por los nombres de los muertos. Tengo que dar vuelta a la derecha en "Monseñor Léfrèvre". ¡Ahí está!, ahora la familia Chabrun... más allá... sí... ahora a la izquierda, hasta la *petite fille Soumagnac*... Llega al fin frente al sencillo monumento que guarda los restos de su padre en el Panteón Francés. Deja por un momento las flores sobre la tumba y va en busca de la llave de agua, junto a la cual hay siempre una cubeta. La toma, la llena y vuelve a la tumba. Saca de los búcaros de mármol las flores secas, vierte el agua en los búcaros, coloca las flores frescas, repartiéndolas para que queden en ambos lados del monumento, vuelve a tomar la cubeta para depositarla nuevamente en su sitio. Todos sus movimientos han sido automáticos, como si detrás de ellos no hubiera una orden enviada por un cerebro sino por un engranaje mecánico que moviera huesos y músculos. Después se queda de pie frente a la lápida, contemplando el nombre de su padre y las fechas de su nacimiento y de su muerte. *¡Papá! ¡Papá! ¿Por qué te fuiste? Nunca logré que te sintieras orgulloso de mí... sé lo que te dolió mi divorcio, pero... nunca pude conversar contigo sobre mis sentimientos... no es que yo te culpe, pero el fracaso de mi matrimonio con Adolfo no fue mi culpa... y tú lo sabes... yo nunca amé a Adolfo...*

—*Hijita querida, yo sólo quería asegurar tu futuro...*

—*¿Casándome con alguien de tu edad?*

—*La edad no importa... ya ves cuántos años le llevaba yo a tu mamaisita y lo feliz que fuimos... no podía imaginar que Adonis...*

—*No era un Adonis, papá...*

—*Lo sé, lo sé ahora...*

—*Demasiado tarde, papá...*

—*Perdóname, hija; en mi afán de evitarte penas, te las di...*

—*¿Por qué nunca pude sostener esta conversación contigo? ¿Por qué no* *quisiste oírme cuando aún era tiempo? Me habrías evitado tantos dolores... Ahora estoy sola... También se fue Mario Andrés... y no tengo siquiera una tumba adonde llevarle unas flores, adonde conversar con él, como lo hago ahora contigo... estoy sola...*

—No, no lo estás... tienes a tu hijo y a Luisa, que te quiere como si fueras su verdadera hija... No estás sola... Cuida de ellos, ya que yo no puedo hacerlo ya...

María alza la vista y ve extenderse ante ella un ejército de lápidas, amenazador en su quietud, que como una advertencia le dice: "tú estarás aquí, entre nosotros, pronto... muy pronto..." Respira muy hondo y, en actitud de aceptación de una realidad, hace un signo afirmativo con la cabeza. Sí, papá, cuidaré de ellos... en el poco tiempo que me queda. En ese momento escucha la llegada al panteón de una carroza fúnebre, seguida de un desfile de autos negros. Un muerto más que habrá de sumar su losa al ejército de lápidas.

*

Durante la mudanza, un organillero hace sonar el vals *Sobre las olas*. María recuerda las vísperas de su primer matrimonio como si hubieran pasado ya mil años desde entonces. Ahora que tiene que solventar sola los gastos de la casa, no puede darse el lujo de mantener esa casa, de modo que renta un departamento cerca de su mamaisita. Es un pequeño edificio con sólo tres departamentos de tres recámaras, uno por piso. Ella ocupará el segundo. La puerta de la calle da directamente a la escalera que sube a su piso. Lo eligió porque tenía dos cosas para ella casi necesarias para sentirse en su hogar: paredes altas, donde poder colocar el retrato de su abuelo, y una chimenea, origen de la noción de "hogar". María ocuparía la recámara principal, la segunda Marcos, y la tercera la compartirían Mixi y Xóchitl. En la sala, separada del comedor por un arco, colocaría el piano, regalo de su padre, y enfrente su escritorio con su máquina de escribir; al fin y al cabo, las amistades que asistían actualmente a sus veladas literario-musicales sabían comprender su situación. Sin embargo, María no sabe que ellas la ven ahora como a una orquídea que ha comenzado a marchitarse.

Una vez instalada la familia en el nuevo hogar, María sufre aún otra desventura: al cruzar entre una línea de automóviles estacionados, un automovilista, sin ver que adelante del segundo coche había una persona, empuja los autos y le prensa la pierna izquierda. María da un grito y cuando despierta se ve a sí misma en la ambulancia que la conduce a la Cruz Roja.

Apoyada en Xóchitl y Marcos, vuelve a casa, y por varias semanas no puede bajar la escalera ni ir al periódico. Ahora ya no lee con tanta avidez las noticias de la guerra que la ha dejado huérfana de amor y viuda de ternura. Trata de adivinar lo que será de su vida hasta el día en que el vaticinio anunciado por el oráculo de Miccaiximati se cumpla. ¿Se cumplirá? Como una Casandra que no creyera en sus propios vaticinios, lee el periódico más por hábito que para saber lo que ocurre en el mundo. Atormentada por la falta de Mario Andrés, no puede adivinar los millones de muertos que traería esa guerra, ni que México mismo enviaría soldados a pelear, por vez primera fuera de sus fronteras, al otro lado del océano. Ni que el país entero, gracias a esa guerra, lograría la unidad nacional, como lo mostraría una simbólica fotografía en el periódico, en la que se reunirían también por primera vez en una misma tribuna un presidente, Manuel Ávila Camacho, con seis ex presidentes: Ortiz Rubio, Abelardo Rodríguez, Elías Calles, Cárdenas, Portes Gil y Adolfo de la Huerta. Siete concepciones diferentes de gobierno en un solo país, algo así como "Tres personas distintas y un solo Dios verdadero". ¡Cuánto le habría gustado a Mario tomar esa fotografía, pero ya para ese día hacía mucho que había desaparecido en los campos europeos, en ¡sabe Dios qué trinchera! o ¡sabe Dios qué campo de concentración! María-Casandra ya no pide a Mixi que le diga el futuro, porque sabe que ya no hay utopía para ella, que el futuro sólo puede ser utópico cuando se tiene la esperanza de vivirlo. En el fondo de su corazón sabía, al ir a despedir a Mario Andrés a la terminal de autobuses, que no volvería a verlo, como ahora sabe que no volverá a ver a Adolfo, ni a Bruno, porque su tiempo está por liquidarse.

Desde que Mario desapareció, y una vez repuesta del accidente, su vida se convierte en rutina para ganar el sustento: artículos para el periódico, clases de francés, clases de piano, conferencias aquí y allá, pero ya no puede imaginar un futuro que no vivirá, sólo recordar el pasado, la utopía no vivida se irá con ella a la tumba, como tu utopía, abuelo, se fue contigo al caer en esa llamada "Plaza de armas" en lugar de haberse llamado "Plaza del pueblo feliz", en ese Zócalo donde un 15 de septiembre

TIEMPO DE MÉXICO

Segunda época   MAYO DE 1942 A MAYO DE 1943   Número 15

ESTAMOS EN GUERRA

Con hundir el Faja de oro, Alemania dio su respuesta

Ciudad de México, 28 de mayo de 1942. En un clima de tensión nacional, compareció hoy el presidente Manuel Ávila Camacho ante el Congreso para someter a su consideración una iniciativa de ley que formalice nuestro estado de guerra con las potencias del Eje: Alemania, Italia y Japón.

El hundimiento del barco-tanque petrolero *Potrero del llano* el pasado día 13 frente a las costas de la Florida, hecho que implicó la violación de todas las normas del derecho internacional, provocó que México enviara una enérgica nota de protesta a los gobiernos alemán, italiano y japonés. Los dos últimos recibieron la nota, pero no la respondieron; el de Alemania se negó a recibir nuestra protesta. La respuesta nazi fue el hundimiento de otro barco-tanque, el *Faja de oro*.

El día 22 se reunió el presidente con su gabinete, y en una larga sesión se acordó pedir al Congreso formalizar nuestro estado de guerra. Durante las dos últimas semanas, grandes sectores de la población nacional se han manifestado en pro de que el país asuma una conducta beligerante: líderes, políticos, intelectuales y muchos otros han prestado su voz a esa exigencia popular, que el discurso y el proyecto de ley del presidente expresan cabalmente. Además, Ávila Camacho ha explicado con gran precisión nuestra actitud: no declaramos la guerra, porque hacerlo no es un acto de nuestra voluntad, sino que formalizamos un estado de guerra que se nos ha impuesto agrediéndonos.

Imponente ceremonia de unidad nacional

Ciudad de México, 11 de septiembre de 1942. Muy seguramente, muchos de quienes concurrieron esta mañana al Zócalo, a la ceremonia de unidad nacional convocada por el Comité director de acercamiento nacional que preside el general Abelardo L. Rodríguez, dudaban de lo que iban a ver. ¿Se reunirían en el mismo lugar y a la misma hora los seis expresidentes de México que aún viven?

Y lo increíble sucedió. En una gigantesca tribuna, colocada frente a la puerta central de Palacio, estaba el presidente Ávila Camacho; a su derecha, Plutarco Elías Calles, Abelardo L. Rodríguez y Pascual Ortiz Rubio; a su izquierda, Lázaro Cárdenas, Emilio Portes Gil y Adolfo de la Huerta.

Un auténtico mar humano, compuesto sobre todo por los miembros de las grandes organizaciones obreras y campesinas, llenaba el Zócalo. Los grupos luchaban por hacerse notar desplegando amplias mantas y blandiendo carteles con sus siglas. El presidente hendió aquel océano, llegó al centro de la plaza e izó la bandera nacional en una enorme asta. Cuando la enseña llegó a lo más alto, se hizo un silencio momentáneo, roto enseguida por un «¡Viva México!» agudo, desgarrado, que repitieron con un eco profundo miles de voces. El presidente, visiblemente emocionado, volvió a la tribuna, y allí leyó un discurso en el que señaló que la nación está unida frente a la ola de fuego del imperialismo más arbitrario. Enseguida, el general Abelardo L. Rodríguez leyó otro discurso para reiterar la política de unidad del gobierno actual.

Todo terminó cuando los presentes entonaron el himno nacional, simbolizando así —dijo un anunciador a través de las grandes bocinas instaladas en la plaza— un juramento de lealtad a la patria.

Siete hombres, siete concepciones de la revolución

Se constituyó la CNOP

Guadalajara, 29 de febrero de 1943. Hoy terminaron las labores de la asamblea constitutiva de la Confederación Nacional de Organizaciones Populares. En el Teatro Degollado de esta ciudad, y con la presencia de los líderes del PRM —Antonio I. Villalobos—, de la CTM —Fidel Velázquez—, de la CNC, —Gabriel Leyva Velázquez— y del secretario de Gobernación, Miguel Alemán, quien representó al presidente de la república, los sectores de clase media del Partido de la Revolución Mexicana se confederaron.

Culminaron así los trabajos de organización del sector popular que se llevaron a cabo, desde el inicio del régimen actual, por parte, principalmente, de los diputados Antonio Nava Castillo, Fernando López Arias, Manuel Bernardo Aguirre y Aurelio Pámanes Escobedo. Nava Castillo fue electo hoy dirigente de la nueva confederación.

(Continúa en la página cuatro)

se toca la campana de Hidalgo para celebrar una rebelión, mientras un 9 de febrero se dispara contra otra rebelión. Ahora sé lo que sentiste aquel día nefasto al caer de tu caballo, abuelo: ¡Decepción! La decepción del propio fracaso duele más que cualquier otra decepción.

¡El Sol! Cada noche sufre una derrota. Es la guerra de la Luna en contra del Sol y su resplandor. Ahora, el sol se ha hundido en el horizonte y se oscurece el reloj sin bombilla de cristal que está sobre la chimenea, mientras suena la última de siete campanadas afinadas en ¡luna! ¡Si al menos fuera Luna Nueva! *Me gustaría... volver a empezar la vida desde el principio, sabiendo lo que ahora sé...*

Mixi, mirando más de lo que la gente mira menos, escuchando más de lo que la gente escucha menos, sabiendo más de lo que la gente sabe menos, acecha desde el otro lado del espejo a María Soledad que, sentada al piano, bajo el retrato de su abuelo, lee y relee la última carta de Mario Andrés, como si con la lectura pudiera reescribir la realidad de su vida, mientras el reloj sigue su marcha imperturbable, callada y sonora a la vez, como los latidos de su corazón:

Adorada esposa,

Llevo tus flores de "no me olvides" secas ya, nunca marchitas, en el estuche de mi cámara, ellas me acompañan y me acompañarán siempre. Tu imagen con tu mano diciéndome adiós en la terminal ha quedado grabada en mi mente y ahí permanecerá mientras yo tenga vida. Te envío un beso que habrá de repetirse tantas veces cuantas leas esta carta y cuantas pienses en mí, pero para que tampoco me olvides aquí va una de las flores que venían en tu propio ramo. Tu amante y esposo, tuyo hasta la muerte,

Mario Andrés

Tic-tac, tic-tac, tic-tac, tic-tac, tic-tac, tic-tac, tic-tac, tic-tac, tic-tac, tic-tac, tic-tac, tic-tac, tic-tac, tic-tac, tic-tac...

Epílogo

EL ADIÓS

–Les autres jours sont déjà las,

Les autres jours ont peur aussi,
Les autres jours ne viendront pas,
Les autres jours mourront aussi,
Nous aussi nous mourrons ici…

MAURICE MAETERLINCK

Cuando leí el *Diario* de mi madre pensé que hacía falta un Epílogo. No sé si hago lo correcto, pero creo necesario revelar ciertos sucesos. El más importante, a mi juicio, es que mi madre dejó de escribir su *Diario* cuando después de desaparecer Mandrés en la guerra europea, como un mago, se enteró por boca de Xóchitl que él la había desflorado. Tiempo más tarde, al volver Antonio a México en otra comisión periodística, le contó a mi madre que Mario Andrés se quedó en España porque se había enamorado de una mujer, y esto pude oírlo porque yo quería saber la verdad y estaba espiándolos desde la puerta. El descubrir que también él fue un "Ave del Paraíso" la silenció para siempre.

Mi padre murió poco después que ella. Mi madre no volvió a hablar ni de uno ni de otro. De vez en cuando mencionaba a mi tío Bruno y un día me preguntó si quería conocerlo. Le respondí que no. Él ni siquiera sabía que tenía un hijo. Para mí, mi padre, como quiera que fuera, fue el que murió en La Castañeda, perdido en sus delirios y sin saber quién era.

La vida de mi madre, desde que se fue Mandrés, no fue fácil. Las boletas del Monte de Piedad se acumulaban en sus cajones. Escribía de noche, daba clases de día, pasaba horas y horas sentada junto a sus alumnos de piano, corrigiendo la posición de una mano, "es un bemol, no un sostenido", "ponle más emoción", "¿no ves que aquí hay un *accelerando?*" Pagaba mis estudios en el Liceo Francés dando clases de solfeo a los grupos de la escuela y poniendo las fiestas del Día de la Madre y de la Clausura de Cursos; sin embargo, nunca perdió su anhelo de ser mejor escritora. No le importaba tanto el reconocimiento como la calidad de su escritura. Siguió escribiendo en *El Universal* y poco antes de morir la hicieron directora de la revista *Femenil*, donde prosiguió su lucha por la igualdad de oportunidades de la mujer y su derecho al voto.

En la noche de la víspera de su muerte la vi hincada frente a la chimenea, quemando cartas. Estaba en camisón, con un chal sobre los hombros, mientras de lejos la contemplaba Mixi, como una sombra protectora. Yo no sabía, esa noche, que al día siguiente llegaría un médico del Seguro Social y le administraría una inyección de penicilina para aliviarla de una gripe. A los diez minutos de haberse ido el médico, mi madre empezó a asfixiarse. Hasta años después supe que fue una reacción provocada por la medicina. Murió pidiendo aire..., aire..., aire, pero era como pedir "amor".

Me dejó una carta, como lo dijo en su *Diario*, que encontré en su escritorio:

> Marcos Bruno, hijo mío,
>
> ¿Qué te dejo como herencia? Un retrato de tu abuelo que, como yo, fue derrotado en la guerra; un libro de recortes de periódicos y revistas, cartas, diplomas y programas sin orden ni fechas; un Diario que no alcanzó a recoger ni mis decepciones ni mis ilusiones, tan desordenado como fue mi vida; un archivo de obras de teatro nunca representadas, cuentos y novelas, la mayoría inéditas, que nunca me dieron lo suficiente para cubrir mis deudas. ¿Cómo alcanzar una meta cuando no se puede vivir de la propia profesión? ¿Basta con soñar para que los sueños se realicen? ¿Sólo escribiendo se puede construir una **Utopía**? Y quien no escribe, ¿cómo construye su utopía? Cuida de Miccaiximati, que es como mi madre, y de Xóchitl, que es como tu hermana; dile a Mamaisita que me perdone por abandonarla... y tú... hijo mío, por favor, no seas un "Ave del Paraíso", sólo plumas vistosas, efímeras y sin alma, sé verdadero en tu amor y, aunque no seas soldado, trata de triunfar en tu propia guerra y... no me olvides.
>
> Tu madre que te adora,
>
> María

Índice

Prólogo... 13

Primera Parte
EL ENSUEÑO

I. *Ensueños y realidades constituyendo escrituras* 17
II. *En tiempos de don Porfirio* 25
III. *"Luna vieja" y "Luna nueva"* 42
IV. *En el trampolín de un sueño* 53
V. *¿Cuándo se detendrá el tren?* 59
VI. *Ilusiones, desafíos y advertencias* 70
VII. *Espíritus y palomas, ¿de la guerra o de la paz?* 86
VIII. *Eclipse lunar* 107
IX. *Siguiendo huellas por los caminos de don Quijote* 126
X. *En busca de una voz* 142
XI. *Serpiente de sombra, serpiente de luz* 158
XII. *¡Toque de retirada! Se rinde la plaza* 178
XIII. *Un sueño en suspensión* 184

Segunda Parte
EL DESPERTAR

I. *"Adiós mamá Carlota, adiós mi tierno amor..."* 207
II. *Opciones y desconciertos terrenos y espirituales* 227
III. *¿Vas con celos o sin celos por la vida?* 353

IV. Expulsiones y fundaciones, ¿de infiernos o paraísos? 277
V. ¿Tentación de Eva o caída de Luzbel? 299
VI. Pidiendo posada a un ángel reformador 320
VII. ¿Quién le pone el cascabel al gato? 333
VIII. Fundando un paraíso 356
IX. La afi... nación se consolida 373
X. ¡Un Diario no es un objeto: es un lugar! 387
XI. El ave del Paraíso, ¿es una flor o un pájaro? 414
XII. Enajenación, arrebato y vuelo de pájaros 425
XIII. Penélope desescribiendo su Luna 441

Epílogo
EL ADIÓS

Cuando leí el Diario de mi madre... 457

Este libro se terminó de imprimir en abril de 2003 en los talleres de Impresora y Encuadernadora Progreso, S. A. de C. V. (IEPSA), Calz. San Lorenzo, 244; 09830 México, D. F. En su tipografía, parada en el Taller de Composición Electrónica del FCE, se emplearon tipos Galliard de 10.5:14, Times de 8:10, Courier de 10:12 y Kaufmann de 13:15 puntos. La edición es de 2 000 ejemplares.